Die Ertragsbesteuerung
des grenzüberschreitenden
Handels im Internet

Europäische Hochschulschriften

Publications Universitaires Européennes
European University Studies

Reihe II
Rechtswissenschaft

Série II Series II
Droit
Law

Bd./Vol. 3101

PETER LANG
Frankfurt am Main · Berlin · Bern · Bruxelles · New York · Oxford · Wien

Hans Volkert Volckens

Die Ertragsbesteuerung des grenzüberschreitenden Handels im Internet

Unter besonderer Berücksichtigung des Gerechtigkeitsprinzips im Internationalen Steuerrecht

PETER LANG
Europäischer Verlag der Wissenschaften

Die Deutsche Bibliothek - CIP-Einheitsaufnahme

Volckens, Hans Volkert:

Die Ertragsbesteuerung des grenzüberschreitenden Handels im Internet : unter besonderer Berücksichtigung des Gerechtigkeitsprinzips im Internationalen Steuerrecht / Hans Volkert Volckens. - Frankfurt am Main ; Berlin ; Bern ; Bruxelles ; New York ; Oxford ; Wien : Lang, 2001
(Europäische Hochschulschriften : Reihe 2, Rechtswissenschaft ; Bd. 3101)
Zugl.: Osnabrück, Univ., Diss., 2000
ISBN 3-631-36869-0

D 7000
ISSN 0531-7312
ISBN 3-631-36869-0

Meinen Eltern

Vorwort

Die vorliegende Arbeit wurde im Sommersemester 2000 als Dissertation an der Universität Osnabrück angenommen. Mein besonderer Dank gilt meinem Doktorvater, Herrn Prof. Dr. J.M. Mössner, für die Betreuung der Arbeit sowie Herrn Prof. Dr. Hüttemann für die zügige Erstellung des Zweitgutachtens.

- Inhaltsverzeichnis -

Einführung

Der elektronische Handel im und mit dem Internet befindet sich weltweit noch in den Anfängen. Doch ist man sich einig, daß die Wachstumschancen des neuen Mediums als beinahe unbegrenzt bezeichnet werden müssen. Berechnungen zufolge sollen die Einnahmen aus dem elektronischen Handel bis zum Jahre 2000 weltweit schon über 200 Mrd. ECU betragen[1]. Laut einer Studie der O-ECD wird bis zum Jahre 2005 eine Steigerung des Umsatzes auf ca. 1000 Milliarden US-Dollar prognostiziert[2].

Eine allgemeingültige Definition des Begriffs des „Electronic Commerce" gibt es nicht. „Electronic" suggeriert, daß der „Commerce" mit Datennetzen in Beziehung steht. Deshalb umfaßt der Begriff des „Electronic Commerce" in dieser Arbeit *alle Rechtsgeschäfte, bei denen die Parteien den Vertragsschluß oder zumindest eine Leistungshandlung über das Internet oder ein vergleichbares Netzwerk durchführen*[3].

Diese Definition umfaßt demnach[4]

- den Verkauf von körperlichen Gegenständen über Datennetze, wobei die Lieferung außerhalb des Netzes (off-line) erfolgt,
- den Verkauf von digitalen Produkten über das Internet, wobei die Leistung dann on-line über das Datennetz erfolgt,
- die Erbringung von Dienstleistungen über das Datennetz.

Nicht unter die Definition des Electronic Commerce fallen in dieser Arbeit wirtschaftliche Vorgänge, bei den sowohl Vertragsschluß als auch die Lieferung auf konventionelle Weise erfolgen und lediglich die Bezahlung über das Datennetz abgewickelt wird.

---

1 Kröger/ Kellersmann, Internet, Handbuch für Steuerberater und Wirtschaftsprüfer, S. 134.

2 Handelsblatt vom 20.10.1998 S. 10.

3 R. Korf/ S. Sovinz, Umsatzbesteuerung des elektronischen Handels, Teil 1, Computer und Recht, S. 314; die OECD grenzt dagegen den elektronischen Geschäftsverkehr auf Transaktionen ein, die offen über das Internet abgewickelt werden, vgl. OECD, The Economic and Social Impact of Electronic Commerce: Preliminary Findings and Research Agenda, Paris 1998, Kap. 2. Die OECD schließt damit aber den elektronischen Geschäftsverkehr über EDI (Electronic Data Interchange) sowie EFT (Electronic Funds Transfer) über proprietäre Netze aus ihrer Definition aus, die insbesondere im Finanzsektor und bei transnationalen Großunternehmen weit verbreitet sind.

4 R. Korf/ S. Sovinz, Umsatzbesteuerng des elektronischen Handels, Teil 1, Computer und Recht, S. 314.

Das bekannteste Datennetz ist das Internet. Begonnen hat die Geschichte des Internets vor ca. 30 Jahren in den USA, als sich die Welt im Kalten Krieg befand. Die Amerikaner suchten nach einem Informationssystem, mit dem sie militärisch-logistische Probleme lösen konnten. Durch eine weitreichende Vernetzung mehrerer Großforschungsanlagen sollten zum einen die teueren Rechenanlagen effektiver nutzbar gemacht werden. Zum anderen sollte durch eine bewußt dezentrale Struktur der Gefahr einer Zerstörung bei einem atomaren Angriff vorgebeugt werden. Am 1. September 1969 wurde der erste Vermittlungsrechner im Auftrage der Forschungsabteilung des Pentagon von der „Advanced Research Project Agency" an der University of California (Los Angeles) in Betrieb genommen[5].

In der Folgezeit wurde die Netzgemeinschaft im Rahmen formeller und informeller Absprachen weiterentwickelt. 1973 wurde als erstes Institut außerhalb der USA das University College of London angeschlossen. Da das Netz, das eigentlich den Militärs und Wissenschaftlern vorbehalten bleiben sollte, zunehmend auch für private Zwecke genutzt wurde, kam es im Jahre 1983 zu einer Spaltung. Die Strategen gründeten das MILnet, die Zivilisten hingegen das ARPAnet. Offizieller Name des im zivilen Leben genutzen Netzes wurde „National Science Foundation Network"[6].

1979 bis 1983 wurde das Computer Science Research Network (CSNET) aufgebaut. Dieses bot vor allem denjenigen Universitäten eine Netzalternative, die keinen Zugang zu den durch das Department of Defense kontrollierten und beschränkten ARPnet erhalten hatten.

Aus diesen beiden Netzen entwickelte sich in der Folgezeit ein Datennetz, das heute allgemein als „Internet" bezeichnet wird. Im Jahre 1984 wurde an der Universität Dortmund der erste deutsche Rechner angeschlossen.

Wesentlicher Meilenstein in der Nutzbarmachung des Internets war die Entwicklung des sog. Domain-Name-Systems (DNS). Dadurch war es nun nicht mehr notwendig, auf der Benutzerebene als Rechenadresse eine Kombination von Zahlen zu verwenden. Die Adressierung konnte über symbolische Rechnernamen (z.B. www.bundesfinanzministerium.de) erfolgen, was die Kommunikation der Anwender untereinander stark vereinfachte.

Die Basis für den endgültigen Durchbruch des Internets als Massenmedium war jedoch die Vorstellung des World Wide Web (WWW) durch das Europäische

---

[5] F. Börner, Der Internet- Rechtsberater, 1. Aufl., Köln 1999, S. 17.

[6] B. Liedke, Internet Business, Kap. 2.1, S. 2.

Labor für Teilchenphysik (CERN) im Jahre 1992. Die Entwicklung von Navigationssoftware in den Folgejahren führte zudem zu einer starken Vereinfachung der Anwendung und zu einer großen Beschleunigung des Verbreitungsprozesses. Heute bestehen über 40 Millionen Internet-Anschlüsse weltweit[7]. 1992 wurde der weltbekannte Begriff „Surf the Internet“ von *Jean Armour Polly* geprägt[8].

Erkenntnisinteresse

Das neuen Medium stellt aufgrund seiner Besonderheiten erhebliche Anforderungen an das geltende Recht. Die Anonymität der Anwender und die Möglichkeit, mühelos Landesgrenzen zu überwinden sowie die bisher mangelhafte Überwachung der Aktivitäten vermitteln die Idee eines rechtsfreien Raumes. Die intensiv geführte internationale Diskussion um Wettbewerbsrechte, Urheberrechte, Jugendschutz, Vertragsrecht usw. zeigt die Bemühungen, den „Markplatz Internet“ nicht zum Wild-West Abenteuer verkommen zu lassen.

Auch im Bereich des Steuerrechts wird im Rahmen einer weltweit geführten Diskussion versucht, Instrumentarien zu entwickeln, um die Einkünfte des Electronic Commerce steuerlich zu erfassen. Uneinigkeit besteht diesbezüglich vor allem hinsichtlich der Frage, ob schon das geltende Internationale Steuerrecht diese Aufgabe wahrnehmen kann, ob Änderungen der Gesetzestexte vorgenommen werden müssen oder sogar nach neuen Besteuerungsformen gesucht werden muß.

Die Diskussion wird nicht allein von rein rechtlichen und wirtschaftlichen Erwägungen geleitet. Auch politische Forderungen und Interessen finden ihren Einzug, da einzelne Staaten versuchen, ihr (zukünftiges) nationales Steueraufkommen zu sichern. So zeigen die publizierten Stellungnahmen einen grundsätzlichen Interessenwiderspruch zwischen „Internet-Export-Staaten“ und „Internet-Import-Staaten“ auf.

Die vorliegende Arbeit hat sich zum Ziel gesetzt, einen bisher kaum beachteten oder zumindest nicht artikulierten Ansatz in die Diskussion einzuführen, nämlich den der *Gerechtigkeit*. Eine Besteuerungsform kann sich nur etablieren, wenn sie von allen Beteiligten, also Staaten, Bürgern, Unternehmern und Kunden als gerecht empfunden wird. Denn eine von einzelnen Beteiligten als ungerecht empfundene Besteuerungspraxis wird stets Widerspruch hervorrufen und einzelne Staaten könnten sich sogar dem Besteuerungskonsens verweigern.

---

[7] T. Strömer, Online-Recht, Heidelberg 1997, S. 6.

[8] Internet Rechtsberater, 1. Auflage 1999, S. 17 und 18.

Deshalb dient die Suche nach einer gerechten Form der Besteuerung auch der Begründung einer durablen Besteuerungsform des Electronic Commerce. Der von allen Beteiligten als gerecht empfundene Kompromiß erhält die Chance seiner Implementierung.

Was aber ist gerecht? Welche Kriterien bilden den Maßstab für eine derartige Beurteilung? Sind die verschiedenen Gerechtigkeitskriterien gleich gewichtig?

Die Antwort wird nie den objektiven Gehalt einer Tatsachenbekundung erhalten, denn sie wird stets der subjektiven Ansicht des Urteilenden unterliegen. Sie kann aber gleichsam „objektiviert“ werden, indem eine umfassende Auseinandersetzung um Gerechtigkeitskriterien geführt wird, die zur Grundlage der späteren Beurteilung gemacht wird. Gerechtigkeit ist vielschichtig und lebt von der Zusammenschau einer Vielzahl von Einzelkriterien. Werden diese Einzelfallkriterien losgelöst vom entscheidungserheblichen Sachverhalt im Vorfeld der Diskussion abstrakt entwickelt, so kann die Subjektivität des Ergebnisses zumindest eingeschränkt werden.

Das so gefundene Ergebnis, die in der vorliegenden Arbeit entwickelte Form einer (zumindest annähernd) gerechten Besteuerung des internationalen Electronic Commerce ist natürlich angreifbar und erhebt keinesfalls den Anspruch auf alleinige Gültigkeit. Es ist aber als längst überfälliger Beitrag in der internationalen Diskussion der Versuch, den Aspekt der Gerechtigkeit mehr in den Mittelpunkt des Entscheidungsinteresses zu rücken.

Vorgehensweise

Im ersten Teil der Arbeit werden zunächst die Grundzüge des Internationalen Steuerrechts im Hinblick auf die Themenstellung erläutert. Die verwendeten Begriffe werden erläutert und dadurch das rechtliche Umfeld der Arbeit verdeutlicht. Im Anschluß daran wird aufgezeigt, welche Schwierigkeiten bei dem Versuch entstehen, den Bereich des Electronic Commerce in das geltende Internationale Steuerrecht einzufügen.

Im zweiten Teil werden die unterschiedlichen internationalen Lösungsansätze dargestellt und kurz erläutert. Aus der Vielzahl von Stellungnahmen wurden diejenigen ausgewählt, die weltweit besondere Beachtung gefunden haben und das weite Spektrum der Besteuerungsmöglichkeiten repräsentieren.

Im dritten Teil nimmt die vorliegende Arbeit die Problematik der Besteuerung des Electronic Commerce zum Anlaß, zunächst eine intensive abstrakte Diskussion um den Gerechtigkeitsbegriff im Internationalen Steuerrecht zu führen. Dabei wird das Verhältnis Staat zum Bürger, der Bürger untereinander sowie der Staaten untereinander besonders untersucht. Aber auch die Frage der Folgerichtigkeit, also der systematischen Einfügung der Besteuerungsform in ihr rechtliches Umfeld ist entscheidend. Auf eine abschließende Zusammenfassung des dritten Teils wird bewußt verzichtet, denn auch die Herleitung der Gerechtigkeitskriterien ist Teil der Gesamtschau, die im vierten Teil konkrete Anwendung finden wird. Eine wenige Schlagworte umfassende Zusammenfassung würde somit die breit angelegte Diskussion verkürzen.

Die im dritten Teil entwickelten Gerechtigkeitskriterien werden im vierten Teil zur Grundlage einer intensiven Auseinandersetzung mit der geeigneten Besteuerungsform der Einkünfte aus dem Electronic Commerce gemacht. Im Zuge der Untersuchung wird auf das grundsätzliche Recht der beteiligten Staaten zur Erhebung entsprechender Steuern eingegangen und werden die Möglichkeiten der gesetzlichen Begründung einer beschränkten Steuerpflicht im Quellenstaat sowie abkommensrechtliche Gestaltungen diskutiert. Abschließend wird auf die Möglichkeiten der Steuererhebung eingegangen. Soweit dabei Aspekte des nationalen Steuerrechts in den Mittelpunkt der Betrachtung gerückt werden, wird auf die Regelungen des deutschen Außensteuerrechts zurückgegriffen. Die abkommensrechtlichen Fragen werden anhand des OECD-MA diskutiert.

1.Teil: Electronic Commerce und seine Stellung im Internationalen Steuerrecht

I. Die Grundlagen des Internationalen Steuerrechts

1. Begriff des Internationalen Steuerrechts

Was unter Internationalem Steuerrecht zu verstehen ist, welche Begriffsbildungen maßgeblich sein sollen und ob es ein Internationales Steuerrecht überhaupt gibt, ist umstritten. Dieser schon als historisch zu bezeichnende Streit[9] ist auch noch heute aktuell, und eine schnelle Beilegung der akademischen Auseinandersetzung ist nicht in Sicht.

Deshalb ist eine einheitliche Bestimmung des Begriffs des Internationalen Steuerrechts nicht ohne weiteres möglich. U.a. wird die Meinung[10] vertreten, der Begriff umfasse lediglich diejenigen Normen, die der Quelle nach völkerrechtlicher Natur seien. Das nationale Außensteuerrecht dagegen sei ein aus nationaler Quelle stammendes, also vom nationalen Gesetz- und Verordnungsgeber geschaffenes Steuerrecht, das nicht der Quelle nach, sondern nur dem Gegenstand nach international sei, da es sich mit der Besteuerung von Sachverhalten mit Auslands- oder mit Ausländerbezug[11] befasse. Durch diese Auslegung wird der Begriff des Internationalen Steuerrechts auf die Herkunft der Normen beschränkt und grenzt in der Folge alle nationalen Regelungen aus.

Eine andere Ansicht[12] unterwirft dem Begriff des Internationalen Steuerrechts alle Normen, die auslandsbezogene Sachverhalte erfassen, somit bei Sachverhalten eingreifen, die einen Auslands- oder Ausländerbezug aufweisen. Das Internationale Steuerrecht sei der Inbegriff derjenigen Sonderrechtssätze, die die Rechtsverhältnisse von Personen in ihrer Eigenschaft als Steuerpflichtige zu einer Mehrheit von Staaten, die zur Besteuerung in Betracht kommen, regeln[13]. Von dem Begriff umfaßt sind nach dieser Ansicht sowohl Normen völkerrechtlicher Natur als auch diejenigen des nationalen Außensteuerrechts.

---

9 Siehe z.B. schon Isay, Internationales Finanzrecht, Stuttgart/Berlin 1934, 1ff.

10 H. Debatin, in: Debatin/ Wassermeyer , Doppelbesteuerung, Band 1: Systematik und Kommentierung des OECD-MA, Systematik I, Rz. 2.

11 Wenn von (Steuer)ausländern gesprochen wird, so sind darunter Personen zu verstehen, die in der Bundesrepublik Deutschland nicht der unbeschränkten Steuerpflicht unterliegen.

12 J.M. Mössner, Der Begriff des Internationalen Steuerrechts im Außensteuerrecht, ÖZöffR 1974, 255ff.

13 J.M. Mössner, Der Begriff des Internationalen Steuerrechts im Außensteuerrecht, ÖZöffR 1974, 255ff (277).

Eine dritte Ansicht[14] stellt bei der Definition ab auf die Gesamtheit aller Kollisionsnormen, bzw. Konfliktregeln, die die Steuerhoheiten gegeneinander abgrenzen. Denn das Internationale Finanzrecht[15] sei das Recht, das sich mit den Grenzen der staatlichen Finanzhoheit in internationaler Hinsicht befasse[16].

Fraglich ist aber, ob der akademische Streit um die gültige Ausfüllung des Begriffs des Internationalen Steuerrechts fruchtbar ist und notwendig hier entschieden werden muß. Das Steuerrecht ist, soweit es internationale Bezüge aufweist, nicht einheitlich kodifiziert. Neben der Vielzahl nationaler, d.h. unilateraler Regelungen besteht ein dichtes Netz bilateraler und multilateraler Abkommen über Steuerhoheit und Besteuerungszuordnung. Dem Begriff fehlt daher eine einheitliche Rechtsgrundlage, die ein in sich geschlossenes System mit einheitlicher Grundwertung und sich daraus ergebenden Einzelwertungen bietet[17]. Bei einem solchen Pluralismus der steuergesetzlichen Normgruppen können nur für einzelne Normen Wertungen aufgedeckt werden[18]. Diese fehlende Einheitlichkeit der Rechtsquelle unterscheidet das Internationale Steuerrecht z.B. vom Völkerrecht[19].

Aus dieser Feststellung leitet sich die Erkenntnis ab, daß sich dem Begriff als solchem keine Prinzipien oder Orientierungsmaßstäbe für die Anwendung der in Betracht kommenden Normen gewinnen läßt. Der Begriff des Internationalen Steuerrechts hat daher lediglich Bedeutung für die gegenseitige Verständigung. Eine vertiefende Darstellung des Streites über die Begriffsbestimmung kann daher unterbleiben[20].

In dieser Arbeit soll unter dem Begriff des Internationalen Steuerrechts die Gesamtheit der Normen verstanden werden, die auslandsbezogene Sachverhalte erfassen, d.h. bei der Besteuerung eines Sachverhaltes mit Auslands- oder Aus-

---

14 H. Isay, Internationales Finanzrecht, Stuttgart/ Berlin 1934, 1ff; O. Bühler, Prinzipien des Internationalen Steuerrechts, Amsterdam 1964, 1ff; ebenso Teichner, Internationales Steuerecht, Stuttgart 1967, 5; Fischer/Warneke, Internationale Betriebswirtschaftliche Steuerlehre, 3. Auflage Berlin 1988, 21; H. Flick, Internationales Steuerrecht – Seine Systematik und seine Definitionen, in: IWB, Fach 10, International, Gr. 2, 15 ff.

15 In den Anfängen der Lehre vom Außensteuerrecht hatten sich die Ausdrücke internationales Finanzrecht und internationales Steuerrecht eingebürgert.

16 H. Isay, Internationales Finanzrecht, Stuttgart/ Berlin 1934, 1 ff.

17 K. Tipke, Steuerrecht – Chaos, Konglomerat oder System?, StuW 1971, 2ff.

18 J. Lang, in: Tipke/ Lang, Steuerrecht, 16. Auflage, 1998, § 4 Rz. 9.

19 Siehe dazu Seidl-Hohenveldern, Völkerrecht, 6.Auflage, Köln/Berlin/Bonn/München 1987, 68ff.

20 Für eine vertiefte Darstellung der Problematik siehe u.a. H. Liedtke, Gibt es ein Internationales Steuerrecht?, in: DB 1977, 1208 m.w.N.

länderberührung anzuwenden sind[21]. Der Begriff umfaßt somit sowohl nationales als auch internationales Recht. Die Formulierung eines weiten, das Außensteuerrecht einschließenden Begriffs, der sich an dem Regelungsgegenstand einer Rechtsnorm und nicht an deren Herkunft ausrichtet, wird insbesondere dem hier zu behandelnden Thema gerecht. Die Ertragsbesteuerung der Einkünfte des grenzüberschreitenden Handels im Internet berührt sowohl nationale als auch völkerrechtliche Normen. Lösungsansätze zur Ertragsbesteuerung des Electronic Commerce setzen sich nicht allein mit völkerrechtlichen Normen auseinander, sondern beziehen Regelungen des nationalen Gesetzgebers in die Diskussion ein. Der alleinige Blick auf völkerrechtliche Rechtsquellen in dieser Arbeit wäre deshalb nicht geeignet, eine umfassende Untersuchung der Lösungsansätze zu führen.

2. Die Ordnungsbegriffe des Internationalen Steuerrechts

Das Internationale Steuerrecht ist nach der eingeführten Begriffsbestimmung nicht einheitlich kodifiziert. Die Rechtsmaterie besteht aus einer Vielzahl von Steuergesetzen und – regelungen, die jeweils eigene Ziele mit unterschiedlichen Grundwertungen verfolgen[22]. Eine Unterteilung des Begriffs des Internationalen Steuerrechts ist daher aufgrund der unterschiedlichen Regelungszwecke der Rechtsquellen vorzunehmen:

Das Internationale Steuerrecht teilt sich demzufolge in die weiteren Ordnungsbegriffe des Doppelbesteuerungsrechts, also den Normen, die der Vermeidung einer Doppelbesteuerung dienen und des nationalen Außensteuerrechts, das alle übrigen Normen beinhaltet[23]. Die Arbeit wird sich nachfolgend an dieser Terminologie orientieren und im Rahmen des Doppelbesteuerungsrechts auf das OECD-MA in seiner aktuellen Fassung[24] zurückgreifen. Das deutsche Außensteuerrecht wird der Diskussion um die nationalen Regelungen Pate stehen.

---

[21] J.M. Mössner, Der Begriff des Internationalen Steuerrechts im Außensteuerrecht, ÖZöffR 1974, 255ff; V. Kluge, Das Internationale Steuerrecht der Bundesrepublik, in: JUS, 1974, S. 216ff., 351ff., 491ff., 626ff., S. 698ff., und JUS 1975, S. 13ff; K. Vogel, DBA, 3. Aufl., Einl. Rz. 5.

[22] Zur Darstellung der Spannungsfelder zwischen den unterschiedlichen Rechtsquellen siehe die weiteren Ausführungen.

[23] H. Schaumburg, Internationales Steuerrecht, 2. Auflage, Köln 1998, Rz. 1.5.; unter den Begriff des Außensteuerrechts fallen alle Normen einer Steuerrechtsordnung, die dazu dienen, die Besteuerung auslandsbezogener Sachverhalte zu bestimmen und abzugrenzen, so J. Lang, in: Tipke/Lang, Steuerrecht, 16. Auflage 1998, § 2 Rz. 39.

[24] Das OECD-MA von 1964 wurde in den Jahren 1977 und 1992 einer Revision unterworfen, H. Krabbe, in Debatin/Wassermeyer, Doppelbesteuerungsabkommen, Band 1: Systematik und Kommentierung des OECD-MA, vor Art. 1 MA „Geschichtliches".

3. Begriff und Entstehung von Doppelbesteuerung und Minderbesteuerung

3.1. Der Begriff und die Entstehung der Doppelbesteuerung

Die h.M. sieht juristische Doppelbesteuerung als gegeben an, wenn von zwei oder mehreren ursprünglichen Abgabenhoheiten, i.d.R. Staaten, von demselben Steuerpflichtigen für denselben Steuergegenstand und denselben Zeitraum vergleichbare Steuern erhoben werden[25].

Von wirtschaftlicher Doppelbesteuerung[26] spricht man, wenn derselbe Wirtschaftsvorgang oder Vermögenswert in zwei oder mehreren Staaten in demselben Zeitraum besteuert wird, ohne daß eine Subjektidentität des Steuerpflichtigen besteht[27]. Doppelbesteuerung im wirtschaftlichen Sinn liegt danach z.B. vor, wenn Erträge rechtlich selbständiger aber verbundener Unternehmen mehrfach erfaßt werden[28].

Doppelbesteuerung entsteht, wenn sich die Besteuerungskompetenzen souveräner Staaten überschneiden[29]. Diese Kollision von Fiskalzugriffen erfolgt im Bereich der Subjektsteuern i.d.R. durch das internationale Nebeneinander von unbeschränkter und beschränkter Steuerpflicht.

Ein z.B. in Deutschland unbeschränkt Steuerpflichtiger wird mit seinen weltweiten Einkünften zur Einkommensbesteuerung herangezogen (sog. Welteinkommensprinzip), § 1 Abs. 1 EStG. Das Prinzip der weltweiten Besteuerung wird auf den Umstand formeller Territorialität[30] gestützt, daß der Steuerpflichtige im Staatsgebiet residiert, d.h. dort seinen Wohnsitz, gewöhnlichen Aufenthalt, Sitz oder Geschäftsleitung hat (§7-§11 AO). Durch den Anknüpfungspunkt der formellen Territorialität kann es aufgrund mehrfachen Wohnsitzes oder ge-

---

[25] H. Dorn, Das Recht der internationalen Doppelbesteuerung; Vierteljahresschrift für Steuer- und Finanzrecht, 1. Jg. 1927, S. 189ff.; O. Bühler, Prinzipien des internationalen Steuerrechts, Amsterdam 1964, S. 32; K. Vogel, DBA, 3. Aufl. München 1996, Einl. Rz. 1.

[26] Man spricht auch von wirtschaftlicher Doppelbelastung.

[27] K. Vogel, DBA, 3. Auflage, Einl. Rz 3 mit praktischen Beispielen; O. Bühler, Prinzipien des internationalen Steuerrechts, Amsterdam 1964, S. 32ff.; Korn/ Debatin, Doppelbesteuerungsabkommen, Bd I: Systematik und Kommentierung des OECD-MA, Systematik I Rz. 11.

[28] K.M. Prang, Die Vertragspolitik der Bundesrepublik Deutschland beim Abschluß von Doppelbesteuerungs-abkommen, Diss., Frankfurt a.M., 1982.

[29] Wirtschaftspolitisch motivierte Maßnahmen der Staaten bleiben in dieser Untersuchung außer Betracht.

[30] Die USA stützen die unbeschränkte Steuerpflicht dagegen auf die Staatsangehörigkeit (Citizenship).

wöhnlichen Aufenthaltes zur Begründung einer unbeschränkten Steuerpflicht in mehreren Staaten kommen[31].

Aus der völkerrechtlichen Souveränität der Staaten folgt die Steuersouveränität, also das Recht eines jeden Staates, auf seinem Hoheitsgebiet die Steuergewalt ausschließlich auszuüben[32]. Daher ist eine Besteuerung auch derjenigen Personen oder Körperschaften zulässig, die aufgrund fehlender formeller Territorialität zwar nicht unbeschränkt steuerpflichtig sind, jedoch einen „wirtschaftlichen Nexus"[33] zum besteuernden Staat aufweisen. Dieser Anknüpfungspunkt begründet eine beschränkte Steuerpflicht im Besteuerungsstaat.

In Deutschland wird ein gemäß § 1 Abs. 4 EStG beschränkt Steuerpflichtiger mit bestimmten inländischen Einkünften ertragsteuerlich erfaßt, §§ 49, 50a EStG. So wird z.B. ein ausländischer Gewerbebetrieb dann mit in Deutschland erzielten Einkünften der Ertragsbesteuerung unterworfen, wenn diese Einkünfte einer inländischen Betriebsstätte zugerechnet werden können, § 49 Abs. 1 Nr. 2a. EStG. Die Besteuerung folgt im Falle der beschränkten Steuerpflicht somit dem sog. Quellenprinzip[34]. Anknüpfungspunkt ist die Belegenheit einer Einkunftsquelle im Inland.

Bei grenzüberschreitenden wirtschaftlichen Aktivitäten ergeben sich aus den hier aufgezeigten Besteuerungsprinzipien Überschneidungen in der Besteuerungskompetenz mit anderen Staaten, da deren Steuergesetze in der Regel ebenfalls diesen Prinzipien folgen[35]. So ist sowohl eine gleichzeitige unbeschränkte oder gleichzeitige beschränkte Steuerpflicht in mehreren Staaten als auch ein Nebeneinander von unbeschränkter und beschränkter Steuerpflicht in verschiedenen Staaten denkbar. Machen diese Staaten nebeneinander von ihrer Besteuerungskompetenz Gebrauch, liegt ein Fall der Doppelbesteuerung vor.

---

31 Vorteil der weltweiten Besteuerung ist, daß der Staat befähigt ist, die Ertragsbesteuerung an der steuerlichen bzw. wirtschaftlichen Leistungsfähigkeit des Steuerpflichtigen zu orientieren, da er den besten Zugriff auf die Gesamtverhältnisse hat, so Tipke/Lang, Steuerrecht, 16. Auflage, Köln 1998 § 2 Rz. 37.

32 R. Weber-Fas, Völkerrecht und Steuerhoheit, in: RIW 1979, S. 585; O. Bühler, Prinzipien des internationalen Steuerrechts, Amsterdam 1964, S. 130ff.

33 R. Weber-Fas, Völkerrecht und Steuerhoheit, in: RIW 1979, S. 586.

34 Im folgenden auch Territorialprinzip genannt.

35 Eine wichtige Ausnahme bilden einige süd- und mittelamerikanische Staaten, die nur nach dem sog. Territorialprinzip besteuern. Das bedeutet, daß nur inländische Einkünfte der Ertragsbesteuerung zugeführt werden, K. Vogel, World-Wide vs. Source Taxation of Income, in: Intertax 1988, S. 226 ff. Auch Frankreich beispielsweise besteuert Körperschaften lediglich mit ihren im Inland erwirtschafteten Erträgen, In diesen Fällen sind die genannten Überschneidungen seltener.

Die Folge einer Doppelbesteuerung ist, daß die Besteuerung eines internationalen Sachverhaltes in toto höher ausfällt als sie es ohne Doppelbesteuerung im höherbesteuernden Staat wäre.

3.2. Der Begriff und die Entstehung der Minderbesteuerung

Unter den Begriff der Minderbesteuerung lassen sich sowohl strafbare Handlungen (Steuerhinterziehung, Steuerverkürzung) als auch nicht strafbare Handlungen (Steuerumgehung) sowie Fälle unrichtiger Rechtsanwendung subsumieren[36]. Allerdings kann es auch bei richtiger Anwendung von Normen des Internationalen Steuerrechts zu einer Minderbesteuerung kommen, wenn zwischen einzelnen Staaten die Rechtsnormen, die zu einer Besteuerung eines bestimmten Sachverhaltes führen, nicht voll korrespondieren[37]. Weiterhin sind Fälle denkbar, in denen steuerbegründende Normen gänzlich fehlen[38].

In dieser Arbeit sollen unter dem Begriff der Minderbesteuerung[39] nur diejenigen internationalen Sachverhalte verstanden werden, die trotz richtiger Anwendung der Rechtsnormen zu einer Minderbesteuerung führen. Vor allem die Fälle zwischenstaatlicher Konflikte bezüglich der Qualifikation der Einkünfte, aufgrund derer es zu Doppelfreistellungen kommt und die Fälle, in denen die Frage der normgerechten Einordnung eines Besteuerungssachverhaltes noch nicht abschließend geklärt ist, sind für das hier zu behandelnde Thema relevant.

Die Minderbesteuerung eines internationalen Sachverhaltes führt zu einer Gesamtsteuerbelastung, die geringer ausfällt, als sie es ohne Minderbesteuerung im niedrigstbesteuernden Staat wäre[40]. Die Minderbesteuerung ist damit das Gegenstück zur Doppelbesteuerung.

---

[36] O. Bühler, Prinzipien des internationalen Steuerrechts, Amsterdam 1964, S. 169ff; G. Rose, Grundzüge des Internationalen Steuerrechts, 2. Auflage, Wiesbaden 1991, S. 55ff.

[37] R. Weber-Fas, Staatsverträge im Internationalen Steuerrecht, Tübingen 1982, S. 29.

[38] Zur Problematik der Steuerreduzierung durch Abwanderung in Steueroasen, siehe weiter unten 4. Teil.

[39] Dem Begriff der Minderbesteuerung fehlt die notwendige klare Umgrenzung. Dieses liegt daran, daß die Ursachen einer Minderbesteuerung vielschichtiger sind als die der Doppelbesteuerung.

[40] B. Hannes, Qualifikationskonflikte im Internationalen Steuerrecht, Hamburg 1992, S. 8.

4. Vermeidung von Doppel- und Minderbesteuerung

4.1. Vermeidung von Doppelbesteuerungen

Ein völkerrechtliches Verbot der Doppelbesteuerung gibt es nicht[41]. Dennoch wird versucht, durch unilaterale, bilaterale und multilaterale Maßnahmen eine doppelte Besteuerung zu verhindern, um betriebswirtschaftliche und volkswirtschaftliche Nachteile zu vermeiden. Betriebswirtschaftlich betrachtet führt die Doppelbesteuerung zu einer erhöhten Abgabenbelastung des Steuerpflichtigen. Der höhere Aufwand reduziert den Ertrag der Einkunftsquelle[42]. Aus volkswirtschaftlicher Sicht führen Doppelbesteuerungen zu einer Behinderung des internationalen Leistungsaustausches[43] [44].

Im Internationalen Steuerrecht erfolgt die Vermeidung der Doppelbesteuerung sowohl auf unilateraler in der Form nationaler Steuergesetze als auch auf bilateraler Ebene im Rahmen von Doppelbesteuerungsabkommen.

So sind z.B. im deutschen Außensteuerrecht die beschränkte Anrechnung gemäß § 34 c Abs. 1 EStG oder § 26 Abs. 1 bis 5 KStG, die Abzugsmethode gemäß § 34 c Abs. 2 und 3 EStG, § 26 Abs. 6 KStG sowie die Pauschalierung und der Erlaß gemäß § 34 c Abs. 5 EStG normiert[45].

Auf bilateraler Ebene beschränken die Doppelbesteuerungsabkommen im Bereich der Steuern vom Einkommen und vom Vermögen die nationale Steuerhoheit[46]. Das Abkommensnetz ist allerdings lückenhaft, da nicht alle Staaten miteinander Doppelbesteuerungsabkommen abschließen[47].

---

41 BFH vom 14. 02.1975, BStBl. II 1975, 497 (498).

42 So werden z.B. im Rahmen der doppelten Buchführungen die Einkommens- oder Körperschaftsteuer als Aufwand in der GuV gebucht.

43 K.M. Prang, Die Vertragspolitik der Bundesrepublik Deutschland beim Abschluß von Doppelbesteuerungsabkommen, Diss, Frankfurt a.M., 1982, S. 21; so im Ergebnis auch K. Vogel, DBA, Einl. Rz 9.

44 Vgl. z.B. A. Borrmann, Zum Verhältnis von Außenwirtschafts- und Entwicklungspolitik, Hamburg 1975, S. 75-78.

45 Zudem bestehen noch Sondervorschriften für Handelsschiffe im internationalen Verkehr gemäß § 34 c Abs. 4 EStG.

46 Zum sachlichen Anwendungsbereich der DBA siehe Art. 2 OECD-MA.

47 Häufig wird dann durch sog. treaty shopping versucht, einen Abkommensschutz zu erhalten.

4.1.1. Grundlagen zu Doppelbesteuerungsabkommen

Doppelbesteuerungsabkommen sind völkerrechtliche Verträge. Ihr Zustandekommen und ihre Wirkungen bestimmen sich nach den Regeln, die heute im Wiener Übereinkommen über das Recht der Verträge (WÜRV) vom 23. 05.1969 zusammengefaßt sind[48].

Doppelbesteuerungsabkommen begründen weder eigenständige Steueransprüche, noch werden bestehende nationale Steueransprüche in ihrem Umfang oder ihrer Art nach erweitert[49]. Statt dessen enthalten Doppelbesteuerungsabkommen Regelungen, die einen der beiden von einem internationalen Steuerfall betroffenen Vertragsstaaten veranlassen, seinen durch nationales Recht geschaffenen Steueranspruch ganz oder teilweise einzuschränken[50]. Die Vertragsstaaten verpflichten sich also, in den Fällen keine oder nur ermäßigte Steuern zu erheben, die das Abkommen dem anderen Vertragsstaat ganz oder teilweise vorbehält. Man kann in diesem Zusammenhang von dem staatlichen Verzicht „auf Steueransprüche"[51] oder vom Teilen der „Steuerquellen"[52] sprechen.

Obwohl die bilateralen Doppelbesteuerungsabkommen weitgehend den OECD-Musterabkommen von 1963 und 1977 nachgebildet sind, gibt es dennoch Standardabweichungen, je nachdem, ob die Abkommen zwischen Industriestaaten, Entwicklungsländern oder Staatshandelsländern abgeschlossen worden sind. Diese Unterschiede beruhen im wesentlichen auf den unterschiedlichen Interessen der beteiligten Vertragsstaaten. Entwicklungsländer haben aufgrund ihrer Schuldnerposition ein Interesse daran, die Quellenbesteuerung so weit wie möglich aufrecht zu erhalten, um die Fiskalopfer gering zu halten. Dagegen sind Industrieländer bestrebt, auf Abkommensebene der Steueranrechnung den Vorzug zu erteilen, um so ihren Steueranspruch zu sichern. Staatshandelsländer versuchen, die Wohnsitzbesteuerung durchzusetzen und die Quellenbesteuerung einzuschränken[53].

---

[48] K. Vogel, DBA, 3. Auflage, München 1996, Einl. Rz. 28.

[49] RFH 03.10.1935, RStBl. 1935, 1399 ff (1400); K. Vogel, DBA, Einl. Rz. 46.

[50] H. Debatin, Zum Grundverständins von Doppelbesteuerungsabkommen, in: RIW 1988, S. 727. A. Spitaler, Das Doppelbesteuerungsproblem bei den direkten Steuern, Reichenberg 1936.

[51] BFH vom 28.06.1997, BStBl. II 1972, 785 ff. (789).

[52] BFH vom 05.02.1965, BStBl. III 1965, 352 ff. (353).

[53] Umfassend hierzu O. Jacobs, Internationale Unternehmensbesteuerung, 4. Aufl., München 1999, 43 ff, A. Knechtle, Grundfragen des Internationalen Steuerrechts, Basel/ Stuttgart, 1976, S. 204ff.

Die Doppelbesteuerung wird im Rahmen der Abkommen durch die Freistellungsmethode und die Anrechnungsmethode vermieden. Daneben wird die Methode der internationalen Steueraufteilung, die eine besondere Ausprägung der Anrechnungsmethode darstellt, für einzelne Einkunftsarten praktiziert.

4.1.2. Die Freistellungsmethode

Die Methode der Freistellung geht auf *Georg von Schanz*[54] und den Finanzausschuß des Völkerbundes[55] zurück. Sie wird im nationalen Recht nur selten als unilaterale Maßnahme der Vermeidung der Doppelbesteuerung eingesetzt[56]. Dagegen ist sie im Bereich der Doppelbesteuerungsabkommen eine der beiden vorgesehenen Methoden. Bei Anwendung der Freistellungsmethode wird der im Ausland angefallene Teil der Einkünfte im Inland von der Besteuerung ausgenommen[57]. Dabei werden nicht allein die entsprechenden ausländischen Einkünfte von der Besteuerung freigestellt, sondern die entsprechenden Steuerquellen als solche von der Besteuerung ausgeklammert. Im nationalen Recht führen die entsprechenden Abkommensvorschriften zu einer unmittelbar wirkenden Steuerbefreiung, sind also sog. self-executing-Normen[58]. Da sie überwiegend als sachliche Steuerbefreiungen aufgefaßt werden[59], greift die Freistellung deshalb grundsätzlich[60] unabhängig davon ein, ob in einem anderen Land tatsächlich eine Besteuerung erfolgt. Deshalb wird in diesem Zusammenhang häufig von der Vermeidung der bereits *virtuellen* Besteuerung gesprochen.

Der Verzicht des Ansässigkeitsstaates auf die Besteuerung der ausländischen Einkünfte bedeutet somit nicht, daß der Quellenstaat verpflichtet ist, eine entsprechende Besteuerung vorzunehmen[61]. Daher kann es vorkommen, daß in be-

---

[54] G. v. Schanz, Zur Frage der Steuerpflicht, FinanzArchiv 1892, Bd. 9, 8 ff.

[55] Report on Double Taxation, Economic and Financial Commission, League of Nations (Dok. F 19) vom 05.04.1923, S. 20 ff./n.v.

[56] Siehe aber z.B. § 102 Abs. 2 BewG, §§ 9 Nr. 7, 12 Abs. 3 Nr. 4 GewStG, § 8b Abs. 1 , 2 KStG.

[57] K. Vogel, DBA, 3. Aufl., München 1996, Art 23 Rz. 36; Art. 23 A OECD-MA.

[58] J.M. Mössner, Die Methoden zur Vermeidung der Doppelbesteuerung, in: K. Vogel (Hrsg.), Grundfragen des Internationalen Steuerrechts, Köln 1985, S. 135 ff (147).

[59] BVerfG v. 10.03.1971 BVerfGE 30, 272ff (280); H. Schaumburg, Internationales Steuerrecht, 2. Auflage, Köln 1998, Rz. 14.21, m.w.N., a.A. wohl K. Vogel, DBA, 3. Aufl. München 1996, Art 23, Rz. 76 ff,; ders., Ausländische Gerichtsentscheidungen als Anregung für den deutschen Steuerrechtler, in: Steuern und Wirtschaft 1982, S. 66 ff.

[60] Auf die sog. remittance-base-Klausel oder die sog. subject-to-tax-Klausel soll aus Gründen der Übersicht an dieser Stelle nicht weiter eingegangen werden. Näher dazu K. Vogel, DBA, 3. Aufl. München 1996, vor Art. 6-22 Rz. 9 und 10.

[61] Dieses gilt selbstverständlich auch für den umgekehrten Fall, daß der Quellenstaat von der Besteuerung ausgeschlossen ist.

stimmten Fällen eine Einkunftsart überhaupt nicht besteuert wird. Da die Zuteilung keine absolute Wirkung entfaltet, kann der Staat, der den Verzicht ausgeübt hat, die „Besteuerungslücke“ nicht ausfüllen[62]. Damit bewirkt die Methode der Steuerbefreiung, daß die Doppelbesteuerung schon theoretisch vermieden wird.

Die Auslandseinkünfte werden im Ergebnis somit ausschließlich mit der ausländischen Steuer belastet und damit der Konkurrenz im Investitionsstaat steuerlich gleichgestellt[63]. Hierdurch wird gewährleistet, daß der Unternehmer auf ausländischen Märkten den gleichen Steuerlasten unterworfen ist wie die dortigen Konkurrenten und somit steuerneutral am Wettbewerb teilnehmen kann. Der wirtschaftliche Erfolg der Freistellungsmethode wird als sog. Kapitalimportneutralität bezeichnet[64].

Die Freistellung der ausländischen Einkünfte bewirkt, daß sich die weiteren Tatbestandsmerkmale des innerstaatlichen Steuerrechts nur auf die der inländischen Besteuerung verbleibenden Einkünfte beziehen. So können z.B. außergewöhnliche Belastungen, Sonderausgaben oder Freibeträge für die freigestellten Einkünfte nicht steuermindernd geltend gemacht werden[65].

Seit ca. 1945 wird die Freistellungsmethode regelmäßig mit einem Progressionsvorbehalt verbunden[66], um den aus der Aufteilung des Einkommens resultierenden Vorteil der Progressionsminderung zu kompensieren[67]. Dadurch soll dem Prinzip der Besteuerung nach der individuellen Leistungsfähigkeit Rechnung getragen werden[68]. Es handelt sich zudem um eine Maßnahme, die internatio-

---

[62] RFH vom 29.02.1940, RStBl. 1940, S. 532; BFH vom 31.07.1974, BStBl. II 1975, 61ff (62); K. Vogel, DBA, 3. Aufl. München 1996, Einl. Rz 46a; anders bei der sog. subject-to-tax-Klausel, K. Vogel, DBA, 3. Aufl., München 1996, vor Art. 6-22, Rz. 9 und 10.

[63] K. Vogel, DBA, 3. Aufl. München 1996, Art 23 Rz. 36.

[64] Ausführlich dazu O. Gandenberger, Kapitalexportneutralität versus Kapitalimportneutralität, Aufsätze zur Wirtschaftspolitik, Forschungsinstitut für Wirtschaftspolitik an der Universität Mainz, Heft 7, 1983; für weitere Einzelheiten siehe weiter unten.

[65] J.M. Mössner, Die Methoden zur Vermeidung der Doppelbesteuerung, in: K. Vogel (Hrsg.), Grundfragen des Internationalen Steuerrechts, Köln 1985, S. 135 ff (149).

[66] Siehe z.B. Art. 23 A Abs. 3 OECD-MA.

[67] J.M. Mössner, Der Progressionsvorbehalt der Doppelbesteuerungsabkommen aus der Sicht des Völkerrechts, in: AWD 1968, S. 258; H. Debatin, Steuerbefreiung mit Progressionsvorbehalt als Methode zur Vermeidung der Doppelbesteuerung, in: AWD 1965; S. 41; L. Stobbe, Der Progressionsvorbehalt des Einkommensteuergesetzes bei ausländischen Einkünften, in: DStZ 1989 S. 81ff.

[68] Im deutschen Steuerrecht ist der Progressionsvorbehalt in § 32 b EStG geregelt und stellt eine Ausnahme zu § 32 a EStG dar, wonach der Steuersatz nach dem zu versteuernden Einkommen zu bemessen ist, J.M. Mössner, Die Methoden zur Vermeidung der Doppelbesteuerung, in: K. Vogel, (Hrsg.), Grundfragen des Internationalen Steuerrechts, Köln 1985, 135 ff. (155).

nale Minderbesteuerung verhindern soll. Aber nicht nur positive ausländische Einkünfte werden dem Progressionsvorbehalt unterworfen. Auch die ausländischen Verluste werden in der inländischen Progression berücksichtigt, entfalten im Rahmen der inländischen Besteuerung somit eine degressive Wirkung[69].

Eine darüber hinausgehende Verlustberücksichtigung erfolgt aufgrund der angenommenen sachlichen Steuerbefreiung nicht[70]. Das Verbot des Verlustausgleichs über die nationalen Grenzen hinweg wird von der Rechtsprechung aus dem Abkommen selbst abgeleitet, wonach bestimmte Einkünfte von der Besteuerung ausgenommen sind. Unabhängig von der Frage, ob eine solche Ableitung sachlich begründet ist, verstößt die Nichtberücksichtigung ausländischer Verluste gegen das Leistungsfähigkeits- und Welteinkommensprinzip, wenn die Gesamtsteuerbelastung hierdurch höher ausfällt als bei Anwendung der systemkonformen Anrechnungsmethode. Denn u.U. führt der Ausschluß der ausländischen Verluste erst dazu, daß eine nach innerstaatlichem Recht gar nicht bestehende Steuerpflicht erst begründet oder eine niedrige Steuer erhöht wird[71].

Die Freistellung wird nicht selten unter einem sog. Aktivitätsvorbehalt gewährt, so daß die betreffenden Einkünfte aus sog. aktiven oder produktiven Einkünften stammen müssen[72]. Dies gilt insbesondere für Unternehmensgewinne, die im Rahmen ausländischer Betriebsstätten erzielt werden, für bewegliches und unbewegliches Vermögen solcher Betriebsstätten und für Gewinne aus dessen Veräußerung, sowie für Schachteldividenden und die ihnen zugrundeliegenden Schachtelbeteiligungen. Stammen die Einkünfte nicht in dem vorgesehenen Umfang aus solchen Tätigkeiten, so tritt an die Stelle der Freistellung die Anrechnung[73].

---

69 Dieses gilt nicht für Körperschaften, die dem KStG unterliegen, da die Körperschaftsteuer nicht progressiv aufgebaut ist, M. Streck, KStG, 5. Aufl., München 1997, § 23 Anm. 1 ff.

70 Ständige Rechtsprechung, z.B. BFH vom 17.10.1990, BStBl. 1991 II, 136 m.w.N.; kritisch zu der Frage der Verlustberücksichtigung im Zusammenhang mit dem Progressionsvorbehalt J.M. Mössner, Die Methoden zur Vermeidung der Doppelbesteuerung, in: K. Vogel (Hrsg.), Grundfragen des Internationalen Steuerrechts, Köln 1985, S. 135 ff (149 ff); M. Knauer, Verlustausgleich und Doppelbesteuerngsabkommen, in: Steuern und Wirtschaft 1964, S. 155 ff.

71 Ein exemplarisches Beispiel führt K. Vogel an in DBA, 3. Aufl., München 1996, Art. 23 Rz. 71 ff.

72 K. Vogel, 3. Aufl., München 1996, DBA, Art 23 Rz. 88ff.

73 Eingehend K. Vogel, Verbot des Verlustausgleichs für bestimmte ausländische Verluste, in: BB 1983, S. 180 ff.

4.1.3. Die Anrechnungsmethode

Bei der Anrechnungsmethode wird die im Ausland gezahlte Steuer auf die Steuer im Ansässigkeitstaat angerechnet[74]. Im Gegensatz zur Freistellungsmethode entspricht die Anrechnung dem im deutschen Steuerrecht verankerten Welteinkommensprinzip. Der Unternehmer wird im Ergebnis mit dem Steuersatz des Ansässigkeitsstaates besteuert, so daß die unternehmerische Entscheidung unabhängig vom Steuerniveau des Investitionsstaates getroffen werden kann[75]. Eine solche Anrechnung ausländischer Steuern auf die inländische Steuerlast bezeichnet man aufgrund der Nivellierung unterschiedlicher Steuerniveaus in den Investitionsstaaten als Kapitalexportneutralität[76].

Zu unterscheiden sind die unbeschränkte Anrechnung, wenn also die ausländische Steuer vollumfänglich auf die für das Welteinkommen festgesetzte inländische Steuer angerechnet werden kann (full credit) und die - in der internationalen Praxis übliche - beschränkte Anrechnung (ordinary credit)[77]. Danach wird die anrechenbare ausländische Steuer auf die Höhe der anteiligen Inlandssteuer beschränkt[78]. Die Doppelbesteuerung wird in diesen Fällen nur dann beseitigt, wenn der durchschnittliche Steuersatz im Inland höher ist als im jeweiligen ausländischen Staat[79]. Durch die beschränkte Anrechnung wird daher stets die Steuerlast im höher besteuernden Staat effektiv[80].

Die beschränkte Anrechnung stellt für sich betrachtet einen ein Verstoß gegen das Welteinkommensprinzip dar. Die ausländische Steuer mindert die Leistungsfähigkeit des Steuerpflichtigen und muß – unabhängig ihrer Höhe – bei der Ermittlung des angemessenen Steuersatzes Berücksichtigung finden. Die ungeteilte Leistungsfähigkeit dient gerade als Rechtfertigung für das Welteinkommensprinzip und die Einbeziehung ausländischer Einkünfte in die steuerliche Bemessungsgrundlage.

---

74 K. Vogel, DBA, 3. Aufl., München 1996, Art 23 Rz. 126.

75 Ausnahmen ergeben sich im Rahmen der beschränkten Anrechnung, wenn die Steuer im Investitionsstaat höher ist als im Wohnsitzstaat.

76 O. Jacobs, Internationale Unternehmensbesteuerung, 4. Auflage, München 1999, S. 30 ff; J.M. Mössner, Die Methoden zur Vermeidung der Doppelbesteuerung, in: K. Vogel, (Hrsg.), Grundfragen des Internationalen Steuerrechts, Köln 1985, 135 ff. (161).

77 H. Schaumburg, Internationales Steuerrecht, 2. Auflage, Köln 1998, Rz. 14.27 ff.

78 Internationaler Vergleich der unterschiedlichen Anrechnung ausländischer Steuern bei A. Mennel, in: RIW 1977, S. 470ff.; ebenso K. Vogel, DBA, 3. Aufl., München 1996, Art 23 Rz 178.

79 In Deutschland muß aufgrund der in § 34 c Abs. 1 Satz 1 EStG normierten sog. per-country-limitation die Besteuerung in jedem ausländischen Staat betrachtet werden.

80 H. Becker, Tücken bei der Anrechnung ausländischer Steuern, in: BB 1977, S. 536ff.

Die Begrenzung der ausländischen Steuern auf die entsprechende Inlandssteuer führt zum anderen zu einer einseitigen Realisierung des Leistungsfähigkeitsprinzips: Sind die ausländischen Steuern niedriger als die inländischen, erfolgt eine Hochschleusung auf das höhere inländische Steuerniveau. Sind die ausländischen Steuern dagegen höher, unterbleibt eine Herabschleusung auf das niedrigere inländische Niveau. Grund für diesen Systembruch sind fiskalische Ängste, eine Steuererhöhung im Quellenstaat könnte die eigene Steuerbasis des Wohnsitzstaates gefährden[81]. *Schaumburg* regt deshalb die Einführung eines Anrechnungsvortrags oder –rücktrags (carry forward, carry back) für die den Anrechnungshöchstbetrag übersteigenden ausländischen Steuern an, um auch bei höheren ausländischen Steuern am Prinzip der Leistungsfähigkeit festhalten zu können[82].

Nachteil der Anrechnungsmethode ist, daß sich Steuervergünstigungen des Quellenstaates nicht auf die wirtschaftliche Situation des Steuerpflichtigen auswirken, sondern unmittelbar dem Fiskus des Wohnsitzstaates zugute kommen. So gehen insbesondere Investitionsanreize der Entwicklungsländer ins Leere[83].

4.1.4. Die internationale Steueraufteilung

Besondere Einkunftsarten[84], so die Erträge aus der Anlage von Kapital (Zinsen und Dividenden), führen zu einer internationalen Steuerteilung. Die Besteuerung der Einkünfte im Quellenstaat wird der Höhe nach begrenzt, und der Wohnsitzstaat des Empfängers rechnet die Steuer des Quellenstaates an und zwar auch dann, wenn das Abkommen sonst der Freistellungsmethode folgt[85].

In dem Konflikt zwischen Quellen- und Wohnsitzstaatsbesteuerung stellt die Lösung der Steueraufteilung eine besondere Art von Kompromiß dar und wird deshalb hier gesondert behandelt. Die Aufteilung der Höhe nach, die abgesehen von den hier genannten Einkunftsarten den Doppelbesteuerungsabkommen unbekannt ist, ermöglicht es, den Ansprüchen des Wohnsitzstaates gerecht zu werden, der auf die Herkunft der investierten Kapitalien bzw. der zur Nutzung eingeräumten Wirtschaftsgüter aus seinem Volksvermögen verweisen wird[86]. Zugleich berücksichtigt die Aufteilung, daß der Quellenstaat seine Infrastruktur,

---

[81] O. Jacobs, Internationale Unternehmensbesteuerung, 4. Auflage, München 1999, S. 27; H. Schaumburg, Internationales Steuerrecht, 2. Auflage, Köln 1998, Rz. 14.28, m.w.N.

[82] H. Schaumburg, Internationales Steuerrecht, 2. Auflage, Köln 1998, Rz. 14.28.

[83] Siehe aber § 26 Abs. 3 KStG und in dieser Arbeit 3. Teil, Kap. I.

[84] Siehe dazu Art. 10 und 11 OECD-MA.

[85] K. Vogel, DBA, 3. Aufl., München 1996, Einl. Vor Art 10-12, Rz. 1.

[86] K. Vogel, DBA, 3. Aufl., München 1996, Einl. Vor Art 10-12, Rz. 2.

seine Arbeitskräfte und seine sonstige öffentliche Versorgung dem Steuerpflichtigen zur Verfügung stellt und damit die Einkunftserzielung erst ermöglicht[87].

Dieser Interessengegensatz ist besonders stark zwischen typischen Kapitalgläubigerländern und typischen Kapitalschuldnerländern ausgeprägt. Die Entwicklungsländer können oft aus fiskalischen Gründen nicht auf eine Besteuerung der von Nichtansässigen empfangenen Zinsen, Dividenden und Lizenzgebühren verzichten[88].

Aber auch die Steueraufteilung läßt quellenstaatliche Investitionsanreize ins Leere gehen, denn dem Quellenstaat wird hier durch die Anrechnung seiner Steuern im Wohnsitzstaat und der damit verbundenen Hochschleusung des Steuerniveaus (s.o.) die Möglichkeit genommen, durch die Gestaltung seiner Steuern eine vorteilhafte Wirtschaftspolitik zu betreiben. Deshalb haben sich viele europäische Staaten in ihren Abkommen mit Entwicklungsländern bereit erklärt, unter bestimmten Voraussetzungen für nicht erhobene Steuern eine fiktive Anrechnung vorzunehmen[89]. Diese Mechanismen der fiktiven Anrechnung bezeichnet man je nach Wirkungsweise als sog. „tax sparing credit " oder „tax matching credit"[90].

4.2. Vermeidung von Minderbesteuerung

Ein bisher weniger in der Diskussion stehendes Problem ist die Minderbesteuerung von grenzüberschreitenden Wirtschaftsaktivitäten.

Im Bereich der Steuerhinterziehung oder Steuerverkürzung wird im Rahmen des deutschen Außensteuerrechts versucht, die Minderbesteuerung durch Maßnahmen der zwischenstaatlichen Amtshilfe[91], der erweiterten Aufklärungspflicht des Steuerpflichtigen[92] und durch Straf- oder Bußgeldvorschriften[93] zu vermeiden. Im übrigen dient im deutschen Rechtsgebiet das AStG der Verhinderung einer

---

87 Ausführlich dazu K. Vogel, World-Wide versus Source Taxation of Income, in: Interatx 1988, S. 398.

88 So sieht demzufolge das Andenpakt-Modell die ausschließliche Besteuerung aller drei Einkunftsarten im Quellenstaat vor. Der Anden-Gruppe (Grupo Andino) gehören Bolivien, Chile, Ecuador, Kolumbien, Peru und Venezuela an.

89 Dies gilt dann natürlich nicht allein bei der Steueraufteilung, sondern bei der Anrechnung schlechthin.

90 Nähere dazu H. Schaumburg, Internationales Steuerrecht, 2. Auflage, Köln 1998, Rz. 16.576.

91 Vgl. BMF-Schreiben zur zwischenstaatlichen Amtshilfe vom 1.12.1988, in BStBl. I 1988, S. 466, oder § 117 AO 1977.

92 §§ 16 ff AStG, § 90 Abs. 2 AO.

93 Vgl. den 8. Teil der Abgabenordnung.

unangemessenen Ausnutzung des internationalen Steuergefälles. So dienen z.B. Normen zur Korrektur unangemessener Verrechnungspreise (§ 1 AStG), zur Einschränkung fiktiver Wohnsitzverlagerungen (§§ 2-5 AStG) oder zur Eröffnung von Zugriffsmöglichkeiten auf Gewinne ausländischer Basis- oder Zwischengesellschaften der Aufrechterhaltung der nationalen Besteuerung.

In den Doppelbesteuerungsabkommen wurden gegenseitige Verpflichtungen zum Informationsaustausch der Vertragsstaaten (Art. 26 OECD-MA) normiert. Vereinzelt bestehen auch Verpflichtungen zur gegenseitigen Amtshilfe[94]. Daneben bestehen auch gesondert vereinbarte Verträge über eine Amts- und Rechtshilfe in Steuersachen[95]. Aber auch die Gewinnberichtigungsnormen für verbundene Unternehmen (z.B. Art 9 OECD-MA) oder die Betriebsstättenabgrenzungsnormen (z.B. Art 7 Abs. 2 OECD-MA) verfolgen das Ziel, inkongruente Gewinnabgrenzungen der beteiligten Staaten zu vermeiden[96].

Im US-amerikanischen Abkommensrecht finden sich sogenannte „treaty-shopping“-Klauseln[97], mit denen eine mißbräuchliche Inanspruchnahme des Abkommensschutzes verhindert werden soll. Der Begriff des „treaty-shopping“ umfaßt Gestaltungen, bei denen durch Zwischenschaltung einer in einem anderen Land ansässigen abkommensberechtigten Person Abkommensvergünstigungen erlangt werden können, die bei unmittelbarem Bezug der Einkünfte nicht zur Verfügung stehen.

Neuer Trend in der jüngeren Abkommenspolitik ist die Einführung sogenannte „switch-over“-Klauseln. Im Falle einer drohenden Nicht- oder Minderbesteuerung kann dadurch von der Freistellungs- auf die Anrechnungsmethode übergegangen werden[98].

Sind in Doppelbesteuerungsabkommen keine besonderen Regelungen zur Vermeidung von Minderbesteuerung formuliert worden, kommen die unilateralen Maßnahmen uneingeschränkt zur Geltung. Minderbesteuerung, die auf zwischenstaatlichen Qualifikationskonflikten beruht, wird zudem im Wege der bilateralen Verständigung beseitigt[99].

---

94 Vgl. z.B. Art. 27 des DBA Deutschland-Belgien.

95 Übersicht bei K. Vogel, DBA, 3. Aufl., München 1996, Art. 26 Rz. 84 ff.

96 O. Jacobs, Internationale Unternehmensbesteuerung, 4. Auflage, München 1999, S. 103.

97 Siehe z.B. Art. 28 DBA USA-Deutschland; näheres in Arthur Andersen & Co. GmbH, Doppelbesteuerungsabkommen Deutschland – USA, Köln 1990, Art. 28 Rz. 1 ff.

98 Abkommen, die eine solche Switch-over-Klausel bereits enthalten, sind die DBA mit Österreich, USA und Schweden.

99 Mit Verständigung ist hier nicht das in Art. 25 OECD-MA normierte Verständigungsverfahren gemeint.

4.3. Multilaterale Maßnahmen zur Vermeidung der Doppel- und Minderbesteuerung im Bereich des Electronic Commerce

Das Thema dieser Arbeit - die Ertragsbesteuerung des grenzüberschreitenden Handels im Internet - stellt derzeit im Hinblick sowohl auf Doppelbesteuerung als auch auf Minderbesteuerung eine besondere Herausforderung für multilaterale Organisationen und Verbände als auch für die einzelnen Staaten dar.

So versuchen z.B. Organisationen wie die Organization for Economic Cooperation and Development (OECD) [100] oder die International Fiscal Association (IFA)[101], auf multilateraler Ebene für bestimmte Sachverhalte einen Konsens für die internationale Besteuerung zu erzielen. Daneben verfassen im Bereich des Electronic Commerce auch einzelne Staaten öffentliche Diskussions- und Strategiepapiere u.a. zu steuerlichen Fragen des neuen Mediums[102]. Ziel dieser Papiere ist neben der Bestimmung des eigenen politischen Standortes die zügige Lösung der vielen offenen Steuerfragen auf bilateraler und multilateraler Ebene.

4. Die Betriebsstätte als Anknüpfungspunkt für die Ertragsbesteuerung[103]

Während der Betriebsstättendefinition bei rein nationalen Sachverhalten vor allem hinsichtlich der Abgrenzung der Einkunftsarten eine besondere Bedeutung zukommt, ist das Vorliegen einer Betriebsstätte bei internationalen Sachverhalten zwingende Voraussetzung für die Begründung und Ausübung des Besteuerungsrechts eines Staates, denn die Steuerberechtigung der Unternehmensgewinne liegt grundsätzlich ausschließlich beim Ansässigkeitsstaat[104]. Dem anderen Staat steht nur dann ein Besteuerungsrecht zu, wenn der Steuerpflichtige dort eine Betriebsstätte unterhält.

---

[100] Konferenzen der OECD in Turku (Finnland) November 1997: Dismantling the Barriers to Global Electronic Commerce; A Borderless World: Realizing the Potential of Electronic Commerce, Ottawa (Kanada) Oktober 1998; aber auch OECD-CFA, Electronic Commerce: The Challanges to Tax Authorities and Taxpayers. An informal Round Table Discussion between Business and Government.

[101] Konferenz der IFA in London im Oktober 1998; siehe dazu den R.L. Doernberg/ L. Hinnekens Report „Electronic Commerce and Intenational Taxation", Kluwer Law International 1999, der im Auftrage der IFA verfaßt wurde.

[102] U.S. Department of Treasury: Selected Tax Policy Implications, November 1996; Japan: Towards the Age of the Digital Economy: For Rapid Progress in the Japanese Economy and the World Economic Growth, Mai 1997; Australian Taxation Office: Tax and the Internet, August 1997; Canada Tax Administration: A Report to the Minister of National Revenue from the Minister's Advisory Committee on Electronic Commerce, April 1998.

[103] Auf den sog. „standigen Vertreter" wird an dieser Stelle nicht eingegangen.

[104] Grotherr/ Herfort/ Strunk, Internationales Steuerrecht, 1. Auflage, Bremen, 1998, S. 464.

Als Betriebsstätte bezeichnet man die Geschäftsentfaltung mittels einer festen Geschäftseinrichtung, die allerdings nicht mit einer umfassenden oder partiellen rechtlichen Selbständigkeit ausgestattet ist. Eine Betriebsstätte verkörpert lediglich einen Betriebsteil des investierenden Unternehmens mit mehr oder weniger starker wirtschaftlicher Selbständigkeit.

In Abhängigkeit von der Art des unternehmerischen Engagements ist die Betriebsstätte eine auf Dauer angelegte Unternehmenseinrichtung oder eine Einrichtung für die Durchführung eines einzelnen Auftrages, sofern dieser gewisse Mindestzeiten überschreitet. Dauerhafte Unternehmenseinrichtungen sind z.B. Zweigniederlassungen, Geschäftsstellen, Fabrikations- oder Werkstätten, Bergwerke oder Steinbrüche. Zeitlich begrenzte Betriebsstätten finden sich insbesondere bei Bau- oder Montagetätigkeiten.

Die Definition der Betriebsstätte erfolgt für die nationale Besteuerung immer nach den jeweiligen innerstaatlichen Vorschriften. Für das deutsche Außensteuerrecht gilt hier § 12 AO. Nach dieser Vorschrift gilt als Betriebsstätte jede feste Geschäftseinrichtung oder Anlage, die der Tätigkeit eines Unternehmens dient. § 12 Satz 2 AO enthält eine nicht abschließende Aufzählung von Beispielen für das Vorliegen einer Betriebsstätte. Insofern ist strittig, ob es sich um eine Klarstellung von Satz 1 oder um eine Definitionserweiterung handelt[105].

Jedoch gelten diese nationalen Definitionen dann subsidiär, wenn für den Besteuerungssachverhalt ein Doppelbesteuerungsabkommen zur Anwendung kommt, § 2 AO. Denn das Abkommensrecht hat eigene Definitionen für den Betriebsstättenbegriff in Art. 5 OECD-MA entwickelt, auf die im Anwendungsfall des Abkommens zurückgegriffen wird. Da sich diese Definitionen in den einzelnen Abkommen – sei es historisch bedingt oder aufgrund der unterschiedlichen Ziele der Vertragsparteien – teilweise unterscheiden, muß im konkreten Einzelfall stets das jeweilige Abkommen betrachtet werden. Ein Rückgriff allein auf Art. 5 OECD-MA ist nicht ausreichend[106].

Das Vorliegen einer Betriebsstätte hat also wesentliche Auswirkungen auf die Besteuerung der unternehmerischen Gewinne im Ansässigkeits- oder im Quellenstaat. Deshalb ist entscheidend, welche wirtschaftlichen Sachverhalte im Ein-

---

[105] Für eine Definitionserweiterung siehe J.M. Mössner u.a., Steuerrecht international tätiger Unternehmen, 2. Auflage, Köln 1998 Rz. B. 90; ebenso BFH vom 28.07.1993, BStBl. II 1994, S. 148; a.A. M. Klein, in: Herrmann/ Heuer/ Raupach, EStG, § 49 Rz. 216; m.w.N.

[106] O. Jacobs, Internationale Unternehmensbesteuerung, 4. Auflage, München 1999, S. 312.

zelfall als Betriebsstätte zu qualifizieren sind[107]. Diese Frage ist für das nationale Außensteuerrecht und das Abkommensrecht jeweils gesondert zu beantworten. Dabei wird aufgrund der Fülle der Kasuistik nur auf die für die Themenstellung der vorliegenden Arbeit relevanten grundlegenden Aspekte eingegangen.

5.1. Der Betriebsstättenbegriff im nationalen Recht

Die Anerkennung des Betriebsstättenbegriffs legt die Tendenz der einzelnen Staaten nahe, die Anknüpfungsmomente und damit den Bereich der inländischen Steuerpflicht ausländischer Unternehmer weit zu fassen. Davon ist auch der deutsche Gesetzgeber nicht frei geblieben[108]. Zu beachten ist, daß der Betriebsstättenbegriff neben seiner Funktion im Internationalen Steuerrecht auch andere Aufgaben im nationalen Steuerrecht zu erfüllen hat und dadurch eine gewisse Beeinflussung auch von anderer Seite stattgefunden hat[109].

Nach § 12 AO sind es vier kumulative Voraussetzung, die das Vorliegen einer Betriebsstätte begründen. Es muß eine (1) feste Geschäftseinrichtung oder Anlage vorhanden sein, die (2) nachhaltig und nicht nur vorübergehend den Standort der betrieblichen Einrichtung mit der Tätigkeit des Unternehmens verknüpft. Weiterhin muß das Unternehmen (3) die Verfügungsmacht über diese Einrichtung besitzen, und (4) die Einrichtung muß der Tätigkeit des Unternehmens dienen.

Eine (1) feste Geschäftseinrichtung oder Anlage liegt dann vor, wenn es sich um einen körperlichen Gegenstand handelt[110], wobei Geschäftseinrichtungen üblicherweise dem wirtschaftlich-kaufmännischen Bereich eines Unternehmens und Anlagen eher dem technischen Bereich zuzuordnen sind[111].

Weiterhin ist zwingende Voraussetzung, daß die Geschäftseinrichtung für einen (2) gewissen Zeitraum mit der Erdoberfläche verbunden ist. Unklar ist, welcher konkrete Zeitraum ausreicht, um eine Nachhaltigkeit in diesem Sinne zu begründen. Für Bauausführungen und Montagen wird die zeitliche Grenze von 6

[107] J. Lüdicke, Inländische Betriebsstätten ausländischer Unternehmen, in: Besteuerung wirtschaftlicher Aktivitäten von Ausländern in Deutschland, L. Fischer (Hrsg.), Forum der Internationalen Besteuerung, Bd. 8, Köln 1995, S. 39, „Aktuelle Aspekte der Betriebsstätten-Definition".

[108] O. Bühler, Prinzipien des internationalen Steuerrechts, Amsterdam 1964, S. 177 ff.

[109] V. Kluge, Das deutsche Internationale Steuerrecht, 3. Auflage, München 1992, S. 170.

[110] J.M. Mössner, in: Mössner u.a., Steuerrecht international tätiger Unternehmen, 2. Auflage, Köln 1998 Rz. B. 81; W. Kumpf, Besteuerung inländischer Betriebsstätten von Steuerausländern, Köln 1982, S. 30, BFH vom 03.02.1993, BStBl. II 1993 S. 462.

[111] Grotherr/ Herfort/ Strunk, Internationales Steuerrecht, 1. Auflage, Bremen, 1998, S. 465.

Monaten durch § 12 Satz 1 Nr. 8 AO vorgegeben. Diese kann als Richtwert für das Vorhandensein einer festen Einrichtung genommen werden, wobei jedoch stets Abweichungen je nach konkretem Einzelfall vorgenommen werden müssen[112].

Die erforderliche (3) Verfügungsmacht[113] muß der Unternehmer nicht aufgrund rechtlichen Eigentums innehaben. Ausreichend ist auch eine Verfügungsmacht aufgrund schuldrechtlich eingeräumter Nutzungsrechte. Neben den entgeltlichen Nutzungsrechten wie Miete und Pacht ist auch eine unentgeltliche Berechtigung des Unternehmers denkbar, soweit sie überhaupt eine Verfügungsmacht im geforderten Sinne einräumt.

Ohne Rücksicht auf die Rechtsform des Unternehmens kann eine feste Geschäftseinrichtung immer nur dann eine Betriebsstätte begründen, wenn sie der *betrieblichen* Tätigkeit dient (4). Durch das Merkmal des „Dienens" soll zum einen die besonders enge Beziehung zum Unternehmen, zugleich aber auch das subjektive Element der betrieblichen Veranlassung in Form endgültiger Funktionszuweisung oder Widmung zum Ausdruck gebracht werden[114].

Investitionen eines Unternehmens in Grundbesitz oder in die Vermietung und Verpachtung materieller und/oder immaterieller Güter begründen keine Betriebsstätte[115]. Diese Tätigkeiten sind ausschließlich dem Bereich des direkten Leistungsaustausches über die Grenze ohne festen inländischen „Stützpunkt" außerhalb des Sitzstaates des Stammhauses zuzuordnen[116].

Bisher nicht entschieden ist, ob es bei der Beurteilung des „Dienens" der Einrichtung auf deren abstrakte Nützlichkeit oder deren konkrete Dienlichkeit bezogen auf den konkreten Geschäftszweck des Unternehmens ankommt[117].

Als abschließend geklärt kann die Frage angesehen werden, ob Personal in der Betriebsstätte vorhanden sein muß. Zwar hatte das FG Saarland mit Urteil vom 26.06.1997[118] entschieden, daß eine Zweigniederlassung[119] mehr als ein Büro,

---

[112] BFH vom 30.10.1973, BStBl. II 1974 , S. 107; J.M. Mössner u.a., Steuerrecht international tätiger Unternehmen, 2. Auflage, Köln 1998 Rz. B. 88.

[113] BFH vom 28.03.1985, BStBl. II 1985, S. 405.

[114] R. Portner, Betriebsstätte durch grenzüberschreitende Internet-Transaktionen?, in: IStR 1998, S. 554.

[115] Debatin/ Wassermayer, Doppelbesteuerung, Band I; Systematik und Kommentierung des OECD-MA, Systematik IV, Anm. 55.

[116] O. Jacobs, Internationale Unternehmensbesteuerung, 4. Auflage, München 1999, S. 308.

[117] Grotherr/ Herfort/ Strunk, Internationales Steuerrecht, 1. Auflage, Bremen, 1998, S. 466.

[118] FG Saarland vom 26.06.1997, in: IStR 1997, S. 600 ff.

insbesondere dort tätiges Personal voraussetzt. In gleicher Weise hatte bereits der EuGH mit Urteil vom 04.07.1985[120] entschieden, daß der Begriff der festen Niederlassung sowohl Sachmittel als auch Mitarbeiter voraussetzt, die dem Unternehmer dabei behilflich sind, die Sachmittel zu nutzen und einzusetzen. Eine Zweigniederlassung ist jedoch mit einer Betriebsstätte begrifflich nicht identisch. So ist eine Zweigniederlassung zwar eine Betriebsstätte, nicht jede Betriebsstätte muß aber eine Zweigniederlassung sein. Das Urteil des FG Saarland findet deshalb in der Diskussion um den Einsatz von Personal in Betriebsstätten keine Berücksichtigung, da es allein die Voraussetzungen für das Vorliegen einer Zweigniederlassung klärt. Auch auf die Entscheidung des EuGH kann hier nicht zurückgegriffen werden, da die Betriebsstätte gemäß § 12 AO nicht mit einer Niederlassung begriffsidentisch ist.

Die deutsche Rechtsprechung vertritt überwiegend die Ansicht, daß es für die Bestimmung einer Betriebsstätte im Sinne von § 12 AO nicht auf den Einsatz von Personal am Ort der Einrichtung ankomme[121]. Auch überwiegende Teile der Literatur lehnen die Notwendigkeit des Einsatzes von Personal zur Begründung einer Betriebsstätte ab[122]. Der Betriebsstättenerlaßentwurf des BMF vom 10.06.1997[123] setzt ebenfalls nicht den Einsatz von Personen an oder in der Einrichtung bzw. Anlage voraus.

Dieser Ansicht ist zuzustimmen, denn die dienende Funktion der Geschäftseinrichtung wird nicht durch die Anwesenheit von Personal geschaffen, sondern ergibt sich aus der Eingliederung der Anlage in die Gesamttätigkeit des Unternehmens. Die Möglichkeit einer Betriebsstättenbegründung ohne den Einsatz von Personal ist nach § 12 AO im deutschen Außensteuerrecht somit möglich.

---

[119] Der Begriff der Betriebsstätte ist nicht mit dem der Zweigniederlassung identisch, FG Köln vom 14.10.1981, EFG 1982, S. 423.

[120] EuGHE 1985, 2251 ff.

[121] BFH vom 13.05.1958, BStBl. III 1958, S. 379; BFH vom 16.09.1964, BStBl. III 1965, S. 69, BFH vom 05.10.1965, BStBl. III, 1965, S. 668; BFH vom 12.10.1977, BStBl. II 1978, S. 160 ff.; BFH vom 30.10.1996, BStBl. II 1997, S. 12ff; FG Düsseldorf vom 10.09.1991, EFG 1992, S. 717.

[122] Siehe z.B. H.W. Kruse, in: Tipke/Kruse, AO-Kommentar, § 12 Rz. 20; a.A. wohl R. Portner, Betriebsstätte durch grenzüberschreitende Internet-Transaktionen?, in: IStR 1998, S. 554.

[123] BMF-Schreiben vom 10.06.1997, sog. „Betriebsstättenerlaßentwurf".

5.2. Der Betriebsstättenbegriff im Abkommensrecht

Die deutschen Doppelbesteuerungsabkommen folgen hinsichtlich des Aufbaus dem Art. 5 OECD-MA. Deshalb soll hier die Definition gemäß dem Musterabkommen zur Erörterung herangezogen werden. Dessen Abs. 1 enthält eine allgemeine Definition, Abs. 2 fügt eine beispielhafte und keineswegs abschließende Aufzählung von Betriebsstätten an, Abs. 4 beinhaltet einen Ausnahmekatalog. Der Absatz 3 enthält die Besonderheiten der Montagetätigkeit und Bauausführungen, Absätze 5 und 6 Regelungen zum ständigen Vertreter. Auf diese drei letztgenannten Absätze soll hier nicht weiter eingegangen werden.

Obwohl sich Art. 5 Abs. 1 OECD-MA und § 12 AO in ihren Voraussetzungen zur Annahme einer Betriebsstätte ähneln, bestehen doch gewisse Unterschiede. Während z.B. im deutschen Außensteuerrecht der Gesamtbereich der gewerblichen Tätigkeit, also auch gewerbliche Hilfs- und Nebentätigkeiten, betriebsstättenbegründend wirkt bzw. wirken, erfolgt im Abkommensrecht generell eine Begrenzung auf qualitativ und/ oder quantitativ bedeutsame gewerbliche Tätigkeiten[124]. Weiterhin sind im Gegensatz zum deutschen Außensteuerrecht (dort § 12 Satz 2 Nr. 5 AO) Warenlager in Art. 5 Abs. 2 OECD-MA nicht erwähnt und in Art. 5 Abs. 4 OECD-MA ausdrücklich ausgenommen, soweit sie ausschließlich zur Lagerung, Ausstellung oder Auslieferung von Waren genutzt werden[125]. Auch Ein- und Verkaufsstellen, die gemäß § 12 Satz 2 Nr. 6 AO eine inländische Betriebsstätte begründen, bleiben in Art. 5 Abs. 2 OECD-MA unerwähnt. Die Einkaufsstelle, die ausschließlich Waren für das Unternehmen beschafft, wird in Art. 5 Abs. 4 lit. d.) ausdrücklich ausgenommen[126]. Der Betriebsstättenbegriff des Abkommensrechts ist im Hinblick auf diese Beispiele enger gefaßt als der des nationalen Außensteuerrechts.

Auf einen etwaigen produktiven Charakter der Einrichtung wird nicht abgestellt, denn bei einem gut geführten Unternehmen darf als sicher angenommen werden, daß jeder Teil dieses Unternehmens zur Produktivität des Gesamtunternehmens beiträgt, Tz. 3. des OECD-Kommentar zu Art. 5. Somit können theoretisch auch Einrichtungen, die ausschließlich Kosten verursachen, die Voraussetzungen des Art. 5 Abs. 1 OECD-MA erfüllen[127].

---

[124] O. Jacobs, Internationale Unternehmensbesteuerung, 4. Auflage, München 1999, S. 313.
[125] K. Vogel, DBA, 3. Auflage, München 1996, Art. 5 Rz. 110.
[126] K. Vogel, DBA, 3. Auflage, München 1996, Art. 5 Rz. 114.
[127] Keine Betriebsstätten sind dagegen Einrichtungen, die ihrem Wesen und ihrer Zwecksetzung nach nicht zur Ausübung von Unternehmenstätigkeiten gedacht sind, wie z.B. Ferienanlagen für die Belegschaft.

5.2.1. Aufstellen und Betreiben von Automaten

Im Kommentar zum OECD-MA ist in Tz. 10 die unternehmerische Tätigkeit, die in dem Betreiben von Automaten, beispielsweise Spiel- oder Verkaufsautomaten, besteht, besonders erwähnt. Das Aufstellen von Automaten, um sie an einen Betreiber zu vermieten, führt danach nicht zur Annahme einer Betriebsstätte. Werden Maschinen oder Automaten auf eigene Rechnung durch das Unternehmen selbst oder einen abhängigen Vertreter betrieben, kann dagegen eine Betriebsstätte angenommen werden. Die Annahme einer Betriebsstätte setzt hier allerdings voraus, daß Personal für die Betriebsstätte in der Weise tätig wird, die über das Installieren hinausgeht[128].

5.2.2. Hilfstätigkeiten gemäß Art. 5 Abs. 4 OECD-MA

Der Art. 5 Abs. 4 des OECD-MA und seine Liste der Ausnahmen ist die bedeutsamste Abweichung der DBA gegenüber dem deutschen Außensteuerrecht. Ausgenommen werden nach Abkommensrecht Tätigkeiten rein vorbereitender oder unterstützender Art. Diese stellen nicht die eigentliche erwerbswirtschaftliche Tätigkeit des Unternehmens dar und sind von der tatsächlichen Gewinnerzielung weit entfernt. Die Inlandsbeziehung ist insofern mit dem Unternehmenszweck nur mittelbar verbunden[129].

Umstritten ist in diesem Zusammenhang, ob es für die Qualifikation einer Hilfstätigkeit nur auf deren Art und nicht auf den Umfang dieser Tätigkeit ankommt. Nach Tz. 24 des OECD-Kommentars zu Art. 5 ist für die Abgrenzung der Hilfstätigkeiten zu den sonstigen Tätigkeiten entscheidend, „ob die Tätigkeit der festen Geschäftseinrichtung an sich einen wesentlichen und maßgeblichen Teil der Tätigkeit des Gesamtunternehmens ausmacht“. Hieraus kann gefolgert werden, daß der konkreten Tätigkeit dann kein Hilfscharakter mehr zukommt, wenn sie im Hinblick auf die Tätigkeit des Gesamtunternehmens quantitativ bedeutsam ist. Ob eine derartige Abgrenzung in der Praxis durchzuführen ist, mag jedoch bezweifelt werden.

Im Hinblick auf Einkaufstätigkeiten oder Informationsbeschaffungen ist aufgrund der sachlichen Befreiung der Informationstätigkeit einer Nachrichtenagentur gemäß Tz. 22 des OECD-Kommentars zu Art. 5 davon auszugehen, daß hier die quantitative Komponente unbeachtlich ist. Diese Auffassung hat auch

---

[128] Tz. 10 des OECD-MA Kommentars zu Art. 5.

[129] J.M. Mössner, in Mössner u.a., Steuerrecht international tätiger Unternehmen, 2. Auflage, Köln 1998 Rz. B. 108.

der BFH in seinem Urteil vom 23.01.1985[130] vertreten. Danach fallen unter den Katalog der Betriebsstättenausnahmen alle Geschäftseinrichtungen, die ausschließlich der Informationsbeschaffung dienen. Werden in einer solchen Redaktionsaußenstelle jedoch nicht nur Informationen beschafft, sondern auch originäre Leistungen in Form von selbst verfaßten Artikeln erbracht, dann liegt eine Betriebsstätte unabhängig davon vor, ob durch die Tätigkeit ein wesentlicher Beitrag zum Erfolg des Unternehmens geleistet wurde.

5.2.3. Zur Frage der Begriffsidentität von „Dienen" und „Ausüben"

Fraglich ist, ob durch die neue Rechtsprechung des BFH[131] nunmehr davon ausgegangen werden kann, daß im Punkte der Dienlichkeit der Betriebsstätte für das Unternehmen Identität zwischen nationalem Steuerrecht und Abkommensrecht besteht. Das Gericht hatte für Zwecke der Vermögenssteuer zu entscheiden, ob eine Rohrleitung, durch die ein ausländisches Unternehmen fremdes Rohöl transportierte, eine inländische Betriebsstätte im Sinne des § 121 Abs. 2 Nr. 3 Satz 3 BewG darstellt. Nach der Entscheidung des Gerichts liegt entgegen dem Wortlaut des Art. 5 Abs. 1 OECD-MA eine Betriebsstätte auch dann vor, wenn zwar nicht durch diese Einrichtung selbst die Tätigkeit des Unternehmens ausgeübt wird, jedoch eine mittelbare Dienlichkeit der Einrichtung für die Unternehmenstätigkeit angenommen werden kann.

Das Gericht sah in seiner Entscheidung keinen Widerspruch zu dem Urteil des BFH vom 12.10.1977[132], wonach das bloße Durchleiten von Rohrleitungen durch ein Ölunternehmen nur Transportfunktion hat und keine Ausübung eines Gewerbebetriebes darstellt, soweit nicht eine Abgabe des Transportgutes erfolgt. Das Gericht begründet seine Auffassung damit, daß diesem Urteil nach Wegfall des § 16 Abs. 4 StAnpG zumindest für das Bewertungsrecht keine Bedeutung mehr zukomme.

Zu bedenken ist aber, daß die Regelung des früheren § 16 Abs. 4 StAnpG inhaltlich in § 28 Abs. 2 Nr. 2 GewStG übernommen worden ist. Danach stellt für Gewerbesteuerzwecke das bloße Durchleiten eines Gutes durch eine Leitung dann keine Betriebsstätte dar, wenn das Gut nicht zusätzlich an den Abnehmer abgegeben wird. Der frühere § 16 Abs. 4 StAnpG läßt darauf schließen, daß der Gesetzgeber auch für ertragsteuerliche Zwecke nicht allein in dem Durchleiten eines Gutes durch eine im Inland gelegene Rohrleitung eine Betriebsstätte annehmen wollte. Daß § 16 Abs. 4 StAnpG nicht in § 12 AO sondern in § 28 Abs.

---

[130] BFH vom 23.01.1985, BStBl. II 1985, S. 417.
[131] BFH vom 30.10.1996, BStBl. II 1997, S. 12 ff.; auch abgedruckt in: IStR 1997, S. 147.
[132] BFH vom 12.10.1977, BStBl. II 1978, S. 111.

2 Nr. 2 GewStG übernommen wurde, läßt somit darauf schließen, daß für den Gesetzgeber nur für die gewerbesteuerliche Zerlegung eine Betriebsstätte durch Transport eines Gutes von Bedeutung war. Durch die Entscheidung des BFH vom 30.10.1996 kann deshalb nicht ohne weiteres von einer Ausdehnung des nationalen Betriebsstättenbegriffes ausgegangen werden[133].

Auch in abkommensrechtlicher Hinsicht kann das Urteil des BFH vom 30.10.1996 nicht ohne weiteres als begriffserweiternd ausgelegt werden. So ist das Gericht in seiner Entscheidung, die auf Art. 2 Abs. 1 Nr. 2 des DBA mit den Niederlanden abstellt, nicht auf den unterschiedlichen Wortlaut der Begriffsbestimmungen im nationalen und im Abkommensrecht eingegangen. Auch hat sich das Gericht nicht mit der Kommentierung zu Art. 5 OECD-MA unter dem Gesichtspunkt der Ausübung von Tätigkeiten durch Personen auseinandergesetzt[134]. Es bleibt also abzuwarten, ob durch die Entscheidung des BFH vom 30.10.1996 tatsächlich eine Gleichsetzung der Begriffe des „Dienens" und des „Ausübens" gemäß den Begriffsbestimmungen in § 12 AO und Art. 5 Abs. 1 OECD-MA angestrebt war. Das werden zukünftige Entscheidungen des Gerichts ergeben[135].

5.3. Verhältnis des nationalen Rechts zum Abkommensrecht

Trotz der Anlehnung an Art. 5 OECD-MA weicht § 12 AO im einzelnen von den Abkommensdefinitionen ab. Liegt bezüglich beider Vorschriften eine übereinstimmende Definition vor, so ergeben sich keine Schwierigkeiten. Entweder ist nach beiden Vorschriften eine Betriebsstätte gegeben, oder der Sachverhalt wirkt eben nicht betriebsstättenbegründend.

Begründet der Sachverhalt nach Abkommensrecht eine Betriebsstätte, nach nationalem Recht jedoch nicht, so liegt ein sog. weiter Abkommensbegriff vor, der zu keiner Besteuerung im Quellenstaat führt[136]. Das Abkommen selbst begründet nämlich keine Besteuerungsmöglichkeit, diese ist allein dem nationalen Recht vorbehalten. Sieht dagegen das Abkommensrecht einen Sachverhalt als nicht betriebsstättenbegründend an, das nationale Recht dagegen schon, so han-

---

133 So auch R. Portner, Betriebsstätte durch grenzüberschreitende Internet-Transaktionen?, in: IStR 1998, S. 555.

134 F. Wassermeyer, Anm. zum Urteil vom 30.06.1996, in: IStR 1997, S. 149, M. Günkel, Anm. zum Urteil vom 30.06.1996, in: IWB Fach 3a, Gruppe 1, S. 589.

135 Auch der Betriebsstättenerlaßentwurf des BMF bringt insoweit keine Klärung.

136 J.M. Mössner, in: Mössner u.a., Steuerrecht international tätiger Unternehmen, 2. Auflage, Köln 1998 Rz. B. 105.

delt es sich um einen sog. engen Abkommensbegriff[137]. Das Abkommen wirkt in diesem Fall wie eine objektive Steuerbefreiung. Zwar handelt es sich nach nationalem Recht um Einkünfte i.S.d. § 49 EStG, ein Zugriff des deutschen Fiskus ist jedoch nicht möglich. Hier wirkt sich die Subsidiariät des nationalen Rechts gemäß § 2 AO erkennbar aus.

Bei der Auslegung des Betriebsstättenbegriffs ist stets auf das Nebeneinander von Abkommensrecht und nationalem Außensteuerrecht zu achten. Die Auslegung des Betriebsstättenbegriffs erfolgt im Rahmen des Abkommensrechts stets durch Anwendung des jeweiligen Abkommens, die Auslegung im Rahmen des nationalen Außensteuerrechts erfolgt stets durch die Anwendung der einschlägigen nationalen Normen[138].

Auf Abkommensebene kann ein Rückgriff auf das nationale Recht beider Staaten nur dann zur Begriffsbildung erfolgen, wenn sich der Abkommensbegriff selbst unter Beachtung des Sinn- und Sachzusammenhangs nicht eindeutig präzisieren läßt. Der Rückgriff ist also als letzte Auslegungshilfe zu verstehen[139]. Unterscheiden sich in einem solchen Sonderfall die Wertungen beider Vertragsstaaten, so sind auftretende Steuerverzerrungen im Wege des Verständigungsverfahrens auszuräumen.

---

[137] J.M. Mössner, in: Mössner u.a., Steuerrecht international tätiger Unternehmen, 2. Auflage, Köln 1998 Rz. B. 106.

[138] H. Debatin, Das Betriebsstättenprinzip der deutschen Besteuerungsabkommen, in: DB 1989, Teil I: S. 1692 ff. (1693).

[139] O. Jacobs, Internationale Unternehmensbesteuerung, 4. Auflage, München 1999, S. 320.

II. Electronic Commerce und die Probleme internationaler Ertragsbesteuerung

1. Technischer Hintergrund des Internets[140]

Der Begriff Internet steht nicht für ein einzelnes, weltumspannendes Computernetzwerk, sondern es hat den Charakter eines Metanetzwerkes, das die Möglichkeit bietet, verschiedene, voneinander unabhängige Netzwerke miteinander zu verbinden.

Das Internet ist dezentral aufgebaut. So gibt es keine zentrale Verwaltungsstation, keine zentrale Rechnerstation, sondern eine Vielzahl von Betreibern, angeschlossene Rechner und Netze weltweit. Wichtigster Bestandteil des Internets sind die Hochgeschwindigkeitsdatenleitungen mit großer Verarbeitungskapazität (sog. Backbones). Diese Leitungen ermöglichen einen schnellen Transport von hohen Datenmengen (z.B. bei der Übermittlung von Graphiken).

Von jedem Rechner ist grundsätzlich der Zugriff auf Daten und Ressourcen aller Teilnetze möglich. Die Kommunikation zwischen den unterschiedlichen Rechnern ist in hohem Maße vereinheitlicht. So sorgen z.B. das sog. TCP (Transmission Control Protocol) und das sog. IP (Internet Protocol) für eine einheitliche Kommunikation der Teilnetze und Rechner. Verwenden Netze andere Protokolle für ihr Routing, so werden für die Kommunikation mit Rechnern des Internets sog. „Gateways“ benötigt. Ein Beispiel dafür ist z.B. der Zugriff auf Datenquellen im Internet aus Online-Diensten, wie z.B. T-Online oder AOL, heraus[141].

Der Datentransport durch die verschiedenen Netze zum Zielrechner (Routing) erfolgt durch Weitergabe von Datenpaketen über Knotenpunkte. Ein solcher Knotenpunkt ist nichts anderes als ein Rechner, der mit Hilfe seiner Software die Verbindung zu anderen Rechnern anderer Netze herstellen kann. Die Weiterleitung zum Zielrechner erfolgt auf dem zum jeweiligen Zeitpunkt zur Verfügung stehenden schnellsten Kanal zum nächsten Knotenpunkt. Es handelt sich insofern um eine Selbststeuerung des Internets (sog. „Dynamic Routing“)[142].

---

[140] Für eine ausführliche technische Beschreibung des Electronic Commerce siehe R.L. Doernberg/ Abrams, How Electronic Commerce Works, Tax Notes International 1997, S. 1573 ff.

[141] F. Börner, Der Internet Rechtsberater, 1. Aufl., Köln 1999, S. 18.

[142] F. Börner, Der Internet Rechtsberater, 1. Aufl., Köln 1999, S. 19.

Die Aufgabe des sog. Internet Service Provider bestand in der Anfangszeit des Internets allein in dem Anschluß des Kundenrechners über die Telefonleitung an das Internet. Sein eigener Rechner dient lediglich als Relaisstation. Mittlerweile hat sich das Leistungsspektrum erheblich erweitert. Über den reinen Internetanschluß hinaus vermitteln die Internet Service Provider häufig die notwendigen Kenntnisse für den Einstieg ins Internet, stellen Plattenspeicher für eigene Webseiten zur Verfügung, helfen bei der Werbung im Internet und beraten allgemein bei der Nutzung des neuen Mediums.

Sog. Content Provider sind Anbieter von redaktionell aufbereiteten Informationen im Internet. Manche Content Provider, deren Seiten besonders stark besucht werden, verdienen sich ein ansehnliches Zubrot durch die Vermietung von interaktiven Werbeflächen an Unternehmen, die damit auf ihre eigenen Informationsangebote im Internet aufmerksam machen[143].

Ein Server ist ein mit spezieller Software ausgestatteter Computer, der die vom Inhaltsanbieter zur Verfügung gestellten Informationen speichert und sie den Internet-Nutzern zum Zugriff bereitstellt.

Das World-Wide-Web (WWW) ist ein Internet-Service, der es dem Nutzer erlaubt, auf die in Form einzelner Seiten, den Web-Pages, gespeicherte Daten in Form von Texten, Bildern, sowie Audio- und Videosequenzen zuzugreifen. Eine Web-Site läßt sich als die Summe aller Informationen definieren, die ein Inhaltsanbieter im WWW auf einzelnen Web-Pages unter einer bestimmten Adresse zur Verfügung stellt. Wenn ein Nutzer eine Web-Page aufruft, werden die Informationen der Web-Page temporär in den Arbeitssspeicher des Nutzer-PCs übertragen.

2. Einführung

Fragen der Besteuerung von Wirtschaftsaktivitäten im Internet haben sich innerhalb der letzten Jahre in den Vordergrund wissenschaftlicher, berufspraktischer und fiskalpolitischer Untersuchungen geschoben. So sind die ungezählten wissenschaftlichen Beiträge in den Fachzeitschriften, die Vielzahl der Diskussionsbeiträge der internationalen Organisationen aber auch Äußerungen der Finanzverwaltungen der einzelnen Länder ein beredter Ausdruck der vielen grundlegenden Zweifelsfragen, die durch das neue Medium aufgeworfen werden[144]. Die

---

[143] F. Börner, Der Internet Rechtsberater, 1. Aufl., Köln 1999, S. 28.

[144] L. Fischer, Grundfragen der Besteuerung von Transaktionen im Internet, in: Steuerliche Aspekte des Electronic Commerce, Hefte der Internationalen Besteuerung, Nr. 120, Hamburg 1998, S. 1.

Bedeutung dieser Fragen ist vor dem Hintergrund der erheblichen Auswirkungen auf die jeweilige nationale Steuerbasis zu sehen. Die Lösung der Streitpunkte ist deshalb hohes politisches Ziel.

Die vorliegende Arbeit wird die aufgeworfenen steuerlichen Fragen der Ertragsbesteuerung des grenzüberschreitenden Handels im Internet aufgreifen, dagegen die mehrwertsteuerlichen Problemkreise ausklammern. Schwerpunkt der Arbeit bilden die Lösungsansätze zur Ausgestaltung des Fiskalzugriffs auf den Ertrag der Geschäftsaktivität, denn die Steueraufteilung zwischen den einzelnen nationalen Steuerhoheiten ist das die derzeitige Diskussion beherrschende Thema.

Dieses Kapitel der Arbeit wird zunächst die Probleme aufzeigen, die durch das neue Medium im Bereich des Ertragssteuerrechts entstanden sind. Es wird deutlich machen, daß das Internet eine Herausforderung für die Gesetzgebung auf dem Gebiet der internationalen Besteuerung darstellt und ein internationaler Besteuerungskonsens notwendig ist, um einer längerfristigen Destabilisierung der internationalen Steuerrechtsordnung entgegenzuwirken.

Die Diskussion wirft folgende Fragen auf dem Gebiet der Ertragsteuern auf[145]:

- Welcher Einkunftsart ist das durch Electronic Commerce generierte Einkommen zuzuordnen?
- In diesem Zusammenhang stellt sich die Frage, ob Wirtschaftsaktivitäten im Internet eine feste Geschäftseinrichtung bzw. eine Betriebsstätte begründen.
- Wo bzw. in welchem Land entsteht das Einkommen?
- Wo ist der im Electronic Commerce Tätige ansässig?

Nicht behandelt wird in diesem Zusammenhang die Frage, wie die aus dem Electronic Commerce stammenden Leistungen zwischen verbundenen Unternehmen verrechnet werden sollen. Die Einkommens- und Vermögensabgrenzung innerhalb eines Konzerns ist lediglich Folgefrage der gesuchten Besteuerungsform, beeinflußt jene aber allenfalls im Rahmen der technischen Machbarkeit[146].

---

[145] L. Fischer, Grundfragen der Besteuerung von Transaktionen im Internet, in: Steuerliche Aspekte des Electronic Commerce, Hefte der Internationalen Besteuerung, Nr. 120, Hamburg 1998, S.2.

[146] M. Wichmann, Aufteilung der Einkünfte und des Vermögens auf rechtlich selbständige und unselbständige Unternehmensteile, Heft der Internationalen Besteuerung, Nr. 120, Hamburg 1998, S. 1 ff.

3. Bestimmung der Einkunftsart und der Einkunftsquelle

Sowohl das nationale Steuerrecht als auch die Doppelbesteuerungsabkommen teilen die Einkünfte und Vermögenswerte nach unterschiedlichen Einkunftsarten und Arten von Vermögenswerten auf. Dabei umschreibt der Tatbestand der Steuernorm jeweils einen Kreis von Einkünften oder Vermögensgegenständen und grenzt sich somit gegenüber anderen Tatbeständen ab. Dieser Konzeption verschiedener Einkunftsarten haftet zwangsläufig etwas Künstliches an[147], da die Abgrenzung der einzelnen Einkunftsarten eine willkürliche und unvollkommene Entscheidung des Gesetzgebers darstellt. Nicht immer läßt sich deshalb eine Einkunft ohne weiteres einer bestimmten Einkunftsart zuweisen.

Insbesondere die geschäftlichen Aktivitäten im Internet haben eine Diskussion um die richtige Zuordnung zu einer Einkunftsart entfacht. Die Schwierigkeiten der richtigen Zuordnung sind nicht zuletzt auf die Besonderheiten des neuen Mediums selbst zurückzuführen. So zeichnet sich das Internet durch den Verlust verschiedener Merkmale aus, die im bisherigen Zivil- und Steuerrecht als tatbestandliche Anknüpfungspunkte gedient haben.

3.1. Die Phänomene des Internets

Die juristische Auseinandersetzung mit Sachverhalten, die einen Bezug zum Internet haben, werfen grundsätzlich keine gänzlich neuen Topoi auf, denn der Verlust einzelner dieser tatbestandlichen Anknüpfungspunkte war auch früher schon latent gegeben (z.B. bei der Kommunikation via Telefon). Erst mit der starken Verbreitung des Internets wird die Brisanz der Besonderheiten des neuen Mediums erkannt[148]. Die geschäftliche Aktivität im Internet zeichnet sich durch ein hohes Maß an Dematerialisierung, Deterritorialisierung und Extemporalisierung[149] aus.

3.1.1. Dematerialisierung des Wirtschaftsgutes

Neben den gegenständlichen Waren und der ausgeübten Dienstleistung wird durch das Internet zunehmend die reine Information als Wirtschaftsgut in den Vordergrund gerückt. Eine bestimmte Datenmenge wird zwischen den Anwen-

---

[147] L. Fischer, Grundfragen der Besteuerung von Transaktionen im Internet, in: Steuerliche Aspekte des Electronic Commerce, Hefte der Internationalen Besteuerung, Nr. 120, Hamburg 1998, S. 4.

[148] T. Hoeren, Internet und Recht – Neue Paradigmen des Informationsrechts, in: NJW 1998, S. 2849 ff.

[149] T. Hoeren, Internet und Recht – Neue Paradigmen des Informationsrechts, in: NJW 1998, S. 2850 ff.

dern des neuen Mediums ausgetauscht, die in Umfang und Werthaltigkeit nicht ohne weiteres bestimmbar ist. Auch ursprünglich körperliche Waren, wie z.B. Bücher oder Videofilme, können im Rahmen des Internets durch digitalisierte Übertragung ihre ursprüngliche Körperlichkeit verlieren. Dem Endverbraucher ist es letztlich gleichgültig, ob der Videofilm in Form einer Cassette in den Videorekorder eingelegt oder von einer Datenbank heruntergeladen wird.

3.1.2. Zur Deterritorialisierung des Steuerrechts

Die geschäftliche Aktivität im Internet zeichnet sich durch die mühelose Überwindung räumlicher Distanzen aus. Dieses gilt sowohl für die schuldrechtliche Ausgestaltung der zugrundeliegenden Verträge als auch für die sachenrechtlichen Übereignungen der digitalisierten Güter und Leistungen. Der Anbieter ist Teilnehmer eines weltumspannenden Marktes, in dem sich die räumliche Entfernung der Marktteilnehmer auf die Sichtentfernung zum eigenen Bildschirm reduziert.

Jedoch verlaufen sich im Internet alle Normen ins Nichts, die auf den Raum, das Territorium oder den Sitz Bezug nehmen[150]. Denn die elektronische Geschwindigkeit deterritorialisiert das Steuerrecht[151]. Die Teilnehmer treffen sich an irgendeiner Schnittstelle des weltweiten Datennetzes, ohne daß eine genaue Bestimmung dieses Ortes vorgenommen werden kann. Der „virtuelle“ Treffpunkt wird jedesmal neu durch das System vorgegeben und unterliegt grundsätzlich nicht der Bestimmung der Teilnehmer. Territorialität wird dadurch zum Zufallsprodukt[152].

3.1.3. Zur Extemporalisierung des Steuerrechts

Zeitliche Bezüge werden durch das Internet weitgehend ad absurdum geführt. Das zeigt sich insbesondere bei automatischen Bestellsystemen und sonstiger intelligenter Software, die „eigenverantwortlich“ tätig wird. Der Mensch und damit das menschliche Handeln als Bezugspunkt im Rechtsverkehr rückt in den Hintergrund. Die Schnelligkeit der Datenübertragung läßt Normen wie beispielsweise § 130 Abs. 1 Satz 2 BGB zur Makulatur werden.

---

150 T. Hoeren, Internet und Recht – Neue Paradigmen des Informationsrechts, in: NJW 1998, S. 2850.

151 S. Vief, Digitales Geld, in: Rötzer (Hrsg.), Digitaler Schein, 1991, S. 117, 130.

152 Der aktuelle Datentransfer erfolgt über eine Vielzahl von Routern, die als Subverteiler entscheiden, wie die Daten weitergeleitet werden, Vgl. Selected Tax Policy Implications of Global Electronic Commerce, Department of the Treasury, Office of Tax Policy, 21.12.1996, 2.4.

Auch Zugangsfiktionen, die noch auf traditionelle Kommunikations- und Beförderungsmittel abstellen, wie z.B. § 4 Abs. 1 VwZG oder § 80 AO, müssen im Hinblick auf das neue Medium neu überdacht werden.

Im Hinblick auf steuerrechtliche Fragestellungen ist die periodengerechte Abgrenzung von Einnahmen und Ausgaben zu nennen, die durch das Internet erschwert wird. So müssen vollautomatische Bestellsysteme oder sonstige elektronische Transaktionssysteme den steuerrechtlichen (und auch handelsrechtlichen) Dokumentationserfordernissen Rechnung tragen, um eine aussagekräftige Gewinnermittlung zu ermöglichen. Verliert sich der Zeitpunkt des Vertragsschlusses oder einer sonstigen Transaktion im globalen Netz, ohne daß der genaue Zeitpunkt des Abschlusses ermittelt werden kann, so kann die periodengerechte Gewinnermittlung in Frage gestellt sein.

3.2. Einkünftequalifizierung nach nationalem Recht

Die Einkunftsqualifizierung bei unbeschränkt Steuerpflichtigen ist im deutschen Steuerrecht von untergeordneter Bedeutung, da diese nur Auswirkungen auf die Inanspruchnahme gesonderter Steuersätze, besonderer Freibeträge sowie pauschaler Abzugsbeträge hat, die jedoch stets subsidiär eingreifen, nachdem die Steuerpflicht als gegeben angesehen wurde. Dagegen ist die Einkunftsqualifizierung bei beschränkt Steuerpflichtigen für die Besteuerung überhaupt konstitutiv. Bei Personen, die im Inland weder einen festen Wohnsitz (§ 8 AO) noch einen gewöhnlichen Aufenthalt haben (§ 9AO), wird nicht auf die Person des Einkunftserzielers sondern auf das Besteuerungsobjekt selbst abgestellt[153]. Eine Steuerpflicht des beschränkt Steuerpflichtigen liegt vor, wenn seine Tätigkeit neben den Tatbestandsvoraussetzungen der §§ 13 –23 EStG auch die weiteren im Sinne des § 49 Abs. 1 EStG erfüllt. Der geforderte Inlandsbezug muß sich durch sachliche Anknüpfungspunkte manifestiert haben, die je nach Einkunftsart unterschiedlich ausgestaltet sind.

Die Bestimmung der Einkunftsart ist bei wirtschaftlicher Aktivität im Internet nicht ohne weiteres möglich. Die Tätigkeit könnte grundsätzlich folgende nationale Einkunftsarten im Sinne des § 49 Abs. 1 EStG darstellen[154]:

---

[153] Siehe dazu schon 1. Teil, Kap. I, 3.1.

[154] Siehe auch G. Strunk, Einkunftsqualifizierung nach nationalem Recht, in: Steuerliche Aspekte des Electronic Commerce, Hefte der Internationalen Besteuerung, Nr. 120, Hamburg 1998, S. 2 ff.

- Einkünfte aus Gewerbebetrieb gemäß § 49 Abs. 1 Nr. 2 EStG
- Einkünfte aus selbständiger Arbeit gemäß § 49 Abs. 1 Nr. 3 EStG
- Einkünfte aus nichtselbständiger Arbeit gemäß § 49 Abs. 1 Nr. 4 EStG
- Einkünfte aus Vermietung und Verpachtung gemäß § 49 Abs. 1 Nr. 6 EStG
- Sonstige Einkünfte gemäß § 49 Abs. 1 Nr. 9 EStG

Hinsichtlich der Anknüpfungspunkte kann man solche territorialer Natur nennen, die an die räumliche Verbundenheit des Vermögens des Steuerpflichtigen zum Inland anknüpfen. Dieses ist bei unbeweglichem Vermögen und bei Betriebsstätten der Fall. Bei den anderen aufgeführten Einkunftsarten, deren Ursache in der Tätigkeitsausübung einer natürlichen Person oder der Verwertung oder Nutzung geschaffenen geistigen Eigentums besteht, wird auf die Ausübung, Verwertung oder Nutzung im Inland abgestellt[155].

3.2.1. Einkünfte aus Gewerbebetrieb

Inländische Einkünfte aus Gewerbebetrieb liegen gemäß § 49 Abs. 1 Nr. 2 lit. a.) EStG vor, wenn für diesen eine Betriebsstätte unterhalten wird oder ein ständiger Vertreter bestellt ist. Electronic Commerce im engeren Sinne bezeichnet die Handels- und Vertriebsaktivität eines Unternehmens im Bereich der elektronischen Medien. Kann diese Tätigkeit des Unternehmens als gewerblich im Sinne von § 15 Abs. 2 Satz 1 EStG qualifiziert werden, kann es (nur) zu einer beschränkten Steuerpflicht kommen, wenn eine Betriebsstätte[156] unterhalten wird oder ein ständiger Vertreter bestellt ist.

3.2.1.1. Die Telekomunikationseinrichtung als Betriebsstätte

Werden Internet-Transaktionen eines ausländischen Unternehmers[157] über einen im Ausland gelegenen Server abgewickelt, auf den inländische Nutzer über das Internet Zugang haben, so liegt keine inländische Betriebsstätte vor. Einziger Anknüpfungspunkt wäre nämlich die im Inland belegene Telekommunikationseinrichtung (Kabel, Schaltsstelle, Modem, u.s.w.), die einen Zugang zum ausländischen Server ermöglicht.

---

[155] G. Strunk, Einkunftsqualifizierung nach nationalem Recht, in: Steuerliche Aspekte des Electronic Commerce, Hefte der Internationalen Besteuerung, Nr. 120, Hamburg 1998, S. 3 ff.

[156] Zum Begriff der Betriebsstätte im nationalen Recht siehe, 1. Teil, Kap. 1, 5.1.

[157] Im folgenden werden die Begriffe „Unternehmer“, „Unternehmen“ und „Internet-Gesellschaft“ synonym verwendet.

Zwar handelt es sich bei dieser physischen Internet-Infrastruktur um eine feste Geschäftseinrichtung[158]. Auch entschied der BFH mit Urteil vom 01.12.1983[159], daß es zwar ernstlich zweifelhaft sei, daß eine aus dem Ausland ferngesteuerte Pipeline mit ausländischer Pumpstation eine deutsche Betriebsstätte sei. Nicht zweifelhaft dagegen sei, daß die mit einer unterirdischen Rohrleitung verbundene inländische Pumpstation, die aus dem Ausland ferngesteuert werde, eine solche Betriebsstätte darstelle. Man könnte also die im Inland belegene Telekommunikationseinrichtung mit einer solchen ferngesteuerten Pumpstation gleichsetzen und folglich von einer Betriebsstätte ausgehen.

Jedoch ist zu bedenken, daß dem ausländischen Unternehmer über die im Inland belegene Telekommunikationseinrichtung eine direkte Verfügungsgewalt nicht zusteht[160]. Auch wird die Einrichtung nicht durch ihn selbst, sondern durch das Telekommunikationsunternehmen bzw. den Internet Service Provider (ISP) genutzt, der dem Nutzer Zugang zum Internet ermöglicht und das Unternehmen unter seiner Internet-Adresse (Domain) für potentielle Kunden erreichbar macht[161]. Die Wartung und Erhaltung der Einrichtung obliegt dem ISP.

Der Unternehmer tritt somit ausschließlich mit seinem Zugangsanbieter in Rechtsbeziehung. In Anbetracht der technischen Gegebenheiten könnte zwar eine indirekte Nutzungsmöglichkeit angenommen werden, es liegt aber keine betriebsstättenbegründende Verfügungsmacht des Inhaltsanbieters über deutsche Telekommunikationseinrichtungen vor.

In diesem Sinne entschied auch das FG Rheinland-Pfalz am 03.11.1997[162], daß ein auf einem Satelliten befindlicher Transponder von dem Satellitenbetreiber für den Kunden im Rahmen eines Dienst- oder Werkvertrags, nicht aber durch den Kunden aufgrund einer Nutzungsüberlassung genutzt werde.

Etwas anderes kann sich deshalb nur ergeben, wenn es sich bei den Einrichtungen um solche des ausländischen Unternehmers selbst handelt, oder dieser von einem Telekommunikationsunternehmen atypischerweise das Nutzungsrecht an

[158] S. Bernütz, Ertragsbesteuerung grenzüberschreitender Internet-Transaktionen: Anknüpfung an eine deutsche Betriebsstätte? in: IStR 1997, S. 353 ff.

[159] BFH vom 01.12.1983, I B 53/ 82, n.v.

[160] S. Bernütz, Ertragsbesteuerung grenzüberschreitender Internet-Transaktionen: Anknüpfung an eine deutsche Betriebsstätte? in: IStR 1997, S. 355.

[161] R. Portner, Betriebsstätte durch grenzüberschreitende Internet-Transaktionen?, in: IStR 1998, S. 555.

[162] FG Rheinland-Pfalz, Urteil vom 03.11.1997, 1430 E-473/ 97/n.v.

diesen Einrichtungen erworben hat[163]. Eine solche atypische Gestaltung kommt in der Praxis jedoch nicht vor.

3.2.1.2. Die Web-Site als Betriebsstätte

Auch die Web-Site des Inhaltsanbieters, die vom Server in den Arbeitsspeicher des Kunden-PC's geladen wird, wird in der Diskussion um die Begründung einer Betriebsstätte als Anknüpfungspunkt herangezogen. Diese Web-Site kann dann entweder in die Festplatte des Computers überspielt[164] oder aus dem Arbeitsspeicher ohne weitere Sicherung wieder entfernt werden.

Es ist jedoch schon im Ansatz erkennbar, daß den Web-Sites die notwendige Eigenschaft einer festen Einrichtung fehlt. Die Daten können jederzeit aus dem Arbeitsspeicher gelöscht werden. Ob eine Übernahme der Daten auf die Festplatte erfolgt, ist eine Entscheidung des Kunden. Unterbleibt eine Übernahme der Daten, was die Regel sein dürfte, so geht die Web-Site für den Kunden spätestens mit dem Abschalten des PC's wieder verloren. Als eine feste Einrichtung kann sie daher nicht qualifiziert werden[165].

Die Web-Site besteht in der Regel nur für die Zeit ihres Gebrauchs im PC des Anwenders und Kunden. In diesem Zusammenhang kann die Web-Site mit einer Geschäftsbeziehung verglichen werden, die der Kunde aufnimmt, aber jederzeit wieder aufgeben kann. Solche Geschäftsbeziehungen sind für die Begründung einer notwendigen Dauerhaftigkeit oder Ständigkeit, wie sie im nationalen Steuerrecht oder im Abkommensrecht Voraussetzungen sind, nicht ausreichend[166]. Die englische Übersetzung des Ausdrucks der Betriebsstätte als „permanent establishment" macht schon in ihrem Wortlaut die Notwendigkeit einer gewissen Dauerhaft deutlich.

Zudem geht mit dem Kopieren der Daten vom Server in den Arbeitsspeicher des Kunden-PC's die Verfügungsmacht des Inhaltsanbieters an der Web-Site auf den Kunden bzw. Anwender über. Der Inhaltsanbieter hat nach Überspielung der Daten keinen Einfluß mehr auf die Verwendung seiner zur Verfügung gestellten Daten. Es zeigt sich somit, daß die Web-Site nicht geeignet ist, eine Betriebsstätte im traditionellen Sinne zu begründen.

---

[163] Yamanouchi, International Tax Issues Affects Electronic Commerce and Banking, in: Tax Notes International 1997, S. 1619 ff. (1621).

[164] Die Web-Site verliert allerdings die interaktive Verbindung zum Server, sobald die Kommunikation zwischen Server und PC unterbrochen wird.

[165] I. Lejeune, B. Vartham, I. Verlinden, A. Verbeken, Does Cyber-Commerce Necessitate a Revision of International Tax Concepts, in: European Taxation, Part 2, 1998, S. 51.

[166] Vgl. K. Vogel, DBA, 3. Auflage, München 1996, Art. 5 Rz. 22.

3.2.1.3. Der Internet-Server als Betriebsstätte

Im Bereich des Electronic Commerce wird intensiv diskutiert, ob ein Internet-Server eine Betriebsstätte begründen kann[167].

Unzweifelhaft handelt es sich bei dem Server um eine feste Einrichtung, die zumeist mit dem Erdboden verbunden ist und dauerhaft dem Betrieb dient. In der Regel steht der Server im Miteigentum oder Alleineigentum des Inhaltsanbieters, so daß auch eine ausreichende Verfügungsmacht des Steuerpflichtigen gegeben ist. Möglich und denkbar sind aber auch schuldrechtliche Nutzungsüberlassungen.

Steht dem Inhaltsanbieter dagegen der Server lediglich insoweit zur Verfügung, daß er ihn tatsächlich für seine geschäftlichen Aktivitäten nutzen kann, ohne daß eine zivilrechtliche Vereinbarung diesbezüglich getroffen wurde, so mangelt es an einer ausreichenden Rechtsposition, die jene geforderte Verfügungsmacht begründet. Eine Betriebsstätte liegt in diesem Fall aufgrund mangelnder Verfügungsmacht nicht vor[168].

Zu beachten ist, daß der Server auch das Tatbestandsmerkmal der Dauerhaftigkeit erfüllen muß. So ist für den Kunden die örtliche Anbindung an den Server unbeachtlich, da er über seinen Zugangsanbieter weltweiten Zugriff auf einen Server nehmen kann. Eine Web-Site kann daher ohne negative Auswirkungen für den Kunden von einem inländischen Server auf einen ausländischen Server übertragen werden. Für die Beurteilung des Merkmals der Dauerhaftigkeit könnten deshalb die Sonderregelungen für Bauausführungen und Montagen (§ 12 Satz 2 Nr. 8 AO, Art 5 Abs. 3 OECD-MA) herangezogen werden[169]. Wird der Server innerhalb eines Zeitraums von 12 Monaten (Art 5 Abs. 3 OECD-MA) oder von 6 Monaten (§ 12 Satz 2 Nr. 8 AO) vom Inland ins Ausland verlegt, kann von einer Dauerhaftigkeit im Sinne der einschlägigen Regelungen im nationalen und im Abkommensrecht nicht ausgegangen werden.

---

[167] Siehe u.a. R. Portner, Betriebsstätte durch grenzüberschreitende Internet-Transaktionen?, in: IStR 1998, S. 556, S. Bernütz, Ertragsbesteuerung grenzüberschreitender Internet-Transaktionen: Anknüpfung an eine deutsche Betriebsstätte? in: IStR 1997, S. 356.

[168] Liegt eine Fallgestaltung vor, in der ein Server nicht der Verfügungsmacht des Inhaltsanbieters unterliegt, so ist unzweifelhaft Betriebsstätte nicht gegeben. Dieser Punkt ist in der Diskussion unstreitig und soll hier nicht weitere Vertiefung finden.

[169] R. Portner, Betriebsstätte durch grenzüberschreitende Internet-Transaktionen?, in: IStR 1998, S. 556.

Ob das Urteil des BFH vom 30.10.1996 (Pipeline-Urteil)[170] eine Ausweitung des Betriebsstättenbegriffs dergestalt zum Ziel hat, daß auch ohne den Einsatz von Personen in der Einrichtung eine Betriebsstätte angenommen werden kann[171], ist für den Bereich des nationalen Außensteuerrechts grundsätzlich unbeachtlich[172]. Denn nach nationalem Außensteuerrecht war auch bislang der Einsatz von Personal nicht konstitutiv für das Vorliegen einer Betriebsstätte. So hat der BFH in seiner Rechtsprechung schon Plakatsäulen[173], Anschlagtafeln oder Spiel- und Verkaufsautomaten[174] zur Betriebsstätte erklärt. Eine Einrichtung oder Anlage dient der Tätigkeit im Sinne von § 12 Satz 1 AO auch dann, wenn es sich um rein mechanische, vollautomatische Anlagen oder Einrichtungen ohne ständigen Personaleinsatz handelt[175]. Daß der Server grundsätzlich keines Personals im Belegenheitsstaat bedarf, wäre deshalb im Hinblick auf die Begründung einer Betriebsstätte gemäß § 12 Satz 1 AO unbeachtlich.

Ob der Server lediglich Hilfstätigkeiten oder Tätigkeiten rein vorbereitender Art ausführt oder dem Haupttätigkeitsbereich des Unternehmens zugeordnet werden kann, ist für das nationale Außensteuerrecht ebenfalls nicht entscheidend. Im Gegensatz zum Abkommensrecht sind Hilfstätigkeiten oder solche vorbereitender Art nach nationalem Außensteuerrecht grundsätzlich geeignet, eine Betriebsstätte zu begründen. Wird also der Server dazu benutzt, digitale Waren zu lagern, auszustellen oder auszuliefern, so reicht dieses gemäß § 12 Satz 2 Nr. 5 AO grundsätzlich schon aus, um eine Betriebsstätte zu begründen.

Die Tätigkeiten des Servers sind in der Regel ohnehin sehr vielseitig. So wird der Kunde mit Hilfe des Servers umfassend beraten und betreut. Auch der eigentliche Vertragsabschluß und der sich daran anschließende Zahlungsverkehr können über das Gerät abgewickelt werden. Der Server bietet somit einen Leistungsumfang, der an eine inländische Vertriebsniederlassung erinnert und geht in einem solchen Fall über die Wahrnehmung von Hilfstätigkeiten und solchen vorbereitender Art regelmäßig weit hinaus[176].

---

[170] BFH vom 30.10.1996, BStBl. II 1997, S. 12 ff.

[171] Für eine solche Auslegung des Urteils siehe G. Strunk, Grenzüberschreitende Geschäftsaktivitäten durch das Internet als weißer Fleck der Besteuerung, IStR 1997, S. 257 ff., ders. Anmerkungen zum sog. Betriebsstättenerlaßentwurf, in: IStR 1997, S. 513 ff (514).

[172] Siehe dazu schon 1. Teil, Kap. I, 5.1.

[173] BFH vom 13.05.1958, BStBl. III, 1958, S. 379.

[174] BFH vom 16.09.1964, BStBl. II, 1965, S. 69; BFH vom 5.10.1965, BStBl. II, 1965, S. 668.

[175] BFH vom 12.10.1977, BStBl. II, 1978, S. 160 ff.; BFH vom 30.10.1996, BStBl. II, 1997, S. 12 ff; K. Tipke/ H.-W. Kruse, AO-Kommentar, 85. Erg. Lief., § 12 Rz. 20. m.w.N.

[176] S. Bernütz, Ertragsbesteuerung grenzüberschreitender Internet-Transaktionen: Anknüpfung an eine deutsche Betriebsstätte?, in: IStR 1997, S. 356.

Der Internet-Server kann somit schon nach bisheriger Rechtslage eine Betriebsstätte nach nationalem Außensteuerrecht darstellen. Entscheidend ist insoweit jedoch, daß der Inhaltsanbieter auch die Verfügungsmacht über den Server hat. Eine inländische Steuerpflicht läßt sich im Fall des Electronic Commerce also leicht dadurch umgehen, daß der Inhaltsanbieter auf die Verwendung eines eigenen Servers verzichtet und vertraglich einen unabhängigen Internet-Provider verpflichtet, die Verbindung zwischen Kunden und Homepage herzustellen. Eine solche Vertragsgestaltung läßt die Verfügungsmacht des Inhaltsanbieters über den inländischen Server des unabhängigen Internet-Providers entfallen. Eine eigene inländische Betriebsstätte des Inhaltsanbieters läge nicht vor.

Die weitere Entwicklung des Betriebsstättenbegriffs bleibt im Hinblick auf die finale Version des Betriebsstättenerlasses abzuwarten. Vor dem Hintergrund des BFH Urteils vom 30.10.1996 kann jedoch auch zukünftig davon ausgegangen werden, daß ein personeller Einsatz zur Begründung einer Betriebsstätte nicht notwendig ist. Zudem ist für das nationale Außensteuerrecht nicht entscheidend, ob eine reine Hilfstätigkeit des Servers vorliegt oder ob Tätigkeiten wahrgenommen werden, die in den Bereich der Haupttätigkeiten des Unternehmens fallen[177].

3.2.1.4. Der Internet-Provider oder die Homepage als ständiger Vertreter

Gemäß § 49 Abs. 1 Nr. 2 lit. a.) 2. Alternative EStG können inländische Einkünfte vorliegen, wenn sich der Unternehmer eines ständigen Vertreters bedient. Die Prüfung, ob ein ständiger Vertreter im Quellenstaat zu einer beschränkten Steuerpflicht führt, ist jedoch nur dann vorzunehmen, wenn keine inländische Betriebsstätte vorliegt. Im Electronic Commerce ist ein ständiger Vertreter im Inland dann gegeben, wenn sich der Unternehmer bewußt einer zusätzlichen Person im Quellenstaat bedient.

Ständiger Vertreter ist eine Person, soweit sie nachhaltig die Geschäfte eines Unternehmers besorgt und dabei dessen Sachweisungen unterliegt, § 13 AO[178]. Im Gegensatz zum Abkommensrecht ist die Tätigkeit eines ständigen Vertreters nicht auf den Abschluß von Geschäften beschränkt, sondern es ist jede Tätigkeit, die zum Erfolg des Unternehmens im Inland beiträgt[179].

---

[177] Die ausländische Literatur lehnt die Annahme einer Betriebsstätte überwiegend ab. D.-L. Forst, The Continuing Vitality of Source-Based Taxation in the Electronic Age, in: Tax Notes International, 1997, S. 1455 ff. (1470).

[178] Siehe auch W. Heinicke, in. L. Schmidt, EStG, 18. Auflage, München 1999, § 49 Rz. 23.

[179] H.W. Kruse in: Tipke/ Kruse, AO-Kommentar, § 13 Rz. 3.

In der Regel wird weder ein Telekommunikationsunternehmen noch ein Netzprovider als ständiger Vertreter des ausländischen Unternehmers anzusehen sein. Die vertragliche Ausgestaltung der Geschäftsbeziehungen führt weder zu einer Weisungsgebundenheit noch zu einer rechtlichen und/ oder wirtschaftlichen Abhängigkeit dieser Unternehmen gegenüber einem einzelnen ausländischen Internet-Unternehmen.

Die Auffassung, eine sog. „intelligente Homepage" könne einen ständigen Vertreter darstellen, ist nicht haltbar, da die Vertreterstellung zum einen voraussetzt, daß das Unternehmen von einem Dritten vertreten wird[180]. Die Homepage selbst ist aber nur technisches Hilfsmittel des Unternehmers selbst[181]. Zum anderen muß der ständige Vertreter eine natürliche oder juristische Person sein[182]; die „intelligente Homepage" ist aber keine eigene Rechtspersönlichkeit.

3.2.1.5. Zusammenfassung

Die Telekommunikationseinrichtungen im Inland begründen in der Regel keine Betriebsstätte nach nationalem Außensteuerrecht. Auch die Web-Site kann die Anforderungen, die an eine Betriebsstätte gemäß § 12 AO gestellt werden, nach derzeitigem Recht nicht erfüllen. Weder eine intelligente Homepage noch der Netzprovider können als ständige Vertreter im Sinne des § 13 AO angesehen werden. Dagegen kann der im Inland belegene Server eines Inhaltsanbieters je nach Gestaltung im Einzelfall als Betriebsstätte im Sinne von § 12 Satz 1 AO qualifiziert werden

3.2.2. Einkünfte aus selbständiger oder nichtselbständiger Tätigkeit

Im Gegensatz zum geographischen Anknüpfungspunkt bei der Besteuerung gewerblicher Einkünfte liegt der Anknüpfungspunkt bei der Besteuerung von selbständiger bzw. nichtselbständiger Tätigkeit primär in der Ausübung.

Erfolgt die Ausübung der Tätigkeit gemäß § 49 Abs. 1 Nr. 3 oder Nr. 4 EStG im Inland, so liegt eine beschränkte Steuerpflicht des Ausübenden vor. Eine Tätigkeit wird in der Regel dann im Inland ausgeübt, wenn der Steuerpflichtige per-

---

[180] G. Strunk, Einkunftsqualifizierung nach nationalem Recht, in: Steuerliche Aspekte des Electronic Commerce, Hefte der Internationalen Besteuerung, Nr. 120, Hamburg 1998, S. 5.

[181] Gleiches gilt für die sogenannten „Software-Agenten", die vom Kunden von der Homepage des Content-Providers heruntergeladen werden und vor Ort genutzt werden.

[182] E.-M- Gersch, in: Klein, AO, 6. Aufl., München 1996; so auch der Wortlaut des § 13: „Ständiger Vertreter ist eine Person...".

sönlich im Inland tätig wird[183]. Selbständige oder unselbständige Tätigkeiten können deshalb nur natürliche Personen im Inland erzielen. Ausländischen juristischen Personen ist es dagegen nach ständiger Rechtsprechung des BFH[184] nicht möglich, derartige Einkünfte zu erzielen, da es ihnen am Wesensmerkmal der vorrangigen persönlichen Ausübung fehlt. Diese Rechtslage kann dazu führen, daß ausländische juristische Personen, die im Inland keine Betriebsstätte (§12 AO) oder keinen ständigen Vertreter (§ 13 AO) unterhalten, mit ihren inländischen Einkünften nicht beschränkt steuerpflichtig sind, obwohl sich die Einkunftsquellen im Inland befinden. Eine ausländische Kapitalgesellschaft, die im Rahmen des Electronic Commerce wirtschaftlich betätigt, wird deshalb in der Regel im Inland keine Einkünfte gemäß § 49 Abs. 1 Nr. 3 oder 4 EStG erzielen.

Der Ort der Ausübung hängt von der persönlichen Tätigkeit der Person ab. Daher kann auch ein inländischer Server den Ausübungsort nicht in das Inland verlegen. So wird ein japanischer Börsenmakler, der seine Beratung in Japan vornimmt und via Internet dem Hamburger Anleger zukommen läßt, eindeutig ausschließlich in Japan tätig. Eine Verlagerung des Ortes der Ausübung aufgrund eines in Hamburg genutzten Servers ist nicht möglich.

Weiterer Anknüpfungspunkt der § 49 Abs. 1 Nr. 3 oder 4 EStG ist die Verwertung der Arbeit im Inland. Das Gesetz enthält keine Legaldefinition des Verwertungsbegriffs[185]. Unter Verwertung ist grundsätzlich jede wirtschaftliche Ausnutzung, insbesondere durch Nutzen, Benutzen oder Gebrauch durch eigenes Tätigwerden des Steuerpflichtigen zu verstehen[186].

Die neuere Rechtsprechung schränkt den Verwertungsbegriff jedoch in mehrfacher Weise ein. So setzt Verwertung u.a. einen über die Arbeitsleistung hinausgehenden Vorgang voraus. Es muß ein körperliches oder geistiges Arbeitsprodukt entstehen, das der Steuerpflichtige selbst dem Inland zuführt[187]. Weiterhin muß eine Personenidentität zwischen dem Leistungserbringer und dem Verwer-

[183] Zenthöfer/ Schulze zur Wiesche, Einkommensteuer, 5. Aufl. Stuttgart 1999, S. 1061; BFH vom 12.11.1996, BStBl. II 1987, S. 372.

[184] BFH vom 07.07.1971, BStBl. II 1971, S. 771; BFH vom 23.05.1973, BStBl. II 19973, S. 287; BFH vom 01.12.1982, BStBl. II 1983, S. 213.

[185] Die Rechtsprechung hatte bisher in Anlehnung an § 40 Abs. 2 LStDV a.F. verlangt, daß der wirtschaftliche Erfolg der Tätigkeit der inländischen Volkswirtschaft unmittelbar zu dienen bestimmt sein müsse. Nach Aufhebung dieser Vorschrift versucht die Finanzverwaltung, die Besteuerung noch auszudehnen (A 92 II LStR bis 1987).

[186] R.-D. Scholtz, in: Hartmann/Böttcher/ Nissen/ Bordewin, EStG, § 49 Rz. 40.

[187] BFH vom 12.11.1986, BStBl. II 1987, S. 379.

tenden bestehen. Verwerten im Sinne von § 49 Abs. 1 Nr. 3 oder 4 EStG kann somit nur derjenige, der die verwertete Leistung selbst erbracht hat[188].

Die einschränkende Auslegung des Verwertungsbegriffs bei den Einkünften aus selbständiger bzw. nichtselbständiger Arbeit läßt eine beschränkte Steuerpflicht des ausländischen Unternehmers im Inland entfallen. Dieser wird seine eigene Arbeitsleistung im Inland regelmäßig nicht selber verwerten, sondern die Verwertung gegen Entgelt Dritten überlassen.

Sowohl der Ausübungsbegriff als auch der subsidiäre Verwertungsbegriff des § 49 Abs. 1 Nr. 3 und 4 EStG stehen somit der Annahme einer beschränkten Steuerpflicht des Inhaltsanbieters entgegen.

3.2.3. Einkünfte gem. § 49 Abs. 1 Nr. 6 EStG und § 49 Abs. 1 Nr. 9 EStG

3.2.3.1. Einkünfte aus Vermietung und Verpachtung gem. § 49 Abs. 1 Nr.6 EStG

In Abgrenzung zu dem Verwertungsbegriff des § 49 Abs. 1 Nr. 3 und 4 EStG ist die Verwertung in Sinne des § 49 Abs. 1 Nr. 6 EStG als jede wirtschaftliche Ausnutzung eines überlassenen Sachinbegriffes (Sachen, Rechte oder Know-how) durch Nutzen, Benutzen oder Gebrauchen durch eigenes Tätigwerden des Berechtigten zu verstehen[189].

Nicht notwendig nach dieser Vorschrift ist eine Verwertung der überlassenen Wirtschaftsgüter durch den Steuerpflichtigen selbst. Jedoch wird der sachliche Inlandsbezug zur Begründung einer beschränkten Steuerpflicht dadurch hergestellt, daß die Wirtschaftsgüter in einer inländischen Betriebsstätte oder in einer anderen Einrichtung verwertet werden müssen.

Unter Einrichtung im Sinne dieser Vorschrift versteht man eine feste Geschäftseinrichtung oder Anlage, die nur deshalb nicht als Betriebsstätte anzusehen ist, weil sie nicht der Tätigkeit eines Unternehmens dient (z.B. Einrichtungen von Rundfunk und Fernsehanstalten)[190]. Der Begriff der Einrichtung ist ebenso wie der Betriebsstättenbegriff dem Bereich der unternehmerischen Tätigkeit zuzuordnen. Somit führt eine Verwertung dann nicht zu einer beschränkten

---

[188] BFH vom 12.11.1986, BStBl. II 1987, S. 383; BFH vom 07.07.1971, BStBl. II 1971, S. 771, BFH vom 05.11.1992, BStBl II 1993, S. 407.

[189] BFH vom 23.05.1973, BStBl. II 1974, S. 287; BFH vom 05.11.1992, BStBl. II 1993, S. 407.

[190] H. Krabbe, in: Blümich, EStG-Kommentar, § 49 Rz. 157 d.

Steuerpflicht, wenn das Wirtschaftsgut nicht für betriebliche Zwecke, sondern für die private Nutzung überlassen wurde.

Die Einkünfte aus dem Electronic Commerce werden nur in wenigen Ausnahmefällen einer Besteuerung auf der Grundlage des § 49 Abs. 1 Nr. 6 EStG unterliegen. Lediglich die entgeltliche Einräumung von Nutzungsrechten an Wirtschaftsgütern an inländische Gewerbetreibende (beispielsweise die Vermietung von Software an ein inländisches Unternehmen) würde zu einer beschränkten Steuerpflicht des ausländischen Unternehmers führen.

3.2.3.2. Sonstige Einkünfte gemäß § 49 Abs. 1 Nr. 9 EStG

§ 49 Abs. 1 Nr. 9 EStG ist durch das 2. Steueränderungsgesetz 1973[191] eingefügt worden. Die Vorschrift dient als Auffangtatbestand und erfaßt nicht Einkünfte und Leistungen, die bereits nach § 49 Abs. 1 Nr. 1 bis 8 EStG beschränkt steuerpflichtig sind. Einkünfte im Sinne des § 49 Abs. 1 Nr. 9 EStG sind solche aus der Nutzung beweglicher Sachen oder solche aus der Überlassung der Nutzung oder des Rechts auf Nutzung von gewerblichen, technischen, wissenschaftlichen und ähnlichen Erfahrungen, Kenntnissen und Fertigkeiten (Know-how). Die Einkünfte aus der Überlassung von Know-how werden nur dann nach § 49 Abs. 1 Nr. 9 EStG besteuert, wenn sie nicht schon nach § 49 Abs. 1 Nr. 3 oder Nr. 6 besteuert werden können.

Nach § 49 Abs. 1 Nr. 9 EStG ist eine Nutzung des Wirtschaftsgutes im Inland erforderlich. Hierunter ist im Gegensatz zur Verwertung ein Benutzen oder Nutzen im Inland zu verstehen, so daß z.B. die Vermietung eines Containers, soweit dieser auf hoher See oder im Ausland genutzt wird, nicht der beschränkten Steuerpflicht unterliegt. Im Falle der Überlassung von Know-how wird man eine Nutzung im Inland dann noch bejahen können, wenn das Know-how in einer inländischen Betriebsstätte, auch soweit dies zu Exportzwecken geschieht, genutzt wird[192].

Nicht erfaßt werden im Rahmen des § 49 Abs. 1 Nr. 9 EStG Veräußerungen und veräußerungsähnliche Vorgänge. Wird Know-how beispielsweise in Form von Software an einen inländischen Nutzer dauerhaft überlassen, so scheidet die Anwendung des § 49 Abs. 1 Nr. 9 EStG aus, da eine Veräußerung vorliegt, die dem Anwendungsbereich des § 49 Abs. 1 Nr. 2 EStG unterliegt[193]. Der Anwen-

---

[191] 2. Steueränderungsgesetz 1973 vom 18.03.1974, BStBl. I 1974, S. 1489; BStBl. I 1974, S. 521.

[192] H. Krabbe, in: Blümich, EStG-Kommentar, § 49 Rz. 169.

[193] R. Flies, Die Umqualifikation der Einkünfte bei der beschränkten Steuerpflicht, in: DStZ 1995, S. 431 ff. (434).

dungsbereich der Auffangnorm dürfte, da Know-how in aller Regel entgeltlich veräußert wird, praktisch leerlaufen[194]. Für die Besteuerung der Einkünfte aus dem Electronic Commerce entfaltet § 49 Abs. 1 Nr. 9 EStG zumindest keine nennenswerte steuerbegründende Wirkung.

3.2.3.3. Schwierigkeiten bei der praktischen Umsetzung im Electronic Commerce

In der Praxis dürfte es schwierig sein, sowohl eine Verwertung des Wirtschaftsgutes gemäß § 49 Abs. 1 Nr. 6 EStG als auch eine Nutzung des überlassenen Wirtschaftsgutes im Inland gemäß § 49 Abs. 1 Nr. 9 EStG seitens der Finanzverwaltung festzustellen, wenn der inländische Nutzer dem Finanzamt keine Mitteilung erstattet. Dieses gilt um so mehr, als daß der eigentlich beschränkt Steuerpflichtige im Fall des elektronischen Handels keine sonstige physische Verbindung zum Inland unterhält. Somit dürften für den Bereich des grenzüberschreitenden Internet-Handels die obigen Vorschriften schnell an die Grenze ihrer tatsächlichen Vollziehbarkeit stoßen. Ein Verstoß gegen das Gebot der Gleichbehandlung gegenüber konventionellen Handelsarten liegt auf der Hand.

3.2.4. Einkünfte gemäß § 49 Abs. 1 Nr. 2 lit. f EStG

Im Zusammenhang mit § 49 Abs. 1 Nr. 6 EStG ist § 49 Abs. 1 Nr. 2 lit. f. EStG zu erwähnen. Die Vorschrift ist insoweit von Bedeutung, als hierdurch seit dem Veranlagungszeitraum 1994 die Einkünfte aus der Veräußerung von unbeweglichem Vermögen, Sachinbegriffen und Rechten im Sinne des § 49 Abs. 1 Nr. 6 EStG auch ohne Vorliegen einer Betriebsstätte oder eines ständigen Vertreters der beschränkten Steuerpflicht unterliegen.

Wenn auch die Zielsetzung des Gesetzgebers die unerwünschte Steuergestaltung bei inländischen Immobilieninvestitionen ausländischer Objektgesellschaften war[195], so muß im einzelnen sehr genau geprüft werden, ob für die Geschäftsaktivitäten über das Internet nicht eine entsprechende Anwendung gilt[196]. § 49 Abs. 1 Nr. 2 lit. f. EStG verweist bezüglich der Begriffsbestimmungen auf § 49 Abs. 1 Nr. 6 EStG. Unter Rückgriff auf die Kommentierung[197] und die Rechtsprechung[198] zu § 49 Abs. 1 Nr. 6 EStG scheidet eine Besteuerung nach § 49 Abs. 1 Nr. 2 lit. f. EStG für Vertriebsaktivitäten mit sog. Standardsoftware aus. Auch bei Vertriebsaktivitäten von branchenüblichen Konsumgütern sowie den

---

[194] BFH vom 01.12.1982, BStBl. II 1983, S. 368.
[195] Gesetzesbegründung, in: BT-Drucksache 12/ 5630.
[196] G. Strunk, in: F. Börner u.a., Der Internet Rechtsberater, 1. Auflage, Köln 1999, S. 182.
[197] J. Lüdicke, in: Lademann/ Söffing, EStG-Kommentar, § 49 Rz. 742 m.w.N.
[198] BFH vom 27.07.1989, BStBl. II 1989, S. 101.

meisten Investitionsgütern kommt eine Besteuerung nach dieser Vorschrift nicht in Betracht, da es sich nicht um „Sachinbegriffe“ im geforderten Sinne handelt. Wird dagegen hochentwickeltes Know-how verkauft, so ist zu prüfen, ob die Copyright-Rechte tatsächlich veräußert wurden oder nur ein Nutzungsrecht eingeräumt wurde[199].

3.2.5. § 49 Abs. 2 EStG und die Einkünfte aus dem Electronic Commerce

Nach § 49 Abs. 2 EStG bleiben im Ausland gegebene Besteuerungsmerkmale außer Betracht, soweit bei ihrer Berücksichtigung inländische Einkünfte im Sinne des § 49 Abs. 1 nicht angenommen werden können (isolierende Betrachtungsweise[200]). Die Bedeutung der Vorschrift, die durch das 2. Steueränderungsgesetz 1973[201] in den § 49 EStG eingefügt wurde, ist bisher nicht abschließend geklärt[202], denn der Gesetzeswortlaut ist nicht eindeutig und läßt den Sinn und Zweck der Regelung nicht ohne weiteres erkennen.

§ 49 Abs. 2 EStG ist nicht auf die in den § 49 Abs. 1 und §§ 13 ff EStG geregelten Rechtsfolgen ausgerichtet, sondern auf den der Subsumption zugrunde zu legenden Sachverhalt[203]. Das führt jedoch nicht dazu, daß im Ausland verwirklichte Sachverhalte grundsätzlich unbeachtet bleiben. Vielmehr ist mit der h.M. im Schrifttum[204] und der Rechtsprechung des BFH[205] davon auszugehen, daß ausländischen Besteuerungsmerkmalen insoweit Bedeutung zukommt, als die Inlandsverhältnisse nicht erkennen lassen, ob steuerpflichtige Einkünfte vorliegen, und wie sie ihrem objektiven Wesen nach zu bestimmen sind. Der deutsche Rechtsanwender darf also „über die Grenze schauen“[206].

---

[199] G. Strunk, in: F. Börner u.a., Der Internet Rechtsberater, 1. Auflage, Köln 1999, S. 182.

[200] Ursprünglich von der Rechtsprechung entwickelter Grundsatz (RFH vom 07.02.1929, RStBl. 1929, S. 193 ff.), der von H. Debatin wieder aufgegriffen wurde (Die Beschränkte Steuerpflicht bei der Einkommens- und Körperschaftsteuer, in: DB 1960, 1017 ff.)

[201] 2. Steueränderungsgesetz 1973 vom 18.03.1974, BStBl. I 1974, S. 1489; BStBl. I 1974, S. 521.

[202] J.M. Mössner, Isolierende Betrachtungsweise, in: Unternehmen/Steuern, Festschrift für H. Flick, Köln 1997, S. 939; G. Crezeljus, Die isolierende Betrachtungsweise, insbesondere die grenzüberschreitende Betriebsaufspaltung, in: StVj. 1992, S. 322 ff.

[203] W. Heinicke, in: Schmidt, EStG-Kommentar, 18. Auflage München 1999, § 49 Rz. 11.

[204] U. Clausen, in: Hermann/ Heuer/ Raupach, EStG-Kommentar, § 49 Rz 1240; W. Heinicke, in: Schmidt, EStG-Kommentar, 18. Auflage, München 1999, § 49 Rz. 10 m.w.N.

[205] BFH vom 04.03.1970, BStBl. II 1970, S. 428; BFH vom 07.07.1971, BStBl. II 1971, S. 771.

[206] J.M. Mössner, Isolierende Betrachtungsweise, in: Unternehmen/Steuern, Festschrift für H. Flick, Köln 1997, S. 956.

Soweit inländische Tatbestandsmerkmale des § 49 Abs. 1 erfüllt sind, kommt eine Berücksichtigung ausländischer Sachverhalte (Besteuerungsmerkmale) dagegen nicht mehr in Betracht. Es würde auch dem Zweck des § 49 Abs. 1 EStG widersprechen, wenn Einkünfte beschränkt Steuerpflichtiger eventuell nur deshalb nicht als inländische Einkünfte angesehen würden, da sie unter Berücksichtigung ausländischer Verhältnisse zu einer anderen Einkunftsart gehören würden. Das Quellenprinzip der beschränkten Steuerpflicht begrenzt den maßgeblichen Steuersachverhalt auf die Quelle selbst.

Auch bleiben Auslandsverhältnisse unberücksichtigt, die bei isoliert inländischer Betrachtungsweise ihrem Wesen nach gegebene Inlandseinkünfte der Inlandsbesteuerung aufgrund einer Subsidiaritätsklausel entziehen würden. Hierin liegt eine Korrektur der Rechtsprechung, denn der BFH hat bisher stets abgelehnt, eine wesensmäßige Veränderung anderer Einkünfte auf die isolierende Betrachtungsweise zu stützen und etwa ihrer Art nach gewerbliche Einkünfte im Sinne von § 15 EStG in solche gemäß § 18 i.V.m. § 49 Abs. 1 Nr. 3 EStG „umzuqualifizieren“, bloß weil die Voraussetzungen des § 49 Abs. 1 Nr. 2 EStG nicht gegeben waren[207].

Die isolierende Betrachtungsweise führt zu einer Durchbrechung des von der Rechtsprechung aufgestellten Grundsatzes, eine juristische Person könne keine selbständigen oder unselbständigen Einkünfte erzielen. Die Durchbrechung rechtfertigt sich aus der Tatsache, daß die unternehmensbegründenden und gewerbeprägenden ausländischen Besteuerungsmerkmale bei der Bestimmung der Einkunftsart nach § 49 Abs. 1 EStG außer Acht bleiben. Eine ausländische Wirtschaftsprüfungsgesellschaft (Kapitalgesellschaft) erzielt mit ihren Leistungen im Inland somit Einkünfte aus selbständiger Tätigkeit gemäß § 49 Abs. 1 Nr. 3 EStG. Die Rechtsform der Gesellschaft, die grundsätzlich zu gewerblichen Einkünften führen würde, ist im Rahmen der isolierenden Betrachtungsweise irrelevant.

Die isolierende Betrachtungsweise des § 49 Abs. 2 EStG steht auch im Bereich des grenzüberschreitenden Handels im Internet einer Einbeziehung ausländischer Besteuerungsmerkmale dann nicht entgegen, wenn nicht schon der inländische Sachverhalt zu einer beschränkten Steuerpflicht gemäß § 49 Abs. 1 EStG führt. Die aufgezeigten Schwierigkeiten, eine beschränkte Steuerpflicht des ausländischen Anbieters zu begründen, bleiben aber trotz der Einbeziehung ausländischer Besteuerungsgrundlagen bestehen. Denn ohne ausreichende tat-

---

[207] BFH vom 07.07.1971, BStBl. II 1971, S. 771; BFH vom 23.05.1973, BStBl. II 1973, S. 287; BFH vom 20.02.1974, BStBl. II 1974, S. 511; BFH vom 01.12.1982, BStBl. II 1983, S. 213; BFH vom 27.07.1988, BFH/ NV 1989, S. 393.

bestandliche Anknüpfung gemäß § 49 Abs. 1 Nr. 1 bis 9 EStG bleibt die Einkunftsquelle – auch unter Einbeziehung ausländischer Besteuerungsmerkmale - im Inland (weitgehend) steuerfrei.

Eine weitergehende Funktion kommt § 49 Abs. 2 EStG nicht zu. Die Regelung ist nicht so zu verstehen, daß zur Herbeiführung einer beschränkten Steuerpflicht, ein einheilicher Sachverhalt aufgeteilt werden kann, um einzelne Einkünfte einer beschränkten Besteuerung zuführen zu können[208]. Eine im Rahmen des Electronic Commerce erbrachtes einheitliches Leistungspaket kann somit nicht in einzelne Leitungsteile zerlegt werden. Abzustellen ist stets auf dasjenige Leistungselement, das bei wirtschaftlicher Betrachtungsweise der Gesamtleistung das Gepräge gibt[209].

3.3. Einkünftequalifizierung nach Abkommensrecht

Nach Abkommensrecht könnte der Unternehmer, der grenzüberschreitend wirtschaftliche Aktivitäten mit Hilfe des Internets verfolgt, folgende Einkünfte nach dem OECD-MA erzielen:

- Einkünfte aus Unternehmensgewinnen, Art. 7 OECD-MA
- Einkünfte aus Lizenzgebühren, Art. 12 OECD-MA
- Einkünfte aus der Veräußerung von Vermögen, Art 13 OECD-MA
- Einkünfte aus selbständiger Tätigkeit, Art 14 OECD-MA.

3.3.1. Einkünfte aus Unternehmensgewinnen

In Anlehnung an die Ausführungen zur beschränkten Steuerpflicht einer gewerblichen Tätigkeit gemäß § 49 Abs. 1 Nr. 2 EStG sollen hier nur die wesentlichen Unterschiede des Abkommensrechts aufgezeigt werden. Im übrigen gelten die Ausführungen zu § 49 Abs. 1 Nr. 2 EStG.

---

[208] G. Strunk, Einkünftequalifizierung nach nationalem Recht, in: Steuerliche Aspekte des Electronic Commerce, Hefte der Internationalen Besteuerung, Nr. 120, Hamburg 1998, S. 9.

[209] Sachverhaltsbeispiel bei G. Strunk, Einkünftequalifizierung nach nationalem Recht, in: Steuerliche Aspekte des Electronic Commerce, Hefte der Internationalen Besteuerung, Nr. 120, Hamburg 1998, S. 9.

3.3.1.1. Zur Notwendigkeit des Einsatzes von Personen

Problematisch in der Diskussion um den Server als Betriebsstätte ist, ob der Server selbst schon für die Annahme einer Betriebsstätte ausreicht, da in diesem Fall keine Personen für den ausländischen Unternehmer im Belegenheitsstaat des Servers tätig werden. Der Server kann grundsätzlich aus dem Ausland gesteuert und sein Datenbestand gepflegt oder verändert werden, ohne daß eine unmittelbare menschliche Präsenz am Belegenheitsort von Nöten ist.

Mit dem Urteil des BFH vom 30.10.1996 (Pipeline-Urteil)[210] wird nunmehr in Frage gestellt, ob der Einsatz von Personen zur Begründung einer Betriebsstätte tatsächlich notwendige konstitutive Tatbestandsvoraussetzung ist. Ob die vollautomatisch arbeitende Einrichtung (der Internet-Server) unter Zugrundelegung der Rechtsprechung des BFH auch ohne Personaleinsatz eine Betriebsstätte darstellen kann, wird daher intensiv diskutiert[211].

Strunk[212] sieht die Frage, ob ein Personaleinsatz für die Begründung einer Betriebsstätte notwendig sei, durch das Urteil des BFH auch für das Abkommensrecht als entschieden an. Zudem könne nicht ohne weiteres davon ausgegangen werden, daß Art. 5 OECD-MA eine Betriebsstätte bei fehlender Präsenz natürlicher Personen tatsächlich explizit ausschließe.

Portner[213] entwickelt dagegen aus der Kommentierung zu Art. 5 OECD-MA die Ansicht, die Rechtsprechung des BFH könne den abkommensrechtlichen Betriebsstättenbegriff nicht ausweiten. *Hoeren*[214] will ebenfalls im Ergebnis unter Hinweis auf die eindeutige Kommentierung zu Art. 5 OECD-MA eine Ausweitung des Betriebsstättenbegriffs nicht annehmen.

Wie schon an anderer Stelle ausgeführt[215], kann im Zusammenhang mit dem Urteil des BFH vom 30.10.1996 (noch) nicht abschließend geklärt werden, ob

---

[210] BFH vom 30.10.1996, BStBl. II 1997, S. 12 ff.; in: IStR 1997, S. 147, s.o.

[211] So z.B. U. Prinz, Steueroptimierte Vertriebsstrukturen im Outbound-Geschäft, in: FR 1997, S. 522; G. Strunk, Ist es wirklich wichtig, ob der Internet-Server eine Betriebsstätte begründet?, in: BB 1998, S. 1824 ff; a.A. T. Hoeren, www.jura.uni-muenster.de/eclip/documents; G. Holler/ F. Heerspink, Betriebsstätten-begründung durch Errichtung eines Verkaufsservers im Internet, in: BB 1998, S. 771 ff.; R. Portner, Betriebsstätte durch grenzüberschreitende Internet-Transaktionen, in: IStR 1998, S. 556 ff.

[212] G. Strunk, Ist es wirklich wichtig, ob der Internet-Server eine Betriebsstätte begründet?, in: BB 1998, S. 1824 ff.

[213] R. Portner, Betriebsstätte durch grenzüberschreitende Internet-Transaktionen?, in: IStR 1998, S. 556.

[214] T. Hoeren, www.jura.uni-muenster.de/eclip/documents.

[215] Siehe schon 1. Teil, Kap. I, 5.2.3.

die höchstrichterliche Entscheidung tatsächlich eine Ausweitung des Betriebsstättenbegriffes zum Inhalt hatte, oder ob lediglich eine Einzelfallentscheidung im Hinblick auf das deutsche Bewertungsrecht erfolgte. Von einer durch den BFH im Rahmen des Urteils vom 30.10.1996 bereits begründeten Ausweitung des abkommensrechtlichen Betriebsstättenbegriffs kann insbesondere deshalb nicht ohne weiteres ausgegangen werden, da diesbezüglich jedweder Hinweis im Urteil selbst fehlt. Zu den abkommensrechtlichen Implikationen seiner Entscheidung macht der BFH nämlich keine Ausführungen.

Entscheidend ist aber, daß ernsthaft bezweifelt werden muß, daß diese – von den Befürwortern einer Ausweitung des Betriebsstättenbegriffs zugrunde gelegte - Rechtsprechung mit Art. 5 OECD-MA im Einklang steht. Der Kommentar zum OECD-MA läßt zwar grundsätzlich vollautomatische Maschinen für die Annahme einer Betriebsstätte ausreichen, jedoch muß das Personal in diesem Fall die Maschinen vor Ort aufstellen, überwachen, bedienen und instandhalten[216]. Durch dieses Personalerfordernis wird bei vollautomatischen Anlagen die besondere territoriale bzw. wirtschaftliche Bindung zum Belegenheitsstaat begründet, die diesen in der Folge zur Besteuerung der Einkünfte legitimiert. Wird die Überwachung und Bedienung jedoch aus dem Ausland wahrgenommen und wird Personal - mit Ausnahme der Aufstellung des Servers - zu keinem Zeitpunkt im Inland tätig, so ist nach Abkommensrecht die Annahme einer Betriebsstätte nicht möglich[217].

Die Analogie zu vollautomatischen Maschinen und Verkaufsautomaten im Falle des Internet-Servers liegt nahe. Der Internet-Server ist eine solche vollautomatische Einrichtung, durch die der Unternehmer plant und regelmäßig digitale Leistungen für seine Kunden vornimmt. Deshalb sind die Ausführungen in Tz. 10 des Kommentars des OECD-MA auf den Server analog anwendbar. Diese sind eindeutig und können nicht einseitig durch nationale Rechtsprechung außer Kraft gesetzt werden. Dies gilt um so mehr, als die Quellenbesteuerung von Unternehmensgewinnen nur die Ausnahme zu einer Besteuerung durch den Ansässigkeitsstaat darstellt. Das Abkommensrecht weist nämlich die Besteuerung von Unternehmensgewinnen regulär dem Ansässigkeitsstaat zu, Art. 7 Abs. 1 OECD-MA. Erst eine Betriebsstätte im Quellenstaat läßt diese Besteuerungsrecht des Ansässigkeitsstaats zugunsten einer Besteuerung durch den Quellenstaat entfallen, soweit die Einkünfte der Betriebsstätte zugerechnet werden können. Die Ausweitung einer subsidiären Quellenbesteuerung durch nationale Gerichte erscheint deshalb im Hinblick auf die völkerrechtliche Verbindlichkeit des Abkommens bedenklich.

---

[216] Tz. 10 des OECD-MA Kommentars zu Art. 5.

[217] M. Günkel, Anmerkungen zum Urteil vom 30.06.1996, in: IWB Fach 3a, Gruppe 1, S. 589.

Trotz der Rechtsprechung des BFH vom 30.10.1996 ist somit der Server nicht als Betriebsstätte anzusehen, da kein weisungsabhängiges Personal im Inland im erforderlichen Umfang tätig wird. Die Ansicht, das Urteil des BFH vom 30.10.1996 (Pipeline-Urteil) habe eine Ausweitung des abkommensrechtlichen Betriebsstättenbegriffs zur Folge, so daß eine personelle Präsenz natürlicher Personen nicht mehr notwendig sei, ist abzulehnen.

3.3.1.2. Tätigkeitsumfang des Servers

Unabhängig von der Problematik der fehlenden Anwesenheit von Personal am Ort der Geschäftseinrichtung, könnte die Tätigkeit des Servers im Inland einen Tatbestand der Ausnahmevorschrift des Art. 5 Abs. 4 OECD-MA erfüllen. Im Gegensatz zum nationalen Steuerrecht sind Hilfstätigkeiten oder Tätigkeiten vorbereitender Art nicht geeignet, eine Betriebsstätte zu begründen. Wird also der Server dazu benutzt, Werbung zu betreiben[218], digitale Waren zu lagern, auszustellen oder auszuliefern[219], so liegt eine derartige Ausnahme nach Art. 5 Abs. 4 OECD-MA vor und eine Betriebsstätte wird nicht begründet.

Wird aber der Kunde zusätzlich mit Hilfe des Servers umfassend beraten und betreut, der Vertragsabschluß herbeigeführt oder der sich daran anschließende Zahlungsverkehr über den Server abgewickelt, liegt auch nach Abkommensrecht eine betriebsstättenbegründende Haupttätigkeit vor, Art. 5 Abs. 1 OECD-MA.

3.3.1.3. Server keine Betriebsstätte nach Abkommensrecht

Der Internet-Server stellt nach bisherigem Abkommensrecht keine Betriebsstätte dar. Zwar bleibt die Entwicklung der Rechtsprechung vor dem Hintergrund des Urteils vom 30.10.1996 abzuwarten. Jedoch dürfte gemäß Tz. 10 des OECD-MA Kommentars zu Art. 5 auch weiterhin dem im Inland ohne Einsatz von Personal betriebenen Server die Betriebsstätteneigenschaft nach Art. 5 Abs. 1 O-ECD-MA versagt bleiben. Ob dagegen eine reine Hilfstätigkeit des Servers vorliegt, die unter die Ausnahmevorschrift des Art. 5 Abs. 4 OECD-MA fällt, muß nach dem jeweiligen Einzelfall beurteilt werden[220].

Im Abkommensfall wird das nationale Außensteuerrecht, sollte es eine beschränkte Steuerpflicht gemäß § 49 Abs. 1 Nr. 2 EStG begründen, von der völkerrechtlichen Regelung gemäß § 2 AO überlagert. Es läge der Fall eines sog.

---

[218] Art. 5 Abs. 4 lit. e. OECD-MA

[219] Art. 5 Abs. 4 lit. a. OECD-MA

[220] Die ausländische Literatur lehnt die Annahme einer Betriebsstätte überwiegend ab. D.-L. Forst, The Continuing Vitality of Source-Based Taxation in the Electronic Age, in: Tax Notes International, 1997, S. 1455 ff. (1470).

engen Abkommensbegriffs vor, der den Fiskalzugriff des Quellenstaates unterbinden würde.

Nach derzeitiger Rechtslage bleiben die Einkünfte des ausländischen Unternehmers, der im Rahmen des Electronic Commerce im Quellenstaat wirtschaftlich tätig wird, von einer beschränkten Besteuerung verschont, soweit ein DBA Anwendung findet. Die Einkünfte, die über einen im Quellenstaat belegenen Server generiert werden, stehen gemäß Art. 7 Abs. 1 OECD-MA abkommensrechtlich dem Ansässigkeitsstaat zu.

3.3.1.4. Neue Ansätze zur Erweiterung des Betriebsstättenbegriffes

Aufgrund der ungelösten Fragen wird versucht, den Betriebsstättenbegriff in Bezug auf den Electronic Commerce abkommensrechtlich und außensteuerrechtlich neu auszulegen. So wurde sowohl die Idee einer sog. zusammengesetzten Betriebsstätte als auch die Idee einer sog. virtuellen Betriebsstätte entwickelt.

Bei der zusammengesetzten Betriebsstätte begründet der Rechner des inländischen Kunden zusammen mit der vorgenommenen Datenübertragung vom Content-Provider eine Betriebsstätte. Die Materialisierung der Daten auf der Festplatte des Kunden soll dann mittels der zweifelsfrei gegebenen Voraussetzung einer festen Einrichtung zur Betriebsstättenbegründung führen[221].

Eine virtuelle Betriebsstätte soll zum einen die Homepage des Unternehmers sein, die sich auf dem Bildschirm des Kunden zeigt. Des weiteren soll ein Unternehmer, der bisher in der realen Welt mittels einer realen Betriebsstätte Einkünfte erzielt hat und nunmehr seine geschäftlichen Aktivitäten mittels Internet betreibt, weiterhin so besteuert werden, als würde er noch eine reale Betriebsstätte im Inland innehaben[222].

Solche Überlegungen sind weder vom Gesetzeswortlaut noch durch die ergangene Rechtsprechung zu rechtfertigen. Das Betriebsstättenprinzip würde durch eine solche weite Auslegung verwässert und damit seiner Effektivität beraubt werden[223].

---

[221] Allerdings werden die Daten häufig nur in den Arbeitsspeicher übernommen und beim Ausschalten des PC's wieder gelöscht. Eine „Materialisierung findet somit nicht statt.

[222] F. Dittmar/ H.J. Selling wollen anscheindend in diesem Zusammenhang die Web-Site zur Betriebsstätte erklären, dies., How to Control Internet Transactions? – A Contribution from the Point of View of German Tax Inspectors, in: Intertax 1998, S. 88 ff. (92).

[223] Ebenfalls ablehend G. Strunk, in: Börner u.a., Der Internet Rechtsberater, 1. Auflage Köln 1999, S. 173.

3.3.1.5. Zur Unbeachtlichkeit der Diskussion um das Vorliegen einer Betriebsstätte

Letztlich kann es dahinstehen, ob der Internet-Server nach bisherigem Recht eine Betriebsstätte nach nationalem Recht oder Abkommensrecht begründet. Da nämlich die in § 12 AO genannten Voraussetzungen kumulativ erfüllt sein müssen, reicht bereits die Aufgabe der Verfügungsmacht über die feste Einrichtung oder dessen Fehlen für die Nichtbegründung einer Betriebsstätte aus. So könnte der Unternehmer zum Beispiel statt seine Geschäftsaktivitäten über einen eigenen Server abzuwickeln einen unabhängigen Internet-Provider einschalten, der sich vertraglich zur Herstellung der Verbindung zwischen Kunden und Homepage des Unternehmers verpflichtet.

Auch die Verlagerung eines Servers ins Ausland ist eine denkbare Alternative. Der Kunde würde sich über seinen Local-Internet-Provider zum Ortstarif in das Internet einwählen und Zugriff auf den im Ausland stationierten Server nehmen.

Weiterhin ist eine Interaktion verschiedener Server in verschiedenen Ländern bei dem Abschluß eines Geschäftes denkbar. Die Daten werden zwischen diesen Servern hin- und hergesendet, so daß letztlich nicht ermittelt werden kann, welcher Server in welchem Land welchen Anteil am wirtschaftlichen Erfolg der Transaktion beigetragen hat[224].

Die OECD[225] hat die Schwierigkeiten erkannt, die durch den zunehmenden Einsatz von Satellitentechnologie, Glasfaserverkabelung und erhöhter Rechnerleistung für die geltende Steuerrechtsordnung entstehen:

> *„Once these (technical) limitations are overcome, it will be possible to locate most, if not all, of these functions of an Internet business in any country, either the country of residence or a low tax jurisdiction. This will pose a challenge to domestic tax laws which often rely on concepts similar to those of the permanent establishment in order to determine whether business profits of non-residents are taxable".*

Die Diskussion um die Betriebsstätteneigenschaft eines Internet-Servers ist deshalb lediglich ein Schattengefecht, denn die hohe Flexibilität des neuen Mediums und die technischen Möglichkeiten hebeln die Betriebsstättenbesteuerung

---

[224] L. Hinnekens, Looking for an Appropriate Jurisdiction Framework for Source-State Taxation of International Electronic Commerce in the Twenty-first Century, in: Intertax 1998, S. 194.

[225] OECD (Committee on Fiscal Affairs), Challenges to Tax Authorities and Taxpayers. An Informal Round Table Discussion between Business and Government.

im Ergebnis aus. Der Server kann unproblematisch in ein Niedrigsteuerland verlagert werden, so daß ein inländischer Fiskalzugriff entfällt. Die bisher ungekannte Standortelastizität spielt so nationale Steuerhoheiten gegeneinander aus. Der Unternehmer kann ohne großen eigenen Aufwand den aus steuerlicher Sicht lukrativsten Standort wählen.

Denkbar sind weiterhin Softwareprogramme, die zu den beschriebenen Interaktionen einer Vielzahl von Servern führen und somit eine (nachträgliche) Bestimmung des für die Transaktion zuständigen Servers unmöglich machen. Dadurch kann die tatsächliche Umsetzung einer Betriebsstättenbesteuerung an ihre Grenzen stoßen; die vielen technischen Möglichkeiten des Internets können die Arbeit der Finanzverwaltungen somit erheblich beeinträchtigen.

Weiterhin führt die bisher fehlende eindeutige rechtliche Zuordnung der Einkünfte aus dem Electronic Commerce dazu, daß durch Vertragsgestaltung eine bestimmte Einkunftsart begründet werden kann[226]. Da das Außensteuer- wie auch das Abkommensrecht an die Besteuerung der Einkünfte bzw. deren internationalen Zuteilung je nach Einkunftsart unterschiedliche tatbestandliche Voraussetzungen knüpft, kann durch die Vertragsgestaltung eine bestimmte vorteilhafte Besteuerungsfolge begründet werden. Der Server als Betriebsstätte ist aber nur dann entscheidend, wenn Einkunftsarten gegeben sind, die auf das Betriebsstättenprinzip zur Begründung einer Quellenbesteuerung zurückgreifen. Vor der Frage, ob ein Server eine Betriebsstätte gemäß Art. 5 OECD-MA begründet, ist deshalb zu klären, welcher Einkunftsart die Gewinne aus dem grenzüberschreitenden Handel im Internet zuzuweisen wären, um eine individualvertragliche Zuordnung zu vermeiden.

Vor diesem Hintergrund wird ein grundlegender internationaler Besteuerungskonsens notwendig, um die weltweite Ertragsbesteuerung für Internet-Aktivitäten aufrecht zu erhalten. Die Problematik der Betriebsstätte als Anknüpfungspunkt für die Ertragsbesteuerung tritt bei der Diskussion um die Lösung der offenen Steuerfragen zunächst in den Hintergrund.

Die Konzeption eines erweiterten Betriebsstättenbegriffs kann lediglich bei der Umsetzung der vereinbarten Besteuerungsform unterstützen. Entscheidend ist aber zunächst die grundlegende Frage der Besteuerungsform selbst. Die Steuerhoheiten müssen sich über die grundlegende Frage des Fiskalzugriffs auf die wirtschaftlichen Erträge des Internet-Handels einigen. Primär zu beantworten ist

---

[226] G. Strunk, Einkunftsqualifizierung nach nationalem Steuerrecht, in: Steuerliche Aspekte des Electronic Commerce, Hefte der Internationalen Besteuerung, Nr. 120, Hamburg 1998, S. 3 ff.

somit die Besteuerungsform im Sinne einer Wohnsitz- und/ oder Quellenbesteuerung. Im Anschluß daran müssen die Einkünfte einer Einkunftsart zugeordnet werden. Erst in diesem Zusammenhang wird die Frage nach der Betriebsstättenbegründung durch den Internet-Server relevant.

3.3.2. Einkünfte aus Lizenzgebühren

Die Einkünfte des Content-Providers könnten abkommensrechtlich solche aus Lizenzgebühren im Sinne von Art. 12 OECD-MA darstellen.

Gemäß Art. 12 Abs. 2 OECD-MA bedeuten Lizenzgebühren Vergütungen jeder Art, die für die Benutzung oder für das Recht auf Benutzung von Rechten oder Vermögenswerten seitens des Nutzungsberechtigten gezahlt werden. Kennzeichen einer Nutzungsüberlassung ist eine zeitliche Begrenzung des Nutzungsrechts. Der Lizenzgeber gibt sein Recht also nicht vollständig auf[227]. Sofern ein Verkauf von Rechten oder anderen Vermögenswerten getätigt wird, ist Art. 12 OECD-MA somit nicht einschlägig. Insofern sind die Art. 7, 13 oder 14 OECD-MA anzuwenden. Entsprechendes gilt für den Regelfall, daß ein Recht teilübertragen wird[228].

Art. 12 OECD-MA findet im Bereich des elektronischen Handels deshalb nur begrenzte Anwendung, denn in der Regel wird der Inhaltsanbieter seine Rechte, Waren oder sonstigen Vermögenswerte veräußern. Die Einräumung einer zeitlich begrenzten, entgeltlichen Nutzungsberechtigung wird – gerade im Hinblick auf eine drohende Quellenbesteuerung[229] - die Ausnahme bleiben.

Gemäß Tz. 11 des OECD-MA Kommentars zu Art. 12 ist auch die Vergütung für das Nutzungsrecht von Know-how von dem Begriff der Lizenzgebühren umfaßt. Dort wird der Begriff des Know-how als die Gesamtheit des außenstehenden, nicht zugänglich gemachten Wissens, das nicht unbedingt patentfähig zu sein braucht und das zur gewerblichen Nachahmung eines Erzeugnisses oder eines Verfahrens unter denselben Bedingungen notwendig ist, definiert.

Diese Definition ist jedoch zu technisch ausgelegt, so daß letztlich kaufmännisches Know-how nicht umfaßt zu sein scheint. Zu bevorzugen ist daher die deutsche höchstrichterliche Definition des BFH[230]. Unter Know-how ist danach

---

[227] BFH vom 27.07.1988, BStBl. II 1989, S. 393; BFH vom 27.07.1988, BStBl. II 1989, S. 101.

[228] F. Wassermeyer, in: Debatin/ Wassermeyer, Doppelbesteuerung, Band I: Systematik und Kommentierung zu OECD-MA, OECD-MA, Art. 12 Rz. 11.

[229] Zur Regelung im nationalen Außensteuerrecht, siehe in diesem Kapitel 3.2.3.

[230] BFH vom 13.02.1970, BStBl. II 1970, S. 369.

das nicht geschützte Spezialwissen über technische oder kaufmännische Erfahrungen zu verstehen, das im allgemeinen durch praktische Erprobung gewonnen und durch praktische Beratung einem anderen überlassen werden kann. Diese Definition wird dem Art. 12 Abs. 2 OECD-MA und seiner umfassenden Aufzählung gerecht.

Jedoch ist im Bereich der kaufmännischen Beratung abzugrenzen. Stellt der Inhaltsanbieter sein Know-how in Ausübung eines typischen Beratungsberufes zur Verfügung, so fällt die Vergütung in den Bereich der Art. 7 oder 14 OECD-MA und nicht in den Bereich des Art. 12 OECD-MA. Die Abgrenzung muß unter dem Gesichtspunkt vorgenommen werden, daß es nicht Sinn des Art. 12 Abs. 2 sein kann, Einkünfte aus typischen Beratungstätigkeiten in Lizenzgebühren umzuqualifizieren[231]. Die engeren Tatbestandsvoraussetzungen der Art. 7 und 14 OECD-MA würden damit unterlaufen werden.

Eine weitere Frage ist, inwieweit Vergütungen in bezug auf Software als Lizenzgebühren anzusehen sind. Software ist ein Programm oder eine Folge von Programmen mit Befehlen für datenverarbeitende Anlagen, die für deren operationelle Prozesse selbst (Systemprogramme) oder für die Durchführung anderer Aufgaben (Anwendungsprogramme) benötigt werden[232]. Der Musterkommentar erkennt durch seine Unterscheidung der unterschiedlichen Softwarearten an, daß die Systemsoftware i.d.R. als integrierter Bestandteil einer Datenverarbeitungsanlage übertragen wird. In einem solchem Fall liegt ein einheitlicher Erwerb eines materiellen Wirtschaftsgutes vor. Für Art. 12 OECD-MA bleibt kein Raum. Mittlerweile mehren sich die Stimmen, die generell bei der Veräußerung von Standardsoftware die Veräußerung eines materiellen Wirtschaftsgutes annehmen wollen[233].

Computer-Software ist in den meisten Staaten urheberrechtlich geschützt[234]. Das eröffnet aber nicht grundsätzlich den Anwendungsbereich des Art. 12 OECD-MA. Wird die Software lediglich für den allgemeinen persönlichen oder betrieblichen Gebrauch des Erwerbers übertragen, liegen insoweit keine Lizenzgebühren vor, auch wenn die Software urheberrechtlich geschützt ist[235]. Auch hier

---

[231] F. Wassermeyer, in: Debatin/ Wassermeyer, Doppelbesteuerung, Band I:Systematik und Kommentierung des OECD-MA, OECD-MA, Art. 12 Rz. 81

[232] Tz. 12 des OECD-MA Kommentars zu Art. 12.

[233] K. Sauer, Rechnungslegung für Software, in: DStR 1988, S. 727 ff.; J. Voss, Steuerbilanzielle Behandlung von PC-Software, in: FR 1989, S. 358 ff.

[234] K. Vogel, DBA, 3. Aufl. München 1996, Art 12 Rz. 53b.

[235] Tz. 14 des OECD-MA Kommentars zu Art. 12.

läßt sich die Tendenz erkennen, Standardprogramme generell aus dem Anwendungsbereich des Art. 12 OECD-MA auszuklammern[236].

Weiterhin wird klargestellt, daß das Entgelt für die Übertragung des der Software zugrundeliegenden Eigentums keine Lizenzgebühr darstellt, obwohl die Software wie ein Urheberrecht behandelt wird und Urheberrechte unübertragbar sind[237]. Wird nur eine Teilveräußerung des geistigen Eigentums vorgenommen, so ist nach den Verhältnissen des Einzelfalls zu entscheiden, ob eine Lizenzgebühr oder ein Veräußerungsgewinn im Sinne des Art. 7 OECD-MA anzunehmen ist[238].

Art. 12 OECD-MA wird im Bereich des Electronic Commerce somit nur vereinzelt Anwendung finden. Art. 12 OECD-MA umfaßt im Bereich der Software lediglich Lizenzen zur gewerblichen Entwicklung und Verwertung. Vollrechtsübertragungen sowie Lizenzen für den persönlichen oder betrieblichen Gebrauch sind nach Art. 7 OECD-MA zu beurteilen[239]. Aufgrund des begrenzten Anwendungsumfangs trägt Art. 12 OECD-MA somit nicht zur Lösung der durch den grenzüberschreitenden Handel im Internet ausgelösten Besteuerungskrise bei.

3.3.3. Einkünfte aus der Veräußerung von Vermögen gem. Art. 13 OECD-MA

Denkbar ist weiterhin, die durch grenzüberschreitenden Handel im Internet erwirtschafteten Einkünfte gemäß Art. 13 Abs. 2 OECD-MA als Gewinne aus der Veräußerung unbeweglichen Vermögens im Quellenstaat einer Besteuerung zuzuführen.

Voraussetzung gemäß Art. 13 Abs. 2 OECD-MA ist zunächst, daß es sich bei der Veräußerung um bewegliches Vermögen handeln muß, das Betriebsvermögen einer Betriebsstätte eines Unternehmens darstellt oder zu einer der Ausübung einer selbständigen Arbeit dienenden festen Einrichtung gehört[240].

---

[236] Allgemein zur Computer-Software im internationalen Steuerrecht, R.A. van der Laan, in: Intertax 1991, S. 266.

[237] Tz. 15 des OECD-MA Kommentars zu Art. 12; F. Wassermeyer in: Debatin/ Wassermeyer, Doppelbesteuerung, Band I: Systematik und Kommentierung des OECD-MA, Art. 12 Rz. 65.

[238] In Deutschland ist jedoch zu beachten, daß Urheberrechte zwar vererbbar, jedoch nicht übertragbar sind.

[239] OECD, The Tax Treatment of Computer Software, Paris 1992, G.D. Sprague/ R.A. Chesler, Comments on the Commentary to Article 12 (Royalties) of the 1992 OECD Model Convention, in: Intertax 1993, S. 310.

[240] Siehe auch Tz. 24 des OECD-MA Kommentars zu Art. 13.

3.3.3.1. Der Begriff des beweglichen Vermögens in Art. 13 Abs. 2 OECD-MA

Der Begriff des Vermögens wird in Art. 13 Abs. 2 OECD-MA nicht definiert. Jedoch ergibt sich aus dem Zusammenhang mit Art. 13 Abs. 1 OECD-MA, daß es sich um Vermögen jeder Art. handeln muß, das nicht unbewegliches Vermögen im Sinne von Art. 6 Abs. 2 OECD-MA ist. Grundsätzlich gilt Art. 13 Abs. 2 OECD-MA auch für Rechte, Ausrüstungen und ähnliches[241]. Erlöse aus der Veräußerung von Patenten in der Abkommenspraxis fallen jedoch unter den Begriff der Lizenzgebühren, s.o.[242].

3.3.3.2. Der Begriff der festen Einrichtung in Art. 13 Abs. 2 OECD-MA

Es muß sich nach dem Gesetzeswortlaut um bewegliches Betriebsvermögen handeln, das einer Betriebsstätte oder einer festen Einrichtung zugerechnet werden kann. Eine Betriebsstätte wird nach Abkommensrecht aber gerade nicht durch einen im Inland gelegenen Server begründet. Fraglich bleibt, ob der Server eine feste Einrichtung im geforderten Sinne darstellen kann, die dem Inhaltsanbieter für die Ausübung einer selbständigen Tätigkeit[243] zur Verfügung steht[244].

Der Begriff der festen Einrichtung ist im Abkommen nicht definiert. Entsprechend der Geschäftseinrichtung einer Betriebsstätte ist unter einer festen Einrichtung die Gesamtheit aller Sachen zu verstehen, die der freiberuflichen oder sonstigen selbständigen Tätigkeit dienen. Zwar können zur näheren Bestimmung des Begriffs der festen Einrichtung die Grundsätze über die Betriebsstätte herangezogen werden, jedoch bestehen zwischen beiden Begriffen einige wesentliche Unterschiede[245].

So muß die Einrichtung dem Steuerpflichtigen für seine Tätigkeit lediglich zur Verfügung stehen. Es muß sich im Gegensatz zur Betriebsstätte in der Einrichtung nicht eine Tätigkeit des Unternehmens vollziehen. Eine feste Einrichtung muß also nicht kontinuierlich genutzt werden[246]. Die für die Betriebsstätte ent-

---

241 Siehe auch Tz. 24 des OECD-MA Kommentars zu Art. 13.
242 So auch K. Vogel, DBA, 3. Auflage, München 1996, Art. 13 Rz. 50.
243 Nach dem OECD-MA können auch juristische Personen Einkünfte aus selbständiger Arbeit erzielen. Vgl. K. Vogel, DBA, 3. Aufl. München 1996, Art. 3 Rz 13 ff; ders., DBA, 3. Aufl., München 1996, Art 14 Rz. 13.
244 Z.B. ein Steuerberater verkauft über das Internet sein Buch über Steuersparmöglichkeiten.
245 J. Huston, The case againt „fixed base", in: Intertax 1988, S. 282.
246 K. Vogel, DBA, 3. Aufl. München 1996, Art. 14 Rz. 25.

wickelten Grundsätze für die Beurteilung von Arbeitsunterbrechungen sind daher nicht auf die feste Einrichtung übertragbar[247].

Da der Einsatz von Personen bei einer festen Einrichtung nicht notwendig ist, ist die im Rahmen der Betriebsstättenbegründung geführte Diskussion um vollautomatische Einrichtungen hier obsolet. Vollautomatische Einrichtungen bzw. Anlagen sind grundsätzlich geeignet, eine feste Einrichtung im Sinne des OECD-MA darzustellen[248].

Die feste Einrichtung muß nicht Eigentum des Steuerpflichtigen sein. Jedoch muß nach h.M. eine nicht nur vorübergehende Verfügungsgewalt über die Einrichtung bestehen[249]. Diese Verfügungsgewalt kann z.B. auch durch einen entgeltlichen oder unentgeltlichen Überlassungsvertrag begründet werden. Insoweit gelten die Ausführungen zur Betriebsstätte entsprechend.

Im Anwendungsbereich des Art. 13 Abs. 2 OECD-MA kann der Server demnach grundsätzlich eine feste Einrichtung darstellen. Da die h.M. jedoch eine Verfügungsmacht des Steuerpflichtigen über diese Einrichtung voraussetzt, kann der Inhaltsanbieter auf einen eigenen Server im Inland verzichten und durch Vertrag einen unabhängigen Netzanbieter zur Herstellung der Verbindung zwischen Kunden und der Homepage verpflichten. Eine Quellenbesteuerung nach Art. 13 Abs. 2 OECD-MA läßt sich im Fall des Electronic Commerce somit leicht umgehen.

Auch die Web-Site ist nicht geeignet, eine feste Einrichtung im Sinne des Art. 13 Abs. 2 OECD-MA darzustellen, denn das Merkmal „fest" bezeichnet eine notwendige örtliche Fixierung verbunden mit einem zeitlichen Erfordernis[250]. Die Einrichtung darf nicht nur vorübergehend bestehen, sondern muß auf längere Dauer angelegt sein. Die Web-Site erfüllt jedoch weder das Erfordernis einer örtlichen Fixierung, noch kann von einer gewissen Ständigkeit ausgegangen werden[251].

---

[247] E. Michaux, An analysis of the notion „fixed base" and ist relation to the notion „permanent establishment" in the OECD model, Intertax,1987, S. 68 ff. (71).

[248] F. Wassermeyer in: Debatin/ Wassermeyer, Doppelbesteuerung, Band I: Systematik und Kommentierung des OECD-MA, OECD-MA, Art 14 Rz. 69.

[249] BFH vom 16.05.1990, BStBl. II 1990, S. 983; BFH vom 11.10.1989, BStBl. II 1990, S. 166.; BFH vom 29.04.1987, BFH/ NV 1988, S. 122; J.M. Mössner, in: Mössner u.a., Steuerrecht international tätiger Unternehmen, Rz. B 85; a.A. F. Wassermeyer, in: Debatin/ Wassermeyer, Doppelbesteuerung, Band I, Systematik und Kommentierung des OECD-MA, OECD-MA, Art. 14 Rz. 74.

[250] K. Vogel, DBA, 3. Aufl., München 1996, Art. 14 Rz. 24, 24a.

[251] Ausführlich dazu in diesem Teil, Kap. II, 3.2.1.2.

3.3.4. Keine Einkünfte gemäß Art. 14 und 15 OECD-MA

Aufgrund der unproblematischen Aufgabe der Verfügungsmacht über den Server geht auch eine Besteuerung der Einnahmen des Electronic Commerce als Einkünfte aus selbständiger Arbeit gemäß Art. 14 OECD-MA ins Leere. Der Steuerpflichtige kann ohne Mühe den territorialen Anknüpfungspunkt (Betriebsstätte bzw. feste Einrichtung) umgehen und somit seine Einkünfte einer Besteuerung im Ansässigkeitsstaat unterwerfen.

Auch Einkünfte aus unselbständiger Arbeit gemäß Art. 15 OECD-MA liegen nicht vor, da der Unternehmer nicht Unselbständiger im Sinne der Abkommensvorschrift ist[252], sondern für sich selbst auf eigene Rechnung tätig wird. Zudem hält sich der Unternehmer, der im Rahmen des Electronic Commerce tätig wird, regelmäßig nicht im Quellenstaat auf, so daß die Einkünfte ohnehin dem steuerlichen Zugriff seines Ansässigkeitsstaates unterliegen würden.

3.4. Zur Bestimmung der Einkunftsquelle

Wie die Ausführungen über die mögliche Einordnung der Einkünfte aus dem grenzüberschreitenden Handel im Internet zeigen, ist nach derzeitiger Rechtslage weder nach nationalem noch nach Abkommensrecht eine eindeutige und steuerlich wirksame Einordnung der Einkünfte möglich. Im Rahmen der Einkünfte, die über das Internet erwirtschaftet werden, stellt sich über die Problematik der unzureichenden Einkünftezuordnung hinaus die weitere Frage, in welchem Land die Einkunftsquelle der wirtschaftlichen Betätigung überhaupt liegt.

Werden Geschäftsabschlüsse über einen Server getätigt, ist fraglich, ob sich durch den Server der quellensteuerliche Bezugspunkt verlagert. Insbesondere dann, wenn der Abnehmer der Leistung die Geschäftsabschlüsse über einen Server außerhalb seines Wohnsitzstaates vornimmt, kann eine örtliche Bestimmung der Einkunftsquelle nicht ohne weiteres vorgenommen werden. In einem solchen Fall könnte die Einkunftsquelle sowohl im Wohnsitzstaat des Leistungsempfängers als auch am Belegenheitsort des Servers liegen.

Ob eine Verlagerung der Einkunftsquelle durch den Einsatz eines Servers vorliegt, ist bisher nicht abschließend geklärt worden[253]. Es wird aber deutlich, daß die Anerkennung des Servers als Betriebsstätte im nationalen und im Abkommensrecht zumindest für die gewerblichen Einkünfte eine Verlagerung der Einkunftsquelle bedeuten könnte. Der Belegenheitsstaat des Servers (Drittstaat)

---

[252] K. Vogel, DBA, 3. Aufl., München 1996, Art. 15 Rz. 16.

[253] Siehe dazu 1. Teil, Kap. II, 3.2.1.3 m.w.N.

könnte, ohne daß er in die geschäftliche Transaktion eingebunden wäre, ein Besteuerungsrecht geltend machen. Dagegen stünde dem eigentlichen Quellenstaat kein Besteuerungsrecht zu, da die Betriebsstätte (Server) im Drittstaat plaziert wurde. In diesem Fall würde es in der Tat zu einer faktischen „Verlagerung der Einkunftsquelle“ kommen, denn die Anerkennung des Servers als Betriebsstätte würde die quellensteuerlichen Zugriffsrechte verlagern, soweit der Server in einem Drittstaat belegen ist[254].

Um das steuerliche Quellenprinzip jedoch nicht ad absurdum zu führen, sollte von den insbesondere in Deutschland vorhandenen Bestrebungen, dem Server eine betriebsstättenbegründende Eigenschaft zuzuerkennen, Abstand genommen werden.

4. Zum Problem der Ansässigkeit des Steuerpflichtigen

Nach Abkommensrecht bestimmt sich die Ansässigkeit einer Person danach, ob sie nach dem Recht des jeweiligen Staates aufgrund ihres Wohnsitzes, ihres ständigen Aufenthaltes, ihrer Geschäftsleitung oder aufgrund ähnlicher Merkmale dort steuerpflichtig ist, Art. 4 Abs. 1 OECD-MA. Im Abkommensrecht erfolgt zur Bestimmung der Ansässigkeit somit ein Rückgriff auf nationale Regelungen.

Nach deutschem Recht ist eine Person als unbeschränkt steuerpflichtig zu behandeln, wenn sie ihren Wohnsitz (§ 8 AO), ihren gewöhnlichen Aufenthalt (§ 9 AO), ihre Geschäftsleitung (§ 10 AO) oder ihren Sitz (§ 11 AO) im Inland hat[255].

Handelt es sich bei dem Inhaltsanbieter um eine Kapitalgesellschaft, so kann der Ort der Geschäftsleitung unter Umständen nur schwer zu ermitteln sein, denn der Mittelpunkt der Geschäftsleitung ist dort, wo der für die laufende Geschäftsleitung maßgebliche Wille gebildet wird[256]. Werden nun mehrere leitende Personen in unterschiedlichen Ländern z.B. mittels eines electronic-mailing-systems (oder auch mittels Videokonferenzen) geschäftsleitend tätig, so kann eine territoriale Zuordnung der Geschäftsleitung nicht erfolgen. In einem solchen Fall kommt es bei der Bestimmung des Ortes der Geschäftsleitung dann

---

[254] Der Server würde zum Instrument der Steuergestaltung werden.

[255] Auf die Problematik der Betriebsstätte gemäß § 12 AO wurde schon an anderer Stelle ausführlich eingegangen.

[256] BFH vom 26.05.1970, BStBl. II 1970, S. 759; BFH vom 23.01.1991, BStBl. II 1991, S. 554.

auf das Gesamtbild der tatsächlichen Verhältnisse des Einzelfalls an[257]. Ist dem Gesamtbild jedoch ebenfalls nicht zu entnehmen, wo der maßgebliche Wille gebildet wird, so kann eine Zuordnung gemäß § 10 AO nicht erfolgen[258].

In einem derartigen Fall bleibt dann nur die Bestimmung der Ansässigkeit gemäß § 11 AO. Der Sitz der Gesellschaft wird in der Regel durch Rechtsgeschäft (Gesellschaftsvertrag, Satzung, Stiftungsgeschäft, usw.) begründet[259].

Sollten die Schwierigkeiten bei der Besteuerung der Einkünfte aus dem Electronic Commerce mittelfristig nicht gelöst werden, wodurch eine Quellenbesteuerung der Einkünfte weitgehend unterbleiben würde, werden Internet-Gesellschaften zukünftig ihren statuarischen Sitz nicht in Deutschland oder einem anderen Hochsteuerland begründen[260]. Vielmehr werden im Gründungszusammenhang Länder gewählt werden, die im Rahmen einer Ansässigkeitsbesteuerung durch niedriges Steuerniveau vorteilhaft erscheinen. Aufgrund des hohen Mobilitätsgrades des neuen Mediums wäre mit einer verstärkten Ansiedelung in sog. Niedrigsteuerländern zu rechnen.

5. Zusammenfassung des 2. Kapitels

Die Ausführungen über die versuchte Bestimmung der Einkunftsart und Einkunftsquelle für die Einkünfte des grenzüberschreitenden Handels im Internet zeigen, daß das neue Medium nicht ohne Schwierigkeiten in die bestehenden nationalen und abkommensrechtichen Regelungen eingefügt werden kann. Einordnungen scheitern entweder - wie z.B. im Falle der Einkünfte aus Lizenzgebühren gemäß Art. 12 OECD-MA oder den Einkünften aus Vermietung und Verpachtung gemäß § 49 Abs. 1 Nr. 6 EStG - an dem begrenzten Anwendungsbereich der Vorschriften, oder sie scheitern an dem Fehlen eines hinreichenden territorialen Anknüpfungspunktes wie im Falle der Einkünfte aus Unternehmensgewinnen, Art. 7 OECD-MA und § 49 Abs. 1 Nr. 2 EStG.

Weder die Web-Site noch die Telekommunikationseinrichtungen sind als körperlicher Anknüpfungspunkt für eine Ertragsbesteuerung nach nationalem oder nach Abkommensrecht geeignet. Auch können weder die Homepage noch der

---

[257] BFH vom 23.01.1991, BStBl. II 1991, S. 554; BFH vom 21.09.1989, BFH/ NV 1990, S. 353; BFH vom 21.09.1989, BFH/ NV 1990, S. 688; BFH vom 07.09.1993, BFH/ NV 1994, S. 193.

[258] Siehe in diesem Zusammenhang auch Art 4 Abs. 3 OECD-MA.

[259] E.-M. Gersch, in: Klein, AO-Kommentar, 6. Auflage, München 1998, § 11 Anm. 2.

[260] Es kann auch überlegt werden, den Ort der Eingabe der Daten in das Netz als Anknüpfungspunkt der Ansässigkeit zu wählen. Jedoch wird dieser Ort in der Praxis seitens der Finanzverwaltungen nur schwer ermittelbar sein.

Netzanbieter als ständige Vertreter (§ 13 AO) des ausländischen Unternehmers angesehen werden. Allein der Server kann gemäß § 49 Abs. 1 Nr. 2 EStG als Betriebsstätte im Sinne des § 12 AO qualifiziert werden, soweit der Inhaltsanbieter Verfügungsmacht über ihn ausübt. Die inländische Besteuerungsmöglichkeit scheitert jedoch im Abkommensfall, denn aufgrund fehlender abkommensrechtlicher Besteuerungszuordnung gemäß Art. 5 OECD-MA sind die Einkünfte auch im nationalen Recht von einem quellensteuerlichen Fiskalzugriff freizustellen.

Liegt ein solcher Abkommensfall nicht vor, kann der Inhaltsanbieter nach derzeitiger Rechtslage durch vertragliche Vereinbarung mit dem Netzanbieter die Verfügungsmacht am Server aufgeben und an einen Dritten abgeben. Auch ist die unproblematische Verlagerung des Servers ins Ausland denkbar. In beiden Fällen würde die nationale Besteuerung gemäß § 49 Abs. 1 Nr. 2 EStG in der Praxis ohne Schwierigkeiten abgewendet werden können.

Die Ausführungen über die versuchte Zuordnung der Erträge aus dem Electronic Commerce zu einer Einkunftsart decken noch eine weitere Schwäche des derzeitigen Besteuerungssystems in Bezug auf das neue Medium auf. Der Unternehmer kann aufgrund der derzeit noch fehlenden exakten Zuordnung der Einkünfte des neuen Mediums durch vertragliche Gestaltung des Leistungspaketes die Zuordnung seiner erzielten Einkünfte selber bestimmen und somit eine für ihn vorteilhafte Besteuerung erzielen. Je nach Ausgestaltung des Leistungspaketes können einheitlich z.B. Einkünfte aus Vermietung und Verpachtung, Einkünfte aus Lizenzgebühren gemäß Art. 12 OECD-MA oder Unternehmensgewinne gemäß Art. 7 OECD-MA[261] erzielt werden. Diese Möglichkeit des „Einkünfte-Hoppings“ steht nicht nur dem Postulat der Rechtssicherheit entgegen, sondern stellt eine erhebliche Ineffizienz des Systems der Internationalen Besteuerung selbst dar.

Die Bestimmung der Einkunftsquelle und der Ansässigkeit des Steuerpflichtigen kann durch das Internet zu erheblichen Schwierigkeiten führen, die ebenfalls Auswirkungen auf die nationale Steuerbasis entfalten. Insbesondere der Ort der Geschäftsleitung kann zum Zweck der steuerlichen Optimierung in verschiedene Länder verlegt werden. Der hohe Mobilitätsgrad des neuen Mediums und sein in der Regel geringer Personalbedarf unterstützen diese Gestaltungsmöglichkeiten. Diese noch offenen Fragen können ebenfalls nicht ohne weiteres unter Zuhilfenahme des geltenden Rechts gelöst werden, sondern müssen auf der Grundlage eines einheitlichen Besteuerungskonsenses einer Antwort zugeführt werden.

---

[261] Man denke z.B. an den Fall, daß ein Inhaltsanbieter einen Platz in einer virtuellen Shopping-Mall anbietet.

Der grenzüberschreitende Handel im Internet zeigt eine Regelungslücke der bestehenden nationalen und abkommensrechtlichen Normen auf. Diese Regelungslücke führt dazu, daß im Abkommensfall eine Besteuerung im Quellenstaat nicht erfolgen kann und deshalb die Einkünfte aus den Handelsaktivitäten des Internets einer Wohnsitzbesteuerung unterworfen werden[262]. Diese normative Kraft des Faktischen kann jedoch nicht als ausreichende Besteuerungsgrundlage aufgefaßt werden, sondern muß als Aufforderung an den bzw. die Gesetzgeber verstanden werden, die steuerliche Behandlung von Internet-Einkünften einer endgültigen Regelung zuzuführen. Die nach bisheriger Rechtslage unmögliche bzw. unzureichende Einordnung des Electronic Commerce in die vorhandenen Einkunftsarten darf insbesondere nicht voreilig als Legitimation einer reinen Wohnsitzbesteuerung aufgefaßt werden. Vielmehr muß die Entscheidung für eine bestimmte Besteuerungsform den Schlußpunkt einer umfassenden internationalen Diskussion bilden[263].

In Rahmen dieser Diskussion ist für das neue Medium eine Einkunftsart zu bestimmen oder neu zu entwickeln, um die vereinbarte Besteuerungsform normativ umzusetzen. Diese Besteuerungsform muß in ihrer Anwendung den derzeitigen großen Gestaltungsspielraum des Steuerpflichtigen einengen und eine zuverlässige und effiziente Durchsetzung des Steueranspruchs gewährleisten können.

---

[262] Liegt kein Abkommensfall vor, so kann in beiden Staaten eine Besteuerung erfolgen, soweit die nationalen Steuertatbestände erfüllt wurden.

[263] Diese Diskussion wird sowohl von einzelnen Staaten, als auch multinationalen Organisationen bereits seit 1996 eingehend geführt. Siehe u.a. U.S. Department of Treasury: Selected Tax Policy Implications, November 1996; Japan: Towards the Age of the Digital Economy: For Rapid Progress in the Japanese Economy and the World Economic Growth, Mai 1997; Australian Taxation Office: Tax and the Internet, August 1997; Canada Tax Administration: A Report to the Minister of National Revenue from the Minister's Advisory Committee on Electronic Commerce, April 1998; OECD in Turku (Finnland) November 1997: Dismantling the Barriers to Global Electronic Commerce; A Borderless World: Realizing the Potential of Electronic Commerce, Ottawa (Kanada) Oktober 1998 ; European Ministerial Conference, Global Information Networks: Realizing the Potential, July 1997.

2. Teil: Lösungsansätze zur Überwindung der Besteuerungskrise

I. Einführung

Die Analyse des bestehenden Rechts (de lege lata) im Hinblick auf die Besonderheiten des Electronic Commerce wurde im vorstehenden ersten Teil der Arbeit durchgeführt. Nunmehr geht es darum, die in der internationalen Wissenschaft diskutierten Lösungsansätze zur Überwindung der Steuerkrise im Bereich des grenzüberschreitenden Handels im Internet darzustellen.

Diese Ansätze unterscheiden sich in ihrer Besteuerungsform sowie in ihrer Wirkung auf die beteiligten Staaten. So werden sowohl eine ausschließliche Besteuerung durch den Wohnsitzstaat, durch den Quellenstaat sowie eine internationale Steueraufteilung vertreten. Weiterhin wird auch die Einführung einer neuen, speziell auf das neue Medium zugeschnittenen Steuer vorgeschlagen.

Bemerkenswert ist, mit welcher Intensität die Diskussion in den letzten Jahren geführt wurde. Die Vielzahl der Veröffentlichungen im Bereich des Electronic Commerce zeigen, daß die Einführung dieser effizienten Kommunikationstechnologie eine Herausforderung für die bestehende Rechtslage darstellt, die von den Staaten, Organisationen aber auch einzelnen nationalen Wissenschaftlern angenommen wurde bzw. wird. Dabei orientieren sich die entwickelten Lösungsansätze trotz ihrer Unterschiedlichkeit überwiegend an den traditionellen Besteuerungsformen. *M. Vink*[264] vergleicht die Suche nach der geeigneten Besteuerungsform mit dem Märchen vom Aschenputtel:

> „*Trying to adapt a system to an environment for which it was not designed is something like the fairy tale Cinderella: the glass slipper of electronic commerce will be tried on the feet of numerous existing tax principles before we find the one that fits (assuming, of course, that there are existing tax principles which will fit!).*

Die folgende Darstellung beschränkt sich darauf, die wesentlichen Unterschiede der Lösungsansätze zur Überwindung der Besteuerungskrise im Hinblick auf ihre steuerlichen Wirkungen herauszustellen. Dargestellt werden einige der in der internationalen Fachpresse intensiv diskutierten Beiträge, die die Vielseitigkeit der diskutierten Lösungen aufzeigen sollen. Ausgeklammert werden dieje-

---

[264] M. Vink, Substantive international corporate income tax issues, in: Caught in the Web: The Tax and Legal Implications of Electronic Commerce, Fiscale Actualiteiten, fed, Deventer 1998, S. 73

nigen Ausführungen in den Beiträgen, die nicht auf Fragen der Ertragsbesteuerung und die Bestimmung einer geeigneten Besteuerungsform eingehen.

II. Die internationale Diskussion

1. Die Einführung neuer Besteuerungsformen

Den wohl „radikalsten" Lösungsansatz bei der Suche nach geeigneten Besteuerungsformen des Electronic Commerce stellt die Einführung einer neuen Steuer, einer sog. Bit-Tax, Transaction Tax, Telecoms Tax oder einer PC Tax, dar. Einige US-amerikanische Staaten haben sich dieser Besteuerungsformen bedient, um einer Erosion ihrer Steuerbasis vorzubeugen[265].

Der Bit-Tax liegt als Bemessungsgrundlage die Anzahl der Computer-Bits zugrunde, die im Rahmen einer geschäftlichen Transaktion zwischen den Geschäftspartnern übermittelt werden. Die sog. Transaction Tax bezieht sich auf den Kapitaltransfer im Internet. Damit wird der Zahlungsverkehr zur Bestimmung des steuerbaren Geschäftsvorfalls herangezogen. Eine weitere Möglichkeit bildet die Besteuerung auf der Grundlage der Gebühren für die Nutzung von Telekommunikationseinrichtungen (Telecoms Tax) oder die Besteuerung der Modem-registrierung (PC Tax).

Die Einführung neuer Besteuerungsformen ist jedoch schon im Ansatz abzulehnen und soll deshalb bereits an dieser Stelle abschließend erörtert werden. Unabhängig von der fraglichen technischen Umsetzbarkeit stehen die vorgeschlagenen Besteuerungsformen nämlich dem geltenden (internationalen) Steuerrecht entgegen. Bits und Bytes, die Nutzung eines Modems oder die Inanspruchnahme von Telekommunikationseinrichtungen treffen keine Aussage über die jeweilige wirtschaftliche Betätigung und deren Erfolg. Vielmehr wird durch die Einführung derartiger Steuern zunächst ausschließlich die Nutzbarmachung des neuen Mediums selbst einer Steuerpflicht unterworfen.

Lediglich die Transaction Tax nähert sich durch die Anknüpfung an den virtuellen Zahlungsverkehr einer (Brutto-) Einkommensbesteuerung an. Aber auch in deren Rahmen wird der tatsächliche Erfolg des Steuerpflichtigen bewußt außer Acht gelassen. Besteuert wird nicht der tatsächliche Gewinn, sondern allein der durch den Zahlungsvorgang vergütete Umsatz, ohne daß dem Steuerpflichtigen die Möglichkeit gegeben wird, entsprechend seiner tatsächlichen Einkünfte be-

---

[265] Statement of Lawrence H. Summers, Deputy Secretary Department of the Treasury, Before the Committee on Commerce, Subcommittee on Communications, United States Senate, http://www.ustreas.gov/press/ releases/pr052297a.html.

steuert zu werden. Auch bleibt die Art. der wirtschaftlichen Betätigung, der zugrundeliegende Geschäftsvorfall, steuerlich unbeachtlich. Der Zahlungsverkehr muß jedoch nicht zwingend auf einen steuerpflichtigen wirtschaftlichen Vorgang zurückzuführen sein. Ob und wie diese steuerfreien Umsätze dem Fiskalzugriff entgehen sollen, bleibt jedoch offen[266].

Die Einführung derartiger neuer Besteuerungsformen im Zusammenhang mit dem grenzüberschreitenden Handel im Internet ist abzulehnen. Durch die Begründung internet-spezifischer Besteuerungsrechte würde das neue Medium gegenüber traditionellen Vertriebs- und Handelswegen erheblich benachteiligt. Eine derartige Form der Diskriminierung würde den Electronic Commerce in seiner Entwicklung beeinträchtigen.

Um eine nachteilige Wirkung von neuen Internet-Steuern zu verhindern, wurde in den USA deshalb der sog. Tax-Freedom-Act[267] verabschiedet. Es handelt sich um ein Steuermoratorium von 2 Jahren, das dem Internethandel durch Steuerfreiheit Zeit zur Entfaltung geben soll, während eine unabhängige Kommission alle US-internen und internationalen Steueraspekte des elektronischen Handels analysiert und Empfehlungen ausarbeitet.

Es gilt das in dem OECD-Papier *Dismantling the Barriers to Global Electronic Commerce*[268] ausgeführte Neutralitäts-Gebot, dem sich auch die USA verpflichtet fühlen[269]:

> *"Whatever the solution adopted, the taxation of electronic commerce should be relatively simple, should facilitate voluntary compliance, should not artificially advantage or disadvantage electronic commerce over comparable traditional commerce, and should not necessarily hinder the development of electronic commerce."*

---

266 OECD in Turku (Finnland) November 1997: Dismantling the Barriers to Global Electronic Commerce, S.

267 Siehe dazu R. Spatscheck, Ertragsteuerrechtliche Herausforderung durch das Internet, Computer und Recht 1999, S. 165 ff. (166).

268 Dismantling the Barriers to Global Electronic Commerce, Turku (Finnland) 1998, http://www.oecd.org/dsti/sti/it/ec/prod/dismantl.html.

269 Aber auch andere Staaten und Organisationen lehnen die Einführung einseitig belastender Steuersysteme ab. So z.B. auch Kanada, die Niederlande und die Europäische Kommission.

2. Der Lösungsansatz der steuerlichen Neutralität[270]

Einen gänzlich anderen Ansatz verfolgen die Vereinigten Staaten von Amerika. In ihrem viel beachteten Diskussionspapier *Selected Tax Policy Implications of Global Electronic Commerce*[271] stellt das US-amerikanische Finanzministerium fest, daß die bestehenden Steuerprinzipien und Regelungen keiner Neu- bzw. Umformulierung bedürfen. Dem Grundsatz der steuerlichen Neutralität des neuen Mediums folgend, wird dieser dahingehend ausgelegt, daß die bestehenden steuerlichen Vorschriften des nationalen Außensteuerrechts sowie die Regelungen in den Doppelbesteuerungsabkommen unberührt bleiben sollen.

> „*Certain issues may initially appear to be so complex that they cannot be dealt with by existing principles. Further study is likely to result in the conclusion that one or more existing principles are more flexible than they may seem and they remain relevant notwithstanding technological development.*"[272]

Nach einer Darstellung des Betriebsstättenprinzips und der amerikanischen Quellenbesteuerung nach dem Konzept des sog. „U.S. trade or business" wird die Frage aufgeworfen, ob der Betriebsstättenbegriff nicht um den Bereich des Electronic Commerce erweitert werden sollte. Insbesondere könne daran gedacht werden, den Server in den Regelungsbereich des Art. 5 OECD aufzunehmen[273]. Das Diskussionspapier erteilt diesen Überlegungen jedoch im Hinblick auf die praktischen Auswirkungen selber eine Absage. Der Server könne ohne Schwierigkeiten ins Ausland verlagert werden, so daß die Begründung einer

---

[270] Siehe auch die sog. „Bonner Erklärung", die auf einem Treffen der Minister der Europäischen Union, der Europäischen Freihandelszone (EFTA), von zentral- und osteuropäischen Nationen und Zypern sowie Vertretern der Industrie und Internetnutzern vom 6.–8. Juli 1997 verfaßt wurde, Darin wird ebenfalls die Forderung einer steuerlichen Neutralität formuliert. Allerdings waren sich die Verfasser einig, daß die Anwendung konventioneller Steuerregelungen angesichts der technologischen Entwicklungen im Electrnic Commerce zu unsinnigen Ergebnissen führt; http.//www.2.echo.lu/bonn/conference.html.

[271] US Department of the Treasury (US Treasury), Office of Tax Policy, Selected Tax Policy Implications of Global Electronic Commerce, Washington D.C., 21.11.1996.

[272] US Treasury, Selected Tax Policy Implications of Global Electronic Commerce, Washington 1996, Sec. III, 9; an anderer Stelle (Ziff 6.3) wird ausgeführt: "Recent technological developments may appear to be radical innovations primarily because they have evolved within a relatively short period of time. However, careful examination will reveal that few, if any, of these emerging issues will be so intractable that their resolution will not be found using existing principles, appropriately adjusted."

[273] US Treasury, Selected Tax Policy Implications of Global Electronic Commerce, Washington 1996, Sec. III, 7.2.4 u. 7.4.2.

Betriebsstätte umgangen werden könne[274]. Die Aufnahme des Servers in den Regelungsbereich des Art. 5 OECD-MA habe somit keinen praktischen Wert[275].

Vielmehr solle die Quellenbesteuerung, die eine normierte Ausnahme zu der grundsätzlichen Besteuerung durch den Wohnsitzstaat darstelle[276], aufgrund der schwierigen praktischen Umsetzung im Bereich des Electronic Commerce keine wesentliche Rolle spielen:

> *„The growth of new communications technologies and electronic commerce will likely require that principles of residence-based taxation assume even greater importance. In the world of cyberspace, it is often difficult, if not impossible, to apply traditional source concepts to link an item of income with a specific geographical location. Therefore, source based taxation could lose its rationale and be rendered obsolete by electronic commerce."*[277]

Folge dieses „Neutralitäts-Ansatzes", der die bestehenden nationalen und abkommensrechtlichen Regelungen unberührt lassen will, ist die Ausweitung einer Besteuerung durch den Wohnsitzstaat (residence taxation)[278], denn der grenzüberschreitende Handel im Internet wäre nach derzeitiger Rechtslage nicht geeignet, eine Betriebsstätte im Quellenstaat zu begründen[279].

Dieser auf eine Besteuerung durch den Wohnsitzstaat zielende Lösungsansatz wird von dem amerikanischen Weißen Haus unterstützt. In dem von Präsident *W.J. Clinton* und Vizepräsident *A.G. Gore* verfaßten Positionspapier *A Framework For Global Electronic Commerce*[280] werden drei Kriterien aufgeführt, nach denen die Besteuerung des Neuen Mediums erfolgen sollte:

---

[274] US Treasury, Selected Tax Policy Implications of Global Electronic Commerce, Washington 1996, Sec. III, 7.2.3.1.

[275] Siehe dazu schon 1. Teil, Kap. II, 3.3.1.5.

[276] US Treasury, Selected Tax Policy Implications of Global Electronic Commerce, Washington 1996, Sec. III, 7.1.4.

[277] US Treasury, Selected Tax Policy Implications of Global Electronic Commerce, Washington 1996, Sec. III, 7.1.5.

[278] „Furthermore, to the extent the source of this income is becoming both less meaningful and increasingly difficult to determine, residence-based taxation should necessarily play a larger role", US Treasury, Selected Tax Policy Implications, Washington 1996, Sec. III, 7.4.2.

[279] So zumindest im Abkommensfall, siehe 1. Teil, Kap. II, 3.3.1.3.

[280] Präsident W.J. Clinton, Vize Präsident A.G. Gore, White House Release on Global Information Infrastructure – A Framework For Global Electronic Commerce, Washington D.C. 4. 7.1997; W.J. Clinton, Presidential Directive on Electronic Commerce, Juli 1997, http://www.ecommerce.gov/presiden.htm..

- *it should neither distort nor hinder commerce (no tax system should discriminate among types of commerce, nor should it create incentives that will change the nature or location of transaction),*

- *the system should be simple and transparent (capable of capturing the overwhelming majority of appropriate revenues, easy to implement and minimize burdensome record keeping and costs for all parties),*

- *the system should be able to accommodate tax systems used at present by the United States and their international partners.*[281]

In diesem Zusammenhang hat das Weiße Haus auch angekündigt, es werde im Rahmen der Welthandelsorganisation (WTO) sowie anderen internationalen Organisationen dafür eintreten, das Internet zu einer zoll-freien Zone zu erklären, soweit es für die Lieferung von Waren und Dienstleistungen benutzt werde[282].

Die Ansichten des amerikanischen Finanzministeriums und des Weißen Hauses werden auch von anderen Staaten geteilt. So führt z.B. das kanadische Positionspapier *Electronic Commerce and Canada's Tax Administration* aus, daß die bewährten Steuerkonzepte, die über einen langen Zeitraum ihre Flexibilität in der Anwendung auf neue Sachverhalte bewiesen hätten, auch zur Regelung der Besteuerung des Electronic Commerce herangezogen werden müßten[283].

Auch das holländische Finanzministerium stimmt grundsätzlich dem U.S.-amerikanischen Ansatz zu[284]. So wird eine (vorschnelle) Anpassung der entscheidenden Normen im Internationalen Steuerrecht an die Besonderheiten des Electronic Commerce zum derzeitigen Zeitpunkt abgelehnt. Zunächst sollten die tatsächlichen Auswirkungen des grenzüberschreitenden Handels im Internet auf die Handels- und Kapitalströme und damit auch auf die Steueraufkommen der Staaten beobachtet werden.

---

[281] Präsident W.J. Clinton, Vize Präsident A.G. Gore, White House Release on Global Information Infrastructure – A Framework For Global Electronic Commerce, Washington D.C. 4. 7.1997, Ziff. 23.

[282] Präsident W.J. Clinton, Vize Präsident A.G. Gore, White House Release on Global Information Infrastructure – A Framework For Global Electronic Commerce, Washington D.C. 4. 7.1997, Ziff. 22.

[283] Electronic Commerce and Canada's Tax Administration. A Report to the Minister of National Revenue form the Minister's Advisory Committee on Electronic Commerce, April 1998, siehe auch P. Postma, Netherlands Issues Internet Discussion Paper, in: Intertax 1998, S. 303 ff.

[284] Notitie belastingen in een wereld zonder afstand, May 1998, Report to Underminister of Finance from Dutch Advisory Committee.

Im Gegensatz zum U.S.-amerikanischen Ansatz hält das holländische Finanzministerium aber eine Anpassung des Rechts an die Besonderheiten des Electronic Commerce nicht für generell ausgeschlossen. So seien zwar die tatsächlichen wirtschaftlichen und steuerlichen Auswirkungen des neuen Mediums aus heutiger Sicht nicht abzuschätzen, weshalb sich gesetzliche Änderungen zum jetzigen Zeitpunkt verböten. Sollten aber zukünftige Entwicklungen eine Anpassung des geltenden Rechts notwendig machen, um bestimmte unerwünschte Auswirkungen zu korrigieren, so solle eine derartige Anpassung möglichst losgelöst von den Besonderheiten des neuen Mediums erfolgen (independent from the technology)[285]. Die Einführung einer internet-spezifischen Gesetzgebung wird dagegen abgelehnt[286].

3. Die Abschaffung des Betriebsstättenprinzips

In der internationalen Diskussion steht auch die Abschaffung des Betriebsstättenprinzips für den Bereich des Electronic Commerce. Im Hinblick auf eine (von den Protagonisten dieses Lösungsansatzes vertretenen) ausschließlichen Besteuerung der Einkünfte des neuen Mediums im Wohnsitzstaat stellt die Abschaffung des Betriebsstättenprinzips für die Einkünfte aus dem Electronic Commerce eine konsequente und auch einfache Lösung dar.

So könnte der Bereich des Electronic Commerce in den Ausnahmekatalog des Art. 5 Abs. 4 OECD-MA aufgenommen werden. Denkbar wäre auch eine entsprechende Klarstellung in Art. 7 OECD wie auch eine Umformulierung des Art. 8 OECD-MA (bzw. die Einführung eines Art. 8a) könnte eine ausschließliche Besteuerung durch den Wohnsitzstaat begründen.

M. Vink[287] deutet die Möglichkeit einer solchen Abschaffung des Betriebsstättenprinzips für den Bereich des Electronic Commerce an:

---

[285] Notitie belastingen in een wereld zonder afstand, May 1998, Report to Underminister of Finance from Dutch Advisory Committee.

[286] Die Europäische Kommission veröffentlichte im April 1997 das sog. Grünbuch „A European Initiative in Electronic Commerce“, in dem auch steuerliche Belange kurz angesprochen werden. Darin wurde festgestellt, daß Steuersysteme rechtliche Sicherheit und steuerliche Neutralität sicherstellen müßten, um die Entwicklung des Electronic Commerce zu erlauben. Rechtliche Sicherheit heißt, daß die steuerlichen Verpflichtungen klar, transparent und vorhersehbar sind. Neutralität bedeutet in diesem Zusammenhang, daß im Vergleich zu den traditionellen Handelsformen keine zusätzliche Last auf den neuen Aktivitäten lasten soll.

[287] M. Vink, Substantive international corporate income tax issues, in: Caught in the Web: The Tax and Legal Implications of Electronic Commerce, Fiscale Actualiteiten, fed, Deventer 1998, S. 73.

„By excluding the Web sites and servers from the definition of a permanent establishment, many potential tax problems could be easily avoided (...) This means that if the political choice is made to set aside the source principle in favor of residency criteria, existing tax principles can still be adapted to electronic commerce. If, however, this political decision cannot be made, the question arises whether existing tax rules simply can rise to the task of resolving electronic commerce tax problems, or whether perhaps new tax principles will have to be defined. In the latter case there are no easy answers: something must be adjusted or development of electronic commerce will certainly be hampered by taxation issues. So, it seems that the real solution is out there...“

Auch die OECD greift diesen Lösungsansatz in ihrem *Diskussionsentwurf The Challanges to Tax Authorities and Taxpayers*[288] auf. So wird argumentiert, daß im Falle ausgeglichener Handelsströme zwischen zwei Staaten die gegenseitige Abschaffung der Quellenbesteuerung kaum Auswirkungen auf das jeweilige Steueraufkommen entfalte. Der Verlust des steuerlichen Zugriffs auf die im Inland erwirtschafteten Einkünfte ausländischer Steuerpflichtiger werde durch die erhöhte Besteuerung des im Ausland generierten Einkommens ausgeglichen. Die Abschaffung der Quellenbesteuerung habe den Vorteil der effektiveren Umsetzung einer Besteuerung nach der jeweiligen Leistungsfähigkeit des Steuerpflichtigen[289].

4. Die Einführung einer Abschlagssteuer

Richard L. Doernberg[290] sieht in der Zunahme des elektronischen Handels eine Gefahr für das Steueraufkommen der Quellenstaaten. Zwar habe auch schon vor der Einführung des Electronic Commerce die Möglichkeit bestanden, grenzüberschreitenden Handel z.B. via Telefon oder Postversand zu tätigen, um so eine steuerbegründende physische Präsenz im Quellenstaat zu vermeiden. Jedoch sei diese Vertriebsmöglichkeit eine Randerscheinung geblieben, die von den meisten Unternehmen nicht wahrgenommen worden sei. Die Auswirkungen auf die nationalen Steueraufkommen seien deshalb gering geblieben.

---

288 OECD, Committee of Fiscal Affairs, Electronic Commerce: The Challanges to Tax Authorities and Taxpayers. An informal Round Table Discussion between Business and Government.

289 In ihrer steuerlichen Folge wäre käme die Abschaffung des Betriebsstättenonzeptes dem zuvor erläuterten Neutralitätsansatz nahe.

290 R. Doernberg, Electronic Commerce and International Tax Sharing, in: Tax Notes International 1998, S. 1016 ff.

Das Internet erleichtere dagegen die grenzüberschreitende Handelstätigkeit auch kleinerer Unternehmen, so daß in der Folge erhebliche Auswirkungen auf die nationalen Steueraufkommen zu besorgen seien[291]. Was im traditionellen Handel eine Ausnahme bilde, stelle im Anwendungsbereich des Electronic Commerce die Regel dar. In der Tat erreichen auch kleine Unternehmen mit ihrem Angebot über das Internet inzwischen ein Weltpublikum. Internationalität ist kein Privileg der großen Unternehmen mehr.

Unter Zugrundelegung der traditionellen Regelungen, insbesondere des gültigen Abkommensrechts, habe der Quellenstaat keinen steuerlichen Zugriff auf die erwirtschafteten Einkünfte im Bereich des Electronic Commerce[292]. *Doernberg* glaubt, daß diejenigen Staaten, die im Bereich des Electronic Commerce überwiegend Importstaaten sind, dieser Erosion des eigenen Steueraufkommens nicht tatenlos zusehen werden. Die Importstaaten würden vielmehr durch Anpassung ihres nationalen Rechts, durch großzügige Auslegung des Begriffes der Einkunftsquelle oder durch Einführung gänzlich neuer Steuern ihr Steueraufkommen auch im Bereich des Electronic Commerce sichern[293].

Weiterhin ergäben sich Schwierigkeiten im Hinblick auf die Einkünftequalifizierung. Es sei denkbar, daß der Wohnsitzstaat und der Quellenstaat unterschiedliche Auffassungen bezüglich der Einkunftsart verträten, die zu Schwierigkeiten bei der Ertragsbesteuerung führen könnten. So könne z.B. beim Verkauf einer Software in Form des Downloading der Wohnsitzstaat von einem Unternehmensgewinn gemäß Art. 7 OECD-MA ausgehen, der aufgrund fehlender Betriebsstätte im Quellenstaat der ausschließlichen Besteuerung des Wohnsitzstaates unterfalle. Dagegen könne der Quellenstaat in der Transaktion Einkünfte aus Lizenzgebühren gemäß Art. 12 OECD-MA sehen, die zum Einbehalt einer Quellensteuer berechtigen, da der im Quellenstaat belegene Server als feste Einrichtung im Sinne des Art. 12 Abs. 3 OECD-MA qualifiziert werden kann.

Doernberg will diesen Schwierigkeiten durch die Einführung einer universellen Abschlagssteuer in Höhe von 3 %[294] der im jeweiligen Quellenstaat erzielten

---

[291] R. Doernberg, Electronic Commerce and International Tax Sharing, in: Tax Notes International 1998, S. 1013.

[292] Siehe auch Forst, The Continuing Vitality of Source-Based Taxation in the Electronic Age, in: Tax Notes International 1997, S. 1455.

[293] R. Doernberg, Electronic Commerce and International Tax Sharing, in: Tax Notes International 1998, S. 1014; so wird in Deutschland schon der Server als Betriebsstätte im Sinne des § 12 AO angesehen, s.o.

[294] R. Doernberg/ L. Hinnekens, Electronic Commerce and International Taxation, 1999, S. 319; in seinem Aufsatz „Electronic Commerce and International Tax Sharing“, in: Tax

Umsatzerlöse begegnen. Unabhängig von der jeweiligen Einkunftsart solle diese Abschlagssteuer auf alle Umsätze erhoben werden, die durch Transaktionen im Internet erwirtschaftet worden seien.

Der gewerbliche Käufer hat nach diesem Vorschlag die Abschlagssteuer einzubehalten und an das zuständige Finanzamt im Quellenstaat abzuführen. Unternehmen, die ihre Zahlungen an den Inhaltsanbieter als Betriebsausgaben steuerlich geltend machen wollen, müssen dem Finanzamt zuvor nachweisen, daß sie ihrer Einbehaltungs- und Abführungsverpflichtung nachgekommen sind[295].

Ausgenommen von dieser Einbehaltungs- und Abführungsverpflichtung blieben jegliche Veräußerungen an private Endverbraucher. Die Abschlagssteuer würde somit ausschließlich auf Veräußerungen an Unternehmen oder Gewerbetreibende erhoben werden. *Doernberg* sieht hierin allerdings keine wesentliche Einschränkung seines Modells, da die überwiegende Zahl der Geschäftsvorfälle des grenzüberschreitenden Handels im Internet Veräußerungen von Unternehmen an Unternehmen bzw. Unternehmer (business to business) darstelle[296]. Der (geringe) steuerliche Verlust des Quellenstaates, der aus der Nichtbesteuerung des Handels mit dem Endverbraucher resultiert, könne durch die Abschlagssteuer jedoch kompensiert werden. Aufgrund der Einbeziehung aller Einkunftsarten in die Abschlagsbesteuerung würden auch diejenigen Transaktionen einer Quellenbesteuerung unterworfen, die im traditionellen Handel keiner Quellenbesteuerung unterliegen würden. So sei z.B. im Rahmen des Electronic Commerce eine Abschlag- und damit Quellenbesteuerung der Unternehmensgewinne auch dann gegeben, wenn der Inhaltsanbieter keine Betriebsstätte im Quellenstaat unterhalte.

Die Abschlagssteuer des Quellenstaates müsse, um Doppelbesteuerungen zu vermeiden, im Wohnsitzstaat angerechnet werden[297]. Weiterhin müsse dem steuerpflichtigen Unternehmen das Recht eingeräumt werden, im Quellenstaat eine Besteuerung als beschränkt Steuerpflichtiger auf Basis der tatsächlich er-

---

Notes International 1998, S. 1015, hatte Doernberg noch eine Abschlagssteuer in Höhe von 10 % vorgeschlagen.

[295] R. Doernberg, Electronic Commerce and International Tax Sharing, in: Tax Notes International 1998, S. 1016.

[296] Doernberg verweist auf Kane, The Year in Review: CyberCommerce, http://www.zdent.com/zdnn/content/ zdnn/1229/266738.html. Zudem sei die Einführung einer Einbehaltungs- und Abführungspflicht auf der Ebene der Endverbraucher logistisch nicht umzusetzen und politisch kaum durchzusetzen.

[297] R. Doernberg, Electronic Commerce and International Tax Sharing, in: Tax Notes International 1998, S. 1016.

wirtschafteten Gewinne zu beantragen, falls die Abschlagssteuer auf die Umsätze aufgrund niedrigeren Gewinns zu hoch bemessen sei[298].

Die Abschlagssteuer könne nach *Doernberg* nicht mit einer Verbrauchsteuer gleichgesetzt werden. Der wesentliche Unterschied bestehe zum einen in der Anrechenbarkeit der Abschlagssteuer im Wohnsitzstaat. Zum anderen habe das Unternehmen das Recht, im Quellenstaat eine Besteuerung auf Grundlage der dort tatsächlich erwirtschafteten Gewinne zu beantragen.

Unabhängig von der Abschlagssteuer auf die Umsätze aus dem grenzüberschreitenden Handel im Internet soll dem Quellenstaat das (reguläre) Besteuerungsrecht für Einkünfte bleiben, die einer Betriebsstätte im Sinne des Art. 5 Art. 1 OECD-MA zuzuordnen sind. Die Abschlagssteuer soll nicht bestehende quellenstaatliche Besteuerungsrechte beschneiden, sondern Einkünfte, die nach bisherigem Abkommensrecht keiner Quellenbesteuerung zugänglich sind, in die zwischenstaatliche Verteilung einbeziehen.

Doernberg erkennt selbst, daß sein Konzept nicht ohne Schwächen ist, hält aber gleichwohl die von ihm propagierte Abschlagssteuer für den geeigneten Weg, den Konflikt zwischen Wohnsitz- und Quellenbesteuerung, zwischen Export- und Importstaaten zu lösen:

> „*This approach may not be conceptually pure. In an income tax system, why should R Corp. be taxable in State S on sales to a business that can deduct the cost of the input but is not taxable on the sale to a consumer who cannot deduct the payment? But this approach is premised on the idea if finding an overall compromise between electronic commerce exporting and importing states that is simple, equitable and enforceable.*“[299]

---

[298] Veräußert das steuerpflichtige Unternehmen (W) an ein Unternehmen im Quellenstaat (Q) einen Gegenstand für DM 100,--, so wird hierauf eine Abschlagssteuer in Höhe von DM 3,-- einbehalten. Beträgt der tatsächliche Gewinn des Unternehmens (W) lediglich DM 5,-- so stellt eine Steuer in Höhe von DM 3,-- eine Steuerquote von 60 % dar. Die Besteuerung auf der Grundlage der tatsächlich erwirtschafteten Gewinne wäre für das Unternehmen (W) somit vorteilhafter.

[299] R. Doernberg, Electronic Commerce and International Tax Sharing, in: Tax Notes International 1998, S. 1018.

5. Die Begründung einer virtuellen Betriebsstätte

Ein von *Luc Hinnekens*[300] formulierter Lösungsansatz sieht vor, eine Art „virtuelle Betriebsstätte" im Bereich des Electronic Commerce zu begründen. Dadurch soll eine ausschließliche Besteuerung der Einkünfte aus dem grenzüberschreitenden Internet-Handel im Quellenstaat begründet werden.

Denkbar sei insofern die ausdrückliche Aufnahme z.B. des Servers in den Regelungsbereich des Art. 5 Abs. 1 OECD-MA oder die Neueinführung eines Art. 17 a OECD-MA, der sich an Art. 17 OECD-MA orientiert. Möglich erscheint *Hinnekens* auch eine entsprechende Auslegung des Art. 5 OECD-MA, ohne daß es einer Gesetzesanpassung bedürfte. Im Hinblick auf die erhebliche Weite der jeweiligen nationalen Interpretationen des Art. 5 OECD-MA[301] und unter Zugrundelegung der geschichtlichen Entwicklung des Betriebsstättenprinzips[302] könne unter Umständen bereits aus dem geltenden Betriebsstättenbegriff des Art. 5 OECD-MA eine entsprechende Ableitung gewonnen werden[303].

Hinnekens gründet seine Forderung nach einer Quellenbesteuerung der Einkünfte des grenzüberschreitenden Handels im Internet auf das hinter dem Betriebsstättenprinzip stehende Konzept einer Besteuerung nach der wirtschaftlichen Zugehörigkeit: Derjenige, der Vorteile aus einer Wirtschaftsgemeinschaft erzielt, schuldet dieser Gemeinschaft angemessene Steuern.

Das Merkmal der wirtschaftlichen Zugehörigkeit (economic allegiance), das als Abgrenzungsmerkmal der Besteuerungsrechte der beteiligten Staaten vor über 100 Jahren formuliert wurde und eine umfangreiche Quellenbesteuerung begründen sollte[304], wurde nicht in das OECD-Musterabkommen übernommen. Die Aufnahme des Tatbestandsmerkmals der „festen Geschäftseinrichtung" stattdessen läßt in der heutigen Welt, die durch die Inanspruchnahme hochentwickelter Telekommunikationseinrichtungen zunehmend körperliche Anknüpfungspunkte im Quellenstaat vermeidet, eine Quellenbesteuerung unter den bisher geltenden Voraussetzungen weitgehend entfallen.

---

[300] L. Hinnekens, Looking for an Appropriate Jurisdictional Framework for Source-State Taxation of International Electronic Commerce, in: Intertax 1998, S. 192 ff.

[301] Ausdrücklich erwähnt Hinnekens das sog. Pipeline-Urteil des BFH vom 30.10.1996, s.o.

[302] Siehe insbesondere A.A. Skaar, Permanent Establishment. Erosion of a Tax Treaty Principle, Series on International Taxation, vol. 13, Kluwer 1991.

[303] L. Hinnekens, Looking for an Appropriate Jurisdictional Framework for Source-State Taxation of International Electronic Commerce, in: Intertax 1998, S. 196.

[304] G. von Schanz, Zur Frage der Steuerpflicht, Finanzarchiv, Bd. 9, (1892).

Hinnekens glaubt, unter Hinweis u.a. auf die Tokyo-Resolution der Internationalen Handelskammer aus dem Jahre 1955[305], das zwischen England und Norwegen vereinbarte Doppelbesteuerungsabkommen und auch das deutsche Pipeline-Urteil des BFH vom 30.10.1996[306] eine neuerliche Favorisierung der Quellenbesteuerung erkennen zu können. Insbesondere seien nationale Gesetzgeber und Gerichte bemüht, das Betriebsstättenprinzip in den Fällen erheblich auszudehnen, in denen kein internationales Abkommen einen Steuerzugriff verhindere oder in denen die Einkünfte in Steueroasen erwirtschaftet würden. Das gültige Betriebsstättenkonzept werde in diesen Fällen großzügig und für die eigene Sache vorteilhaft verwandt und dabei auch traditionelle Tatbestandsmerkmale wie z.B. der Personaleinsatz geopfert. Auch die OECD[307] verfolge Ansätze, in denen Art. 5 OECD-MA im Hinblick auf die Besonderheiten des Electronic Commerce einer Umformulierung bedürfe.

Letztlich geht es *Hinnekens* darum zu zeigen, daß eine Neufassung des Art. 5 OECD-MA kein „Sakrileg" darstellen würde. Die Begründung einer virtuellen Betriebsstätte sei vielmehr - aus einer historischen Dimension des Betriebsstättenprinzips heraus betrachtet - die konsequente Umsetzung des Prinzips der wirtschaftlichen Zugehörigkeit:

> *„The traditional PE concept can be re-sourced or re-invented to the effect of (1) applying to global electronic commerce the original idea of taxation on basis of economic allegiance and equivalence and, (2) starting from there, providing for common thresholds for distinguishing commercial mainstream from ancillary business activity, making the new test of source taxation acceptable to international business as well as to tax authorities as a compromise between interests of importing and exporting states."* [308]

---

[305] „The claim of the country of residence to tax income derived from the country of origin rests largely on historical grounds which are out of keeping with existing conditions; at the most the country of residence is only entitled to a proportionate share of the total tax of the income which is commensurate with the contribution it makes to the production of the income", zitiert bei L. Hinnekens, Looking for an Appropriate Jurisdictional Framework for Source-State Taxation of International Electronic Commerce, Intertax 1998, S. 196.

[306] BFH vom 30.10.1996, BStBl. II 1997, S. 12 ff.

[307] „Jurisdictional concepts based on physical geography, such as (...) permanent establishment, may require modifications to fit the world of electronic commerce (...) Consequently, computer servers or websites may have to be included in the notion of what constitutes a permanent establishment" OECD, Dismantling the Barriers to Global Electronic Commerce, Turku (Finnland) 1997, http://www.oecd.org/dsti/sti/it/ec/prod/-dismantl.html.

[308] L. Hinnekens, Looking for an Appropriate Jurisdictional Framework for Source-State Taxation of International Electronic Commerce, in: Intertax 1998, S. 197.

Soll im Rahmen des Electronic Commerce eine extensive Quellenbesteuerung durch Einführung einer „virtuellen Betriebsstätte" begründet werden, so muß der steuerbegründende Nexus neu definiert werden. Die Schwierigkeit liegt in der Formulierung eines Tatbestandes, der unter Aufgabe körperlicher Anknüpfungspunkte dennoch eine ausreichend enge Bindung der geschäftlichen Aktivität zum Quellenstaat schafft.

Hinnekens diskutiert kurz die Möglichkeiten der Begründung eines solchen hinreichenden steuerlichen Nexus durch die Belegenheit eines Servers, des Ladens einer Web-Site, der Nutzung von Software oder den Verkauf von Waren und Dienstleistungen im Quellenstaat. Letztlich soll nach seiner Auffassung kein einzelnes Kriterium eine Quellenbesteuerung begründen, sondern eine Gesamtschau im jeweiligen Einzelfall entscheiden. Welche Merkmale letztlich als Kriterien im Rahmen dieser Gesamtschau herangezogen werden sollen, bleibt allerdings offen[309].

Die Abgrenzung zwischen Haupt- und Nebentätigkeiten im grenzüberschreitenden Internet-Handel ist nach *Hinnekens* nur schwer zu lösen. Er führt an, eine Vielzahl von Tätigkeiten, die für sich genommen jeweils unter den Ausnahmekatalog des Art. 5 Abs. 4 OECD-MA fallen würden, müßten in ihrer Gesamtheit dann betriebsstättenbegründend wirken, wenn sie im Quellenstaat eine gewisse wirtschaftliche Intensität überschreiten würden. Das neue Medium fordere auf, die traditionellen Unterscheidungskriterien zwischen Haupt- und Nebentätigkeiten zu überdenken[310].

Eine weitere erhebliche Schwierigkeit läge in der Zurechnung der Gewinne der wirtschaftlichen Aktivität im Sinne von Art. 7 Abs. 2 OECD-MA. Die Höhe des Gewinns, der einer Quellenbesteuerung gemäß Art. 7 Abs. 2 OECD-MA unterliegen solle, müsse hinreichend genau bestimmt werden können. *Hinnekens* dis-

---

[309] Hinnekens zieht allerdings Parallelen zu der amerikanischen Due Process Clause und der Commerce Clause. Er stellt heraus, daß auch diese Ansätze aufgrund fehlender hinreichender allgemeiner Kriterien nicht geeignet sind, Kriterien für eine Gesamtschau zu bilden, L. Hinnekens, Looking for an Appropriate Jurisdictional Framework for Source-State Taxation of International Electronic Commerce, in: Intertax 1998, S. 198.

[310] Auch die OECD erkennt diese Notwendigkeit: „The question has to be addressed with respect to the various functions that can be automated, such as advertising, ordering, payment, storage and digital delivery as well as with respect to various combinations of these functions. It also requires a determination of the extent to which a data base of digital contents may be said a stock of goods and, if that is the case, whether the data base may be said to be maintained solely for the purpose of storage, display or delivery if it also has a search and reporting facility", OECD, Electronic Commerce, The Challenges to Tax Authorities and Taxpayers. An Informal Round Table Discussion between Business and Government, (Abs. 97).

kutiert verschiedene Gewinnermittlungsmethoden[311], ohne aber die Frage der Gewinnzurechnung abschließend klären zu können. Letztlich seien die nationalen Verwaltungen und internationalen Organisationen wie z.B. die OECD aufgefordert, die notwendigen Gewinnabgrenzungsmethoden zu entwickeln und umzusetzen[312].

III. Zur international geführten Diskussion

Alle Autoren erkennen die Notwendigkeit einer schnellen Lösung der Besteuerungsfragen, um dem Electronic Commerce ausreichende Rechts- und damit Planungssicherheit zu bieten. Dennoch scheint der Abschluß der Diskussion noch weit entfernt und ein Konsens über die mögliche Besteuerungsform nicht absehbar, denn die Interessen vor allem der beteiligten Staaten liegen erkennbar weit auseinander. So läßt sich der internationalen Diskussion auch entnehmen, welche Staaten im Bereich des Electronic Commerce sog. „internet-exporting States“ und welche „internet-importing States“ sind. Das erhebliche Interesse beispielsweise der Amerikaner an einer Besteuerung durch den Wohnsitzstaat ist nicht zuletzt auf die Tatsache zurückzuführen, daß der überwiegende Handel im Internet aus den USA heraus erfolgt.

Die internationale Verständigung auf eine bestimmte Form der Ertragsbesteuerung des Electronic Commerce wird jedoch niemals den Interessen aller beteiligten Staaten gerecht werden können, denn dafür sind die Interessengegensätze zu groß. Entscheidend ist aber, daß sich die Staaten auf eine Besteuerungsform verständigen, die aufgrund ihrer inneren Ausgewogenheit einen durablen Kompromiß darstellen kann. Diese innere Ausgewogenheit läßt sich in der Regel nicht auf dem politischen Schlachtfeld erzielen. Sie ist vielmehr Ergebnis einer objektiven, die Interessen aller Staaten berücksichtigenden Betrachtung.

---

311 So z.B. die sog. Cost Plus Method und die sog. Resale Price Method.

312 L. Hinnekens, Looking for an Appropriate Jurisdictional Framework for Source-State Taxation of International Electronic Commerce, in: Intertax 1998, S. 199.

3. Teil: Das Gerechtigkeitsprinzip im Internationalen Steuerrecht

Die Entscheidung für eine bestimmte Form der Besteuerung ist nicht allein die Wahl zwischen dem „Wohnsitzprinzip“ und dem „Quellenprinzip“, der „Anrechnungs-„ oder „Freistellungsmethode“. Sie ist nicht allein eine Entscheidung, die sich in der Aufteilung der Steuerquellen und der gegenseitigen Abgrenzung von Steueransprüchen erschöpft. Vielmehr sind folgende wirtschaftliche und rechtliche Aspekte der internationalen Aufteilung der Besteuerung zu beachten:

- Die internationale Aufteilung der Besteuerung kann einen mittelbaren Eingriff in die unternehmerische Investitionsentscheidung darstellen und damit die Allokation von Produktionsfaktoren beeinflussen[313]. Die Investitionsentscheidung des Unternehmers wird u.a. durch zukünftige Kostenfaktoren entschieden und die voraussichtliche Steuerlast beeinflußt als ein solcher Kostenfaktor die Wettbewerbsfähigkeit des Unternehmens.

- Die Aufteilung der Steuerquellen kann den Wettbewerb *zwischen* den Unternehmen verzerren. Sofern eine solche Lenkungungswirkung wirtschaftspolitisch nicht gewollt ist, darf die Besteuerung nicht zu einer (ungewollten) Benachteiligung oder Übervorteilung einzelner wirtschaftlicher Aktivitäten führen.

- Die Entscheidung für eine bestimmte Form der Besteuerung stellt einen Eingriff in die Steuerhoheit des verzichtenden Vertragsstaates dar und reduziert sein Steueraufkommen. Der verzichtende Staat wird diesem Eingriff in die Steuerhoheit nur dann zustimmen, wenn der Eingriff von Erwägungen ausgleichender Gerechtigkeit geleitet ist.

Diesen aufgeführten möglichen Auswirkungen der Entscheidung für eine bestimmte Form der Besteuerung lassen sich zwei unterschiedliche Gesichtspunkte entnehmen. So ist die Frage, ob eine Besteuerungsform eine gerechte Regelung für den Steuerpflichtigen wie auch für die beteiligten Staaten darstellt, von der Frage ihrer ökonomischen Zweckmäßigkeit zu trennen. Diesen Unterschied erkannte als erster der amerikanische Finanzwissenschaftler *Richard Musgrave*[314].

---

[313] K. Vogel, Worldwide vs. Source Taxation of Income, Intertax 1988, S. 310; O. Gandenberger, Kapitalexportneutralität versus Kapitalimportneutralität, Aufsätze zur Wirtschaftspolitik, Forschungsinstitut für Wirtschaftspolitik an der Universität Mainz, Heft 7, 1983, S. 31.

[314] R. Musgrave, Criteria for Foreign Tax Credit, in: Taxation and Operations Abroad, Symposium, 1960, S. 83.

Er unterscheidet zwischen der wirtschaftlichen Effizienz oder „Efficiency“ und der (Steuer-) Gerechtigkeit oder „Equity“.

I. Das Prinzip der wirtschaftlichen Effizienz

Das Prinzip der Effizienz beruht auf der Annahme, daß die weltweite Produktivität am höchsten ist, wenn sich die Produktionsfaktoren ohne staatliche Intervention und allein vom freien Markt geleitet über die Länder verteilen können[315]. Erstrebt wird das sog. Pareto-Optimum[316]. Dieses beschreibt das Ideal des Nutzenmaximums als einen Zustand, in dem vollkommene Wettbewerbsgleichheit herrscht[317].

Eine der Hauptschwierigkeiten auf dem Gebiet der internationalen Besteuerung besteht also darin, die wirtschaftlich gewünschte Allokationsneutralität[318] so wenig wie möglich zu beeinträchtigen. Andererseits zeigt der Einfluß der Steuer auf die unternehmerische Entscheidung, daß die Methoden zur Vermeidung der Doppelbesteuerung auch gezielt zu wettbewerbspolitischen Gestaltungen eingesetzt werden können[319].

Im Falle der hier zu behandelnden Frage der direkten Besteuerung von Faktoreinkünften ist - nach der bekannten Terminologie von *Peggy* und *Richard Musgrave* - zwischen sog. Kapitalexportneutralität und Kapitalimportneutralität zu unterscheiden[320]:

Steuerliche Kapitalexportneutralität oder auch Wohnsitzlandneutralität ist dann gegeben, wenn alle Erträge im Standortland des Unternehmers gleich hoch besteuert werden, wenn also Erträge aus ausländischen Investitionen den gleichen

---

[315] Deshalb wird im folgenden unter dem Begriff der Effizienz eine weltweite und nicht auf die nationale Ebene beschränkte Effizienz verstanden.

[316] Benannt nach seinem Urheber, dem italienischen Ökonomen und Soziologen Vilfredo Pareto (1848 –1923).

[317] J. Ritsert, Gerechtigkeit und Gleichheit, 1. Auflage, Münster 1997, S. 50 ff.

[318] Dabei bedeutet der Begriff der „Neutralität“ nicht, daß die Erträge überhaupt keiner Besteuerung unterliegen. Vielmehr wird mit dem Begriff der Neutralität hier eine Form der Besteuerung bezeichnet, die die unternehmerische Entscheidung so wenig wie möglich beeinflußt.

[319] O. Jacobs, Besteuerung internationaler Unternehmen, 4. Auflage, München 1999, S. 25.

[320] Siehe z.B. R.A. Musgrave und P.B. Musgrave, Public Finance, 3. Auflage, McGraw Hill 1980, S. 772 - 774.

einkommens- und körperschaftlichen Regelungen sowie der gleichen sonstigen direkten Besteuerung unterliegen wie die inländischen[321].

Steuerliche Kapitalimportneutralität oder Quellenlandneutralität liegt dementsprechend vor, wenn alle Erträge im Standortland der Produktion gleich hoch besteuert werden, unabhängig davon, ob diese Erträge dort von inländischen oder ausländischen Unternehmern erzielt werden[322].

In den Doppelbesteuerungsabkommen sind beide Neutralitätskonzepte angelegt. So entspricht die Freistellungsmethode tendenziell der Kapitalimportneutraltiät und die Anrechnungsmethode entspricht tendenziell der Ausrichtung am Konzept der Kapitalexportneutralität[323].

Die internationale Literatur streitet seit Jahrzehnten über die Vor- und Nachteile der jeweiligen Neutralitätskonzepte. Die Stellungnahmen in der englischsprachigen Literatur geben fast einheitlich der Anrechnungsmethode und der Kapitalexportneutraliät den Vorzug[324]. Forderungen nach Freistellung, die zu einer Kapitalimportneutralität führen würden, sind dagegen im englischsprachigem Raum ausschließlich von Unternehmerseite zu hören, weshalb diese Ansicht auch als „the businessman's view“ und damit als Interessenstandpunkt bezeichnet wird[325].

In der deutschsprachigen Literatur wird sowohl aus betriebswirtschaftlicher als auch aus juristischer Sicht das Konzept der Freistellungsmethode und damit die Kapitalimportneutralität bevorzugt[326].

---

[321] O. Gandenberger, Kapitalexportneutralität versus Kapitalimportneutralität, Aufsätze zur Wirtschaftspolitik, Forschungsinstitut für Wirtschaftspolitik an der Universität Mainz, Heft 7, 1983, S. 1.

[322] O. Jacobs, Besteuerung internationaler Unternehmen, 4. Auflage, München 1999, S. 21.

[323] Siehe dazu schon oben 1. Teil, Kap. I, 4.1.2, 4.1.3.

[324] Siehe z.B. P. Musgrave, International Tax Differentials for Multinational Cooperations: Equity and Efficiency Considerations, in: United Nations, The Impact of Multinational Cooperations on Development and on International Relations, Technical Paper: Taxation, Washington 1974, S. 44-46/ n.v.; R.A. und P.B. Musgrave, Public Finance in Therory and Practice, 3.Aufl., McGraw Hill 1980, S. 772-774; P.B. Richman (später Musgrave), Taxation of Foreign Investment Income, Baltimore 1963, S. 5- 11 und S. 57-59; weitere Hinweise in K. Vogel, Worldwide vs. Source Taxation of Income, Intertax 1988, S. 310-315.

[325] O. Gandenberger, Kapitalexportneutralität versus Kapitalimportneutralität, Aufsätze zur Wirtschaftspolitik, Forschungsinstitut für Wirtschaftspolitik an der Universität Mainz, Heft 7, 1983, S. 6.

[326] L. Fischer / P. Warnecke, Internationale Betriebswirtschaftliche Steuerlehre, 4. Auflage, Bielefeld 1998, S. 52 ff; K. Vogel, Worldwide vs. Source Taxation of Income, Intertax 1988, S. 310 ff; O. Gandenberger, Kapitalexportneutralität versus Kapitalimportneutralität,

Ohne die unterschiedlichen Standpunkte an dieser Stelle vertiefend darlegen zu wollen, soll nachfolgend das Ergebnis einer von *Jacobs*[327] geführten eingehenden Untersuchung über die Vor- und Nachteile der Neutralitätskonzepte zusammenfassend dargestellt werden.

Die Vorteile der Kapitalexportneutralität stellen sich nach *Jacobs* wie folgt dar:

- Neutrale Steuerauswirkung auf den grenzüberschreitenden Personen-, Waren-, Dienstleistung- und Kapitalverkehr.
- Aufrechterhaltung der Gleichmäßigkeit der Besteuerung im Sinne einer absoluten Gleichbehandlung aller inländischen Steuerpflichtigen.

Als Nachteile stehen im Vordergrund:

- Nichtberücksichtigung des internationalen Steuergefälles.
- Steueranreize des Quellenlandes kommen dem Ansässigkeitsstaat zugute.
- Nichtberücksichtigung der unterschiedlichen Risikosituationen, die der Geschäftsentfaltung zugrunde liegen.
- Möglichkeit der Steuerflucht durch Verlagerung der Ansässigkeit.

Bei der Vorteilsabwägung der Kapitalimportneutralität finden sich folgende Argumente:

- Es treten keine Wettbewerbsverzerrungen auf den Auslandsmärkten ein.
- Wegen der anteiligen Zuteilung des Besteuerungsrechts auf die Staaten, in denen sich die Geschäftsentfaltung lokalisiert, sind nur nationale Buchführungssysteme erforderlich.

Folgende Nachteile treten auf:

- Durchbrechung des Universalprinzips als Ausfluß des (absoluten) Leistungsfähigkeitspostulates.
- Erleichterung der Steuerflucht durch Verlagerung von Einkommen und Vermögen in Niedrigsteuerländer.

Aufsätze zur Wirtschaftspolitik, Forschungsinstitut für Wirtschaftspolitik an der Universität Mainz, Heft 7, 1983.

[327] O. Jacobs, Besteuerung internationaler Unternehmen, 4. Auflage, München 1999, S. 23 und 24. Zu ähnlichen Ergebnissen kommt O. Gandenberger in seinem Aufsatz Kapitalexportneutralität versus Kapitalimportneutralität, Aufsätze zur Wirtschaftspolitik, Forschungsinstitut für Wirtschaftspolitik an der Universität Mainz, Heft 7, 1983.

II. Das Gerechtigkeitsprinzip

Obwohl das Steuerrecht weit davon entfernt ist, als Gerechtigkeitsordnung verstanden zu werden und sich als „Massenfallrecht" häufig rationaler Klarheit und Einsichtigkeit entzieht[328], stellt die Gerechtigkeit einen entscheidenden juristischen Maßstab für die Rechtmäßigkeit des Systems im ganzen wie auch der einzelnen Rechtsnorm dar. Die Besteuerung wäre ein Vorgang ohne ethische Dignität, wäre fiskalische Willkür oder fiskalischer Nihilismus, wenn Steuern in beliebiger Weise erhoben werden dürften, wenn also im Steuerrecht die Diktatur des Gesetzgebers legitim wäre[329]. Die Steuererhebung ohne wertungsgebundenes Steuerrecht wäre im Ergebnis eine Form der staatlich betriebenen Ausbeutung[330].

Die Frage der Gerechtigkeit wird im allgemeinen nur oberflächlich diskutiert. Die Ursache dafür mag in der Tatsache liegen, daß Gerechtigkeitsfragen vielschichtig sind und ihre Erörterung selten zu eindeutigen Ergebnissen führen[331]. Die fehlende Auseinandersetzung wird insbesondere in den Beiträgen zu der Frage der Ertragsbesteuerung des Electronic Commerce evident. Die meisten Autoren beschränken sich auf die Feststellung, daß bestimmte Besteuerungsformen aus politischen Gründen einem Vertragsstaat nicht zuzumuten oder aus technischen Gründen nicht umzusetzen seien. Der Begriff der Gerechtigkeit wird dabei meistens nicht einmal verwendet. Die Diskussion wird dadurch einer umfassenden Wertung nach Gesichtspunkten der Steuergerechtigkeit entzogen und auf das politisch Durchsetzbare und das technisch Machbare beschränkt.

Gerechtigkeitspostulate gründen sich nicht auf unmittelbare staatswirtschaftliche Interessen. Vielmehr zielen sie darauf ab, die interindividuelle und internationale Steuerverteilung in einem ethisch als befriedigend angesehenen Sinne zu regeln. Zutreffend hat *A.C. Pigou*[332] bemerkt, daß, da jede Steuer bis zu einem gewissen Grade „unfair" gegenüber jemandem ist, man von einer Besteuerung überhaupt absehen müsse, falls das Vorhandensein irgendwelcher „unfairness" als ein hinlänglicher Ablehnungsgrund betrachtet werde. Es gibt aber zweifellos läßliche Ungerechtigkeiten und solche, die unerträglich erscheinen. Nur letztere auszuschalten, ist die Absicht derjenigen, die Gerechtigkeitsgrundsätze für die

---

[328] H. Schaumburg, Internationales Steuerrecht, 2. Auflage, Köln 1998, Vorwort.

[329] K. Vogel, in: Vogel/ Ellis u.a., Steueroasen und Außensteuergesetze, Münchener Schriften zum Internationalen Steuerrecht, Heft 3, 1981, S. 128ff.

[330] U.H. Schneider, Zur Verantwortung der Rechtswissenschaft, in: JZ 1987, S. 696ff (701).

[331] So auch K. Vogel, DBA, 3. Aufl., München 1996, Einl., Rz. 14; ders, Worldwide vs. Source Taxation of Income, in: Intertax 1988, S. 310 ff.

[332] A.C. Pigou, A Special Levy to Discharge War Debt, in: Economic Journal, vol. XXVIII, 1918, S. 145/ n.v.

Steuerpolitik aufstellen. Diese letztere Art von Ungerechtigkeiten im Rahmen der Diskussion um die Lösungsansätze zur Ertragsbesteuerung des grenzüberschreitenden Handels im Internet aufzuzeigen, ist Ziel und Zweck dieser Arbeit.

Da Gerechtigkeit der fundamentalste Begriff des Rechts ist, ist er auch der abstrakteste. Deshalb lädt der Begriff der Gerechtigkeit als ein solcher extrem abstrakter Wertungsbegriff in besonderem Maße dazu ein, mit ideologischen Phrasen und leeren Redensarten ausgefüllt zu werden[333]. Dabei geht es im Steuerrecht jedoch nicht um Grundfragen der Philosophie; die Frage *„Was ist Gerechtigkeit?"* stellt sich der Jurist nicht[334]. Er sucht vielmehr nach Möglichkeiten, feststellen zu können, welche von mehreren Möglichkeiten die gerechtere ist[335]. Die Fragen des Steuerrechts sind somit keine transzendenten, sie müssen vielmehr hier und jetzt gelöst werden[336].

Steuergerechtigkeit als ein wesentlicher Sektor der Gerechtigkeit in den zwischenmenschlichen Beziehungen definiert sich aus den alltäglichen Realitäten - dem Zusammenleben in einer Gesellschaft und dem damit verbundenen Wunsch, zum Nutzen aller das allgemeine Beste daraus zu machen[337].

(Steuer-) Gerechtigkeit steht deshalb nicht zur politischen Disposition. So kann ein reiner politischer Mehrheitsbeschluß gerade nicht über sie verfügen[338], denn Gerechtigkeit beruht auf der Wertevorstellung einer Gesamtheit und ist Summe individueller moralisch-ethischer Grundüberzeugungen. Die Art der Ausfüllung des Begriffs der Gerechtigkeit wird somit zum Spiegelbild einer Gesellschaft.

Daraus ergibt sich, daß Gerechtigkeit auf einer Form von „gesellschaftlichem Konsens" beruht. Dieser Konsens ist jedoch von anderer Natur als die reine politische Mehrheitsentscheidung. *E.W. Böckenförde*[339] unterscheidet deshalb zwischen argumentativem und volativem Konsens. Der argumentative Konsens ergäbe sich im Falle der Gerechtigkeit als Antwort aus den Verhältnissen, Notwendigkeiten und auch Zwängen einer Gesellschaft. Der volative Konsens dagegen beruhe lediglich auf einer Übereinstimmung von Meinungen, sei letztlich somit bloße faktische politische Gegebenheit.

---

[333] K. Tipke, Die Steuerrechtsordnung, Bd. I, S. 261.
[334] K. Vogel, Die Besonderheit des Steuerrechts, in: DStZ 1977, S. 5ff (8).
[335] K. Vogel, Die Besonderheit des Steuerrechts, in: DStZ 1977, S. 5ff (8).
[336] K. Tipke, Die Steuerrechtsordnung, Bd. I, S. 262.
[337] K. Tipke, Die Steuerrechtsordnung, Bd. I, S. 262.
[338] K. Vogel, die Besonderheiten des Steuerrechts, in: DStZ 1977, S. 5ff (8).
[339] E.-W. Böckenförde, Die Methoden der Verfassungsinterpretation-Bestandsaufnahme und Kritik, in: NJW 1976, S. 2089ff (2098).

Im Zeitalter der Globalisierung beschränkt sich der Begriff der Steuergerechtigkeit nicht mehr auf den einzelnen Staat und seine Gesellschaft. Die Internationalisierung von Steuersachverhalten erweitert den Begriff um den zwischenstaatlichen Bezug. *Peggy Musgrave* hat deshalb dem Gerechtigkeitsbegriff im Steuerrecht die weitere Unterscheidung in individuelle Gerechtigkeit (individual equity) und in die gerechte Aufteilung unter Staaten (inter-nation equity) hinzugefügt[340]. Im Zuge der individuellen Gerechtigkeit werden diejenigen Fragen erörtert, die in Bezug auf den einzelnen Steuerzahler entscheidend sind. Die gerechte Aufteilung unter Staaten berücksichtigt dagegen Kriterien, die für die Aufteilung des Steueraufkommens im Ansässigkeits- und Quellenstaat Wirkung entfalten.

Im Rahmen der Erörterung der individuellen Gerechtigkeit sowie der Gerechtigkeit unter Staaten sind diejenigen Gesichtspunkte zu untersuchen, die Kriterien für eine Steuergerechtigkeit bilden[341]. So müssen Fragen der Legitimation eines Staates zur Erhebung von Steuern, der Gleichbehandlung von Steuersubjekten, die gleiche Steuertatbestände erfüllen sowie die Fragen der sog. Folgerichtigkeit der Steuererhebung im Zusammenhang mit dem Thema dieser Arbeit beantwortet werden. Im Rahmen der zwischenstaatlichen Gerechtigkeit ist die Verteilungsgerechtigkeit entscheidender Schwerpunkt.

Ziel dieses dritten Teils ist es, die entscheidenden Grundwertungen des Gerechtigkeitsprinzips im Internationalen Steuerrecht abstrakt herauszuarbeiten und der anschließenden Diskussion voranzustellen. Die entwickelten Grundwertungen sollen dann in der Diskussion um die Besteuerungsformen des grenzüberschreitenden Handels im Internet eine Entscheidung unter besonderer Berücksichtigung des Gerechtigkeitsprinzips im Internationalen Steuerrecht ermöglichen.

[340] P. Musgrave, United States Taxation of Foreign Investment Income, Cambridge (Mass.) 1969; P. Musgrave/ R. Musgrave, Inter-Nation Equity, in: Modern Fiscal Issues, Essays in Honor of Carl S. Shoup, R. Bird (Hrsg.), Toronto 1972, S. 63 ff.

[341] Eingegangen wird auf die im Hinblick auf die Themenstellung der Arbeit entscheidenden Kriterien. Eine Berücksichtigung aller übrigen möglichen Gerechtigkeitskriterien wäre vom Umfang her nicht darstellbar und ohne Einfluß auf das Ergebnis.

1. Die individuelle Gerechtigkeit

1.1. Rechtfertigung der Steuererhebung

Die Suche nach der Legitimation des Staates zur Erhebung von Steuern ist die Frage nach der Rechtfertigung der Steuer selbst. Diese Frage wurde bereits seit dem Mittelalter erörtert[342]. Da Steuern zu jener Zeit nur in Ausnahmefällen erhoben wurden, ging es zunächst darum, welche Umstände in einem konkreten Einzelfall eine Steuer rechtfertigen konnten (sog. Steuerzwecktheorie) [343]. Die Aufklärung erweiterte dies dann zu der Frage der Rechtfertigung der Steuer schlechthin und verband diese Diskussion mit der Frage der Rechtfertigung des Staates selbst[344]. Die Rechtfertigung der Steuer sah man darin, daß die Steuern eine Gegenleistung für vom Staat gewährte Vorteile, insbesondere für den Schutz und die Sicherheit des einzelnen seien[345]. Die Höhe der Steuer sollte sich nach der Höhe der gewährten Vorteile bestimmen (Äquivalenztheorie)[346].

In dem Maße, in dem der moderne Staat zu einer Einheit zusammenwuchs und aus der Vielfalt von Hoheitsrechten eine einheitliche Staatsgewalt wurde, war die Lehre des Staatsvertrages nicht mehr haltbar[347]. Deshalb prägte die Romantik im 19. Jahrhundert ein neues Staatsverständnis. Danach stand der Staat nicht mehr im Dienste der Menschen, sondern er war ihnen gegenüber eine höherwertige, beinahe gottgleiche Einheit[348]. Aufgrund dieser Erhöhung des Staates wurden die Steuern als ein gerechtfertigtes Opfer betrachtet (Opfertheorie)[349].

In der überwiegenden zeitgenössischen Literatur wird die Meinung vertreten, da der Staat gerechtfertigt sei, sei es die Steuer ebenso[350]. „*Die Steuer ist heute unentbehrliches Finanzierungsmittel des Staates und damit ebenso gerechtfertigt*

---

[342] Eine detaillierte geschichtliche Dokumentation bietet K. Vogel, Rechtfertigung der Steuern: Eine vergessene Vorfrage, in: Der Staat 1986, S. 485ff.

[343] O. Brunner, Land und Herrschaft, 5. Aufl., Wien 1965, S. 273 ff.

[344] Damit waren die Fragestellungen und Antworten von vornherein auf einem höheren Abstraktionsniveau angesiedelt.

[345] So fast wörtlich Thomas Hobbes, Leviathan, London 1651, Part II, Ch. 30.

[346] Diese in der Auklärung vorherrschende Ansicht bezeichnet man aufgrund der angelegten Gegenseitigkeit der Leistungen als Staatsvertragslehre. Nachfolgend werden auch die Begriffe Äquivalenztheorie oder Nutzentheorie synonym verwendet.

[347] K. Vogel, in: Kommentar zum Bonner Grundgesetz, Vorbem. zu Ar. 104a-115, Rz. 398.

[348] Novalis, Schriften, Bd. 2, S. 217; Meinecke, Weltbürgertum und Nationalstaat, 1962, S. 61.

[349] Rau, Grundsätze der Finanzwissenschaft, Zweite Abteilung, 1837, S. 130 ff; Mill, Principles of Political Economy, Bd. 2, Bosten/ London 1848, S. 354.

[350] L. Heßdörfer, Der Rechtsstaat, 1961, S. 51 ff, H. Fecher, in: Handbuch der Finanzwissenschaft, Bd. II, 1980, S. 465; K. Tipke, Steuerrechtsordnung, Bd. I, S. 254 m.w.N.

wie er selbst." Diese kurze Feststellung *K. Sterns*[351], die stellvertretend für den heute weit verbreiteten Steuerrechtfertigungspositivismus in dieser Frage steht, legt den Gedankenansatz der zeitgenössischen Literatur in besonders anschaulicher Weise offen[352]. Von Positivismus kann deshalb gesprochen werden, da die Finanzwissenschaft ebenso wie die Staatsrechtslehre und die Verfassungsrechtsprechung[353] die Besteuerung als Tatsache hinnehmen, über deren Rechtfertigung sie nicht mehr zu befinden brauchen. Die Problematik gilt als abgehandelt und uninteressant. Damit unterbleibt aber eine notwendige Weiterentwicklung der verschiedenen Theorien[354].

Vielfach werden die Antworten, die vor hundert und mehr Jahren gefunden wurden, auch heute noch für ausreichend gehalten[355]. Dieser Befund fällt besonders auf, wenn man sich vor Augen führt, daß ein Konnex zwischen dem Wandel von Rechts-, Gerechtigkeits- und Wertevorstellung einerseits und einem Wandel der Rechtsordnung andererseits besteht[356]. Auch das Steuerrecht und seine Rechtfertigung kann sich dem sog. Zeitgeist, der die kollektiven Vorstellungen der Steuerpflichtigen und damit auch das Steuerrechtsbewußtsein prägt, nicht entziehen. Betrachtet man die zeitgenössische Literatur,so ist es fast unmöglich, angesichts der aufgezeigten Entwicklungen, eine herrschende moderne Theorie der Rechtfertigung der Steuer zu erkennen[357]. Eine von den einzelnen Mitgliedern der Rechtsgemeinschaft akzeptierte Steuerrechtfertigung existiert schon gar nicht.

Den überwiegenden Ansätzen der zeitgenössischen Literatur gemein ist, daß die Rechtfertigung in dem Umstand gesehen wird, daß der Bürger Teil einer organi-

---

[351] K. Stern, Das Staatsrecht der Bundesrepublik Deutschland, Bd. II, 1980, S. 1092.

[352] Weitere Literatur, die eine ähnliche Rechtfertigungstheorie vertritt: J. Isensee, in: K.-H. Hansmeyer (Hrsgb.) Staatsfinanzierung im Wandel, 1983, S. 441; H. Peters, Lehrbuch der Verwaltung, 1949, S. 333. Stellvertretend für die h.M. auch in der Finanzwissenschaft: F. Neumark, Grundsätze gerechter und ökonomisch rationaler Steuerpolitik, 1970; H. Fechner, in: Handbuch der Finanzwissenschaft, 1980, Bd. II, S. 465.

[353] Vgl. etwa BVerfG vom 17.07.1984, BVerGE 67, 100 ff. (143).

[354] Ausnahmen wohl insoweit J. Lang, Entwurf eines Steuergesetzbuches, Schriftenreihe des Bundesministeriums für Finanzen, Heft 49, Bonn 1993, 31 ff.; siehe auch M. Rodi, Die Rechtfertigung von Steuern als Verfassungsproblem – dargestellt am Beispiel der Gewerbesteuer, München 1994.

[355] K. Vogel, Rechtfertigung der Steuern: Eine vergessene Vorfrage, in: Der Staat, 1986, S. 482.

[356] T. Würtenberger, Beständigkeit im Wandel – Unser Rechtsstaat und der Zeitgeist, in: Hanns-Seidel-Stiftung e.V., (Hrsg.), Politische Studien, Sonderheft 5/ 1993, S. 15.

[357] M. Rodi, Die Rechtfertigung von Steuern als Verfassungsproblem – dargestellt am Beispiel der Gewerbesteuer, München 1994, S. 27; A. Klein, Steuermoral und Steuerrecht, Diss., Frankfurt 1997, S. 23.

satorischen Einheit ist, die ein geordnetes Zusammenleben aller Individuen ermöglicht. Die Finanzierung der Herstellung und Aufrechterhaltung dieser Ordnung erfolgt durch die Steuer als Zwangsabgabe[358]. Eine genauere Inhaltsbestimmung der ordnenden Tätigkeit des Staates wird von der überwiegenden Literatur im Rahmen der Rechtfertigung der Steuer jedoch nicht vorgenommen. Aussagen darüber, welche Tätigkeiten vorzunehmen sind und wie sie der Staat durchzuführen hat, fehlen[359]. Es entsteht der Eindruck, als sei der Staat in seiner Entscheidung über Steuererhebung frei, solange er nur überhaupt ordnend tätig werde. Tatsächlich ist die Erhebungsfreiheit des Staates jedoch durch wirtschaftliche[360], verfassungsrechtliche[361] und tatsächliche[362] Umstände begrenzt.

K. Vogel wirft die Frage nach der Rechtfertigung der Steuern dagegen erneut auf. Zwar kommt er ebenfalls zu dem Ergebnis, daß die Steuern gerechtfertigt seien, argumentiert aber gegen den oben beschriebenen notwendigen Automatismus, der Staat bedinge die Steuer[363]. *Vogel* beruft sich bei seiner Herleitung der Rechtfertigung von Steuern auf die Lehre von *Lorenz von Stein.*

1.1.1. Die Lehre Lorenz von Steins

Für *Stein* sind Steuer und Staat historisch auf das engste miteinander verbunden. Durch die Einbindung der Steuer in den modernen Staat und den Aufbau einer modernen Finanzverwaltung habe sich der Charakter der Steuer grundlegend verändert. Sie beziehe sich jetzt auf den Staat und verändere sich fortlaufend mit ihm[364].

---

[358] K. Tipke, Die Steuerrechtsordnung, Bd. I, S. 255 ff.

[359] Oder es bleibt bei vagen Andeutungen, wie z.B.: Der Ausbau der staatlichen Gewalt vom bloßen friedenssichernden über den eingreifenden bis zum leistenden und gestaltenden Staat, der die Verantwortung für die gesellschaftlichen Bedingungen übernimmt, ließ die Steuer zum Kernbestand staatlicher Machtausübung werden, D. Birk, Steuerrecht I, Allgemeines Steuerrecht, 1988, § 1 Rz. 2.

[360] Eine zu hohe Steuerquote macht individual-wirtschaftliche Betätigung finanziell unattraktiv und verhindert somit notwendige wirtschaftliche Initiative.

[361] Begrenzungen ergeben sich z.B. aus Art. 14 Abs. 1 GG.

[362] So kann z.B. die Steuererhebung nur das Vermögen beanspruchen, das bei dem Steuerpflichtigen tatsächlich vorhanden ist.

[363] K. Vogel, Rechtfertigung der Steuern: Eine vergessene Vorfrage, in: Der Staat, 1986, S. 481; ders., in: J. Isensee/ P. Kirchhof (Hrsgb.), Handbuch des Staatsrechts, Bd. I, § 27 Rz. 64ff; ders., Worldwide vs. Source Taxation of Income, in: Intertax 1988, S. 310 ff;

[364] So argumentiert Stein im Lehrbuch der Finanzwissenschaften, Theil II, Abtheilung 1, S. 133: „Gegenüber den beständig steigenden und zugleich immer tiefer in das ganze Volksleben hineingreifenden Gebieten der Verwaltung wird es nämlich zuerst klar, daß weder die Domänen, noch die Gebühren, noch die alten ständischen Steuern mehr ausreichen, die allgemeine Steuerpflicht wird zur einzig genügenden Grundlage der Staatseinannahmen".

Für *Stein* ist die Steuererhebung eines Staates keine Selbstverständlichkeit. Der Staat sei die persönliche Einheit aller seiner Angehörigen[365] und somit sei das Maß des Staates der Bürger selbst. Das höchste Prinzip der Verwaltung sei deshalb, daß „das Maß der Entwicklung des persönlichen Staates in dem Maße der Entwicklung aller seiner einzelnen Staatsbürger gegeben sei“[366]. Diese innere Harmonie zwischen Staat und Staatsbürger empfange auf jedem Gebiet der Verwaltung je nach Natur derselben ihre besondere Gestalt. Da die Erhebung von Steuern diese innere Harmonie stören würde, verstehe es sich, daß die Steuer der Rechtfertigung bedürfe. Die freie Persönlichkeit sei bestrebt, für den tiefen Gegensatz der in den Begriffen der Steuer und der individuellen Selbständigkeit läge, die „letzte Harmonie“ zu finden[367].

Stein lehnt sowohl die Opfertheorie als auch die Nutzentheorie (Staatsvertragslehre) als Rechtfertigung ab[368]. Insbesondere die Opfertheorie sei „wundersam und wertlos“[369]. Ein „Opfer“ könne schon per definitionem nicht erzwungen werden[370]. *Stein* selbst entwickelt vielmehr die Rechtfertigung der Steuer aus der Erwägung, daß „eine der beiden großen Bedingungen aller Entwicklung“, neben „der Bethätigung der individuellen Kraft“, „die Gemeinschaft der Menschen in der Wechselwirkung aller einzelnen aufeinander“ bilde[371]. Es sei aber unmöglich, daß diese Gemeinschaft den Einzelnen, auch wirtschaftlich, die Bedingungen ihrer Entwicklung bieten könnte, wenn nicht die einzelnen ihr einen Teil der durch sie gewonnen wirtschaftlichen Entwicklung zurückgeben[372]. Daraus leitet er seine Feststellung ab, daß der einzelne ohne die Unterstützung durch die im Staat verfaßte Gemeinschaft keine wirtschaftlichen Erträge erzielen könne[373].

Stein scheut sich nicht, diese Beziehung zwischen Staat und Individuum als ein Verhältnis der Gegenseitigkeit zu bezeichnen[374]. Jedoch besteht diese Gegenseitigkeit nicht in einer individuellen Gegenleistung des Staates an den einzelnen; hierin liegt ein wesentlicher Unterschied zur früheren Äquivalenztheorie.

---

[365] Lorenz von Stein, Lehrbuch der Finanzwissenschaft, Theil I, S. 24.

[366] Lorenz von Stein, Lehrbuch der Finanzwissenschaft, Theil I, S. 24.

[367] Lorenz von Stein, Lehrbuch der Finanzwissenschaft, Theil II, Abtheilung 1, S. 348

[368] Lorenz von Stein, Lehrbuch der Finanzwissenschaft, Theil I, S. 28 ff.

[369] Lorenz von Stein, Lehrbuch der Finanzwissenschaft, Theil I, S. 28 ff.

[370] Lorenz von Stein, Lehrbuch der Finanzwissenschaft, Theil I, S. 28.

[371] Lorenz von Stein, Lehrbuch der Finanzwissenschaft, Theil II, Abtheilung 1, S. 348.

[372] Den Begriff des Steuerstaates verwendet Stein jedoch nicht. Der Begriff des „Steuerstaates“ ist offenbar in der Zeit des Ersten Weltkrieges aufgekommen. Verbreitung gefunden hat es durch eine gegen Goldscheid gerichtete Streitschrift Schumpeters, in der dieser die historische und politische Eigenart des Steuerstaates hervorgehoben und seine Merkmale herausgearbeitet hat, Schumpeter, Die Krise des Steuerstaates, 1918.

[373] Lorenz von Stein, Lehrbuch der Finanzwissenschaft, Theil II, Abtheilung 1, S. 348.

[374] Lorenz von Stein, Lehrbuch der Finanzwissenschaft, Theil II, Abtheilung 1, S. 348..

Gleichwohl kann die Steuer als eine Gegenleistung für die Gesamtheit der an die Staatsbürger erbrachten Leistungen gesehen werden.

Nach *Stein* ist der Staat gehalten, die Idee der Steuer, die Entwicklung des Begriffs und ihres Wesens aus dem höheren Wesen der Persönlichkeit und des Staats durch seine Gesetzgebung zu verwirklichen[375]. Aus dieser Feststellung leitet er drei Prinzipien der Besteuerung ab: Die Steuer dürfe erstens das Kapital nicht angreifen, da sie damit den Prozeß der Neubildung desselben durch Einkommen und Kapitalbildung langsam vernichten würde[376]. Zweitens dürften nicht mehr Steuern erhoben werden[377] als gebraucht werden und drittens müßten die Steuern reproduktiv sein[378]. Mit dem letzten Prinzip meint Stein, daß eine Kapitalbildung und damit eine wirtschaftliche Entwicklung nicht möglich sei, wenn nicht der Wert dessen, was verwendet werde, den Wert dessen, was durch die Verwendung erreicht würde, übersteige[379]. Die Steuer habe als Element der Kapitalbildung die Bestimmung, zu dem einzelnen zurückzukehren, der sie gezahlt habe. Koste die Verwaltung mehr als sie wert sei, würde die Quelle jener Einnahmen des Staates, die „einzelne Production", zuerst ihre produktive Kraft verlieren und dann selbst untergehen[380].

1.1.2. Das Reproduktivitätsprinzip in der internationalen Kritik

Die Lehre *Steins* hat sich stets einer erheblichen Kritik stellen müssen[381]. Insbesondere das Reproduktivitätsprinzip stand im wissenschaftlichen Kreuzfeuer. So war den Gegnern der *Stein'schen* Lehre nicht klar, nach welchem wirksamen Beurteilungsmaßstab die Ausgabenstruktur des Staates im Hinblick auf deren notwendigen reproduktiven Charakter gemessen werden sollte. Der Rückgriff auf eine von *Stein* propagierte „staatsmännische Beurteilung" führe dazu, daß die Reproduktivität der Staatsleistung in die Subjektivität irgend eines Individuums gestellt werde[382].

---

375 Lorenz von Stein, Lehrbuch der Finanzwissenschaft, Theil II, Abtheilung 1, S. 351.

376 Lorenz von Stein, Lehrbuch der Finanzwissenschaft, Theil II, Abtheilung 1, S. 354 ff.

377 Lorenz von Stein, Lehrbuch der Finanzwissenschaft, Theil II, Abtheilung 1, S. 356.

378 Lorenz von Stein, Lehrbuch der Finanzwissenschaft, Theil II, Abtheilung 1, S. 358 ff.

379 Lorenz von Stein, Lehrbuch der Finanzwissenschaft, Theil II, Abtheilung 1, S. 180.

380 Lorenz von Stein, Lehrbuch der Finanzwissenschaft, Theil II, Abtheilung 1, S. 26.

381 F.J. Neumann, Die Steuer nach der Steuerfähigkeit. Ein Beitrag zur Kritik und Geschichte der Lehren von der Besteuerung, in: Jahrbuch für Nationalökonomie und Staatsrecht, N.F. 1. Band (1880), S. 511-578 (516 ff.); E. Sax, Grundlegung der theoretischen Staatswirtschaft, Wien 1887, S. 95-103; H. Ritschl, Theorie der Staatswirtschaft und Besteuerung, Bonn und Leipzig, 1925.

382 E. Sax, Grundlegung der theoretischen Staatswirtschaft, Wien 1887, S. 95-103 (102).

Dabei wird aber verkannt, daß *Lorenz von Stein* die Finanzökonomie nicht isoliert behandelt, sondern sie mit der Staatsrechtslehre in einen Gesamtzusammenhang stellt[383]. Es ist wesentliches Merkmal in seiner Steuerlehre, im Bewußtsein der Verwendung durch die verfassungsmäßige Verwaltung dem Staat die Steuer zu bewilligen. Das Reproduktivitätsprinzip wird somit einem rechtsstaatlich-demokratischen Element zugeordnet. Diese Zuordnung ist wesentliche Bedingung für die Funktionsfähigkeit des Reproduktivitätsprinzips.

So muß auch der Ökonom der Tatsache Beachtung schenken, daß das Recht eine unerläßliche Bedingung der Staatswirtschaft ist, daß gerade im Bereich der Staatsfinanzen alle Aktivitäten durch einen in der Rechtsform organisierten Gesamtwillen der Staatsbürger abgewickelt wird[384]. Somit muß nicht zwangsläufig in dem Auseinanderfallen individueller und politischer Wertmaßstäbe ein unüberwindlicher Widerspruch liegen. So oder so muß jede Finanzwissenschaft, will sie sich nicht in abstrakter Gedankenspielerei von ihrem Realobjekt entfernen, das Induktionsproblem, das im Verhältnis zwischen den Präferenzen der Individuen und dem politischen Handeln auf der Ebene des Staates besteht, in irgend einer Weise zu lösen versuchen oder wenigstens als ein Fundamentalproblem anerkennen[385].

Letztlich ging es *Stein* bei der Anwendung seines Reproduktivitätsprinzips nicht darum, die Steuer für die spezifische Form zu erklären, in der dem Staat der „Erlös“ einer direkten produktiven Tätigkeit zufließen müsse; vielmehr glaubte er, aus einem automatisch mit der Bemessungsgrundlage steigendem Steueraufkommen auf eine gesamtwirtschaftlich richtige, das Wachstum der Volkswirtschaft fördernde und nicht hemmende Finanzwirtschaft des Staates schließen und dieses Kriterium zu einem steuerpolitischen Postulat erheben zu dürfen[386].

Eine abschließende Lösung bietet das von *Stein* begründete Reproduktivitätsprinzip sicher nicht. Die Grundidee, die staatliche Steuerverwendung sei der Erzeugung von Steuerkraft - also der Aufrechterhaltung des investiven Ordnungsrahmens - verpflichtet, ist jedoch als wesentliche Erkenntnis in der hier geführ-

---

[383] Lorenz von Stein, Lehrbuch der Finanzwissenschaft, Theil I, S. 28-39.

[384] M. Heilmann, Lorenz von Stein und die Grundprobleme der Steuerlehre, Heidelberg 1984, S. 93.

[385] M. Heilmann, Lorenz von Stein und die Grundprobleme der Steuerlehre, Heidelberg 1984, S. 94.

[386] So wehrt sich z.B. Jecht – bei grundsätzlicher Anerkennung des Stein'schen Reproduktivitätsprinzips - lediglich gegen die Annahme, der Staat und seine Finanzwirtschaft seien ausschließlich der Produktionswirtschaft zuzuordnen und unterlägen produktionswirtschaftlichen Effizienzmaßstäben, H. Jecht, Wesen und Formen der Finanzwirtschaft. Umrisse einer Finanzwirtschaftlehre und Finanzsoziologie, Jena 1928, S. 134.

ten Diskussion zu übernehmen. Dabei versteht sich von selbst, daß die Lehre des Reproduktivitätsprinzips - wie auch die übrige Lehre *Steins* - an die heutigen politischen, wirtschaftlichen und soziologischen Rahmenbedingungen angepaßt werden muß.

1.1.3. Die Weiterentwicklung der Lehre Lorenz von Steins durch K. Vogel

K. Vogel greift die Rechtfertigungslehre Steins auf und entwickelt sie weiter, indem er sie an die heutigen Verhältnisse anpaßt. Er begründet die Rechtfertigung der Steuer aus dem Prinzip des Steuerstaates.

Steuerstaatlichkeit bedeutet die Beteiligung des Staates am Ertrag der produzierenden Wirtschaft[387]. Aufgrund der prinzipiellen Trennung von Staat und Wirtschaft ist es möglich, daß beide nach ihren eigenen Maßstäben handeln[388]:

Staatliches Handeln soll allgemeine Interessen wahren, es ist auf Gerechtigkeit und das Allgemeinwohl verpflichtet[389]. In der politischen Realität ist es jedoch schwierig, diesen Anspruch zu verwirklichen. Das liegt zum einen daran, daß im vorhinein nicht eindeutig festzustellen ist, welches das moralisch richtige Ziel ist. Zum anderen ist Politik nur im Anspruch moralisch, da Politiker mit Rücksicht auf ihre Wiederwahl und ihren Aufstieg in der Partei kaum unpopuläre oder von der Parteilinie abweichende Entscheidungen treffen werden, auch wenn diese moralisch geboten sind.

Maßstäbe der Wirtschaft für richtiges Handeln bilden dagegen in erster Linie der Gewinn und Verlust und weniger die allgemeine soziale Fürsorge. So wird der Erfolg der für die Leitung des Unternehmens Verantwortlichen anhand des Indikators „Gewinn“ wirkungsvoll bemessen. Zwar schließen sich Gewinnerzielung und moralisches Handeln keineswegs aus. So wird der Unternehmer neben dem Unternehmensgewinn im Normalfall auch immer das Wohl seiner Mitarbeiter, den Schutz der Umwelt und sonstige sozialen Belange berücksichtigen. Jedoch besteht für dieses soziale Verhalten des Unternehmers keine Gewährleistung. Außerdem kann es in scharfen Wettbewerbssituationen für den Unternehmer unmöglich sein, sozialen Bedürfnissen Rechnung zu tragen, um die Existenz des Unternehmens nicht zu gefährden.

---

[387] Kommentar zum Bonner Grundgesetz, K. Vogel, 81. ErgLfg., Vorbem. z. Art. 104a-115, Rz. 330.

[388] Kommentar zum Bonner Grundgesetz, K. Vogel, 81. ErgLfg., Vorbem. z. Art. 104a-115, Rz. 331.

[389] H. Rupp, Die Unterscheidung von Staat und Gesellschaft, in: Isensee/ Kirchhof (Hrsg.): Handbuch des Staatsrechts, Band I, 2. Auflage 1995, § 28, Rz. 29ff.

Die Trennung von Staat und Wirtschaft ermöglicht der Wirtschaft, ihre volle Leistungsfähigkeit zu entfalten. Diese höhere Rationalität ist allerdings nur eine eingeschränkte, denn nicht in Geld ausdrückbare, also nicht wirtschaftliche Ziele, so z.B. öffentliche Interessen, können vernachlässigt werden[390]. Dadurch ergeben sich Verzerrungen wie z.B. Machtzusammenballungen, ungerechte Verteilung wirtschaftlicher Ergebnisse und ungenügende Vorsorge gegen Not.

Dieses legitimiert die kontrollierende und gegebenenfalls korrigierende Tätigkeit des Staates. Er übt eine „Komplementärsfunktion für den individuellwirtschaftlichen Prozeß" aus[391]. Sein Handeln ist re-aktiv, denn es akzeptiert den prinzipiellen Vorgang der wirtschaftlichen und gesellschaftlichen Sphärentrennung[392]. Korrigiert werden müssen zum einen die Ergebnisse wirtschaftlicher Umverteilung, soweit sie unter Gerechtigkeitsaspekten nicht mehr vertretbar sind. Zum anderen ist Gegenstand staatlicher Kontrolle und Korrektur das Verhalten der wirtschaftlich Tätigen, sei es in sicherheitsrechtlicher Hinsicht, sei es zur politischen oder kulturellen Steuerung wirtschaftlicher Vorgänge.

Nach *K. Vogel*[393] ist das von *Stein* entwickelte Prinzip der Reproduktion an die heutigen Verhältnisse anzupassen, braucht aber nicht gänzlich neu formuliert zu werden:

> *Eine Besteuerung ist nur gerechtfertigt, wenn mindestens so viel an Steuern, wie erhoben worden ist, an die Gesamtheit der Bürger zurückfließt.*

Nach heutigem Verständnis sei eine Leistung des Staates, die an die Bürger zurückfließe, die Wahrnehmung sozialstaatlicher und sonstiger verwaltungsmäßiger Aufgaben. Das Reproduktionsprinzip verpflichte dazu, die Leistungen des Staates zu bewerten und seine Ausgaben darauf hin zu überprüfen, ob sie zur Erfüllung der Aufgaben erforderlich seien[394].

---

[390] K. Vogel, Rechtfertigung von Steuern: Eine vergessene Vorfrage, in: Der Staat, 1986, S. 513.

[391] Kommentar zum Bonner Grundgesetz, K. Vogel, 81. ErgLfg., Vorbem. z. Art. 104a-115, Rz. 331

[392] E.W. Böckenförde, Die Bedeutung der Unterscheidung von Staat und Gesellschaft im demokratischen Sozialstaat der Gegenwart, in: ders., Recht, Staat, Freiheit, 1991, S. 209 (240).

[393] K. Vogel, Rechtfertigung von Steuern: Eine vergessene Vorfrage, in: Der Staat, 1986, S. 517; ders. in: Kommentar zum Bonner Grundgesetz, Vorbem. z. Art 104a-115, Rz. 401.

[394] K. Vogel, Rechtfertigung von Steuern: Eine vergessene Vorfrage, in: Der Staat, 1986, S. 517 und 518.

Stein und *Vogel* erklären beide, daß es schwierig zu erkennen sei, ob eine Staatsaufgabe tatsächlich reproduktiv wirke. Stein wollte die Reproduktivität „staatsmännisch“[395] beurteilen, also nicht auf den konkreten Einzelfall abstellen. Er versteht das Reproduktionsprinzip als ein Rechtsprinzip, das der Konkretisierung bedarf[396]. Nach *Vogel* sollte für die Reproduktivität einer Ausgabe eine gewisse Vermutung sprechen. Erst durch den Nachweis, daß Ausgaben ungerechtfertigt seien oder der Höhe nach überzogen seien, könne sich die Vermutung im Einzelfall entkräften lassen[397].

1.1.4. Zur Relevanz der Lehren von Stein und K. Vogel

1.1.4.1. Zur Aktualität der Rechtfertigungslehre Lorenz von Steins

Die Rechtfertigungslehre *Steins* ist in mehrfacher Hinsicht bemerkenswert. Zunächst erkennt sie ihre eigene historische Bedingtheit, denn nach *Stein* unterliegen die Begriffe des Staates und der Steuer jeweils einer zeitgenössischen Bestimmung. Deshalb läßt sich die Steuer in ihrem Wirken zwar begreifen, nicht aber als absolut und allgemeingültig nachweisen. Die Erkenntnis der eigenen Bedingtheit erhöht aber die Anpassungsfähigkeit der Lehre an fortlaufende Entwicklungen, denn sie läßt Raum für zeitgemäße Interpretation.

Weiterhin geht *Stein* von einem freiheitlichen Staatsverständnis aus, in dem der Bürger souveränes Individuum einer Gemeinschaft ist. Er versteht, daß ein staatlicher Eingriff in die freiheitliche Entwicklung dieses Individuums stets einer Rechtfertigung bedarf und kommt damit dem heutigen freiheitlich-demokratischen Staatsverständnis und seinen normierten verfassungsrechtlichen Abwehrrechten erstaunlich nahe.

Vor allem verdeutlicht *Stein* aber, daß auch eine freiheitliche Gesellschaft in freiheitlichem Wettbewerb nur dann in der Lage ist, dem einzelnen eine vorteilhafte wirtschaftliche Entwicklung zu ermöglichen, wenn der Staat wettbewerbliche Rahmenbedingungen und Korrekturmöglichkeiten schafft. Hierin liegt eine Abkehr vom liberalen Staatsverständnis und seinem „laisser faire“-Ideal hin zu einer ordnungsbetonteren Staatsauffassung[398]. Eine Form von Sozialismus lehnt

---

[395] Lorenz von Stein, Lehrbuch der Finanzwissenschaft, Theil II, Abtheilung 1, S. 181 ff.

[396] So zumindest Heilmann, Lorenz von Stein und die Grundprobleme der Steuerlehre, 1984, S. 86 ff.

[397] K. Vogel, Rechtfertigung der Steuern,: Eine vergessene Vorfrage, in: Der Staat, 1986, S. 518.

[398] Diese punktuelle Abkehr vom reinen Liberalismus zieht sich durch alle 5 Auflagen des Lehrbuchs der Flananzwissenschaft, M. Heilmann, Lorenz von Stein und die Grundprob leme der Steuerlehre, Heidelberg 1984, S. 95.

Stein dagegen entschieden ab. So wendet er sich gegen den von *A. Wagner*[399] propagierten Staatssozialismus, denn es liege im Wesen „aller socialer Bewegung, daß ihre Forderungen an sich unbegrenzt“ seien[400]. Der Staat würde mithin maßlos werden. Die heutige Wirtschaftspolitik der meisten freiheitlich-demokratischen Länder verfolgt den auch von *Stein* angedeuteten Mittelweg. *Steins* Rechtfertigungslehre überzeugt somit durch ein hohes Maß an wirtschaftspolitischer Pragmatik.

1.1.4.2. Die Überlegenheit der Lehre von Stein und K.Vogel

Obwohl *Vogel* bzw. *Lorenz von Stein* im Ergebnis ebenfalls zu der Überzeugung gelangen, daß die Steuer an sich gerechtfertigt sei und somit dieses Ergebnis nicht im Widerspruch zu der bereits zitierten zeitgenössischen Auffassung steht, ist die eingehende Diskussion ihrer Steuerrechtfertigungslehren jedoch nicht obsolet.

Begründet die sonstige zeitgenössische Literatur die Rechtfertigung der Steuern mit der *Existenz* des Staates als eine notwendige Zweckschöpfung des Menschen, die vor Anarchie und Chaos bewahrt[401] und ein Recht auf ausreichende Finanzausstattung hat[402], so stellen *Stein* und *Vogel* vielmehr auf die *Funktion* des Staates ab und entwickeln daraus Erhebungs- und Verwendungskriterien.

Zwar wird dem Staat eine ausreichende Finanzausstattung zuerkannt. Die Steuererhebung wird aber gleichzeitig als ein Eingriff in die persönlichen Rechte des Besteuerten verstanden, der einer Rechtfertigung bedarf. Die notwendige Rechtfertigung für diesen Eingriff ergibt sich aus der Aufgabe des Steuerstaates, denn durch die Trennung von Staat und Wirtschaft wird die Steuer zum unverzichtbaren Element der Aufrechterhaltung des notwendigen Ordnungsrahmens.

Durch die von *Lorenz von Stein* entwickelten und von *K. Vogel* fortgebildeten Steuerprinzipien werden die Steuererhebung und –verwendung begrenzt. Denn diese Prinzipien suchen nach einem schonenden Ausgleich zwischen den Rechten des Besteuerten und dem legitimen Finanzbedarf des Staates. Sie bilden ei-

---

[399] A. Wagner, Finanzwissenschaft und Staatssozialismus: ZgS 1887, S. 675 ff (686).

[400] Lorenz von Stein, Lehrbuch der Finanzwissenschaft, Theil I, S. 155.

[401] K. Tipke, die Steuerrechtsordnung, Bd. I, S. 255.

[402] J. Isensee sagt dazu: „Jede Sonderlast bedarf der besonderen Rechtfertigung. Nicht dagegen die Steuer. Ihre Existenz rechtfertigt sich aus dem allgemeinen Finanzbedarf des Staates“, J. Isensee, in: K.H. Hansmeyer (Hrsg.), Staatsfinanzierung im Wandel, 1983, S. 441.

nen Bewertungsmaßstab, der das staatliche Handeln und seine Besteuerungs- und Ausgabenpraxis eingeschränkt überprüfbar macht[403].

So läßt sich z.B. nach dieser Ansicht längst nicht jede staatliche Ausgabe rechtfertigen. Wo sich Behörden nur gegenseitig verwalten und Abgaben von den Bürgern verlangt werden, nur um sie nach Abzug des Verwaltungsaufwandes unter einem anderen Titel wieder an sie zurückzugeben, wo der Sozialstaat die Bedürftigkeit, die er lindert, durch seine Steuerpraxis erst selber schafft oder wo Aufgaben vom Staat wahrgenommen werden, die die Privatwirtschaft billiger oder vielleicht sogar effektiver wahrnehmen könnte[404], ist die Steuer nicht gerechtfertigt, denn die Ausgabe ist nicht reproduktiv.

Durch die genaue Analyse des Verhältnisses von staatlichem Handeln und dem souveränen Individuum, die detaillierte Analyse des Begriffs des Steuerstaates und seiner Funktion und nicht zuletzt durch die Schaffung einer eingeschränkt justiziablen Beschränkung der staatlichen Steuergewalt ist die Lehre *Steins* und *Vogels* den übrigen früheren und zeitgenössischen Auffassungen überlegen.

1.1.4.3. Abgrenzung zur Lehre P. Kirchhofs

In dem von Stein und K. Vogel vertretenen Ansatz liegt auch ein wesentlicher Unterschied zu der Lehre *P. Kirchhofs*[405], der die Steuer damit rechtfertigt, daß das Einkommen ein durch Individualleistung des Bürgers und die Leistung der staatlichen Gemeinschaft hervorgebrachtes Gemeinschaftsprodukt sei. Der erwerbende Bürger nutze den staatlich organisierten und geförderten Markt sowie die vom Staat angebotene rechtliche Ordnung. Diese Ansicht *Kirchhofs* wird in der überwiegenden Literatur abgelehnt[406], da der Markt gerade keine staatliche Veranstaltung und die wirtschaftliche Entfaltung des Bürgers keine vom Staat abgeleitete Rechtsposition sei[407].

Aus *Kirchhofs* Ansatz abgeleitet, würde der Staat auch einen Kausalbeitrag bei der Verlusterwirtschaftung des Bürgers leisten. Das aber ist in den seltensten

---

[403] Eingeschränkt deshalb, da nur besonders grobe Verstöße gegen die Steuerprinzipien nachgewiesen und bewiesen werden könnten.

[404] K. Vogel, Rechtfertigung von Steuern: Eine vergessene Vorfrage, Der Staat, 1986, S. 518 und 519.

[405] P. Kirchhof, Empfiehlt es sich, das Einkommensteuerrecht zur Beseitigung von Ungleichbehandlungen neu zu ordnen, Gutachten F zum 57. Deutschen Juristentag, 1988, S. 14 ff; anders noch in Steuern und Wirtschaft 1985, S. 319 ff. (320).

[406] R. Wendt, Empfiehlt es sich, das Einkommensteuerrecht zur Beseitigung von Ungleichbehandlungen und zur Vereinfachung neu zu ordnen ?, in: DÖV 1988, S. 710 ff. (715).

[407] K. Tipke, Die Steuerrechtsordnung, Köln 1993, Bd. II, S. 558 m.w.N.

Fällen tatsächlich der Fall. Zudem ist der dem Äquivalenzprinzip angenäherte Rechtfertigungsgedanke nicht geeignet, den jeweiligen Steuersatz oder den progressiven Einkommensteuertarif zu erklären[408]. Die Rechtfertigung *Steins* und *Vogels* aus dem Gedanken des Steuerstaates beläßt das Wirtschaftsrisiko dagegen beim handelnden Individuum. Zudem wird die Steuererhebung nicht durch dem Sozialstaatsprinzip entgegenstehende nutzentheoretische Erklärungsansätze eingeengt[409].

1.1.5. Die Steuerlehre von James M. Buchanan

Auch der amerikanische Nobelpreisträger für Wirtschaftswissenschaften des Jahres 1986, *James M. Buchanan*, und sein Schüler und Kollege *Geoffrey Brennan* widmen sich in ihrem Werk *The Power to Tax*[410] der Frage der Rechtfertigung der Steuererhebung und untersuchen eingehend, wie die staatliche Besteuerungsgewalt ausgeübt werden soll, und wie sie begrenzt werden kann. Obwohl sich die Autoren vorwiegend mit der Frage der Begrenzung des staatlichen Steuerzugriffs beschäftigen und nur am Rande auf die Frage der Rechtfertigung der Steuererhebung selbst eingehen, sind doch erstaunliche Parallelen zu der Lehre von *Lorenz von Stein* und *K. Vogel* zu erkennen[411].

Buchanan erwähnt zunächst, daß die Frage der Rechtfertigung der Steuererhebung in der wissenschaftlichen Diskussion fast völlig vernachlässigt wird. So besteht das wesentliche Interesse der Finanzwissenschaft in der Unterrichtung der Regierungen, wie die Steuern gestaltet werden sollten, und auf welche Weise die Besteuerungsgewalt ausgeübt werden sollte. Die eigentlich grundlegende Frage, ob eine derartige Besteuerungsgewalt überhaupt besteht, wird dagegen nicht behandelt[412].

Buchanan erkennt, daß die Steuergewalt des Staates nicht unbegrenzt ist, sondern durch die Verfassungsgrundsätze, die letztlich dem Schutz der Individuen dienen, begrenzt wird. Aus dieser Erkenntnis einer verfassungsmäßigen Eingliederung des staatlichen Besteuerungsrechts leitet *Buchanan* seinen sog. konstitutionellen Ansatz ab[413].

---

[408] Dazu vor allem 3. Teil, Kap. II, 1.2.

[409] Ausführlich hierzu 3. Teil, Kap. II, 1.2.

[410] J. M. Buchanan/ G. Brennan, The Power to Tax, Cambridge 1980.

[411] Siehe K. Vogel, World-Wide vs. Source Taxation of Income, in: Intertax 1988, S. 395.

[412] J..M. Buchanan/ G. Brennan, Besteuerung und Staatsgewalt, C. Folkers (Hrsg.), Hamburg 1988, S. 1.

[413] "This normative perspective embodies the recognition that government derives its legitimate authority from individuals and that such authority can be limited by constitutional

Anders als traditionelle Ansätze zur Steuerpolitik erfordert der konstitutionelle Ansatz neben einer Modellierung der privaten Reaktionen auf die Besteuerung eine explizite Beschreibung des während der Gültigkeit der steuerlichen Regelungen erwarteten staatlichen Verhaltens. Die prognostizierte Verhaltensreaktionen des Staates auf steuerliche Institutionen sind für die Bürger von außerordentlicher Bedeutung für ihre Entscheidung zwischen unterschiedlichen steuerlichen Regelungen. Deshalb bedarf der konstitutionelle Ansatz der Ausfüllung durch eine von den Bürgern übereinstimmend geteilte Theorie über das erwartete Staatsverhalten nach Einführung der Verfassungsregeln[414].

Beide Wissenschaftler erklären, daß Politiker nicht das öffentliche Interesse in ihrer Entscheidung vertreten, sondern grundsätzlich eigene Zielsetzungen verfolgen[415]. Zum anderen gehen beide davon aus, daß die politischen Institutionen der Demokratie nur unvollkommenen Schutz vor einem staatlichen Verhalten bieten. Da die individuellen Vorteile der Politiker und Staatsbediensteten mit dem Ausmaß an Mitteln steigen, die ihnen zur Verfügung stehen, modellieren sie den Staat als „Einnahmenmaximierer", der einen möglichst hohen Überschuß über die zur Finanzierung der öffentlichen Leistungen notwendigen Mittel erstrebt.

Buchanan und *Brennan* untersuchen, welche Besteuerung ein solcher Staat[416] einführen würde, wenn er durch keinerlei Beschränkungen der politischen Verfassung an der Realisierung des Aufkommensmaximums gehindert wird, sondern lediglich privatwirtschaftliche Reaktionen einkalkulieren muß. Daraus wird die Frage abgeleitet, welche verfassungsmäßigen Besteuerungsregeln vorgegeben werden müßten, um auf Dauer die von den Steuerzahlern präferierten Ergebnisse zu erzielen. Entscheidend ist also die verfassungsmäßige Restriktion der Besteuerungsgewalt des Staates.

Gesucht wird nach einer verfassungsrechtlichen Verankerung steuerlicher Institutionen, um dem Konflikt zwischen Steuerzahler und Staat vorbeugen zu können. Untersucht werden in diesem Zusammenhang Steuerbemessungsgrundlagen, Tarifstrukturen, Fragen der Geldschöpfung, die Arten der direkten und indi-

---

constrains", J.M. Buchanan/ G. Brennan, Besteuerung und Staatsgewalt, C. Folkers (Hrsg.), Hamburg 1988, S. XVI.

[414] Dafür soll auf die positiven Analysen staatlichen Verhaltens zurückgegriffen werden, wie sie in der sog. Public-Choice-Theorie entwickelt worden sind.

[415] So auch K. Vogel, siehe dazu 3. Teil, Kap. II, 1.1.2.

[416] Diese Form eines unersättlichen Staates wird bezeichnet als Leviathan. Er nutzt seine Monopolmacht im extremen Unterschied zu einen „wohlwollenden Herrscher" nicht im Interesse des Bürgers, sondern für eigensüchtige Ziele aus.

rekten Steuern, die Zulässigkeit der Staatsverschuldung sowie die Besteuerungshoheit des Staates.

Durch sein Monopol in der Ausübung von Zwang sei der Staat seiner Natur nach unbeschränkt und begründe eine Steuererhebung, die den Interessen der Steuerpflichtigen entgegenlaufe. Entscheidend sei vor allem die Einschränkung der staatlichen Fähigkeit, häufige Änderungen von Steuergesetzen vornehmen zu können, so daß der Steuerzahler Planungssicherheit erhalte. Wenn nämlich der Staat die Steuerzahler in ihren Planungen erfolgreich aus dem Gleichgewicht bringen könne, könne er u.U. ein zusätzliches Einnahmepotential ausschöpfen[417]. Eine solche Einnahmenmaximierung müsse durch konstitutionelle Vorgaben unterbunden werden.

Buchanan und *Brennan* verstehen ihr Modell einer konstitutionellen Kontrolle des staatlichen Handels als Grundlage und Vergleichsmaßstab für andere, stärker positiv begründete Verhaltensmodelle des Staates. Sie wollen zu Weiterentwicklungen anregen, wollen aber nicht in allen Fällen bereits endgültige Lösungen formulieren. Ihr Ansatz ist ein Appell zur Neuorientierung des steuerpolitischen Denkens und steht nicht am Ende, sondern am Anfang einer Entwicklung[418].

1.2. Gleichbehandlung

Untersucht die Frage der Legitimation der Steuererhebung das Verhältnis zwischen dem Staat und dem einzelnen Bürger, so bezieht sich die Frage der steuerlichen Gleichbehandlung auf das Verhältnis der Bürger untereinander. Dabei ist die Gleichbehandlung eine der zentralen Fragen der Steuergerechtigkeit[419], denn Gerechtigkeit wird hauptsächlich verbürgt durch Gleichbehandlung[420]. Das gilt jedenfalls für die materielle, d.h. für die an sachgerechten Prinzipien orientierte Gleichheit. Formelle Gleichheit allein genügt dagegen zur Herstellung von

[417] J.M. Buchanan/ G. Brennan, Besteuerung und Staatsgewalt, C. Folkers (Hrsg.), Hamburg 1988, S. 240.

[418] J.M. Buchanan/ G. Brennan, Besteuerung und Staatsgewalt, C. Folkers (Hrsg.), Hamburg 1988, S. XIV.

[419] Klaus Tipke, Über Steuergerechtigkeit in Steuergesetzgebung, -verwaltung und –gerichtsbarkeit, in: Steuern und Wirtschaft, 1981, S. 284.

[420] Für die Notwendigkeit des Gleichheitsgrundsatzes im Steuerrecht siehe u.a. G. Leibholz, Die Gleichheit vor dem Gesetz, 1959; K. Tipke, Die Steuerrechtsordung, Bd. I, S. 339 ff; gegen einen Gleichheitsgrundsatz im Steuerrecht argumentierend H.W. Kruse, DStJG Bd. 5 (1982), S. 73; ders., Über die Gleichmäßigkeit der Besteuerung, in: Steuern und Wirtschaft 1990, S. 322ff ; das BVerfG bejaht den Gleichheitsgrundsatz im Steuerrecht, siehe dazu E 66, 223; 65, 354 m.w.N.

materieller Steuergerechtigkeit nicht. Werden alle gleich ungerecht nach einem sachungerechten Maßstab behandelt, so schafft diese formelle Gleichheit keine materielle Gerechtigkeit[421].

Peggy Musgrave z.B. gründet ihre Argumentation bezüglich der Frage der Besteuerung internationaler Einkünfte wesentlich auf das Prinzip der Gleichbehandlung[422]. Als ein ihr wichtiges Argument führt sie an, daß ein imaginärer Steuerzahler in Kansas, der einheimische Einkünfte erzielt, nicht verstehen würde, wenn sein Nachbar, der genau das gleiche Einkommen aus ausländischen Quellen erzielen würde, weniger Steuern zu zahlen hätte. Im Ergebnis sollten nach ihrer Ansicht deshalb alle Ansässigen[423] eines Staates durch diesen Ansässigkeitstaat besteuert werden[424]. Eine genauere Begründung für diese Annahme bleibt *P. Musgrave* allerdings schuldig. Vielmehr greift sie an anderen Stellen auf diese hier getroffene Aussage zurück und wiederholt sie in abgewandelter Form[425].

Begriff, Wesen und Wirken der steuerlichen Gleichheit bedürfen aber einer detaillierten Analyse, um Aussagen im oben zitierten Sinne treffen zu können. Das Herausarbeiten lediglich eines Argumentes oder eines fehlerhaften Vergleichsmaßstabes führt indes zu keinem tragfähigen Ergebnis, sondern führt vielmehr zu Ungerechtigkeiten in der Besteuerung. Der Gleichheitsgrundsatz verkommt dadurch zu einer interessenstützenden Argumentationshilfe.

Gleichheit ist in ihrer Wirkung immer relativ. Hierin unterscheidet sie sich von der sog. Identität, denn nur was völlig gleich ist, ist identisch. Der Gleichheitssatz ist deshalb dann anzuwenden, wenn man nicht Identisches, sondern relativ Gleiches vergleichen will. Will man den Gleichheitssatz anwenden, so muß man die richtige Relation ermitteln und muß fragen, in bezug auf was die Objekte gleich sein müssen[426]. Der Gleichheitssatz selbst ist dabei ein Blankett, da ihm

---

[421] K. Tipke, Die Steuerrechtsordnung, Bd. I, S. 314.

[422] Peggy Musgrave, Taxation of Foreign Investment Income. An Economic Analaysis, 1963, S. 11.

[423] P. Musgrave unterscheidet in ihrer Terminologie nicht zwischen Bewohner (Resident) und Staatsbürger (Citizen).

[424] „All residents of a certain country who enjoy the protection and other privileges provided by the government of that country ... should be taxed by that country at rates equal for all those receiving income from whatever source, be it domestic or foreign." Peggy Musgrave, Taxation of Foreign Investment Income. An Economic Analaysis, 1963, S. 11.

[425] Peggy Musgrave, The impact of multinational cooperations on development and on international relation, in: Modern Fiscal Issues. Essays in Honor of Carl S. Shoup, 63, 1977; dies., Taxation of Foreign Investment Income. An Economic Analaysis, 1963, S. 16, 22, 104.

[426] K. Tipke, Die Steuerrechtsordnung, Bd. I, S. 338 ff.

selbst nicht zu entnehmen ist, was relevanterweise zu vergleichen ist. Er verlangt deshalb nach einer generellen und sachgerechten Regel und nach einer konsequent angewendeten Regel[427]. Diese Regel schafft erst ein einheitliches Maß und führt so zu Gerechtigkeit in Form von materieller Gleichheit.

Wie bestimmt man aber den Inhalt dieser Regel? Wie weit darf eine Regel gefaßt werden?

Die Antwort auf die Fragen nach der sachgerechten Regel als Kriterium der materiellen Gleichheit und Gerechtigkeit ist dem *Zweck* des jeweiligen Regelungsbereiches zu entnehmen[428]. Der Zweck, der dieser Regelung zugrunde liegt, liefert nämlich den sachgerechten Maßstab für die Vergleichung und damit für die Frage, wie weit eine Regelung inhaltlich zu fassen ist.

Zweck der Steuer ist es, dem Staat diejenigen Mittel zuzuführen, die er benötigt, um seine Aufgaben als sog. Steuerstaat erfüllen zu können[429]. Steuern können jedoch nur aus dem Einkommen oder aus dem Vermögen entrichtet werden. Entscheidend ist in diesem Zusammenhang, welchen Anteil seines Einkommens oder Vermögens der Einzelne an den Staat abzuführen hat. Soll die Steuerlast gerecht auf die Bürger verteilt werden, ergibt sich die Frage nach dem sachgerechten Verteilungsmaßstab. Der Maßstab ist so auszugestalten, daß der Finanzbedarf des Staates auf gerechte Weise gedeckt wird[430].

1.2.1. Das Leistungsfähigkeitsprinzip als gerechter Verteilungsmaßstab

Den gegenwärtigen Gerechtigkeitsvorstellungen wird das steuerliche Leistungsfähigkeitsprinzip am ehesten gerecht. Dem Leistungsfähigkeitsprinzip gemäß ist die individuelle Steuerbelastung nach der Fähigkeit zu bemessen, Steuerleistungen *aus* dem Einkommen im Verhältnis *zum* Einkommen erbringen zu können[431]. Jeder wird also nach seinen individuellen finanziellen Möglichkeiten zur

---

[427] K. Tipke, Über Steuergerechtigkeit in Steuergesetzgebung, -verwaltung und –gerichtsbarkeit, in: Steuern und Wirtschaft, 1981, S. 284.

[428] K. Tipke, Über Steuergerechtigkeit in Steuergesetzgebung, -verwaltung und –gerichtsbarkeit, in: Steuern und Wirtschaft, 1981, S. 286.

[429] Ausführlich hierzu das Kapitel über die Steuerrechtfertigung 1.1.

[430] *C. Perlemann* fügt hinzu, daß solche Regelungen, Prinzipien und Wertungen nicht gebilligt werden könnten, die nicht verallgemeinert werden und demgemäß nicht von einem universellen Auditorium angenommen werden könnten. Eine Unterscheidung sei willkürlich, wenn sie nicht vernunftmäßig gerechtfertigt sei. Die im Verfahren der Rechtfertigung benutzten Kriterien und Wertungen seien irrational, wenn sie eine parteiische Stellungnahme offenbarten oder wenn sie Partikularinteressen wahrnähmen, die für das universale Auditorium unannehmbar seien, C. Perlemann, Über die Gerechtigkeit, München 1967, S. 158.

[431] K. Tipke, Die Steuerrechtsordnung, Bd. I, S. 478.

steuerlichen Verantwortung herangezogen. Das Bundesverfassungsgericht[432] führt ergänzend aus:

> *„In vertikaler Richtung muß die Besteuerung höherer Einkommen im Vergleich mit der Steuerbelastung niedriger Einkommen dem Gerechtigkeitsgebot genügen. In horizontaler Richtung muß darauf geachtet werden, daß Steuerpflichtige bei gleicher Leistungsfähigkeit auch gleich hoch besteuert werden.“*

War zu Zeiten der Weimarer Republik die Steuererhebung nach der Leistungsfähigkeit noch in Art. 134 WRV[433] verfassungsrechtlich verankert, so ist dieses Prinzip im heutigen deutschen Recht nirgends ausdrücklich normiert. Das Leistungsfähigkeitsprinzip erlangt aber insbesondere in Anwendung des allgemeinen Gleichheitssatzes (Art. 3 Abs. 1 GG) verfassungsrechtliche Bedeutung[434].

Das Leistungsfähigkeitsprinzip wird inzwischen nicht nur von Steuerökonomen und Philosophen, sondern weitgehend von der Steuerrechtswissenschaft als verfassungsrechtlich fundiertes und somit geltendes Recht anerkannt[435]. Nur vereinzelt wird das Leistungsfähigkeitsprinzip als sachgerechter Maßstab der Steuererhebung angezweifelt[436]. So kommt beispielsweise *H.-W. Kruse*[437] mittlerweile zu dem Ergebnis, daß das Leistungsfähigkeitsprinzip kein sachgerechtes Kriterium für Steuergerechtigkeit sei, da es für die Anknüpfung an die Steuer überhaupt keine sachgerechten Kriterien gäbe. Der Staat sei deshalb bei der Auswahl der von ihm für steuerwürdig befundenen Sachverhalte frei.

---

[432] BVerfG vom 29.05.1990, BVerfGE 82, 60 (89).

[433] Weimarer Reichsverfassung vom 11.08.1919. Auch die Bayerische Verfassung vom 2.12.1946 sieht das Leistungsfähigkeitsprinzip als Maßstab gerechter Lastenverteilung im Steuerrecht vor, Art. 123 BV.

[434] Das Leistungsfähigkeitsprinzip wird aber auch getragen vom Sozialstaatsprinzip (Art. 20 Abs. 1 GG), vom Rechtsstaatsprinzip (Art. 20 Abs. 3 GG) und von dem sich daraus ergebenden Übermaßverbot und von dem Eigentumsrecht des Art 14 GG.

[435] K. Tipke, Die Steuerrechtsordnung, Bd. I, S. 448 ff; D. Birk, Das Leistungsfähigkeitsprinzip als Maßstab der Steuernormen, 1983; ders. in: Steuern und Wirtschaft 1983, S. 293ff; Zur Rechtsprechung siehe BVerfGE vom 29.05.1990, BStBl. II 1990, 653 ff. (658) m.w.N.

[436] Kritische Stimmen der internationalen Literatur bei Fritz Neumark, Grundsätze gerechter und ökonomisch rationaler Steuerpolitik, Tübingen 1970, S. 122 ff; ebenso bei K. Tipke, Die Steuerrechtsordnung, Bd. I, S. 491; W. Leisner, Von der Leistung zur Leistungsfähigkeit -die soziale Nivellierung- Ein Beitrag wider das Leistungsfähigkeitsprinzip, in: StuW 1983, S. 97-102.

[437] H.W. Kruse, Über die Gleichmäßigkeit der Besteuerung, in. Steuern und Wirtschaft 1990, S. 324 ff.

Dem ist mit *K. Tipke*[438] entgegenzuhalten, daß der Gesetzgeber zumindest irgendein Maß zur Verteilung der Steuerlast bestimmen muß. Selbst wenn es kein sachgerechtes Kriterium für Steuergerechtigkeit gäbe, könne der Gesetzgeber nicht nach Belieben willkürlich die Steuerpflicht ausgestalten, sondern müßte nach der gerechtesten Lösung suchen. Selbst wenn also nach *Kruse* das Leistungsfähigkeitsprinzip kein sachgerechtes Kriterium für Steuergerechtigkeit darstellt, ist es doch derjenige Vergleichsmaßstab, der einer solchen Gerechtigkeit am nächsten kommt.

Auch in anderen Staaten hat sich das Leistungsfähigkeitsprinzip als gerechter Maßstab für die Erhebung von Steuern durchgesetzt. So ist es z.B. in den Verfassungen Griechenlands, Italiens, Spaniens, der Türkei und Brasiliens verankert[439]. Als „ability to pay principle“, „principe de capacité fiscale“ oder „principio de capacidad economica“ hat es in der ganzen Welt Verbreitung gefunden.

Das Leistungsfähigkeitsprinzip gibt somit den geforderten *sachgerechten Vergleichsmaßstab* für den allgemeinen Gleichheitssatz ab, so daß sich jedwede steuerrechtliche Differenzierung hieran zu orientieren hat[440].

1.2.2. Leistungsfähigkeitsprinzip und Internationales Steuerrecht

Bei den Normen des Außensteuerrechts und des Doppelbesteuerungsrechts hat sich der Gesetzgeber auch von wirtschaftspolitischen Erwägungen leiten lassen, so daß das Normengefüge des Internationalen Steuerrechts neben Finanzzwecknormen, die sich am Leistungsfähigkeitsprinzip zu orientieren haben, auch wirtschaftslenkende Normen enthält, für die das Leistungsfähigkeitsprinzip keine Geltung hat[441]. Die höchstrichterliche Rechtsprechung hat allerdings diese Durchbrechung des Leistungsfähigkeitsprinzips im internationalen Steuerrecht durch Lenkungsnormen durchweg nicht als Verstoß gegen das Gleichheitsgebot gemäß Art 3 Abs. 1 GG betrachtet[442].

In den Fällen, in denen eine Lenkungswirkung nicht gewollt ist, sind die kollisionsbegründenden und –auflösenden Normen des Internationalen Steuerrechts am Leistungsfähigkeitsprinzip zu messen. Das gilt sowohl für die unbeschränkte Besteuerung nach dem Welteinkommensprinzip als auch für die beschränkte

---

[438] K. Tipke, Die Steuerrechtsordung, Bd. I, S. 492.
[439] Weitere Nachweise bei K. Tipke, Die Steuerrechtsordnung, Bd. I, S. 485 ff.
[440] J. Lang, Die Bemessungsgrundlage der Einkommensteuer, Köln 1981/ 1988 S. 122 ff.
[441] H. Schaumburg, Leistungsfähigkeitsprinzip im internationalen Steuerrecht, in: Die Steuerrechtsordnung in der Diskussion, Festschrift für Klaus Tipke, Köln 1995, S. 127; K. Tipke, Die Steuerrechtsordnung, Bd. I, S. 364 ff.
[442] So zuletzt BFH v. 17.10.1990, BStBl. II 1991, S. 136.

Besteuerung nach dem Territorialprinzip[443]. Aber auch die bilateralen Normen zur Vermeidung von Doppelbesteuerungen haben sich am Leistungsfähigkeitsprinzip als systemtragendem Gleichheitsgebot zu legitimieren. Jedoch geht es gerade bei den bilateralen Normen zur Vermeidung der Doppelbesteuerung nicht nur um die Leistungsfähigkeit des Individuums, sondern es geht insbesondere um die Verteilungsgerechtigkeit zwischen den Staaten. Daraus können sich Konfliktsituationen ergeben, die die Frage nach der Rechtfertigung der Durchbrechung des Leistungsfähigkeitsprinzips durch das Prinzip der zwischenstaatlichen Verteilungsgerechtigkeit aufwerfen.

In diesem Zusammenhang muß das Leistungsfähigkeitsprinzip weiter ausdifferenziert werden, um Antwort auf die spezifischen Fragen im internationalen Steuerrecht geben zu können. Deshalb bedarf es der weiteren Unterscheidung zwischen in- und ausländischer Leistungsfähigkeit[444]. Inländische Leistungsfähigkeit bildet den Verteilungsmaßstab in Bezug auf die Inlandsbesteuerung; der Unternehmer wird mit seinen erwirtschafteten Einkünften einem Vergleich mit allen anderen Steuerinländern unterworfen. Ausländische Leistungsfähigkeit ergibt sich aus den Verhältnissen im Quellenstaat, so daß der Unternehmer mit seinen Quelleneinkünften in Bezug zu den Steuerpflichtigen des Quellenstaates gesetzt wird.[445]

1.2.3. Welteinkommensprinzip versus Quellenprinzip

Die Besteuerung internationaler Sachverhalte nach dem Welteinkommensprinzip im Rahmen der unbeschränkten Steuerpflicht ist keineswegs eine Selbstverständlichkeit. Sie geht bei uns auf *Adolph Wagner* zurück, der den Grundsatz entwickelte, daß Steuern allgemein seien und daher unterschiedslos zu erfassen seien[446]. Erst in diesem Jahrhundert hat das Welteinkommensprinzip das bis dahin allgemein geltende Quellen- oder Terrritorialitätsprinzip verdrängt[447]. Seit langem wird darum gestritten, welchem Prinzip der Vorzug zu geben sei.

---

[443] H. Schaumburg, Leistungsfähigkeitsprinzip im internationalen Steuerrecht, in: Die Steuerrechtsordnung in der Diskussion, Festschrift für Klaus Tipke, Köln 1995, S. 127.

[444] H. Schaumburg, Leistungsfähigkeitsprinzip im internationalen Steuerrecht, in: Die Steuerrechtsordnung in der Diskussion, Festschrift für Klaus Tipke, Köln 1995, S. 127; hierzu auch Klaus Vogel, Über Besteuerungsrechte und über das Leistungsfähigkeitsprinzip im Internationalen Steuerrecht, in: Festschrift für Klein, Köln 1994, S. 361 ff (368).

[445] So auch K. Vogel, Die Besteuerung von Auslandseinkünften, in: K. Vogel (Hrsg), Grundfragen des Internationalen Steuerrechts, Köln 1985, DStJG 8, 3 ff (28ff).

[446] A. Wagner, Finanzwissenschaft, Zweiter Teil: Gebühren und allgemeine Steuerlehre, 1880, S. 296 ff.

[447] H. Schaumburg, Leistungsfähigkeitsprinzip im internationalen Steuerrecht, in: Die Steuerrechtsordnung in der Diskussion, Festschrift für Klaus Tipke, Köln 1995, S. 128.

1.2.3.1. Äquivalenz- und opfertheoretische Lösungsansätze

Das Welteinkommensprinzip wird überwiegend in der nationalen Besteuerung umgesetzt[448]. Es wird damit gerechtfertigt, daß der Bezieher von Einkünften bei unbeschränkter Steuerpflicht im staatlichen Hoheitsgebiet einen Schwerpunkt seiner Lebensführung habe. Der unbeschränkt Steuerpflichtige nähme dadurch eine Vielzahl von staatlichen Leistungen (im Wohnsitzstaat) in Anspruch, die er im Wege der Steuer zu vergüten habe[449]. Diesem nutzentheoretischen Ansatz steht die opfertheoretische Begründung des Welteinkommensprinzips gegenüber, wonach allein der Wohnsitzstaat die weltweite Besteuerung zu beanspruchen habe[450]. Zugleich wird eine Quellenbesteuerung bei beschränkter Steuerpflicht für Rechtens erachtet, da die Inlandseinkünfte mit der inländischen Volkswirtschaft so eng verknüpft seien, daß der Quellenstaat auf die Besteuerung nicht verzichten könne.

Von den Vertretern des Quellen- oder Territorialitätsprinzips wird demgegenüber angeführt, daß nur durch dessen Verwirklichung eine systematische Vermeidung der Doppelbesteuerung zu erreichen sei. Das Quellenprinzip erfahre insbesondere unter nutzentheoretischen Gesichtspunkten seine Rechtfertigung, wonach sich die Besteuerung als Gegenleistung für die vom Staat gewährten öffentlichen Güter verstehe. Durch die Erbringung öffentlicher Leistungen ermögliche der Quellenstaat erst die Erzielung von Einkünften. Zudem trage dieser nutzentheoretische Aspekt zur gerechten Verteilung der Steuergüter unter mehreren Staaten bei[451].

1.2.3.2. Unvereinbarkeit des Leistungsfähigkeitsprinzips mit der Äquivalenz- oder Opfertheorie

Wie der hier verkürzt wiedergegebenen Diskussion um das Welteinkommens- oder Quellenprinzip zu entnehmen ist, wird sie weitgehend nutzen- oder opfertheoretisch geführt, ohne daß an das Leistungsfähigkeitsprinzip angeknüpft wird. Entscheidet man sich aber für das Leistungsfähigkeitsprinzip als sachgerechtem Maßstab zur Verwirklichung des Gleichheitsgrundsatzes, so ist zu un-

---

[448] Das Territorialprinzip ist heute überwiegend in Lateinamerika verbreitet.

[449] H. Debatin, Die beschränkte Steuerpflicht bei der Einkommen- und Körperschaftsteuer, in: BB 1960, 1015; BFH vom 14.4.1993, BStBl. II 1994, S. 27.

[450] Für weitere Einzelheiten siehe Klaus Vogel, Über Besteuerungsrechte und über das Leistungsfähigkeitsprinzip im Internationalen Steuerrecht, in: Festschrift für Klein, Köln 1994, S. 365.

[451] K. Vogel, Die Besteuerung von Auslandseinkünften, in: K. Vogel (Hrsg.), Grundfragen des Internationalen Steuerrechts, Köln 1985, DStJG, Bd. 8, S. 20 ff.

tersuchen, ob dieses Prinzip eine Welteinkommens- oder eine Quellenbesteuerung rechtfertigt.

Für diese Untersuchung sind jedoch die nutzen- oder opfertheoretischen Ansatzpunkte nicht hinzuzuziehen, da das Leistungsfähigkeitsprinzip weder mit dem Äquivalenzprinzip, noch mit opfertheoretischen Vorstellungen vereinbar ist. Da Einkommensschwache, zumal solche mit Kindern, auf öffentliche Leistungen stärker angewiesen sind als Einkommensstarke, würde in vielen Fällen die Steuerlast nach dem Äquivalenzprinzip umgekehrt proportional zur Einkommenshöhe ausfallen. Das Leistungsfähigkeitsprinzip würde sich in sein Gegenteil verkehren[452]. Es ist deshalb schon im Ansatz nicht mit dem Äquivalenzprinzip vereinbar[453].

Aber auch der opfertheoretische Ansatz kann neben dem Leistungsfähigkeitsprinzip nicht bestehen. Zwar rückt die Opfertheorie mit ihrer Wendung vom besteuerten Gut zur Steuerrechtspersönlichkeit die persönliche Leistungsfähigkeit des Steuerpflichtigen in den Mittelpunkt der Betrachtung und steht auf den ersten Blick nicht im Widerspruch zum Leistungsfähigkeitsprinzip[454].

Es wird jedoch auf die Fähigkeit des Steuerpflichtigen abgestellt, auf Einkommensverwendung zu verzichten. Leistungsfähigkeit nach dem opfertheoretischen Ansatz ergibt sich somit aus der Opferfähigkeit der Steuerperson. Die Opfertheorie scheitert an der Aufgabe, die Opferfähigkeit anhand der Verzichtsmöglichkeit auf Einkommensverwendung konkret zu bemessen. Soll jedem Steuerpflichtigen das gleiche Opfer abverlangt werden, so muß eine Aussage über das Bedürfnis des Steuerpflichtigen und damit sein individuelles Verzichtspotential getroffen werden. Dafür müßte eine Bedürfnishierarchie geschaffen werden, die alle Steuerpflichtigen für sich akzeptieren[455]. Das aber wäre eine Unterstellung, die gleich machen würde, anstatt die Voraussetzungen für Gleichbehandlung zu schaffen. Die Opfertheorie ist deshalb praktisch nicht umzusetzen. Jeden Bürger trifft zwar die qualitativ gleiche Verantwortung, ohne daß sich aber dem opfertheoretischen Ansatz eine Konkretisierung der tatsächlichen steuerlichen Belastung entnehmen lassen könnte.

---

[452] K. Tipke, Die Steuerrechtsordnung, Bd. I, S. 475.

[453] Grundsätzlich die Äquivalenztheorie ablehnend auch E. Pfeiffer, Die Staatseinnahmen, Erster Band, 1866, S. 75 ff.; K.H. Ossenbühl, Die gerechte Steuerlast, 1972, S. 22, 34, 41, 55 ff.; F. Neumark, Grundsätze gerechter und ökononomisch ratiionaler Steuerpolitik, Tübingen 1970, S. 122.

[454] R. Jüptner, Leistungsfähigkeit und Veranlassung, Heidelberg 1989, S. 25 und 26.

[455] R. Jüptner, Leistungsfähigkeit und Veranlassung, Heidelberg 1989, S. 28.

Als Maßstab für steuerliche Gleichbehandlung und Gerechtigkeit kann die Opfertheorie somit nicht herangezogen werden Es fehlt ihr an einer praktisch anwendbaren weitreichenden Differenzierung nach individuellen Möglichkeiten[456]. Gerade diese Differenzierung ist aber Kriterium für materielle Gleichheit.

1.2.3.3. Das Leistungsfähigkeitsprinzip als Rechtfertigung einer Welteinkommens- und Quellenbesteuerung

Ob das Leistungsfähigkeitsprinzip eine Welteinkommens- oder Quellenbesteuerung rechtfertigen kann oder sogar eine von beiden Besteuerungsformen bedingt, ist grundsätzlich eine Frage der hinreichenden Bestimmtheit des Prinzips. Es ist zu untersuchen, ob sich dem Leistungsfähigkeitsprinzip selbst eine Aussage über die Abgrenzung der Steuerpflicht im internationalen Verhältnis entnehmen läßt, ob es festlegt, welche in- oder ausländischen Einkünfte in die Besteuerung einzubeziehen sind.

Schon im internationalen Vergleich wird aber deutlich, daß das Prinzip der Leistungsfähigkeit und seine konkrete Umsetzung von den einzelnen Staaten unterschiedlich aufgefaßt wird. So wird z.B. in Hongkong oder Kenia der Einkommensteuer nur im Inland erwirtschaftetes Einkommen unterworfen. In Frankreich und Brasilien werden bei Körperschaften nur deren inländische Einkünfte besteuert. In den Niederlanden werden Einkünfte aus ausländischen Quellen nicht besteuert, soweit sie im Quellenland einer Besteuerung unterworfen werden.

Eine Konkretisierung erfährt das Leistungsfähigkeitsprinzip dadurch, daß es traditionell zur Begründung eines progressiven Einkommenssteuertarifs herangezogen wird[457]. So hat das Bundesverfassungsgericht in seiner älteren Rechtsprechung mehrfach das Leistungsfähigkeitsprinzip zur Begründung der Progression des deutschen Einkommensteuertarifs angewendet[458]. Es könnte deshalb argumentiert werden, eine konsequente Durchführung der Progression verlange die Berücksichtigung des weltweiten Einkommens und deshalb die Ausrichtung der Besteuerung am Welteinkommensprinzip. Eine solche Argumentation würde

---

[456] Die Opfertheorie kann die Bestimmung der verzichtbaren Bedürfnisse somit nicht leisten. Über die Verzichtbarkeit müßten Faktoren außerhalb des Leistungsfähigkeitsprinzips entscheiden.

[457] D. Birk, Das Leistungsfähigkeitsprinzip als Maßstab der Steuernormen, Ein Beitrag zu den Grundfragen des Verhältnisses Steuerrecht und Verfassungsrecht, Köln 1983, S. 18 ff; kritisch dazu K. Vogel, Über Besteuerungsrechte und über das Leistungsfähigkeitsprinzip im Internationalen Steuerrecht, in: Festschrift für Klein, Köln 1994, S. 361 ff (368).

[458] BVerfG vom 09.02.1972, BVerfGE 32, 333 (339ff); BVerfG vom 02.10.1973, BVerfGE 36, 66 (72).

jedoch nicht berücksichtigen, daß das Internationale Steuerrecht die Rechtsfigur des sog. „Progressionsvorbehaltes“ kennt, durch den ausländische Einkünfte, die nicht in die Steuerbemessungsgrundlage einbezogen werden können, dennoch bei der Bemessung des Steuertarifs berücksichtigt werden. Auch wenn man aus dem Leistungsfähigkeitsprinzip die Rechtfertigung einer Steuerprogression ableitet, kann somit aus dieser Konkretisierung nicht eine Welteinkommensbesteuerung abgeleitet werden[459].

In der Diskussion zu berücksichtigen ist weiterhin, daß nach *K. Tipke*[460] das Leistungsfähigkeitsprinzip auch derart auf die Verwirklichung von Wettbewerbsneutralität gerichtet ist, daß eigentlich alle Unternehmen ohne Rücksicht auf ihre Rechtsform steuerlich gleich belastet werden müßten. Daraus leitet *H. Schaumburg*[461] den Gedanken ab, daß das Leistungsfähigkeitsprinzip auf die Verwirklichung von Wettbewerbsneutralität gerichtet sei. Aus den bei der Erzielung aus- und inländischer Einkommensteile geltenden unterschiedlichen Rahmen- und Standortbedingungen ließe sich auch eine unterschiedliche steuerliche Leistungsfähigkeit ableiten. Je nachdem, wie unmittelbar und nachhaltig der im Auslandsgeschäft tätige Steuerpflichtige den wirtschaftlichen, gesellschaftlichen und politischen Verhältnissen im Investitionsstaat ausgesetzt sei, könne es sachgerecht sein, die dortigen steuerlichen Belastungswirkungen zum alleinigen Maßstab für die Besteuerung zu erheben[462]. Es würde somit die Variante der ausländischen Leistungsfähigkeit gewählt werden, sobald der Steuerpflichtige einen sachlichen und persönlich engen Bezug zum Quellenstaat aufweisen würde.

Es ist fraglich, ob sich den Anmerkungen *Tipkes* über die gleichmäßige Besteuerung von Unternehmen ohne Rücksicht auf deren Rechtsform eine wettbewerbsneutrale Ausrichtung des Leistungsfähigkeitsprinzips in internationaler Hinsicht entnehmen läßt. Schließlich zielen *Tipkes* Anmerkungen allein auf eine steuerliche Rechtsformneutralität, ohne daß dabei auf grenzüberschreitende Steuersachverhalte eingegangen wird. *Schaumburg* ist aber in seinen weiteren Ausführungen insofern zuzustimmen, als daß neben dem Welteinkommensprinzip auch das Quellenprinzip eine Konkretisierungsmöglichkeit des Leistungsfähigkeitsprinzips darstellt. Dieses Ergebnis ergibt sich aus folgender Überlegung:

Der Begriff der Leistungsfähigkeit ist im Sinne einer individuellen Leistungsfähigkeit zu verstehen. Er bezieht sich auf den einzelnen Steuerpflichtigen und

---

[459] So auch K. Vogel, in: Über Besteuerungsrechte und über das Leistungsfähigkeitsprinzip im Internationalen Steuerrecht, in: Festschrift für Klein, Köln 1994, S. 361 ff (369).

[460] K. Tipke, Die Steuerrechtsordnung, Bd. III, S. 1285.

[461] H. Schaumburg, in: Internationales Steuerrecht, 2. Auflage, Köln 1998, S. 137.

[462] H. Schaumburg, in: Internationales Steuerrecht, 2. Auflage, Köln 1998, S. 137.

nicht auf die soziale Gemeinschaft oder eine bestimmte soziale Gruppe. Aufgrund dieser individuellen Gerechtigkeit kann man deshalb von einem Individualitätsprinzip sprechen[463]. Im Rahmen der Besteuerung internationaler Sachverhalte fehlt deshalb dem Leistungsfähigkeitsprinzip eine konkretisierende Festlegung auf eine der möglichen Besteuerungsformen, da dieser individuellen Leistungsfähigkeit sowohl die in- wie auch die ausländische Leistungsfähigkeit gerecht wird.

Wird bei inländischer Leistungsfähigkeit der Steuerpflichtige im Verhältnis zu seinen inländischen Konkurrenten beurteilt, so ergibt sich der Verteilungsmaßstab im Rahmen der ausländischen Leistungsfähigkeit aus den Verhältnissen des Quellenlandes. Beide Ausformungen des Leistungsfähigkeitsprinzip stellen sachgerechte Vergleichskriterien dar, die zwei unterschiedliche in sich geschlossene Systeme als Vergleichsmaßstab für die persönliche Leistungsfähigkeit des Steuerpflichtigen heranziehen. Je nach individuellem Sachverhalt mag die in- oder ausländische Leistungsfähigkeit der sachgerechtere Verteilungsmaßstab sein.

Im Ergebnis ist deshalb festzuhalten, daß sowohl das Welteinkommens- als auch das Quellenprinzip mit dem Leistungsfähigkeitsprinzip vereinbar sind. In- und ausländische Leistungsfähigkeit sind zwei nebeneinander denkbare Konkretisierungsmöglichkeiten des in dieser Hinsicht unbestimmten Leistungsfähigkeitsprinzips[464]. Das Leistungsfähigkeitsprinzip ist somit für sich alleine keine subsumtionsfähige Bemessungsgrundlage der Besteuerung, sondern es bedarf dieser entsprechenden Konkretisierung[465]. Für den Gesetzgeber bleibt insofern ein Wertungsspielraum.

1.2.4. Inkonsequente Umsetzung des Leistungsfähigkeitsprinzips

Diesen Wertungsspielraum hat der Gesetzgeber durch die Entscheidung für die Welteinkommensbesteuerung, die Quellenbesteuerung oder eine Verbindung aus beiden Formen auszufüllen. So besteht z.B. im deutschen Internationalen Steuerrecht ein Nebeneinander von Welteinkommensprinzip für unbeschränkt

---

[463] So z.B. K. Tipke, Die Steuerrechtsordnung, Bd. I, S. 495.

[464] So auch J. M. Mössner, Die Methoden zur Vermeidung der Doppelbesteuerung, in: K. Vogel (Hrsg.), Grundfragen des Internationalen Steuerrechts, Köln 1985, DStJG, Bd. 8, S. 142.

[465] K. Vogel, Über Besteuerungsrechte und über das Leistungsfähigkeitsprinzip im Internationalen Steuerrecht, in: Festschrift für Klein, Köln 1994, S. 361 ff (368).

Steuerpflichtige und eine Quellenbesteuerung für beschränkt Steuerpflichtige[466]. Diese Besteuerungsformen erfahren im deutschen Steuerrecht jedoch z.T. wesentliche Einschränkungen, die erhebliche Auswirkungen auf die Leistungsfähigkeit des Steuerpflichtigen entfalten. Dadurch wird das Prinzip der in- und ausländischen Leistungsfähigkeit gestört und teilweise durchbrochen, der Gleichheitsgrundsatz wird zumindest „formal“[467] verletzt.

So wird die mit dem Leistungsfähigkeitsprinzip zu vereinbarende Besteuerung des Welteinkommens im Rahmen der unbeschränkten Steuerpflicht im deutschen Steuerrecht nicht konsequent durchgehalten. Steuerlich belastbar ist zwar einerseits nur das Ergebnis der Erwerbstätigkeit. Deshalb wird im deutschen Steuerrecht gemäß § 2 Abs. 2 EStG die „Summe der Einkünfte“, die sog. Reineinkünfte, ermittelt und dadurch das objektive Nettoprinzip[468] verwirklicht[469]. §2a Abs. 1 und 2 EStG bestimmen jedoch Verlustausgleichsbeschränkungen für ausländische Einkünfte, die zu einer Durchbrechung des inländischen Leistungsfähigkeitsprinzips führen[470]. Eine Durchbrechung liegt deshalb vor, da eine konsequente Durchführung des Welteinkommensprinzips neben der Berücksichtigung ausländischer positiver auch die Berücksichtigung ausländischer negativer Einkünfte verlangt. Ansonsten wird derjenige Steuerpflichtige, der im Rahmen eines wirtschaftlichen Auslandsengagements Verluste erzielt, gegenüber Steuerpflichtigen, die berücksichtigungsfähige inländische Verluste erwirtschaften, steuerlich benachteiligt. Die Verlustausgleichsbeschränkungen des § 2a Abs. 1 und 2 EStG führen letztlich dazu, daß für positive ausländische Einkünfte das Welteinkommensprinzip und für negative ausländische Einkünfte das Territorialitätsprinzip gilt. Insofern verstößt die Verlustausgleichsbeschränkung des §2a

---

[466] Im Rahmen von Doppelbesteuerungsabkommen wird zur Vermeidung von Doppelbesteuerung bei der unbeschränkten Steuerpflicht z.T. die Freistellungsmethode gewählt, wodurch wiederum das Quellenprinzip verwirklicht wird.

[467] Der Begriff einer formalen Verletzung des Gleichheitsgrundsatzes wird hier gewählt, da für die Einschränkungen der Besteuerungsformen z.T. sachliche Gründe vorliegen, die außerhalb des Gleichheitsgebots zu finden sind. Diese sachlichen Gründe rechtfertigen z.T. die Verstöße gegen das Leistungsfähigkeitsprinzip. Ausführlich zu diesem Problem H. Schaumburg, Internationales Steuerrecht, 2. Auflage, Köln, 1998 Rz. 5.88, 89.

[468] Rechtlich verankert ist das sog. Nettoprinzip in § 2 Abs. 2 EStG, wonach nur Reineinkünfte der Einkommensteuer unterliegen. Der Grundsatz besagt, daß die Bruttoeinnahmen um einkunftsbezogene Aufwendungen (objektives Nettoprinzip) und um personenbezogene Aufwendungen (subjektives Nettoprinzip) zu kürzen sind, A. Uelner, Zur Konkretisierung des subjektiven Nettoprinzips im Einkommensteuerrecht, in: Ertragsbesteuerung, FS. für L. Schmidt, München 1993, S. 21 ff. (25 ff.).

[469] J. Lang, in: Tipke/ Lang, Steuerrecht, 16. Auflage, 1998, § 9 Rz. 42 und 54ff.

[470] Auch bei rein nationalen Sachverhalten wird der Verlustausgleich z.T. beschränkt. Siehe dazu z.B. §§ 15 IV, 15a, 23 III S.4 EStG.

Abs. 1 und 2 EStG gegen das inländische Leistungsfähigkeitsprinzip[471]. Eine Verletzung des Gleichheitsgrundsatzes wird daraus von Teilen der Literatur abgleitet[472].

Auch im Rahmen der beschränkten Steuerpflicht orientiert sich das deutsche Steuerrecht nicht konsequent an dem Prinzip der ausländischen Leistungsfähigkeit[473]. Neben der Durchführung des Steuerabzugs gemäß § 50a EStG und der damit verbundenen Nichtberücksichtigung von Werbungskosten oder Betriebsausgaben[474] (Verstoß gegen das objektive Nettoprinzip) ist dem beschränkt Steuerpflichtigen gemäß § 50 Abs. 1 EStG z.B. eine Berücksichtigung von Sonderausgaben (§ 10 EStG), des Verlustabzugs (§ 10d EStG) oder von außergewöhnlichen Belastungen (§§ 33ff. EStG) verwehrt oder nur unter engen Voraussetzungen eröffnet. Hierin liegt ein weiterer Verstoß gegen das subjektive Nettoprinzip[475].

Die Durchbrechung des *objektiven* Nettoprinzips durch den Steuerabzug gemäß § 50a EStG wird u.a. damit gerechtfertigt, daß die Bruttobesteuerung im Rahmen der beschränkten Steuerpflicht für eine wirksame Steuererhebung unabdingbar sei[476]. Es sei ohne einen Steuerabzug ein Abfluß der Einnahmen in das Ausland ohne späteren steuerlichen Zugriff zu besorgen. Der Abzug an der Quelle diene somit auch der Vermeidung von Steuerhinterziehung[477]. Dem ist jedoch entgegenzuhalten, daß die Durchbrechung des objektiven Nettoprinzips nicht auf der Abzugsbesteuerung selbst, sondern auf deren Abgeltungswirkung gemäß § 50 Abs. 5 Satz 1 EStG beruht. Würde man dem beschränkt Steuerpflichtigen die Möglichkeit eröffnen, quellensteuerpflichtige Einkünfte in das

---

471 S. Grau, Verluststrategien unter dem Gesichtspunkt des § 2 a EStG, in: Besteuerung internationaler Konzerne, L. Fischer (Hrsg.), Forum der Internationalen Besteuerung, Bd. 3, Köln 1993, S. 50 ff.

472 J. Lang, in: Tipke/ Lang, Steuerrecht, 16. Auflage, 1998, § 9 Rz. 67; H. Schaumburg, Internationales Steuerrecht, 2. Auflage, Köln 1998, Rz. 5.88 und 89 m.w.N.; andere Ansicht die höchstrichterliche Rechtsprechung, die hierin keinen Verstoß gegen Art. 3 I GG sieht, so BFH vom 17.10.1990, BStBl II 1991, 136; BFH vom 12.12.1990, BFH/ NV 1991, 820; BFH vom 5.9.1991, BStBl. II 1992, 192, BFH vom 13.5.1993, BFH/ NV 1994, 100.

473 Eine Gegenüberstellung von Unterschieden der unbeschränkten und der beschränkten Steuerpflicht findet sich bei J.M. Mössner, Diskriminierung beschränkt Steuerpflichtiger, in: W. Haarmann (Hrsg.), Die beschränkte Steuerpflicht, Forum der Internationalen Besteuerung, Band 2, Köln 1993, S. 110 ff. (115 ff.).

474 Zu beachten ist allerdings § 39d EStG bei der Durchführung des Lohnsteuerabzugs für beschränkt steuerpflichtige Arbeitnehmer.

475 J. Lang, in: Tipke/ Lang, Steuerrecht, 16. Auflage, 1998, § 9 Rz. 42.

476 BVerfG vom 24.09.1965, BVerfGE 19,119.

477 Engelschalck, Die Besteuerung von Steuerausländern auf Bruttobasis, Heidelberg, 1988, 9ff, 78.

Veranlagungsverfahren einzubeziehen und unter Berücksichtigung von Werbungskosten und Betriebsausgaben und unter Anrechnung der Abzugssteuer eine individuelle Steuerbelastung ermitteln, so wäre eine Steuerhinterziehung wirksam unterbunden, ohne daß gegen das Leistungsfähigkeitsprinzip verstoßen würde[478].

Der Verstoß gegen das *subjektive* Nettoprinzip wird damit begründet, daß der beschränkten Steuerpflicht nicht das Welteinkommen unterläge. Nur im Rahmen der Welteinkommensbesteuerung könne auf die Gesamtleistungsfähigkeit des Steuerpflichtigen abgestellt werden. Würden derartige personenbezogene Aufwendungen des beschränkt Steuerpflichtigen im Quellenstaat berücksichtigt, käme es u.U. zu einer Doppelberücksichtigung, wenn der Wohnsitzstaat ebenfalls derartige Aufwendung zur Ermittlung der individuellen Leistungsfähigkeit berücksichtigen würde[479]. Ein Verstoß gegen den Gleichheitsgrundsatz läge vor.

Diese Begründung versagt jedoch, wenn der beschränkt Steuerpflichtige im Wohnsitzstaat keine oder negative Einkünfte erzielt. In einem solchem Fall scheidet nach obiger Konzeption eine leistungsorientierte Besteuerung gänzlich aus, wenn ein Doppelbesteuerungsabkommen die im Quellenland erzielten Einkünfte nur dem Quellenstaat zur Besteuerung zuweist, oder aber wenn positive Einkünfte des Quellenstaates negative Einkünfte im Ansässigkeitsstaat ausgleichen[480].

Hat ein beschränkt Steuerpflichtiger überwiegend Einkünfte im Quellenland, so muß ihm eine Veranlagung nach fingierter unbeschränkter Steuerpflicht ermöglicht werden, um einen Verstoß gegen das Leistungsfähigkeitsprinzip zu vermeiden[481]. § 1 Abs. 3 EStG, der eine Veranlagung als unbeschränkt Steuerpflichtiger nur unter engen Voraussetzungen zuläßt, wird diesem Anspruch jedoch nicht gerecht[482].

Diese Ausführungen, die das Problem der Verlustberücksichtigung nur kurz skizzieren sollen und selbstverständlich keinen Anspruch auf Vollständigkeit erheben, zeigen anhand der deutschen Steuergesetzgebung auf, daß Welteinkommens- und Quellenbesteuerung nur in ihrer Theorie dem Leistungsfähigkeitsprinzip entsprechen. Deren konkrete Umsetzung wird dagegen beeinflußt

---

478 So auch H. Schaumburg, Leistungsfähigkeitsprinzip im internationalen Steuerrecht, in: Die Steuerrechtsordnung in der Diskussion, Festschrift für Klaus Tipke, Köln 1995, S. 136.

479 H. Schaumburg, Internationales Steuerrecht, 2. Auflage, Köln, 1998 Rz. 5.138.

480 H. Schaumburg, Leistungsfähigkeitsprinzip im internationalen Steuerrecht, in: Die Steuerrechtsordnung in der Diskussion, Festschrift für Klaus Tipke, Köln 1995, S. 139.

481 Dazu auch EuGH vom 14.02.1995, in: IStR 1995, 126.

482 Siehe auch das Grenzpendlergesetz vom 24.06.1994, BGBl. I 1994, 1395.

durch fiskalische Zweckmäßigkeitsüberlegungen, so z.B. das nationale Interesse am Erhalt der eigenen Steuerbasis, der damit einhergehenden weitgehenden Ausgrenzung verlustbringender ausländischer Wirtschaftsaktivitäten und der Begrenzung des vertikalen Verlustausgleichs für inländische Risikogeschäfte[483]. Das Gerechtigkeitsprinzip wird dadurch Opfer (putativer) nationaler Sachzwänge.

2. Die Gerechtigkeit zwischen den Staaten

Gerechtigkeit in einer zusammenwachsenden Welt, in der die Internationalität von Sachverhalten zur Tagesordnung gehört, kann sich nicht allein auf das Verhältnis von Staat zum Bürger und auf das Verhältnis von Bürgern untereinander beschränken. Sie ist in diesem Fall nicht allein eine auf einen Verfassungsraum bzw. einen Nationalstaat beschränkte Gerechtigkeit, sondern erweitert sich um den zwischenstaatlichen Bezug. Gerechtigkeit im Verhältnis der Staaten zueinander führt die Vielzahl individueller und häufig gegensätzlicher Staatsinteressen zu einem schonenden Ausgleich.

Entscheidungen für eine bestimmte Besteuerungsform mit internationalem Bezug sind im Hinblick auf das Gerechtigkeitsprinzip somit quasi „dreidimensional" zu prüfen. Entscheidend für eine gerechte Form der internationalen Besteuerung sind sowohl das Verhältnis des Staates zum Bürger, der Bürger untereinander und zusätzlich der Staaten zueinander.

Die erste, die diesen internationalen Gerechtigkeitsaspekt von dem der nationalen Gerechtigkeit unterschied, war die amerikanische Finanzwissenschaftlerin *Peggy Musgrave*[484]. Sie erkannte, daß internationale Steuersachverhalte nicht isoliert und auf den einzelnen Staat reduziert betrachtet werden können, sondern durch die Wechselwirkungen sich überlagernder Steuerzugriffe stets zu Eingriffen in das Steueraufkommen des anderen Staates führen[485]. Der Gerechtigkeitsbegriff muß nach ihrer Erkenntnis daher auch diesem internationalen Aspekt des Eingriffs in das Steueraufkommen eines anderen Staates Rechnung tragen und entsprechend um den internationalen Bezug erweitert werden.

---

[483] Auf politische Erwägungen, wie z.B. die Fiskalimmunität gemäß Art. 34 des Wiener Übereinkommens über diplomatische Beziehungen (WÜD) vom 18.04.1961 und gemäß Art. 49 bzw. 66 des Wiener Übereinkommens über konsularische Vertretungen (WÜK) vom 24.04.1963, wird ergänzend hingewiesen.

[484] P. Musgrave, Unites States Taxation of Foreign Investment Income. An Economic Analysis, Cambridge (Mass) 1963, VII, 5.

[485] Besonders anschaulich dargestellt in: P. Musgrave/ R. Musgrave, Inter-Nation Equity, Essays in Honor of Carl S. Shoup, R. Bird (Hrsg.), Toronto 1972, S. 67 ff.

Gerechtigkeit zwischen Staaten ist insbesondere als Verteilungsgerechtigkeit zu verstehen. Die Aufteilung der Steuerbasis, d.h. die gegenseitige Abgrenzung von nationalen Steuerzugriffen, steht im Mittelpunkt des jeweiligen Staatsinteresses. Die Verhinderung von Doppelbesteuerung durch internationale bzw. multinationale Vereinbarungen muß diesem Eigeninteresse Rechnung tragen. Letztlich wird kein Staat im internationalen Miteinander eine dauerhafte Erosion seiner Steuerbasis dulden, sofern nicht ein gerechter Ausgleich für diesen Verlust geschaffen wird. Gerechtigkeit im Sinne von Verteilungsgerechtigkeit kann deshalb als Funktionsvoraussetzung der Verhinderung von Doppelbesteuerung bezeichnet werden.

Der Gerechtigkeitsbegriff im internationalen Zusammenhang ist daher deutlich komplexer als im Rahmen reiner individueller, d.h. nationaler Gerechtigkeit. Im folgenden wird der Inhalt des zwischenstaatlichen Gerechtigkeitsbegriffs im Hinblick auf die Verteilungsgerechtigkeit untersucht.

2.1. Historische Einführung

Staatsinteressen im Rahmen internationaler Steuersachverhalte kollidieren aufgrund des Nebeneinanders von Welteinkommensbesteuerung und Quellenbesteuerung[486]. Diese Kollision ist jedoch keine neue, spezifische Problematik unseres heutigen Steuersystems. Schon in vergangenen Jahrhunderten konnte es bei grenzüberschreitenden Sachverhalten zur Überlagerung der Steuersouveränitäten beteiligter Staaten kommen.

Allerdings wurde Doppelbesteuerung erst seit der zunehmenden Internationalisierung der Wirtschaftsaktivitäten als ein wirtschaftshemmendes Problem angesehen. Auch *Wagner* glaubte noch, die Doppelbesteuerung könne als Randerscheinung des Wirtschaftslebens unbeachtet bleiben[487]. Vielmehr wollte *Wagner* sogar an der Doppelbesteuerung festhalten, denn er betrachtete Auslandsinvestitionen überhaupt als nicht besonders wünschenswert. Die Vermeidung von Doppelbesteuerung war für ihn nicht eine Frage der Gerechtigkeit, sondern allenfalls eine solche der Zweckmäßigkeit[488].

Lösungen zur Vermeidung internationaler Doppelbesteuerung werden seit dem 19. Jahrhundert intensiv diskutiert und umgesetzt. So wurde am 16. April 1869 das erste Doppelbesteuerungsabkommen überhaupt zwischen Preußen und

---

[486] Beide Besteuerungsformen wurden schon im 1. Teil ausführlich beschrieben.

[487] A. Wagner, Finanzwissenschaft, Zweiter Teil: Gebühren und allgemeine Steuerlehre, 1880, S. 296.

[488] K. Vogel, Die Besteuerung von Auslandseinkünften, in: Der offene Finanz- und Steuerstaat, P. Kirchhof (Hrsg.), Heidelberg 1991, S. 56.

Sachsen geschlossen. Unter den Anwendungsbereich des Abkommens fielen nur die jeweiligen Staatsangehörigen der Vertragsstaaten[489]. Es folgte 1899 die Ratifizierung des Doppelbesteuerungsabkommens zwischen Preußen und Österreich-Ungarn, das Abgrenzungsmerkmale wie z.B. die Betriebsstätte und das sog. „stehende Gewerbe"[490] enthielt. Durch diese Abgrenzungsmerkmale wurde für bestimmte Einkünfte ein Besteuerungsrecht des Quellenstaates begründet. Einschränkend ist jedoch hinzuzufügen, daß zu dieser Zeit der überwiegende grenzüberschreitende Wirtschaftsverkehr durch Fuhr- und Schiffahrtsleute erfolgte, so daß die abkommensrechtliche Quellenbesteuerung tatsächlich nur geringe Anwendung fand.

Georg von Schanz - der Schöpfer der „Reinvermögenszugangstheorie" – hat in seinem Aufsatz „Zur Frage der Steuerpflicht" im Jahre 1892 eine Aufteilung der Steuern zwischen Quellen- und Wohnsitzstaat vorgeschlagen[491]. Der Quellenstaat sollte danach drei Viertel des Steueraufkommens und der Wohnsitzstaat ein Viertel des Steueraufkommens erhalten[492]. Jedoch hat sein Vorschlag wenig Beachtung gefunden. Geblieben ist allein der von ihm entwickelte Ausdruck der „wirtschaftlichen Zugehörigkeit" (economic allegiance), wonach derjenige, der Vorteile aus einer Wirtschaftsgemeinschaft erzielt, dieser Gemeinschaft zur Entrichtung angemessener Steuern verpflichtet sei. Das Prinzip der wirtschaftlichen Zugehörigkeit sollte nach *v. Schanz* somit im Ergebnis zu einer ausgedehnten Quellenbesteuerung führen.

Der genaue Inhalt des Begriffes der wirtschaftlichen Zugehörigkeit ist jedoch stets strittig geblieben und eröffnete so den Raum für äußerst individuelle Auslegungen. *K. Vogel* bezeichnet ihn deshalb als einen Blankettbegriff, den jeder verwendet, wie er ihn für richtig hält[493]. Die Gutachter des Völkerbundes im Jahre 1923[494] leiteten aus dem Begriff der wirtschaftlichen Zugehörigkeit mit sehr problematischer Begründung die weder wirtschaftlich überzeugende noch politisch annehmbare Folgerung ab, daß allein der Wohnsitzstaat zur Erhebung

---

[489] H. Schaumburg, Internationales Steuerrecht, 2. Aufl., Köln 1998, Rz. 16.15.

[490] Der Ausdruck „stehendes Gewerbe" wurde wahrscheinlich in der Mitte des letzten Jahrhunderts entwickelt und sollte der Besteuerungsabgrenzung innerhalb Preußens dienen. Siehe auch A.A. Skaar, Permanent Establishment, Erosion of a Tax Treaty Principle, Series on International Taxation, vol. 13, Kluwer 1991.

[491] G. v. Schanz, Finanzarchiv, Bd. 9 (1892), S. 365 ff.

[492] G. v. Schanz, Finanzarchiv, Bd. 9 (1892), S. 375.

[493] K. Vogel, Die Besteuerung von Auslandseinkünften, in: Der offene Finanz- und Steuerstaat, P. Kirchhof (Hrsg.), Heidelberg 1991, S. 56.

[494] League of Nations, Economic and Financial Commission, Report on Double Taxation Submitted to the Financial Committee by Prof. Bruins, Einaudi, Seligman and Sir Josiah Stamp, Genf, April 5th 1923.

der Einkommensteuer berechtigt sein sollte[495]. Dabei hatten sie in ihrer Untersuchung gegensätzlich festgestellt, daß eine Verbindung aus Welteinkommens- und Quellenbesteuerung die gerechtere Besteuerungform sei, daß sie jedoch tatsächlich nicht umgesetzt werden könne[496].

Dagegen sprechen sich seit Jahrzehnten Rechtswissenschaftler und Praktiker Lateinamerikas für die Beschränkung der Besteuerung allein auf inländische Einkünfte aus, wobei das Territorialprinzip in den einzelnen südamerikanischen Staaten trotz grundsätzlicher Übereinstimmung durchaus unterschiedlich umgesetzt wird. So kommt es in Detailfragen zu zum Teil erheblichen Abweichungen der Besteuerung[497]. Diese unterschiedlichen Auffassungen vom Territorialprinzip sind für *K. Vogel*[498] jedoch kein Wirksamkeitshemmnis, denn nach seiner Vorstellung bietet ein Prinzip keine alles entscheidenden Lösungen, sondern lediglich eine Richtlinie, die der gesetzgeberischen Konkretisierung bedarf. Das uns geläufige Leistungsfähigkeitsprinzip und seine unterschiedlichen Ausprägungen könne als Parallelbeispiel herangezogen werden[499].

Eine ausschließliche Quellen- bzw. Territorialbesteuerung ist grundsätzlich auch den Europäern nicht fremd. Zur Zeit der Aufklärung wurde auch auf unserem Kontinent das Territorialprinzip als selbstverständliche Begrenzung der staatlichen Gesetzgebung verstanden. Erst mit Einführung der Welteinkommensbesteuerung Ende des letzten Jahrhunderts wurde vom Territorialprinzip zunehmend Abstand genommen. Nunmehr mehren sich die Stimmen derjenigen wieder, die der Quellenbesteuerung einen Vorrang auch im europäischen Raum (wieder) einräumen wollen. So hat sich 1955 in Großbritannien eine Royal Commission für ein primäre Besteuerung im Quellenstaat ausgesprochen[500]. Auf internationaler Ebene trat *J. van Hoorn* in einem Aufsatz im Jahre 1960 für die Beschränkung der Besteuerung im Wohnsitzstaat auf die Einkünfte ein, die aus

[495] Zur Kritik siehe H. Dorn, Das Recht der internationalen Doppelbesteuerung, VJSchrStFR 1927, S. 189 ff. (210), G. v. Schanz, Die Doppelbesteuerung und der Völkerbund, FinArch, Bd. 40, 1923, S. 353 ff.

[496] P. Musgrave/ R. Musgrave, Inter-nation equity, essays in honor of Carl S. Shoup, R. Bird (Hrsg.), Toronto 1972, S. 65.

[497] G. Gnazzo, Der Einfluß des Teritorialprinzips auf das Einkommensteuerrecht der lateinamerikanischen Staaten, in: Engelschalk/ Flick, Steuern auf ausländische Einkünfte, Münchener Schriften zum Internationalen Steuerrecht, Heft 7, 1984, S. 57 ff.; K. Vogel, World-Wide vs. Source Taxation of Income, in: Intertax 1988, S. 221, 222 und 227 ff.

[498] K. Vogel, Die Besteuerung von Auslandseinkünften, in: Grundfragen des Internationalen Steuerrechts, K. Vogel (Hrsg.), Köln 1985, DStJG 8, S. 19 und 20.

[499] K. Vogel, Steuergerechtigkeit und soziale Gestaltung, in: DStZ 1975, S. 409 ff. (411).

[500] Zitiert bei O. Bühler, Prinzipien des Internationalen Steuerrechts, Amsterdam 1964, S. 183.

dem Quellenstaat dorthin transferiert worden sind[501]. Die Internationale Handelskammer (ICC), die noch in den 20'ger Jahren dieses Jahrhunderts zu den Hauptverfechtern der Besteuerung des Welteinkommens im Wohnsitzstaat gehörte, hat 1955 in Tokyo eine Entschließung gefaßt, die dem Quellenstaat „das alleinige Recht" zur Besteuerung zusprach und hat dies seither immer wieder aufrechterhalten[502]. Schließlich ist die Initiative der International Fiscal Association anläßlich eines Kongresses in Buenos Aires im Jahre 1984 zu nennen, bei der die Nachteile einer Welteinkommensbesteuerung hervorgehoben wurden[503]. Als deutscher Wissenschaftler hat sich *K. Vogel* in bemerkenswerter Weise für eine Durchsetzung der vorrangigen Quellenbesteuerung eingesetzt[504]. Insbesondere rückte *Vogel* den Aspekt der Gerechtigkeit wieder in das Zentrum der Meinungsbildung, denn in der Vergangenheit war die Diskussion um die optimale Besteuerungsform überwiegend aus volks- und betriebswirtschaftlicher Sicht unter Effizienzgesichtpunkten und im Hinblick auf wünschenswerte Allokationsneutralität geführt worden.

Der grenzüberschreitende Handel im Internet und die Vielzahl der offenen Fragen in Bezug auf die Ausgestaltung der Besteuerung eröffnen die Möglichkeit, die Frage der zwischenstaatlichen Gerechtigkeit neu zu erörtern. Ziel muß es sein, eine Besteuerungsform für die Einkünfte aus grenzüberschreitenden Internetaktivitäten zu entwickeln, die auch im Hinblick auf das Verhältnis von Staaten untereinander als „gerecht" bezeichnet werden kann.

2.2. Merkmale der zwischenstaatlichen Gerechtigkeit

Der Begriff der zwischenstaatlichen Gerechtigkeit ist kein universeller, kein generell-abstrakter, der auf jeden Sachverhalt gleichermaßen Anwendung findet. Hierin gleicht er dem generellen Gerechtigkeitsbegriff. Was gerecht ist, oder - besser gesagt - was aus der subjektiven Sicht des Betrachters als gerecht angesehen wird, ergibt sich aus der konkreten Betrachtung des Einzelfalls. So muß auch für den Bereich des Internationalen Steuerrechts der Gerechtigkeitsbegriff

[501] J. van Hoorn, Einige Gedanken über die Entwicklung auf dem Gebiet des internationalen Steuerrechts, in: Steuern und Wirtschaft 1960, S. 201 ff. (212 ff.).

[502] Zitiert bei K Vogel, Die Besteuerung von Auslandseinkünften, in: Grundfragen des Internationalen Steuerrechts, K. Vogel (Hrsg.), Köln 1985, DStJG 8, S. 21.

[503] Die IFA war bereits 1961 auf dem Kongress in Lissabon den Ideen von J. van Hoorn gefolgt, CDFI XLVI, S. 219 ff. (230 ff.)

[504] K. Vogel, World-Wide vs. Source Taxation of Income, Intertax 1988, S. 216 ff., 310 ff., 393 ff.; ders., die Besteuerung von Auslandseinkünften, in: Grundfragen des Internationalen Steuerrechts, K. Vogel (Hrsg.), Köln 1985, DStJG 8, S. 3 ff; ders., Über Besteuerungsrechte und über das Leistungsfähigkeit im Internationalen Steuerrecht, in: Steuerrecht, Verfassungsrecht, Finanzpolitik, FS für F. Klein, Köln 1994, S. 361 ff.

mit Wertungen ausgefüllt werden, die sich aus dem zugrundeliegenden Besteuerungssachverhalt ergeben. Jedoch lassen sich dem Begriff der zwischenstaatlichen Gerechtigkeit unabhängig von einer späteren einzelfallbezogenen Konkretisierung grundsätzliche Aussagen und Wertungen entnehmen, die in der späteren Diskussion als „Entscheidungsparameter" herangezogen werden können.

2.2.1. Vorrangiges Besteuerungsrecht bei grenzüberschreitenden Steuersachverhalten

Zwischenstaatliche Gerechtigkeit kann bedeuten, daß einem Staat ein vorrangiger Zugriff auf die Erträge eines internationalen Besteuerungssachverhaltes gebührt. Dieser Vorrang, der zu einer reinen Wohnsitz- oder Quellenbesteuerung der Einkünfte führen würde, müßte sich dann aus den Grundsätzen über die Legitimation der Steuererhebung selbst ergeben[505].

2.2.1.1. Der opfertheoretische Ansatz

Legt man einen opfertheoretischen Legitimationsansatz in der Diskussion zu Grunde, so sprechen auf den ersten Blick bessere Argumente für ein vorrangiges Besteuerungsrecht durch den Heimatstaat des Steuerpflichtigen. Tatsächlich ist eine solche Besteuerungsform jedoch die Ausnahme, denn die meisten Staaten legen der unbeschränkten Steuerpflicht allein das Wohnsitzprinzip und nicht das Staatsangehörigkeitsprinzip zu Grunde[506]. Und selbst die Staaten, die eine unbeschränkte Steuerpflicht aus der Staatsangehörigkeit folgern, greifen alternativ auch auf das Wohnsitzprinzip zur Begründung der unbeschränkten Steuerpflicht zurück[507].

Im Anwendungsbereich des Wohnsitzprinzips gilt der opfertheoretische Vorrang deshalb nur, soweit der Wohnsitzstaat mit der Staatsangehörigkeit des Steuerpflichtigen zusammenfällt. In Fällen, in denen der Steuerpflichtige in einem Staat ansässig ist, jedoch die Staatsangehörigkeit des Quellenstaates besitzt und vielleicht noch Einkünfte in einem dritten Land erzielt werden, können opfertheoretische Ansätze diesen Sachverhalt kaum lösen.

Fraglich ist, ob der Wohnsitz oder der gewöhnliche Aufenthalt des Steuerpflichtigen zur Begründung einer vorrangigen Besteuerung durch den Wohnsitzstaat aus opfertheoretischen Gesichtspunkten ausreichen kann. So könnte angenommen werden, daß durch den Wohnsitz oder den gewöhnlichen Aufenthalt eine

[505] Siehe dazu schon ausführlich 3. Teil, Kap. II, 1.1.
[506] Die USA besteuern z.B. nach dem Prinzip der Citizenship *und* der Residence.
[507] Siehe beispielsweise IRC Sec. 1 und 11.

Bindung des Steuerpflichtigen zum Wohnsitz- oder Aufenthaltsstaat entsteht, die ein Opfer in steuerlicher Sicht rechtfertigen würde. Dieser Ansatz führt aber in der Folge zu unlösbaren Abgrenzungsschwierigkeiten. Begründet nämlich schon der Wohnsitz des Steuerpflichtigen eine derart enge Verbindung, so ist fraglich, ob eine Betriebsstätte oder sonstige feste Einrichtung im Quellenstaat nicht eine ebensolche enge, ein Opfer rechtfertigende Verbindung entstehen läßt[508]. Die Verbindung der geschäftlichen Aktivität zu dem dortigen Quellenstaat kann unter Umständen sogar erheblich enger und gefestigter sein als diejenige des Steuerpflichtigen zu seinem Wohnsitzstaat.

Der opfertheoretische Lösungsansatz führt im Anwendungsbereich des Wohnsitzprinzips zu sich widersprechenden Argumenten, die sowohl einer Besteuerung durch den Quellenstaat als auch einer Besteuerung durch den Wohnsitzstaat das Wort reden. Zur Lösung des Verteilungskonfliktes im Hinblick auf die zwischenstaatliche Gerechtigkeit kann die Opfertheorie deshalb nicht beitragen[509].

2.2.1.2. Der äquivalenztheoretische Ansatz

Der äquivalenztheoretische Ansatz führt zu einem vorrangigen Besteuerungsrecht desjenigen Staates, dessen Leistungen durch den Steuerpflichtigen in Anspruch genommen werden[510]. Als Leistungen im Sinne der Äquivalenztheorie sind z.B. die Bereitstellung von Infrastruktur, die Schaffung sozialstaatlicher Sicherungssysteme und die Gewährung von Rechtsschutz zu verstehen. Das Recht eines Staates zur Besteuerung wirtschaftlicher Aktivitäten resultiert aus der Inanspruchnahme seiner staatlichen Leistungen[511]. Die Steuererhebung wäre die Vergütung der in Anspruch genommenen Leistungen, sie wäre eine Gegenleistung[512].

Das bedeutet, daß der Umfang bzw. die Intensität des Besteuerungsrechts eines Staates von der tatsächlichen Inanspruchnahme seiner angebotenen Leistungen bestimmt würde. Es käme mithin - je nach Einzelfall - zu einer unterschiedlich starken Ausprägung von Leistungsbeziehungen zwischen Staat und Steuerpflichtigem.

---

[508] K. Vogel, World-Wide vs. Source Taxation of Income, in: Intertax 1988, S. 395.

[509] Siehe zur Frage der Opfertheorie und ihrer Aktualität auch K. Häuser, Opfertheorie Redivivus, in: Finanzwissenschaft im Dienste der Wirtschaftspolitik, FS. für Dieter Pohmer, S. 41 ff.

[510] K. Vogel, Die Besteuerung von Auslandseinkünften, in: Grundfragen des Internationalen Steuerrechts, K. Vogel (Hrsg.), Köln 1985, DStJG 8, S. 3 ff

[511] K. Tipke, Die Steuerrechtsordnung, Bd. I, Köln 1993, S. 475.

[512] Deshalb erinnert das Äquivalenzprinzip an das do-ut-des-Prinzip der Marktwirtschaft.

Diese unterschiedlich starke Ausprägung von Leistungsbeziehungen zwischen dem Steuerpflichtigen und den Staaten, in denen er wirtschaftlich tätig ist, würde auch das Besteuerungsrecht der Staaten untereinander bestimmen. Sollte ein vorrangiger Steuerzugriff eines Staates bei grenzüberschreitenden wirtschaftlichen Aktivitäten nach dem äquivalenztheoretischen Ansatz bestimmt werden, so müßte ermittelt werden, welches staatliche Leistungsangebot intensiver vom Steuerpflichtigen genutzt würde. Danach würde sich ein Besteuerungsvorrang desjenigen Staates ergeben, dessen Leistungen stärker in Anspruch genommen würden.

Es zeigt sich, daß die praktische Umsetzung des äquivalenztheoretischen Ansatzes mit unlösbaren Schwierigkeiten verbunden wäre, denn die Inanspruchnahme staatlicher Leistungen ist in den seltensten Fällen gleichbleibend. So gibt es Zeiten, in denen mehr Leistungen in Anspruch genommen werden und Zeiten, in denen der Steuerpflichtige auf weniger Leistungen des Staates zurückgreift. Wie aber sollte im Falle unregelmäßiger Inanspruchnahme das Besteuerungsrecht der Staaten ermittelt werden? Fraglich bleibt letztlich auch, wie eine Inanspruchnahme staatlicher Leistungen überhaupt zu bemessen wäre.

Die Höhe der tatsächlichen Inanspruchnahme könnte allenfalls rückwirkend festgestellt werden. Die Staaten wüßten somit im jeweiligen Veranlagungszeitraum nicht, ob ihnen (rückwirkend) Besteuerungsrechte zustehen würden. Sowohl für die beteiligten Staaten als auch für die Steuerpflichtigen wäre diese Ungewißheit untragbar. Der äquivalenztheoretische Ansatz ist daher aufgrund der Unmöglichkeit seiner praktischen Umsetzung abzulehnen[513].

2.2.1.3. Der Legitimationsansatz von K. Vogel und Lorenz von Stein

Nach diesem schon im Rahmen der individuellen Gerechtigkeit vertretenen Legitimationsansatz darf der Staat Steuern erheben, um die aus der Trennung von Staat, Wirtschaft und Gesellschaft entstehenden Ungerechtigkeiten auszugleichen. Die Besteuerung ist dabei an bestimmte Erhebungs- und Verwendungskriterien geknüpft[514].

Dabei wird weder auf die Staatsangehörigkeit noch auf eine Inanspruchnahme staatlicher Leistungen abgestellt. Zwar kann auch im Rahmen des *Stein'schen*

---

[513] K. Vogel zieht im Rahmen der zwischenstaatlichen Gerechtigkeit die zunächst abgelehnte Äquivalenztheorie zur Begründung einer Quellenbesteuerung heran, siehe K. Vogel, World-Wide vs. Source Taxation of Income, in: Intertax 1988, S. 398.

[514] Siehe dazu schon 3. Teil, Kap. I, 1.1.2.

Lösungsansatzes von einer Art gegenseitigen Leistungsbeziehung gesprochen werden, Bezugsgröße ist jedoch nicht die einzelne staatliche Leistung, sondern stets die Gesamtheit der Leistungen im Sinne des zur Verfügung gestellten Ordnungsrahmen in z.B. sicherheitsrechtlicher, ordnungspolitischer und kultureller Hinsicht[515].

Steuern hat somit derjenige zu zahlen, der den zur Verfügung gestellten staatlichen Ordnungsrahmen zur Erzielung von Einkünften nutzt. Ist ein Unternehmer grenzüberschreitend tätig, erzielt er also durch seine Unternehmung Einkünfte in mehreren Staaten, so nutzt er gleichzeitig die jeweils gegebenen staatlichen Rahmenbedingungen. Die Staaten, in denen seine wirtschaftliche Betätigung erfolgt, haben nach diesem Legitimationsansatz ein Besteuerungsrecht bezüglich der im jeweiligen Staat erzielten Einkünfte.

Ein vorrangiges Besteuerungsrecht des Wohnsitz- oder des Quellenstaates bezüglich der Gesamteinkünfte läßt sich diesem Legitimationsansatz nicht entnehmen. Ihm fehlt ein relatives Zuordnungskriterium wie z.B. die Staatsangehörigkeit oder die Höhe beanspruchter Leistungen, das ein solches Vorrecht begründen könnte. Die wirtschaftliche Betätigung in einem Staat ist zwar Voraussetzung eines Besteuerungsrechts, sie ist darüber hinaus jedoch nicht „zuteilungsbestimmend". Wird der Steuerpflichtige in einem Staat, Wohnsitz- oder Quellenstaat, wirtschaftlich tätig, so wird damit ein Besteuerungsrecht des jeweiligen Landes begründet. Unterschiedlich stark ausgeprägte Besteuerungsrechte, die einen Vorrang eines Staates begründen könnten, werden durch diesen Legitimationsansatz nicht festgestellt.

Wird der Steuerpflichtige danach grenzüberschreitend tätig, so wird ein doppeltes Besteuerungsrecht beider Staaten begründet. Ein weiter differenzierendes Merkmal gibt es nicht. Dieser von *K. Vogel* und *L. von Stein* vertretene Legitimationsansatz kann deshalb einen Besteuerungsvorrang eines Staates nicht begründen und ist in diesem Zusammenhang ungeeignet.

2.2.2. Grundzüge der Verteilungsgerechtigkeit

Läßt sich aus den vorstehenden Erwägungen ein vorrangiges Besteuerungsrecht des Wohnsitz- oder des Quellenstaates nicht herleiten, sind also beide Staaten grundsätzlich berechtigt, auf die erzielten Gewinne zurückzugreifen, so muß das Verhältnis der beteiligten Staaten selbst in das Zentrum der Betrachtung gerückt werden. Das sich aus den gegensätzlichen Fiskalinteressen ergebende Span-

---

[515] In diesem Sinne auch J.M. Buchanan, The Pure Theory and Political Economy, in: Selected Essays, No. 8, 1960, S. 12.

nungsverhältnis, muß unter Zugrundelegung des Gerechtigkeitsprinzips einem schonenden Ausgleich zugeführt werden.

2.2.2.1. Auswirkungen des Welteinkommens- und des Quellenprinzips auf zwischenstaatliche Gerechtigkeit

Fraglich ist, ob die Besteuerung des Welteinkommens oder die Besteuerung der Quelleneinkünfte für sich genommen schon einen Vorrang aus Gründen der Verteilungsgerechtigkeit rechtfertigen können.
Betrachtet man das Verhältnis der beteiligten Staaten (Wohnsitzstaat und Quellenstaat) zueinander, so stellt *Vogel*[516] fest, daß die Besteuerung des Welteinkommens im Wohnsitzstaat nicht notwendigerweise ein Problem zwischenstaatlicher Gerechtigkeit aufwerfe. Solange der Steuerpflichtige die Steuer im Wohnsitzstaat aus Mitteln finanziere, die im Wohnsitzstaat erwirtschaftet würden, sei der Quellenstaat nicht beeinträchtigt. Erst wenn zur Bezahlung der Steuer auch Finanzmittel aus dem Quellenstaat abgezogen werden müßten, sei eine entsprechende Beeinträchtigung gegeben[517]. Umgekehrt berühre die Besteuerung im Quellenstaat immer den Wohnsitzstaat, da die Quellenbesteuerung das steuerbare Vermögen im Wohnsitzstaat mindere[518].

Im Anwendungsbereich der Anrechnungs- oder Freistellungsmethode zur Vermeidung einer Doppelbesteuerung ist letztere Aussage sicher richtig. Der Wohnsitzstaat, der nach dem Welteinkommensprinzip besteuert, verliert durch den Fiskalzugriff des Quellenstaates Teile seines Steueraufkommens, wenn er zur Vermeidung der Doppelbesteuerung diese besteuerten Einkünfte von einer eigenen Besteuerung freistellt oder die ausländischen Steuern anrechnet.

Aber auch ohne die Freistellung der Quelleneinkünfte oder eine Anrechnung der ausländischen Steuern wird nach Ansicht der amerikanischen Finanzwissenschaftler *Peggy* und *Richard Musgrave*[519] das Vermögen des Wohnsitzstaates durch eine Besteuerung im Quellenstaat vermindert. Ihrer Ansicht nach würden ohne jegliche Besteuerung durch die Staaten die im Ausland erzielten Einkünfte einen nationalen Vermögenszuwachs im Wohnsitzstaat („national gain") zur Folge haben. Vermögenszuwachs bedeutet für die beiden Wissenschaftler in

---

[516] K. Vogel, Über Besteuerungsrechte und über das Leistungsfähigkeit im Internationalen Steuerrecht, in: Steuerrecht, Verfassungsrecht, Finanzpolitik, FS für F. Klein, Köln 1994, S. 361 ff.

[517] K. Vogel, World-Wide vs. Source Taxation of Income, in: Intertax 1988, S. 398.

[518] P. Musgrave/ R. Musgrave, Inter-nation equity, essays in honor of Carl S. Shoup, R. Bird (Hrsg.), Toronto 1972, S. 71.

[519] P. Musgrave/ R. Musgrave, Inter-nation equity, essays in honor of Carl S. Shoup, R. Bird (Hrsg.), Toronto 1972, S. 71.

diesem Zusammenhang nicht die Erhöhung des Steueraufkommens des Wohnsitzstaates, sondern bedeutet die Einkommenssteigerung des einzelnen Steuerpflichtigen. Die wirtschaftliche Betätigung des Steuerpflichtigen im Ausland kommt nach dieser Ansicht ohne die Erhebung von Steuern dem Wohnsitzstaat und seiner Finanzkraft zugute.

Aus dieser Erkenntnis folgern *Peggy* und *Richard Musgrave*, daß das Merkmal zwischenstaatlicher Gerechtigkeit im Rahmen einer reinen Welteinkommensbesteuerung im Wohnsitzstaat nicht tangiert würde, die Besteuerung im Quellenstaat dagegen stets Auswirkungen auf das Gerechtigkeitsprinzip entfalte, denn dadurch würde der Vermögenszuwachs im Wohnsitzstaat vermindert[520]. Auf die Frage einer Freistellung oder Anrechnung der ausländischen Steuern im Wohnsitzstaat kommt es im Rahmen des Konzeptes des „national gain“ somit nicht an.

Daß das Welteinkommensprinzip im Gegensatz zum Quellensteuerprinzip keine Auswirkungen auf die zwischenstaatliche Gerechtigkeit entfaltet, muß jedoch bezweifelt werden. Die beschriebenen Auswirkungen ergeben sich nämlich nur, da die Bemessungsgrundlage der Besteuerung im Wohnsitzstaat bereits das sog. „Welteinkommen“ bildet, d.h. auch Einkünfte eingerechnet werden, die unter Beanspruchung ausländischer Finanzkraft und Strukturbedingungen erwirtschaftet wurden[521]. Der Wohnsitzstaat erhält durch die Besteuerung nach dem Welteinkommensprinzip also Zugriff auf Einkünfte, zu deren Erzielung er unter Umständen gar nicht oder nur unwesentlich beigetragen hat, wenn der Steuerpflichtige vorwiegend oder sogar ausschließlich die Rahmenbedingungen des Investitionsstaates genutzt hat. Letztlich bereichert sich der Wohnsitzstaat dadurch mittelbar an der Leistung des Quellenstaates[522].

Auch die Vertreter einer Welteinkommensbesteuerung im Wohnsitzstaat müssen anerkennen, daß dieses Prinzip nicht ohne weiteres mit zwischenstaatlicher Gerechtigkeit vereinbar ist. Man stelle sich vor, ein Steuerpflichtiger erziele seine überwiegenden Einkünfte im Quellenstaat. Da letzterer Zentrum der wirtschaftlichen Aktivität wäre und ausschließlich seine Strukturbedingungen und seine Finanzkraft genutzt würden, könnte die berechtigte Frage aufgeworfen werden,

---

[520] Es wird jedoch anerkannt, daß der Quellenstaat neben dem Wohnsitzstaat ein Recht zur Besteuerung derjenigen Einkünfte habe, die auf seinem Staatsgebiet erwirtschaftet worden sind.

[521] Im Gegensatz dazu werden im Rahmen des sog. Territorialitätsprinzips allein die im Inland erwirtschafteten Einkünfte in die steuerliche Bemessungsgrundlage einbezogen.

[522] Das Welteinkommensprinzip ist aus diesen Gründen auch nicht ohne weiteres durch das in dieser Arbeit vertretene Legitimationsmodell zur Erhebung von Steuern von *Lorenz von Stein* und *K. Vogel* zu rechtfertigen.

warum in einem solchen Fall nicht der Quellenstaat das Besteuerungsrecht nach dem Welteinkommensprinzip zugewiesen bekommen sollte. Zumindest ist aber fraglich, warum in einem solchen Fall dem Wohnsitzstaat der Zugriff auf diese (ausländischen) Einkünfte eröffnet werden soll. Das Welteinkommensprinzip hat somit entgegen der Ansicht von *K. Vogel* und *Peggy* und *Richard Musgrave* erhebliche Auswirkungen auf die zwischenstaatliche Gerechtigkeit.

Auch die Ausführungen über den Vermögenszuwachs im Wohnsitzstaat (national gain) können nicht ohne Einschränkung übernommen werden. Wie *Vogel*[523] schon ausgeführt hat, fehlt der Aussage ein klar zugrundeliegendes Konzept, wann ausländische Einkünfte einen nationalen Vermögenszuwachs darstellen. Ein „national gain" kann nämlich nur in dem Fall angenommen werden, in dem die Einkünfte in den Wohnsitzstaat repatriiert werden. Bleiben sie dagegen im Quellenstaat und werden sie dort u.U. für weitere Investitionen verwendet, so kann von einem Vermögenszuwachs im Wohnsitzstaat kaum ausgegangen werden[524].

Dem Argument fehlt zudem die überzeugende Schärfe. Der Vermögenszuwachs der einzelnen Steuerpflichtigen stärkt zwar (im Fall der Repatriierung der Gewinne) die Finanzkraft der Gesellschaft des Wohnsitzstaates. Warum sich daraus ein mit dem zwischenstaatlichen Gerechtigkeitsprinzip im Einklang stehendes Besteuerungsrecht des Wohnsitzstaates ergeben soll, ist jedoch nicht nachvollziehbar. Die prinzipielle Trennung von Staat, Wirtschaft und Gesellschaft führt grundsätzlich zu einer staatlich unbeeinflußten Bildung von Privateigentum. Nur in bestimmten Grenzen ist der Staat berechtigt, in diesen Vermögensbildungsprozeß in Form einer Steuererhebung einzugreifen[525]. Deshalb kann nicht per se von einem „national gain" auf ein Besteuerungsrecht oder eine bestimmte (gerechte) Besteuerungsform geschlossen werden[526]. Das Recht des Fiskalzugriffes ergibt sich nicht bereits aus der Vermehrung privaten bzw. gesellschaftlichen Vermögens, sondern erst aus der Verwirklichung normierter Steuertatbestände. Das gilt auch im Rahmen internationaler Steuersachverhalte. Der Begriff des „national gain" ist deshalb nicht geeignet, Aussagen über staatliche Besteuerungsrechte zu treffen und kann in diesem Zusammenhang auch nicht als Entscheidungskriterium im Bereich der zwischenstaatlichen Gerechtigkeit herangezogen werden.

---

[523] K. Vogel, World-Wide vs. Source Taxation of Income, in: Intertax 1988, S. 398.

[524] Diesen Ansatz behandelt Vogel in seiner Kritik an dem Konzept des „national-gain" nicht, K. Vogel, World-Wide vs. Source Taxation of Income, in: Intertax 1988, S. 398

[525] Siehe dazu schon 3. Teil Kap. II, 1.1.

[526] Man denke an einen Vermögenszuwachs eines im Privatvermögen gehaltenen Hauses. Dieser ist in den Grenzen des § 23 EStG steuerfrei, obwohl der Steuerpflichtige einen Vermögenszuwachs verzeichnen kann.

Legt man diese vorstehenden Überlegungen dem Aspekt der zwischenstaatlichen Gerechtigkeit zugrunde, so ist das Welteinkommensprinzip selbst eine Besteuerungsform, die das Besteuerungsrecht des Quellenstaats beeinträchtigt und Fragen der zwischenstaatlichen Gerechtigkeit aufwirft. Es kann somit festgehalten werden, daß die Besteuerung sowohl nach dem Welteinkommensprinzip als auch nach dem Quellenprinzip negative Auswirkungen auf die zwischenstaatliche Gerechtigkeit im Hinblick auf die Verteilungsgerechtigkeit entfaltet.

2.2.2.2. Staatliche Refinanzierung und das Reproduktivitätsprinzip

Sowohl die Welteinkommensbesteuerung als auch die Quellenbesteuerung entfalten Auswirkungen auf die zwischenstaatliche Gerechtigkeit, was bedeutet, daß beide Besteuerungsformen in Rechtspositionen des anderen beteiligten Staates eingreifen. Ein Vorrang der einen oder der anderen Besteuerungsform aus Gründen zwischenstaatlicher Gerechtigkeit läßt sich nicht entnehmen.

Vogel greift deshalb in diesem Zusammenhang erneut auf das Äquivalenzprinzip zurück, das auch er zuvor im Rahmen der Steuerrechtfertigung als untauglich abgelehnt hat, zurück, um ein Besteuerungsrecht des Quellenstaates zu begründen[527]. Dieser Rückgriff ist aber abzulehnen, denn die Anwendung des Äquivalenzprinzips nach seiner vorherigen eindeutigen und generellen Verwerfung im Zusammenhang mit der individuellen Gerechtigkeit ist letztlich inkonsequent. Zudem stehen dem äquivalenztheoretischen Ansatz – wie schon ausgeführt[528] - auch im Rahmen der zwischenstaatlichen Gerechtigkeit erhebliche Bedenken entgegen. Die verteilungsgerechte Besteuerungsform muß also aus einem anderen Ansatz heraus ermittelt werden.

Der Steuerpflichtige, der grenzüberschreitend wirtschaftlich tätig wird, nutzt nicht allein die Rahmenbedingungen seines Wohnsitzstaates, um Einkünfte zu erzielen. Vielmehr wird er überwiegend oder sogar ausschließlich auf das wirtschaftliche und soziale Umfeld des Quellenstaates zurückgreifen. Im Rahmen der Produktion von Waren macht sich der Unternehmer im Quellenstaat so z.B. das Know-how der Mitarbeiter, eine preisgünstige und qualitativ hochwertige Zulieferindustrie, geringe behördliche Genehmigungsauflagen usw. zu nutze. Im Falle eines Verkaufs seiner Waren oder Dienstleistungen im Quellenstaat wird er sich zudem die Finanzkraft der dortigen Gesellschaft zur Erzielung seiner Gewinne nutzbar machen.

---

[527] K. Vogel, World-Wide vs. Source Taxation of Income, in: Intertax 1988, S. 396.
[528] Siehe dazu 3.Teil, Kap. II, 2.2.1.2.

Werden diese Einkünfte in der Folge allein vom Wohnsitzstaat des Steuerpflichtigen auf Grundlage des Welteinkommens besteuert, ohne daß dem Quellenstaat ein eigenes Recht zur Besteuerung zusteht, so wird dem Quellenstaat nachhaltig Kapital entzogen, das für die Aufrechterhaltung der (staatlichen) Investitions- und sonstigen Rahmenbedingungen hätte verwendet werden müssen. Die Marktteilnahme führt im Quellenstaat zu volkswirtschaftlichen Kosten[529], die durch die Einnahme von Steuern aus den erzielten Gewinnen ausgeglichen werden müssen. Ein Staat, der kein Besteuerungsrecht bezüglich der auf seinem Territorium erwirtschafteten Einkünfte geltend machen kann, wird nicht in der Lage sein, seine Aufgaben dauerhaft wahrzunehmen[530].

Die Ausführungen machen deutlich, daß die Steuer in einem Staat, der den wirtschaftlichen Betätigungen seiner Bürger einen geeigneten wirtschaftlichen, sozialen und auch rechtlichen Rahmen bieten will, ein unabdingbares Mittel staatlicher Refinanzierung ist. Die Steuererhebung wird dadurch zum Bestandteil eines schon durch *Lorenz von Stein*[531] aufgezeigten (vereinfachten) volkswirtschaftlichen Kreislaufs: Die Steuerkraft soll die Steuer, die Steuer die Verwaltung, die Verwaltung aber wieder die Steuerkraft erzeugen.

Die Notwendigkeit eines geschlossenen volkswirtschaftlichen Kreislaufs hat *Stein* zu der Formulierung seines Reproduktivitätsprinzips veranlaßt[532]. Das im Rahmen der Legitimation des Staates zur Steuererhebung angeführte Prinzip[533] besagt, daß die Steuererhebung nur gerechtfertigt ist, wenn mindestens so viel an Steuern, wie erhoben wurde, an die Gesamtheit der Bürger zurückfließt. Wie schon an anderer Stelle festgestellt[534], ist das Reproduktivitätsprinzip die conditio für eine produktive Volkswirtschaft.

---

[529] So auch Peggy und Richard Musgrave, die allerdings in der Marktteilnahme des ausländischen Unternehmers auch einen volkswirtschaftlichen Gewinn sehen, der allerdings nicht zu einem ausgeglichenen oder positiven Saldo im Quellenstaat führt, P. Musgrave/ R. Musgrave, Inter-nation equity, in: essays in honor of Carl S. Shoup, R. Bird (Hrsg.), Toronto 1972, S. 71.

[530] So formuliert z.B. schon H. Jecht: „Immer muß ein Teil des Ertrages notwendig zur Erneuerung und bei fortschreitender Bevölkerung auch zur Erweiterung der Wirtschaftsanlagen verwandt werden soll, wenn die Versorgung der Bevölkerung ihren ungestörten Fortgang nehmen soll." H. Jecht, Wesen und Formen der Finanzwirtschaft. Umrisse einer Finanzwirtschaftlehre und Finanzsoziologie, Jena 1928, S. 84.

[531] Lorenz von Stein, Lehrbuch der Nationalökonomie, 3. Auflage, Wien 1887, S. 99 ff.

[532] Lorenz von Stein, Lehrbuch der Finanzwissenschaften, Theil 1, S. 23.

[533] Bezogen wird sich auf die Weiterentwicklung des Prinzips durch K. Vogel, siehe 3. Teil Kap. II, 1.1.

[534] Siehe schon 3. Teil, Kap. II, 1.1.1.

2.2.2.3. Das Reproduktivitätsprinzip als Maßstab der Verteilungsgerechtigkeit

Das Reproduktivitätsprinzip wurde allerdings für einen rein nationalen Sachverhalt formuliert. So bleibt zunächst auch im internationalen Zusammenhang dieses Prinzip bei der alleinigen Besteuerung durch den Wohnsitz- oder den Quellenstaat[535] gewahrt, denn die Erhebung der Steuern von Einkünften des kommt dem Steuerzahler wieder zugute. Der Kreislauf bleibt – bezogen auf das Verhältnis des Steuerpflichtigen zu den beteiligten Staaten – gewahrt.

Jedoch ist bei internationalen Besteuerungssachverhalten auch das Verhältnis der beteiligten Staaten zueinander zu betrachten. In diesem Fall bestehen mehrere Wirtschaftssysteme, die Steuern zur Aufrechterhaltung benötigen, d.h. auch mehrere Kreisläufe im obigen Sinne. Der jeweilige volkswirtschaftliche Kreislauf wird aber unterbrochen, wenn einer der Staaten, in dessen Hoheitsbereich wirtschaftliche Aktivitäten verfolgt werden, keinen steuerlichen Zugriff auf die dort erzielten Einkünfte geltend machen kann. Er kann den notwendigen Ordnungsrahmen in Form z.B. einer effizienten Verwaltung nicht mehr stellen. Im Gegensatz dazu erhält derjenige Staat, der nach dem Welteinkommensprinzip besteuert, einen steuerlichen Zugriff auf Einkünfte, die ohne eine Beanspruchung seiner eigenen staatlichen Leistungen erwirtschaftet wurden. Die Steuererhebung von ausländischen Einkünften führt im Rahmen der Besteuerung des Welteinkommens zu einer Steigerung seines volkswirtschaftlichen Vermögens[536].

Dient das Reproduktivitätsprinzip im Rahmen nationaler Steuersachverhalte als Regulativ der staatlichen Steuererhebung und zur Aufrechterhaltung des staatlichen Finanzkreislaufs, so ist fraglich, ob das Prinzip auch im Rahmen internationaler Steuersachverhalte zur Bestimmung einer gerechten Form der Besteuerung herangezogen werden kann. Das erscheint zunächst zweifelhaft, da das Reproduktivitätsprinzip im nationalen Zusammenhang allein auf das Verhältnis des Staates zum Bürger Einfluß nimmt, im internationalen Zusammenhang aber das Verhältnis der beteiligten Staaten im Mittelpunkt steht.

Eine solche Betrachtung der äußeren Wirkungsweise läßt jedoch den wesentlichen Regelungszweck des Reproduktivitätsprinzips außer Betracht. Dem Verhältnis zwischen Staat und Bürger liegt nämlich die Forderung nach einem ge-

---

[535] Der Steuerpflichtige, der die Rahmenbedingungen des Quellenstaates zur Erzielung von Einnahmen nutzt, trägt durch seine Steuerzahlungen im Quellenstaat zum Erhalt und Ausbau der quellenstaatlichen Rahmenbedingungen bei, von denen er wiederum partizipiert.

[536] Allerdings müssen volkswirtschaftliche Verluste im Wohnsitzstaat aus der Verlagerung von Kapital und sonstigen Ressourcen ins Ausland gegengerechnet werden.

schlossenen volkswirtschaftlichen Finanzkreislauf zugrunde: Steuern müssen, um reproduktiv wirken zu können, an die Gesamtheit der Steuerzahler zurückfließen. Dieses Postulat ist das entscheidende zentrale Element des Reproduktivitätsprinzips[537].

Soll im Rahmen grenzüberschreitender wirtschaftlicher Aktivitäten eine Besteuerungsform gefunden werden, die den jeweiligen Volkswirtschaften das notwendige Kapital zur Refinanzierung des Staatshaushaltes beläßt, so muß auf die Finanzkreisläufe der beteiligten Volkswirtschaften Rücksicht genommen werden. Das Reproduktivitätsprinzip kann – um den zwischenstaatlichen Bezug erweitert – unter Umständen die gesuchte verteilungsgerechte Besteuerungsform begründen.

Das Reproduktivitätsprinzip ist deshalb im Rahmen eines grenzüberschreitenden Sachverhaltes an den zwischenstaatlichen Bezug anzupassen, um die Aufrechterhaltung der betroffenen volkswirtschaftlichen Finanzkreisläufe zu wahren:

> *Die Steuererhebung ist gerechtfertigt, soweit mindestens so viel an Steuern, wie erhoben worden sind, an die Gesamtheit derjenigen Bürger zurückfließen, in deren Staat das Einkommen erwirtschaftet wurde.*

Unter dem Begriff des „Erwirtschaftens" ist der Wertschöpfungsprozeß von Waren und Dienstleistungen zu verstehen. Die Wertschöpfung einer Leistungseinheit erfolgt zum einen durch deren Herstellung. Derjenigen Volkswirtschaft, in der die Herstellung eines Wirtschaftsgutes erfolgt, steht ein Anteil am Steueraufkommen zu, denn der Unternehmer nutzt deren Produktionsbedingungen (z.B. günstige Standortbedingungen, Bildungsstand der Arbeitnehmer, Wettbewerbssituation).

Die Wertschöpfung ist jedoch nicht allein auf die Herstellung einer Leistungseinheit begrenzt, sondern bezieht auch die Realisierung eines über dem reinen Substanzwert liegenden Gewinns durch Nutzung der Marktgegebenheiten[538] im jeweiligen Staat des Kunden mit ein. Deshalb steht auch demjenigen Staat, in dem ein Wirtschaftsgut veräußert oder eine Dienstleistung erbracht wird, ein Anteil am Steueraufkommen zu.

---

537 „Kein Leben der Welt, also auch keine Wirtschaft und keine Staatswirtschaft kann bestehen, wenn dasselbe nicht durch sich selber die Bedingungen seines Daseins wieder erzeugen vermag." Lorenz von Stein, Lehrbuch der Finanzwissenschaften, Theil I, S. 23.

538 Insofern stellt K. Vogel auf sog. „benefit arguments", also den nutzentheoretischen Ansatz zur Bestimmung der Verteilungsgerechtigkeit ab, K. Vogel, World-Wide vs. Source Taxation of Income, in: Der offene Finanz- und Steuerstaat, P. Kirchhof (Hrsg.), S. 127.

Wird das Reproduktivitätsprinzip in diesem Sinne umformuliert und als Kriterium der zwischenstaatlichen Verteilungsgerechtigkeit herangezogen, so wird dadurch – je nach zugrundeliegendem Steuersachverhalt – eine internationale Steueraufteilung oder eine ausschließliche Quellenbesteuerung begründet. Das Reproduktivitätsprinzip im internationalen Zusammenhang erteilt dagegen der ausschließlichen Besteuerung durch den Wohnsitzstaat eine klare Absage. Im Rahmen internationaler Sachverhalte erfolgt nämlich zumindest ein Teil des Wertschöpfungsprozesses (Herstellung oder Veräußerung) im Quellenstaat.

Soll eine Doppelbesteuerung internationaler Einkünfte vermieden werden, so muß der Wohnsitzstaat die Einkünfte in Höhe und Umfang der Quellenbesteuerung wahlweise auf die eigene Steuerforderung anrechnen oder von der Besteuerung freistellen und somit auf ein eigenes Besteuerungsrecht verzichten.

Durch eine solche Form der internationalen Besteuerung werden die Volkswirtschaften der beteiligten Staaten gleichmäßig belastet. Derjenige Staat, der an der Wertschöpfung der unternehmerischen Tätigkeit beteiligt ist, staatliche Leistungen erbringt und dadurch volkswirtschaftliche Kosten trägt, erhält einen steuerlichen Ausgleich. Die volkswirtschaftlichen Kreislaufsysteme der beteiligten Staaten bleiben erhalten und kein Staat bereichert sich auf Kosten eines anderen.

2.3. Zusammenfassung

Das Reproduktivitätsprinzip, das für die Beurteilung der Steuererhebung im Rahmen der individuellen Gerechtigkeit entwickelt wurde, wird hier zum Element zwischenstaatlicher Verteilungsgerechtigkeit. Durch die Neuformulierung eines internationalen Bezuges wird ein schonender und gerechter Ausgleich zwischen den gegensätzlichen Staatsinteressen geschaffen. Der Erhalt der jeweiligen staatlichen Steuerbasis und ein funktionierender volkswirtschaftlicher Finanzkreislauf werden gewährleistet.

Zwischenstaatliche Gerechtigkeit im Hinblick auf die Verteilungsgerechtigkeit zwischen den Staaten bedeutet bei der Besteuerung grenzüberschreitender Sachverhalte einen Vorrang der internationalen Steueraufteilung bzw. der Quellenbesteuerung gegenüber der Wohnsitzbesteuerung. Im Gegenzug wird deutlich, daß eine Welteinkommensbesteuerung des Wohnsitzstaates unter Ausschluß des Besteuerungsrechts des Quellenstaates im Hinblick auf die zwischenstaatliche Gerechtigkeit nicht haltbar ist.

3. Der Grundsatz der Systemgerechtigkeit

Nachdem das Verhältnis des Staates zum Bürger, der Bürger untereinander sowie der Staaten zueinander untersucht worden ist, wird nun im Rahmen der Systemgerechtigkeit das abstraktere Verhältnis der Rechtsnormen zueinander in den Mittelpunkt der Betrachtung gerückt.

Jedes System beinhaltet eine eigene Sachgesetzlichkeit, nach der es sich ausrichtet. Diese Sachgesetzlichkeit bestimmt die Anordnung der einzelnen Elemente des Systems zueinander und zwingt bei der Aufnahme neuer Elemente zu deren richtiger Einordnung; die Sachgesetzlichkeit kann als der Bauplan des Systems bezeichnet werden. Dadurch sollen Widersprüche der systembildenden Elemente untereinander vermieden werden, die den Bestand des Gesamtsystems gefährden könnten. Die Systemgerechtigkeit kann somit als ein Gebot zur Abstimmung eines einzelnen Elementes auf sein jeweiliges Umfeld verstanden werden.

Die Systemgerechtigkeit, sollte sie als Ordnungsprinzip im Rahmen der Rechtsordnung Anwendung finden, schränkt die Freiheit des Gesetzgebers bei der Gestaltung des Rechts ein. Er hätte sich nämlich, die Anwendbarkeit des Grundsatzes der Systemgerechtigkeit vorausgesetzt, an dem von ihm selbst geschaffenen Ordnungsrahmen zu orientieren und hätte die dem Recht innewohnende Sachgesetzlichkeit - auch auf dem Gebiet des Internationalen Steuerrechts - zu berücksichtigen.

3.1. Zur Systembildung im Recht

Das Recht wird verstanden als Summe aller geschriebenen und ungeschriebenen Rechtsnormen[539]. Ob diese Summe von Normen ein System bildet, ob der Begriff „Rechtssystem" also mehr ist als ein unreflektierter Topos des allgemeinen Sprachgebrauchs, ist umstritten. Insbesondere die Herleitung des Systembegriffs im Recht bereitet Schwierigkeiten und wird unterschiedlich[540] vorgenommen[541]:

---

539 C. Creifelds, Rechtswörterbuch, 9. Aufl., München 1988, Stichwort: „Recht".

540 Für einen Überblick siehe K. Larenz, Methodenlehre der Rechtswissenschaft, 6. Auflage, Berlin 1991, S. 165 ff.

541 Die Darstellung sämtlicher vertretener Ansichten würde den Rahmen dieser Arbeit sprengen. Da sowohl C.-W. Canaris als auch F.-J. Peine in ihren Untersuchungen umfassend auf die übrigen vertretenen Ansätze eingehen und zur Grundlage ihrer Diskussion machen, ist es vertretbar, auf die erneute Darstellung hier zu verzichten, ohne die Vollumfänglichkeit dieser Arbeit in Frage zu stellen.

3.1.1. Die Lehre von C.-W. Canaris

Nach einer Analyse philosophischer Systembegriffe sind es für *Canaris* zwei Merkmale, die als charakteristische Bestandteile des Systembegriffs konstitutiv für das Vorhandensein eines Systems stehen, das Merkmal der Ordnung und das der Einheit[542]. Das diese Ordnung und Einheit darstellende System ließe sich finden, wenn man das Rechtssystem als axiologische oder teleologische Ordnung[543] allgemeiner Rechtsprinzipien auffasse[544].

Unter Ordnung versteht *Canaris* eine rational erfaßbare innere, d.h. von der Sache her begründete Folgerichtigkeit[545]. Das Element der Einheit modifiziere nach seiner Auffassung das Element der Ordnung dahingehend, daß die Ordnung nicht in eine Fülle unzusammenhängender Einzelheiten zerfallen dürfe, sondern sich auf wenige tragende Grundprinzipien zurückführen lassen müsse[546]. Das Recht sei nur ein System, wenn es jene Ordnung und Einheit besäße, die als Grundlage des Systems unerläßlich sei. In methodischer Hinsicht werde dieses regelmäßig schon deshalb vorausgesetzt, da man die Jurisprudenz als Wissenschaft betreibe[547]. Die Methodenlehre gehe von der Einheit des Rechts aus, in dem sie fordere, dieses systematisch zu interpretieren. Es laufe auf eine petitio principii hinaus, aus dem Wissenschaftscharakter der Jurisprudenz ohne weiteres auf das Bestehen der Einheit des Rechts zu schließen[548].

Folgerichtigkeit und Einheit des Rechts lassen sich nach *Canaris* unschwer aufweisen, denn sie seien fundamentalste rechtsethische Forderungen und wurzelten letztlich in der Rechtsidee selbst. So ergebe sich das Erfordernis der Ordnung ohne weiteres aus dem anerkannten Gerechtigkeitspostulat, Gleiches gleich und Ungleiches nach dem Maße der Verschiedenheit ungleich zu behandeln. Der Gesetzgeber und der Richter seien gehalten, einmal getroffene Wertungen konsequent wieder aufzunehmen und sie in alle Einzelforderungen zu Ende zu denken und sie nur sinnvoll, d.h. aus sachlichem Anlaß zu durchbrechen und somit folgerichtig zu verfahren[549]. Deshalb bilde das aus dem Gleich-

---

542 C.-W. Canaris, Systemdenken und Systembegriff in der Jurisprudenz, Schriften zur Rechtstheorie, Heft 14, Berlin 1969.

543 Canaris unterscheidet nicht zwischen teleologischer und axiologischer Ordnung, denn er versteht „teleologisch" nicht als bloße Zweck-Mittelvernküpfung, sondern im weitesten Sinne als Zweck- und Werteverwirklichung, s.u.

544 C.-W. Canaris, Systemdenken und Systembegriff in der Jurisprudenz, S. 41.

545 C.-W. Canaris, Systemdenken und Systembegriff in der Jurisprudenz, S. 12.

546 C.-W. Canaris, Systemdenken und Systembegriff in der Jurisprudenz, S. 12ff.

547 C.-W. Canaris, Systemdenken und Systembegriff in der Jurisprudenz, S. 13.

548 C.-W. Canaris, Systemdenken und Systembegriff in der Jurisprudenz, S. 13 und S. 14.

549 C.-W. Canaris, Systemdenken und Systembegriff in der Jurisprudenz, S. 16.

heitssatz folgende Gebot wertungsmäßiger Folgerichtigkeit den ersten entscheidenden Ansatz für die Verwendung des Systemgedankens in der Jurisprudenz. Auch das Merkmal der Einheit gehe auf den Gleichheitsgrundsatz zurück. In ihrer negativen Komponente bilde die Einheit der Rechtsordnung lediglich eine Ausprägung des Gleichheitssatzes, indem sie die Widerspruchslosigkeit der Rechtsordnung zu gewährleisten suche[550]. In der positiven Komponente sei sie nichts anderes als die Verwirklichung der ‚generalisierenden Tendenz' der Gerechtigkeit, die den Aufstieg von der Fülle der im konkreten Fall möglicherweise relevanten Aspekte zu wenigen abstrakten und generellen Prinzipien fordere. Der Gedanke lasse sich aus dem obersten Richtwert, nämlich dem Gerechtigkeitsgebot und seinen Konkretisierungen im Gleichheitssatz und in der Tendenz zur Generalisierung rechtfertigen[551].

In dieselbe Richtung weise auch die Rechtssicherheit als der andere oberste Wert. Auch sie dränge in nahezu allen Spielarten – ob als Bestimmtheit oder Vorhersehbarkeit des Rechts, als Stabilität und Kontinuität von Gesetzgebung und Rechtsprechung oder schlicht als Praktikabilität der Rechtsanwendung – zur Ausbildung eines Systems, da alle diese Postulate weit eher durch ein folgerichtig geordnetes, von wenigen Prinzipien beherrschtes, also systemorientiertes Recht erfüllt werden könnten als durch eine unübersehbare Vielzahl von unzusammenhängenden und allzu leicht miteinander in Widerspruch geratenden Einzelnormen. So wurzele der Systemgedanke in der Tat mittelbar in der Rechtsidee. Er sei entsprechend jedem positiven Recht immanent, weil und sofern dieses deren Konkretisierung darstelle[552].

Entscheidend ist nach *Canaris* nicht die Vielzahl von Einzelwertungen. Vielmehr müßten die Grundwertungen in einen „organischen" Zusammenhang gestellt werden[553]. Das ihnen entsprechende System sei eine axiologische oder teleologische Ordnung, da die Folgerichtigkeit der Rechtsordnung wertungsmäßiger Natur sei[554].

Es sei aber nicht selbstverständlich, daß diese Ordnung axiologisch oder teleologisch sei, denn es sei bestritten, eine derartige Ordnung als System zu bezeichnen. Enge man die Charakterisierung von Ordnung als System jedoch auf nur logische Systeme ein, so sei ein System nur anzunehmen, wenn logisch ge-

---

[550] Insoweit sei sie durch den Gedanken der Folgerichtigkeit mit umfaßt.

[551] C.-W. Canaris, Systemdenken und Systembegriff in der Jurisprudenz, S. 16ff.

[552] C.-W. Canaris, Systemdenken und Systembegriff in der Jurisprudenz, S. 17.

[553] Diese Grundwertungen bezeichnet Canaris als Prinzipien. Anders als der Wert, enthalte das Prinzip schon die für den Rechtssatz charakteristische Zweiteilung in Tatbestand und Rechtsfolge, S. 51.

[554] C.-W. Canaris, Systemdenken und Systembegriff in der Jurisprudenz, S. 47.

arbeitet würde[555]. Die formale Logik könne die eigentlichen Schwierigkeiten juristischen Denkens jedoch nicht überwinden und deshalb zu willkürlichen Entscheidungen führen[556]. Eine solche Einengung des Systembegriffs bedeute das Todesurteil nicht nur für die Jurisprudenz als Wissenschaft, sondern auch ganz allgemein über jeden Versuch, die Rechtsanwendung als ein rational geleitetes Verfahren zu verstehen. Um dieser Konsequenz zu entgehen, müsse die Möglichkeit axiologischen oder teleologischen Denkens zumindest als Hypothese bejaht werden[557]. Teleologisches Denken sei nicht im engen Sinne als bloße Zweck- und Mittelverknüpfung, sondern im weitesten Sinne als jede Zweck- und Wertverwirklichung gemeint. Die Folgerichtigkeit juristisch-axiologischen und teleologischen Denkens sei rationaler Art und daher rational begründbar, es sei die Bedingung juristischen Denkens. Diese axiologische oder teleologische Ordnung sei deshalb auch als System zu bezeichnen[558].

3.1.2. Die Lehre von F.-J. Peine

Die Untersuchung, ob das geltende Recht ein System darstellt, führt Peine in seiner Habilitationsschrift „Das Recht als System"[559] in Form einer mehrstufigen sog. „Explikation"[560]. Dieses sei der richtige Ansatz, da in nicht exakten Sprachen der Ertrag von Definitionsbemühungen immer zweifelhaft bleibe. Es könne nämlich nicht sichergestellt werden, daß die für die Definition verwendeten Merkmale ihrerseits exakt seien. Er versuche deshalb, durch die Explikation einen vagen Begriff durch einen präzisen zu ersetzen[561].

Nach einer umfassenden Analyse verschiedener Systembegriffe kommt Peine zu der Erkenntnis, daß zwei Systembegriffe zu explizieren sind: der sog. ein- und der zweibezügliche Systembegriff[562]. Nach Durchführung der Explikation liegt für Peine ein einbezügliches System vor, wenn entsprechend der Aussage des Ordnungsgesichtspunktes aus einer Vielzahl unterschiedlicher Elemente diejenigen zusammengefaßt werden, die der Aussage des Ordnungsgesichtspunktes genügen, ohne daß das Verhältnis der zusammengefaßten Elemente zueinander

[555] C.-W. Canaris, Systemdenken und Systembegriff in der Jurisprudenz, S. 41.
[556] C.-W. Canaris, Systemdenken und Systembegriff in der Jurisprudenz, S. 42.
[557] C.-W. Canaris, Systemdenken und Systembegriff in der Jurisprudenz, S. 43.
[558] C.-W. Canaris, Systemdenken und Systembegriff in der Jurisprudenz, S. 45.
[559] F.-J. Peine, Das Recht als System, Schriften zur Rechtstheorie, Heft 109, Berlin 1983.
[560] Lat.: das „Auseinanderrollen", die Explikation dient der wissenschaftlichen Fassung eines vorwissenschaft-lichen Begriffes.
[561] F.-J. Peine, Das Recht als System, S. 27.
[562] W. Fikentscher unterscheidet bei gleicher Aussage dagegen zwischen assoziativen und diskursiven Systemen. Ein assoziatives System stellt danach eine Reihung von Stoffpartikeln dar, ein diskursives System suche nach einer Begründung, W. Fikentscher, Methoden des Rechts, Bd. IV, s. 98.

näher bestimmt ist[563]. Dagegen besteht ein zweibezügliches System aus mehreren Teilen. Auswahl und Verknüpfung dieser Teile erfolgt nach einem Prinzip, das eine Aussage darüber ermöglicht, welche Art von Teilen zum System gehört und darüber, wie die zum System gehörenden Teile sich untereinander verhalten[564].

Peine folgt dem zweibezüglichen Systembegriff und konkretisiert ihn in Bezug auf das Recht, indem er nach einem Element sucht, das als Anknüpfungspunkt eines *Rechtssystems* brauchbar ist. Dieses Element findet Peine in dem explizierten Begriff ‚Wert'. Das Explikat steht für „ein Kriterium zur Auswahl der Objekte, die wir anstreben sollten."[565] Der Wert sei zur Bildung eines zweibezüglichen Systems geeignet, denn es gebe höher- und niederrangige Werte, wodurch es möglich sei, sie in mehr als eine reihende Beziehung zu setzen[566]. In der Rechtsordnung gäbe es eine Vielzahl von Werten[567]. Zu untersuchen sei nunmehr, wie diese Zwecke (Werte) im Verhältnis zueinander stehen[568].

Nach einer umfassenden Analyse auf Grundlage des Postulates der Widerspruchsfreiheit[569] gelangt Peine zu der Erkenntnis, daß zwei Begriffsinhalte von Rechtssystem bestehen, ein axiomatisches und ein teleologisches Rechtssystem[570]:

1. Das Recht ist ein System, wenn die in ihm vorhandenen Zwecke in der Weise geordnet sind, daß alle Zwecke, diese als Sätze formuliert, in einer logischen Beziehung der Art zueinander stehen, daß jeder Zweck aus einem anderen als Theorem ableitbar ist, abgesehen von den höchsten, die als Axiome die Spitze der Pyramide bilden, und von den untersten, die den Boden der Pyramide bilden (axiomatisches System).

2. Das Recht ist ein System, wenn die in ihm vorhandenen Zwecke in der Weise geordnet sind, daß alle Zwecke in einer teleologischen Beziehung der Art zueinander stehen, daß jedes Glied im Hinblick auf das untergeordnete Glied,

[563] F.-J. Peine, Das Recht als System, S. 54; K. Larenz will beim einbezüglichen Systembegriff lediglich von einer Reihung sprechen, ein System läge dagegen noch nicht vor, K. Larenz, Methodenlehre der Rechtswissenschaft, 6. Auflage, Berlin 1991, S. 171.

[564] F.-J. Peine, Das Recht als System, S. 58.

[565] F.-J. Peine, Das Recht als System, S. 94.

[566] F.-J. Peine, Das Recht als System, S. 98.

[567] Siehe auch W. Krawietz, Das positive Recht und seine Funktion, Berlin 1967, S. 86.

[568] F.-J. Peine, Das Recht als System, S. 98ff.

[569] Ein systematisches Ordnen der Elemente erzeugt die widerspruchsfreie Einheit der Elemente. Ein Rechtssystem habe deshalb ebenfalls widerspruchsfrei zu sein.

[570] Ein axiologisches Rechtssystem lehnt Peine dagegen ab. Es gäbe keinen Widerspruch zwischen Werten, soweit diese als Güter verstanden würden.

das als Mittel erscheint, einen Zweck, im Hinblick auf das übergeordnete, das als Zweck erscheint, ein Mittel bildet, abgesehen von den höchsten Zwecken, die nur Zweck sind, und von den untersten, die nur Mittel sind (teleologisches System)[571].

Mit den erarbeiteten Inhalten des Begriffs ‚Rechtssystem' unternimmt Peine eine Analyse des deutschen Rechts daraufhin, ob es ein System im dargestellten Sinne enthält. Eine Axiomatisierung der Gesamtrechtsordnung ist nach seiner Ansicht nicht möglich, denn die Grundrechte als Axiome dieser Ordnung stünden nicht im gleichen Rangverhältnis zueinander. Da die Grundrechte die Aufgabe hätten, Konflikte zu lösen, stünden sie zwangsläufig in einem Rangverhältnis, das sich aus den unterschiedlichen Schutzrichtungen ergäbe. Da die Axiome des Rechts somit nicht gleichrangig seien, sei ein höchster, oberster Zweck im Sinne des axiomatischen Systems zu formulieren. Das aber könne nicht gelingen, da die in den Grundrechten normierten Zwecke zu unterschiedlicher Natur seien[572].

Auch ein teleologisches Rechtssystem kann nach Peine nicht angenommen werden. Im Bereich des Rechts müsse ein solcher übergreifender Zentralzweck eine so inhaltsarme Abstraktion darstellen, daß sein Inhalt konkret nicht mehr vermittelbar sei. Das aber schließe eine generelle Finaldetermination aus. Zudem sei in der deutschen Rechtsordnung ein solcher Zweck auch nicht vorhanden[573].

Die Tatsache der Nichtaxiomatisierbarkeit des Rechts und der unmöglichen Finaldetermination schließt aber nach Peine die Tatsache nicht aus, daß Teilsysteme in der Rechtsordnung vorhanden sind. Diese Teilsysteme bilden dann auch einen Maßstab für die Beantwortung der Frage, ob ein Zweck zum System passe oder nicht[574].

---

[571] F.-J. Peine, Das Recht als System, S. 113.

[572] F.-J. Peine, Das Recht als System, 114ff. Deshalb ist auch das Vorliegen eines inneren Systems, getragen von Verfassungsprinzipien, wie es Canaris konstruiert, abzulehnen.

[573] Der Schutz der Menschenwürde als Individualzweck schließt nach Peine z.B. die sog. Gemeinschaftszwecke aus.

[574] F.-J. Peine, Das Recht als System, S. 125.

3.1.3. Stellungnahme

3.1.3.1. Ordnung und Einheit keine systembildenden Begriffe

Beide Autoren untersuchen im Vorfeld eine Vielzahl von Systemdefinitionen juristischer und philosophischer Art[575]. Dabei ist die Erkenntnis, die Vielzahl der Lehren ließe sich auf zwei charakteristische Bestandteile reduzieren, die als Ordnung und Einheit bezeichnet werden könnten, angreifbar. Selbst wenn man die Richtigkeit der zweifelhaften *Canard'schen* Definition von Einheit und Ordnung unterstellt[576], muß doch festgestellt werden, daß die gefundenen Merkmale von einem Prinzip abhängige Ergebnisse[577] und somit in ihrer Wirkung stets relativ sind. So hat schon *I. Kant*[578] festgestellt, das System sei „ein nach *Prinzipien* geordnetes Ganzes der Erkenntnis."[579] Auch für *J. Esser* sind allein die Prinzipien die systembildenden Faktoren[580].

Ordnung verlangt nach einem Ordnungsgesichtspunkt, erst dieser ermöglicht Aussagen über die Folgerichtigkeit, denn Ordnung unterscheidet sich von Unordnung durch planmäßig-rationale Umsetzung von Ordnungskriterien. Daraus ergibt sich, daß es keine „immer gleiche" Ordnung geben kann, steht doch die Ordnung selbst stets in Abhängigkeit zu diesen Ordnungskriterien, ergibt sich aus ihnen. Die Aussage über Folgerichtigkeiten bedingt somit die Existenz und Kenntnis von diesen Ordnungskriterien.

---

[575] C.-W. Canaris, Systemdenken und Systembegriff in der Jurisprudenz, S. 17 ff; F.-J. Peine, Das Recht als System, S. 32 ff.

[576] Peine erhebt schwere Vorwürfe gegen das von Canaris durchgeführte Verfahren der Definitionsbildung. Canaris habe wahllos verschiedene Definitionen des Systembegriffes nebeneinander gestellt, sie miteinander vermengt und dann Definitionsmerkmale ausgewählt. Das sei aber nur zulässig, wenn die Merkmale der Einheit und Ordnung wirklich die entscheidenden Aussagen seien und alle anderen übrigen Worte der Definition nur ausfüllende Bedeutung hätten. Dafür sei eine Inhaltsbestimmung der Definitionen notwendig, die jedoch fehle. Canaris habe unreflektiert die gefundenen Merkmale hingenommen, ohne zu untersuchen, ob die Merkmale der Einheit und Ordnung in allen Definitionen auch sachlich Gleiches bedeuten. Erst wenn aber die inhaltliche Gleichheit nachgewiesen sei, könne sie die Basis der Untersuchung bilden. Diese Analyse aber fehle, F.-J. Peine, Das Recht als System, S. 21

[577] F.-J. Peine, Das Recht als System, S. 18.

[578] I. Kant, Kritik der reinen Vernunft, 2. Auflage, 1787, S. 860, Methaphysische Anfangsgründe der Naturwissenschaft, 1. Auflage, 1786, Vorrede S. IV.

[579] Siehe auch R. Eisler, Wörterbuch der philosophischen Begriffe, 4. Auflage, Berlin 1927-1930, Stichwort: System: Ein nach Prinzipien geordnetes Ganzes der Erkenntnis.

[580] J. Esser, Grundsatz und Norm in der richterlichen Fortbildung des Privatrechts, 1956, 4. Auflage, 1990, S. 44, 239.

Auch Einheit kann ohne ein Ordnungskriterium nicht existieren. Der Ordnungsgesichtspunkt bestimmt die Zuordnung und Nichtzuordnung eines Elements zu diesem. Als Folge ergibt sich eine Reihung der ausgesonderten Elemente. Einheit entsteht aber erst, wenn eine Aussage möglich ist, in welchem horizontalen und vertikalen Verhältnis die Elemente sich zu einander verhalten. Dafür muß ein Kriterium oder Prinzip bestehen, das entsprechend ordnend die einzelnen Elemente ins Verhältnis setzt. Ohne ein solches (zweidimensionales) Ordnungsprinzip ist die Schaffung von Einheit nicht möglich.

Einheit und Ordnung sind als untaugliche Definitionen des Systembegriffes daher abzulehnen. *Peine* dagegen erkennt, daß das Prinzip konstitutives Merkmal eines Systems sein muß. Seine Definitionen des ein- und zweibezüglichen Systembegriffes rücken deshalb folgerichtig das Prinzip selbst in den Mittelpunkt und stellen das System in Relation zu diesem.

3.1.3.2. Systemhaftigkeit des Rechts und Systematik im Recht

Auch die Ableitung der Ordnung und Einheit eines Rechtssystems aus der rechtsethischen Forderung der Gleichheit, die *Canaris* vornimmt, ist nicht nachzuvollziehen. Anders als *Peine*, der den Gleichheitsgrundsatz für generell ungeeignet hält, um aus ihm ein Folgerichtigkeitsgebot entwickeln zu können[581], ist vor allem die Ableitung selbst inkonsequent. *Canaris* erkennt nämlich, wenn er selbst von „ethischer Forderung" spricht, daß eine Verwirklichung dieses hohen Zieles in der geltenden Rechtsordnung (noch) nicht erfolgt ist, zumindest von ihm nicht positiv festgestellt werden kann. Es bleibt mithin bei einer Forderung. Die Frage nach der Systemhaftigkeit des Rechts ist aber eine tatsächliche und aus dem gegenwärtigen Rechtszustand heraus zu beurteilen. Ein Rechtssystem liegt deshalb nur dann vor, wenn – sofern die Ableitung tauglich ist – die ethische Forderung im geltenden Recht in Ordnung und Einheit umgesetzt wurde. Ist sie es nicht, was *Canaris* unter Hinweis auf den Gleichheitsgrundsatz offen läßt[582], kann keine Schlußfolgerung vorgenomen werden. Die *Canard'sche* Ableitung setzt deshalb im Ergebnis das Hypothetische mit dem Tatsächlichen gleich.

Einen ähnlichen Fehler begeht beispielsweise auch *K. Engisch*, der zwar erkennt, daß das Ideal der axiomatisch-deduktiven Methode in der Jurisprudenz nicht verwirklicht sei, jedoch keinen Grund sieht, den Systemgedanken selbst Preis zu geben[583]. Dieser sei schließlich für die „geistige Durchdringung" der

---

[581] F.-J. Peine, Das Recht als System, S. 23; dazu eingehend unter 3.1.3.3.
[582] C.-W. Canaris, Systemdenken und Systembegriff in der Jurisprudenz, S. 16 und 17, 45.
[583] K. Engisch, Die Einheit der Rechtsordnung, 1935, S. 83.

Rechtsordnung unverzichtbar. Auch wenn sich die Rechtsordnung „von Fall zu Fall und von Einzelregelung zu Einzelregelung weitertaste“, wachse sie nach immanenten Prinzipien, die insgesamt ein System ergäben[584]. Eine weitere Begründung für diese These bietet *Engisch* jedoch nicht. Darauf, daß eventuell nur Teilsysteme vorliegen könnten, ohne daß die Rechtsordnung insgesamt ein System darstellt, geht er nicht ein. *Engisch* setzt, ähnlich wie *Canaris*, die erstrebte Systemhaftigkeit bereits mit ihrer Verwirklichung gleich.

Beiden Autoren ist eine unzureichende terminologische Differenzierung vorzuhalten, die zu den aufgezeigten fehlerhaften Aussagen führt. Geleitet von der Vorstellung, das geltende Recht sei systematisch zu bearbeiten, systematisch auszulegen und weiterzuentwickeln, sei stetig einem Idealzustand anzunähern, wird dieser Idealzustand als eine Art „Arbeitsgrundlage“ vorweggenommen[585]. Es wird folglich nicht zwischen der *Systemhaftigkeit* des Rechts und der *Systematik* im Recht unterschieden. Beurteilt die Systemhaftigkeit den gegenwärtigen Zustand des Rechts (Ist-Zustand), so fordert die Systematik zu einer bestimmten Vorgehensweise bei der Arbeit mit Rechtsnormen auf.

Systematisches Denken, eine systematische Konzeption ist unentbehrliche Voraussetzung für eine effiziente Gesetzgebung und die Verwirklichung des Gerechtigkeitsgedankens im Recht. Insofern ist allen Autoren zuzustimmen. Die Systematik im Recht ist Grundlage einer durablen, auf allgemeiner Akzeptanz beruhenden Rechtsordnung. Die systematische Arbeit mit dem Recht und der damit verbundene Versuch einer idealen Systematisierung begründet zudem die Wissenschaftlichkeit der juristischen Arbeit. Ist aber der erstrebte Idealzustand der Rechtsordnung noch nicht erreicht, ist das geltende Recht noch immer gekennzeichnet von Normsetzungswillkür und Wertungswidersprüchen (nicht zuletzt aufgrund parteilich geltend gemachter gesellschaftlicher Interessen[586]) und fehlendem systematischen Verständnis des Normgebers, so kann von einer Systemhaftigkeit als Ist-Zustand nicht gesprochen werden.

Vor diesem Hintergrund wird deutlich, daß auch das sog. innere System der Wertungsjurisprudenz[587], wonach die Regeln einer Rechtsordnung auf bestimmten Wertungen beruhen, nach denen die Rechtsgemeinschaft ihre Verhältnisse ordnet, im Rahmen einer Ist-Analyse abzulehnen ist. Nach dieser Vorstel-

---

[584] Ibid.

[585] Auch H. Coing schließt von der Notwendigkeit der systematischen Bearbeitung des Rechts auf das Vorliegen eines Systems, Grundzüge der Rechtsphilosophie, 4. Auflage, Berlin 1986, S. 353 ff.

[586] So J. Lang, Steuerchaos als Produkt des Interessenpluralismus, in: FR 1993, S. 661 ff. (664).

[587] Insbesondere K. Larenz, Methodenlehre der Rechtswissenschaft, Berlin 1991, 437 ff.

lung wird das innere System der Rechtsordnung getragen von den Prinzipien als ordnungsstiftende Grundwertungen[588]. Sie seien richtungsgebende Maßstäbe, die durch den ethischen Konsens rechtliche Entscheidungen zu rechtfertigen vermögen[589] und seien als Optimierungsgebote zu verstehen. Eine solche Hierarchie von Prinzipien drückt ein rechtlich-ethisches Sollen gegenüber dem Normgeber und –anwender aus. Damit wird deutlich, daß die Prinzipien des inneren Systems als Forderungen zu begreifen sind, die erheblichen Einfluß auf die Systematik im Recht nehmen. Ob sie aber durch die konkrete Normsetzung verwirklicht wurden und in der Folge deshalb eine Systemhaftigkeit der Rechtsordnung gegeben ist, kann aus dem Gedanken des inneren Systems heraus nicht beurteilt werden, da die richtige Anordnung der Elemente, nicht aber schon die Ordnungskriterien selbst, das System bilden.

Zudem kann eine auf Rechtsprinzipien und -wertungen gründende Systembildung nicht gelingen. Das Recht ist vielfältig und bedarf eines Ordnungskriteriums, das ebenso häufig vorkommt[590]. So ist schon fraglich, ob sich ein Ordnungsprinzip finden läßt, das diese Rechtsprinzipien in eine innere Beziehung zueinander setzt. Letztlich scheitert die Systembildung anhand von Rechtsprinzipien aber daran, daß nicht jede Norm eine Konkretisierung eines solchen Rechtsprinzips darstellt. So gibt es viele Normen, die keinem dieser Rechtsprinzipien zugeordnet werden können. Die Systembildung anhand von Rechtsprinzipien würde somit einen Teil der Rechtsnormen unberücksichtigt lassen, das System wäre unvollständig.

3.1.3.3. Zur Notwendigkeit eines streng-logischen Systembegriffs im Recht

Peine sucht dagegen nach dem Verhältnis der Elemente (Werte) im Recht zueinander. Sein Ausgangspunkt, die Widerspruchsfreiheit der Elemente als die Voraussetzung für das Vorhandensein eines Systems anzusehen, ist treffend gewählt[591]. Im Gegensatz zu *Canaris* entwickelt er das Postulat der Widerspruchsfreiheit nicht aus dem Gleichheitssatz, sondern aus dem Wesen des Systems selbst. Widerspruchsfreiheit ist bei *Peine* somit keine ideale Forderung, sondern ist schon systemimmanent, denn ein System ist gekennzeichnet durch Wider-

---

[588] J. Lang, in: Tipke/ Lang, 16. Auflage, Köln 1998, § 4 Rz. 11; ders. Über das Ethische der Steuertheorie von Klaus Tipke, in: FS für K. Tipke, Köln, 1995 S. 12 ff.

[589] K. Larenz, Richtiges Recht, Grundzüge einer Rechtsethik, München 1979, 23 ff; C.-W. Canaris, Systemdenken und Systembegriff in der Jurisprudenz, Berlin 1969, S. 40 ff.

[590] F.-J. Peine, Das Recht als System, S. 96.

[591] So auch F. Neumark, Grundsätze gerechter und ökonomischer Besteuerngsgrundsätze, Tübingen 1970.

spruchsfreiheit[592]. Konsequent sucht *Peine* nach derjenigen Anordnung der Elemente, die diese Widerspruchsfreiheit ermöglicht und stellt fest, daß das Rechtssystem kein streng-logisches System bilden kann[593].

Fraglich bleibt, ob ein streng-logischer Systembegriff im Recht notwendig ist, und ob *Peines* Systembegriffe und –bildungen ohne weiteres auf das Recht übertragbar sind. Denn die Rechtswissenschaft ist seit der Abkehr von der Begriffsjurisprudenz des 19. Jahrhunderts und der Hinwendung zur Interessen- bzw. Wertungsjurisprudenz[594] keine exakte Wissenschaft mehr, sie gehört vielmehr zu den verstehenden Wissenschaften und bedarf daher grundsätzlich eigener angemessener Beurteilungsmaßstäbe. So bezeichnet z.B. der Normentext Erfahrungswerte in genereller Weise. Die Wörter sind z.T. exemplarisch eingeführt und eingeübt worden und haben daher einen inexakten Bedeutungsumfang[595].

Vogel[596] lehnt die Anwendung eines streng-logischen (axiomatischen) Systems auf die Rechtsordnung ab. Ihr System gleiche nicht einer Konstruktionszeichnung und könne auch niemals frei von Wertungswidersprüchen oder Spannungen sein. Sie gleiche vielmehr einem etwas verwilderten Garten. Der überlastete Gärtner müsse sich damit begnügen, einzelne Abschnitte etwas auszulichten und hier und da eine alte Pflanze durch eine neue zu ersetzen.

Vermutlich ist *Vogel* insoweit recht zu geben, als die Rechtsordnung wohl niemals ein widerspruchsfreies System ergeben wird. Von dieser Erkenntnis auf eine Form von (eingeschränkter) Systemhaftigkeit zu schließen, ist jedoch angreifbar. Zum einen wird verkannt, daß gerade die Widerspruchslosigkeit wesentliches Merkmal eines Systems darstellt[597]. Zum anderen ist ein so weit ge-

---

[592] So auch C.-W. Canaris, Systemdenken und Systembegriff in der Jurisprudenz, S. 98 ff.; J. Esser, Wertungen, Konstruktion und Argument im Zivilurteil, 1965, S. 14 ff.

[593] Das ordnende Prinzip des Rechts ist für *Peine* nicht der äußere Wortlaut der Norm oder deren Stellung im Gesetz sondern der in ihr angelegte Wert (Rechtswert). Als Anknüpfungspunkt für die Suche nach Systembildungen dient somit ein Element, das selbst die ganze Inexaktheit des Rechts beinhaltet und gleichwohl nivelliert. Denn der Wert einer Norm ist im Gegensatz zu seinem Anwendungsbereich gleichsam statisch. Er ist ein in der jeweiligen Norm vorhandener verbindlicher Maßstab, den der Gesetzgeber zur Auswahl der Verhaltensweisen setzt, die die Rechtsunterworfenen anstreben sollen. Das streng-logische System, das den Rechtswert zum Ordnungskriterium erhebt, ist einzig in der Lage, ein vollständiges, widerpruchsfreies System zu bilden. Ein solches Rechtssystem bleibt jedoch ein nicht zu verwirklichender Idealzustand, F.-J. Peine, Das Recht als System, S. 95

[594] K. Larenz, Methodenlehre, Berlin/ Heidelberg/ New York 1991, S. 19 ff., 49 ff.

[595] R. Zippelius, Juristische Methodenlehre, 7. Auflage, München 1999, S. 102.

[596] K. Vogel, Die Abschichtung von Rechtsfolgen im Steuerrecht, in: Steuern und Wirtschaft 1977, S. 97 ff. (104).

[597] Siehe bereits 3. Teil, Kap. II, 3.1.2.

faßter Systembegriff für die Rechtswissenschaft unbrauchbar, denn eine sachgesetzliche Ableitung von Rechtsfolgen läßt sich aus einem System, das den Wertungswiderspruch zum notwendigen Inhalt erhebt, nicht vornehmen. Letztlich fehlt einem solchen (eingeschränkten) System die Bestimmungsmöglichkeit, ob eine zum Umfeld im Widerspruch stehende Norm eine legitime Ausnahme oder einen tatsächlich nicht hinnehmbaren Systemwidrigkeit darstellt. Das erkennt *Vogel* in anderem Zusammenhang selbst, da er darauf verweist, daß einem System, das aus Systemwidersprüchen besteht, keine Wertungen entnommen werden können[598].

3.2. Zur Systembildung im Internationalen Steuerrecht

Ist die Gesamtrechtsordnung auch nicht als System im streng-formalen Sinne zu verstehen, so ist dennoch die Existenz von entsprechenden Teilsystemen oder Subsystemen möglich. Die Tatsache der Nichtaxiomatisierbarkeit und Unmöglichkeit der Finaldetermination der Gesamtrechtsordnung schließt die Möglichkeit nicht aus, Teilrechtsgebiete zu axiomatisieren oder Zweck-Mittel-Relationen im Sinne der teleologischen Systembildung in ihnen zu bestimmen[599].

Jedoch stellt auch das Internationale Steuerrecht als Teilgebiet des Rechts kein (Teil-) System im streng-formalen Sinne dar. So findet sich neben den zahlreichen Regelungen an unterschiedlichster Stelle im nationalen Steuerrecht[600] ein dichtes Netz bilateraler und multilateraler Abkommen. Zudem sind im Rahmen der EU zunehmend auch supranationale Vorschriften zu beachten. Deshalb wird das Internationale Steuerrecht ebenso wie das Steuerrecht insgesamt durch das Gewirr von Regeln und Ausnahmen, Verpflichtungen und Befreiungen, das Neben- und gelegentlich Gegeneinander von Gesetzen, Rechtsverordnungen und Verwaltungserlassen sowie den Leitsätzen der höchstrichterlichen Rechtsprechung zunehmend undurchschaubarer[601].

Die Tatsache, daß das Internationale Steuerrecht nicht einheitlich kodifiziert ist[602] oder daß ein Wertungspluralismus vorliegt, erschwert zwar die Analyse

---

[598] K. Vogel, Die Abschichtung von Rechtsfolgen im Steuerrecht, in: Steuern und Wirtschaft 1977, S. 97 ff. (105).

[599] F.-J. Peine, Steuergerechtigkeit, 1. Auflage, Baden-Baden 1985, S. 219, 221.

[600] K. Ebling, Unilaterale Maßnahmen gegen die internationale Doppelbesteuerung bei den Steuern vom Ertrag, Diss, Mainz 1969, S. 20 ff und S. 58 ff.

[601] Ähnlich E. Benda, Die Wahrung verfassungsrechtlicher Grundsätze im Steuerrecht, in: DStZ 1984, S. 162 ff.

[602] Auflistung der Rechtsquellen bei Grotherr/ Herfort/ Strunk, Internationales Steuerrechts, 1. Auflage, Bremen 1998, S. 25ff.

des Internationalen Steuerrechts, ist aber für sich genommen kein Argument, das sich gegen den Systemgedanken selbst richtet. Allein entscheidend für das Vorliegen eines streng-logischen Systems ist die systematische Anordnung der in den Normen verkörperten Werte.

Die eigentliche „Chaotisierung“[603] des Steuerrechts liegt in dem Nebeneinander von Fiskal- und Lenkungsnormen, das sich auch im Internationalen Steuerrecht findet. Lenkungsnormen gehören sachlich nicht in das Steuerrecht, sondern in das Wirtschaftsverwaltungsrecht oder Sozialrecht. Steuergerechtigkeit und Vergünstigungsgerechtigkeit sind deshalb zweierlei[604]. Die Steuererhebung selbst wird durch die Einführung dieser Sozialnormen zu einem sozialpolitischen Instrument ersten Ranges.

Obwohl auch die Lenkungssteuern einer besonderen Rechtfertigung bedürfen, hat der Staat bei seiner Entscheidung einen beachtlichen Spielraum[605]. Führt z.B. ein Steuergesetz zu einer steuerlichen Verschonung, die einer gleichmäßigen Belastung der jeweiligen Steuergegenstände innerhalb einer Steuerart widerspricht, so kann eine solche Steuerentlastung gleichwohl gerechtfertigt sein, wenn der Gesetzgeber dadurch das wirtschaftliche oder sonstige Verhalten des Steuerpflichtigen aus Gründen des Allgemeinwohls fördern oder lenken will[606]. Die Gestaltungsbefugnis des Staates endet erst da, wo ein sachlicher Grund für die Ungleichbehandlung fehlt[607]. Der große gesetzgeberische Freiraum ermöglicht eine weitreichende gesellschaftsgestaltende Gesetzgebung im Steuerrecht. Die ursprünglich hoch gelobte Konzeption gerade des Ertragssteuerrechts[608] fiel dadurch dem Interventions- und Lenkungsstaat zum Opfer[609].

Das heutige Steuerrecht ist durch die umfangreiche Wahrnehmung des Lenkungsauftrages des Gesetzgebers zu einem ungeordneten, unsystematischen Konglomerat verkommen. Freibeträge, überhöhte Pauschalierungen, Abschreibungen, Abzugsverbote, Steuerabzüge und –ermäßigungen haben dessen Struktur zerstört. Sie diktieren als Ergebnisse parteilich geltend gemachter Interessen

[603] J. Lang, in: Tipke/ Lang, Steuerrecht, 16. Auflage, Köln 1998 § 4 Rz 9.

[604] P. Kirchhof, Steuerordnung als Wertordnung, in: Steuern und Wirtschaft 1996, S. 3 ff. (9).

[605] K. Tipke, Die Steuerrechtsordnung, Köln 1993, Bd. I, S. 122 ff.

[606] Vgl. etwa BVerfG vom 16.02.1965, BVerfGE 38, 61 (79ff); vom 27.06.1991, BVerfGE 84, 239 ff. (274), st. Rspr.

[607] BVerfG vom 10.02.1987, BVerfGE 74, 182 ff. (200).

[608] So bezeichnete Johannes Popitz die Einkommensteuer 1926 als die „Königin der Steuern“, ders, in: Handwörterbuch der Staatswissenschaften, 3. Band, Jena 1927, S. 402.

[609] Im Zuge der Sozialgestaltung konnten auch gesellschaftliche Gruppeninteressen in das Steuerrecht Einzug finden, J. Lang, Einkommensteuer - quo vadis? In: FR 1993, S. 661 ff. (665).

das Steuerrecht. Was sich im heutigen Steuerrecht niedergeschlagen hat, ist deshalb weniger ein Werte- als ein Interessenpluralismus[610].

Das nationale Außensteuerrecht und das Internationale Steuerrecht insgesamt konnten sich dieser Entwicklung nicht entziehen. Die Besteuerung grenzüberschreitender Sachverhalte ist weniger eine Rechtsfolge systemimmanenter Sach- und Systemgerechtigkeiten als vielmehr ein Ergebnis politischer Zweckmäßigkeiten. Das z.B. widersprüchliche Nebeneinander von Welteinkommens- und Quellenbesteuerung, die teilweise Durchbrechung des Leistungsfähigkeitsprinzips durch das katalogartige Verlustabzugsverbot des § 2a Abs. 1 und 2 EStG, die Abzugsbesteuerung nach § 50 a EStG und nicht zuletzt die zahlreichen inhaltlich unterschiedlichen Doppelbesteuerungsabkommen lassen eine streng-logsische Systembildung im Internationalen Steuerrecht nicht erkennen[611]. Von einer Systemhaftigkeit des Internationalen Steuerrechts kann deshalb nicht gesprochen werden.

3.3. Folgerichtigkeit als Rechtsfolge der Systemgerechtigkeit

In der Einführung zu diesem Kapitel der Systemgerechtigkeit wurde festgestellt, daß jedes System eine Sachgesetzlichkeit beinhaltet, die eine Anleitung zur richtigen An- und Einordnung der systembildenden Elemente enthält[612]. Ist die Systemhaftigkeit des Internationalen Steuerrechts im Ergebnis aber zu verneinen, scheint das Gebot der Systemgerechtigkeit auf das Internationale Steuerrecht nicht anwendbar zu sein. Verlangt nicht der Terminus ‚Systemgerechtigkeit' ein bestehendes System? Ist die Systemhaftigkeit eines Rechtsgebietes nicht konstitutiv für die Umsetzung des Prinzips der Systemgerechtigkeit?

Der Antwort nähert man sich, wenn zunächst der Inhalt des Grundsatzes der Systemgerechtigkeit genauer bestimmt wird. Die Notwendigkeit der Einhaltung des vorgegebenen gesetzlichen Rahmens wird überwiegend aus dem Willkürverbot abgeleitet. So hat das Bundesverfassungsgericht wiederholt ausgeführt, daß die Systemwidrigkeit, die Verletzung der „vom Gesetz selbst statuierten Sachgesetzlichkeit", einen Verstoß gegen den Gleichheitsgrundsatz indiziere[613]. Systemgerechtigkeit bedeutet danach, die Einhaltung der im jeweiligen Normengefüge angelegten Sachgesetzlichkeit. Folgerichtigkeit kann als eine Rechtsfolge der aus dem Gleichheitsgrundsatz abgeleiteten Systemgerechtigkeit verstanden werden.

---

[610] K. Tipke, Die Steuerrechtsordnung, Köln 1993, Bd. II, S. 557.

[611] Die Aufzählung hat rein exemplarischen Charakter.

[612] Siehe 3. Teil, Kap. II, 3.

[613] BVerfG vom 16.02.1965, BVerfGE 18, 366 (372); BVerfG vom 24.01.1962, BVerfGE 13, 331 ff. (340); BVerfG vom 07.11.1972, BVerfGE 34, 103 ff. (115).

Die Verpflichtung zur Beachtung von Folgerichtigkeiten bindet nicht an eine vorgefundene Wirklichkeit, sondern an einen vorherigen Rechtsgedanken, es fordert den vernünftigen Grund gegenüber der Rechtsordnung. Folgerichtigkeit verlangt die logische Konsequenz bei der Einführung eines Rechtssatzes in das jeweilige Teilrechtsgebiet und in die Gesamtrechtsordnung[614]. Das bedeutet, der Rechtssatz muß auf sein rechtliches Umfeld abgestimmt werden, um einen Widerspruch zu seinen rechtlichen Vorgaben zu vermeiden und einen vorgegeben Rechtsgedanken fortzuführen. Ähnlichkeiten und Verschiedenheiten müssen im Rahmen der Gesamtrechtsordnung gewertet und entsprechend den rechtlichen Vorgaben differenziert, aber auch im Binnenbereich eines Teilrechtssystems folgerichtig ausgestattet werden. Entscheidend ist dabei nicht allein die konsequente Erfüllung einer Vorgabe, sondern auch die wechselseitige Abstimmung von vorgefundenem und neu gesetztem Recht[615]. Das Gebot der Folgerichtigkeit kann deshalb nicht nur das hinzutretende, sondern auch das vorgefundene Recht in Frage stellen[616].

Das Gebot der Systemgerechtigkeit ist somit eine Aufforderung an den Gesetzgeber, im Vorfeld der Rechtsetzung eine Analyse des Normenumfelds vorzunehmen, um Widersprüche in der Rechtsetzung zu vermeiden. Dabei wird deutlich, daß nicht nur der einzelne in einer Rechtsnorm angelegte Wert und seine Stellung in der Gesamtordnung Aussagen über das konkrete Normenumfeld ermöglicht, sondern ebenfalls auf das Verhältnis der Werte des jeweiligen Umfeldes zueinander abgestellt werden kann. Diese Relation eröffnet einen Blick auf die hinter den Normen stehenden Wertungen[617].

Diese Wertungen bedingen eine Folgerichtigkeit der Normsetzung derart, daß ein in ihnen angelegter Rechtsgedanke konsequent weitergeführt werden muß. Das gilt sowohl für hinzutretendes als auch für bereits bestehendes Recht. Folglich ist nicht nur der Ist-Zustand der Rechtsordnung, die Systemhaftigkeit des Rechtsgebiet, sondern vor allem die Systematik des Rechtsumfeldes entschei-

---

614 P. Kirchhof, in: Isensee/ Kirchhof, Handbuch des Staatsrechts, Bd. V. Heidelberg 1992, § 124 Rz. 222.

615 Ibid.

616 Ronald Dworkin, der die Systemgerechtigkeit als „Integrity“ bezeichnet, beschreibt ihre Wirkungsweise folgendermaßen: „Integrity demands that the public standards of the community be both made and seen, so far as this is possible, to express a single, coherent scheme of justice and fairness in the right relation. An institution that accepts that ideal will sometimes, for that reason, depart from a narrow line of past decisions in search of fidelity to principles conceived as more fundamental to the scheme as a whole.", R. Dworking, Law's Empire, 1986, S. 219

617 Wertung wird in diesem Zusammenhang als der in der Normenhierarchie des Umfeldes angelegte Rechtsgedanke verstanden.

dend. Die in der Relation der Normen zueinander angelegten ordnungstiftenden Grundwertungen sind die für die Normsetzung richtunggebenden Maßstäbe.

Im Rahmen der Verpflichtung zur Beachtung von Folgerichtigkeiten wird das im sog. „Inneren System“ angelegte rechtlich-ethische Sollen (das Optimierungsgebot) als Aufforderung an den Gesetzgeber formuliert, Systemgerechtigkeit zu verwirklichen. Die im Rahmen der Systembildung abgelehnten Überlegungen der Wertungsjurisprudenz zum „Inneren System“[618] entfalten hier zur Bestimmung einer Systematik des Rechts ihre Wirkung. Systemgerechtigkeit ist also nicht allein Ergebnis einer bestehenden Systemhaftigkeit des Rechtsgebiets, sondern auch ist Forderung einer im jeweiligen rechtlichen Umfeld angelegten Systematik.

---

[618] Siehe 3. Teil, Kap. II, 3.1.3.2.

4.Teil: Auf dem Weg zu einer gerechten Form der Ertragsbesteuerung des Electronic Commerce

I. Einführung

Im zweiten Kapitel des ersten Teils dieser Arbeit wurde festgestellt, daß das derzeitige Internationale Steuerrecht den Besonderheiten des Electronic Commerce nicht gerecht wird. Regelungslücken des nationalen wie auch des Abkommensrechts führen zu unzureichenden Bestimmungen der Einkunftsart sowie zu einem faktischen ausschließlichen Besteuerungsrecht des Wohnsitzstaates.

Die internationale Diskussion um eine Anpassung des Internationalen Steuerrechts an die Besonderheiten des neuen Mediums, wie sie im zweiten Teil aufgezeigt wurde, soll nun anhand der im dritten Teil abstrakt entwickelten Gerechtigkeitskriterien um diesen Aspekt der (internationalen) Gerechtigkeit erweitert werden. Dieser vierte Teil sucht nach einer gerechten bzw. annähernd gerechten Besteuerungsform des Electronic Commerce. Die international diskutierten Lösungsansätze werden dem Postulat der Gerechtigkeit unterworfen und in seinem Lichte gewertet.

II. Diskussion

1. Das Besteuerungsrecht der beteiligten Staaten

Am Anfang der Suche nach einer gerechten oder zumindest annähernd gerechten Form der Ertragsbesteuerung des grenzüberschreitenden Handels im Internet steht die Frage, welche der beteiligten Staaten grundsätzlich ein Recht zur Besteuerung der Einkünfte geltend machen können. Fehlt einem der beteiligten Staaten (z.B. dem Quellenstaat) schon die Legitimation zur Erhebung von Ertragssteuern, so braucht in Bezug auf diesen Staat auf weitere Aspekte, wie z.B. die zwischenstaatliche Verteilungsgerechtigkeit nicht eingegangen zu werden. Das Recht zur Erhebung von Steuern ist somit eine conditio für die weitere Diskussion.

Untersucht werden muß zum einen der Fall, daß der Unternehmer mittels eines im Wohnsitz- oder im Quellenstaat belegenen Servers Ware veräußert. Zum anderen muß der in der Praxis häufig anzutreffenden Gestaltungsvariante Rechnung getragen werden, daß der Server in einem Drittstaat belegen ist[619]. Betei-

[619] Häufiger Fall aufgrund des sog. Dynamic Routing.

ligte Staaten sind insofern der Wohnsitzstaat[620] des Unternehmers, der Quellenstaat seiner wirtschaftlichen Aktivität sowie der Belegenheitsstaat des Servers (Drittstaat).

1.1. Das Besteuerungsrecht des Wohnsitzstaates

Das Recht eines Staates zur Besteuerung von Einkünften ergibt sich aus der Beanspruchung seines staatlichen Ordnungsrahmens[621]. Die prinzipielle Trennung von Staat, Gesellschaft und Wirtschaft fordert eine finanzielle Abgabe in Form von Steuern, um die Aufrechterhaltung dieses staatlichen Ordnungsrahmens zu gewährleisten, um somit wiederum das notwendige Umfeld zur Erzielung von Einnahmen bieten zu können[622].

So ist allgemein anerkannt, daß der Wohnsitzstaat ein eigenes Besteuerungsrecht geltend machen kann, da dieser in der Regel den Mittelpunkt der wirtschaftlichen Aktivität des Steuerpflichtigen darstellt. Unabhängig von einem späteren Verkauf erfolgt die eigentliche Wertschöpfung (zumindest im Bereich der Warenproduktion) im Wohnsitzstaat. Das vom Staat zur Verfügung gestellte Umfeld wird von dem Steuerpflichtigen für die Erzielung von Einnahmen genutzt.

1.1.1. Zur Bestimmung des Wohnsitzstaates

Im Bereich des konventionellen Wirtschaftsverkehrs ergeben sich grundsätzlich keine wesentlichen Schwierigkeiten bei der Bestimmung des Wohnsitz- bzw. Ansässigkeitsstaates des Unternehmers bzw. des Unternehmens. Merkmale nach deutschem nationalen wie auch nach Abkommensrecht (Art. 4 Abs. 1 i.V.m. §§ 8 ff. AO) sind der Wohnsitz oder dauernde Aufenthalt des Steuerpflichtigen oder auch der Sitz der Geschäftsleitung des steuerpflichtigen Unternehmens.

Im Bereich des Electronic Commerce mag jedoch die Bestimmung nicht so eindeutig ausfallen. So sind Fälle denkbar, in denen bei Internet-Gesellschaften kein Mittelpunkt der geschäftlichen Oberleitung festgestellt werden kann.

---

620 Bzw. im Abkommenfall der Ansässigkeitsstaat; beide Ausdrücke werden im folgenden synonym verwendet.

621 Auch das von R.L. Doernberg und L. Hinnekens veröffentlichte Diskussionspapier Electronic Commerce and International Taxation geht von einem staatlichen Besteuerungsrecht aus, sofern der staatliche Ordnungsrahmen („costs of running the country") beansprucht wird, IFA 1999, S. 105.

622 Siehe zur Lehre Lorenz von Steins 3. Teil, Kap. II, 1.1.1.

Bsp.: *Ein Unternehmen (Kapitalgesellschaft) bietet eine Software via Internet zum Verkauf an. Die Gesellschafter sind zwei natürliche Personen, die in unterschiedlichen Staaten leben und via Telekommunikation gleichberechtigt die Geschäftsführung betreiben.*

Ermöglicht werden derartige Unternehmensgründungen durch den z.T. geringen Personalbedarf (z.B. lediglich ein Programmierer), den geringen Verwaltungsaufwand und die mühelose Kommunikation via Internet zwischen den geschäftsführenden Gesellschaftern. So kann das Unternehmen im Beispielsfall lediglich aus den beiden Gesellschaftern bestehen, die auch die notwendige Programmierarbeit leisten[623].

Der Mittelpunkt der geschäftlichen Oberleitung kann im vorliegenden Fall keinem der beteiligten Staaten zugeordnet werden, da beide geschäftsführenden Gesellschafter gleichberechtigt tätig werden. Deshalb muß ein Rückgriff auf den statuarischen Sitz der Gesellschaft gemäß § 11 AO (Gesellschaftsvertrag, Satzung, usw.) genommen werden. Die Ansässigkeit der Gesellschaft wird in diesem Fall nach ihrer rechtsgeschäftlichen Entstehung beurteilt[624].

Durch einen derartigen Rückgriff auf formelle Anknüpfungspunkte (wie z.B. den statuarischen Sitz der Gesellschaft) werden Existenzgründungen in Niedrigsteuerländern ermöglicht. Um eventuellen steuerlichen Schwierigkeiten aufgrund der Nichtanerkennung des Sitzes der Geschäftsleitung gemäß § 41 Abs. 2 AO oder § 42 AO zu begegnen, könnte ein Teil der geschäftsführenden Tätigkeit im Niedrigsteuerland ausgeübt werden[625]. Im Zuge einer Existenzgründung könnte dafür z.B. ein Gesellschafter aufgenommen werden, der die Staatsangehörigkeit eines Niedrigsteuerlandes besitzt und dort wohnhaft ist.

Wird in diesem Niedrigsteuerland der statuarische Sitz der Gesellschaft begründet, so kann das Internet-Unternehmen einen Steuervorteil realisieren. Aufgrund der Nichtanerkennung des Servers als Betriebsstätte nach dem Außensteuerrecht

---

[623] Auf dieses Problem auch hinweisend R.L. Doernberg/ L. Hinnekens, Electronic Commerce and International Taxation, IFA 1999, S. 198. Auch im Privatbereich ist eine derartige Problematik denkbar: „ Some internet companies have built on-line communities where homesteaders pick a neighborhood based on their interests, setting up a web-page as a cyber-home", Sreenivasan, Internet Companies Build Free On-Line Communities, New York Times, vom 17.03.1997; Report to the Minister of National Revenue from the Minister's Advisory Committee on Electronic Commerce, Electronic Commerce and Canada's Tax Administration, http://www.rc.gc.ca/ecomm (April 1998).

[624] Koch/ Scholz, AO, 5. Aufl., Köln/ Berlin/ Bonn/ München 1996, § 11 Rz. 3; ausführlich H. Wessel, Der Sitz der GmbH, in: BB 1984, S. 1057 ff. .

[625] H.W. Kruse, in: Tipke/ Kruse, Abgabenordnung Kommentar, § 11, Rz 1.

der meisten Staaten[626] wäre eine Doppelbesteuerung nach derzeitiger Rechtslage nicht zu befürchten.

1.1.2. Neue Kriterien zur Bestimmung der Ansässigkeit

Ein Rückgriff auf den Server als Anknüpfungspunkt zur Bestimmung der Ansässigkeit verbietet sich. Zum einen vollzieht sich in ihm nicht die Willensbildung der Gesellschaft, denn diese bleibt den geschäftsführenden Gesellschaftern vorbehalten. Der Server, der lediglich ein elektronisches Hilfsmittel (Tool) ist, kann deshalb nicht als Ort der Geschäftsleitung angesehen werden[627]. Zum anderen darf die Bestimmung der Ansässigkeit nicht derart in das Belieben des Steuerpflichtigen gestellt werden, daß er durch einfache Verlagerung des Servers staatliche Besteuerungsrechte beeinflussen bzw. umgehen kann. Die Verlagerung des Servers in Niedrigsteuerländer wäre die logische Konsequenz einer solchen Anknüpfung.

Auch die Web-Site kann keinen Anknüpfungspunkt zur Bestimmung der Ansässigkeit des Unternehmens bieten. Sie wird seitens des Kunden vom Server in den Arbeitsspeicher des PC geladen und verliert im Augenblick des sog. „*Download*“ den unmittelbaren Bezug zum Unternehmen[628]. Zudem wird die Web-Site von Internet-Nutzern verschiedener Staaten in die Arbeitsspeicher ihrer PC's geladen. Die Ansässigkeit eines Unternehmens unter Bezugnahme auf seine Web-Site könnte somit nicht einem bestimmten Staat zugeordnet werden.

Auch der in der internationalen Diskussion angedachte Rückgriff auf die Ansässigkeit beispielsweise der Angestellten, Arbeiter oder der Aktionäre[629] ist im Ergebnis abzulehnen. Internationale Unternehmen sind ohnehin in einer Vielzahl von Staaten mit Produktionsstätten, Vertriebseinrichtungen und Mitarbeitern präsent. Die Bestimmung der Ansässigkeit würde sich bei bedeutenden Unternehmen als äußerst schwierig und aufwendig erweisen[630]. Zudem könnten Um-

---

[626] Eine Ausnahme stellt wohl Deutschland dar, siehe 1. Teil, Kap. II, 3.2.1.3.

[627] Der Server stellt auch dann keinen Ort der Geschäftsleitung dar, wenn eine „intelligente“ Software verwendet wird, mit deren Hilfe das System eigenständig Aufträge abwickeln kann. Dieser automatische Vorgang bezieht sich auf die Ausführungsgeschäfte des Unternehmens und nicht auf unternehmensleitende Tätigkeiten.

[628] Doernberg/ Abrahms, How Electronic Commerce Works, in: Tax Notes International, 1997, S. 1573 ff.

[629] R.L. Doernberg/ L. Hinnekens, Electronic Commerce and International Taxation, IFA 1999, S. 332.

[630] Doernberg betont, daß der Umzug der genannten Personen in ein Niedrigsteuerland mit erheblichen persönlichen Folgen verbunden wäre, so daß eine Verlagerung der Ansässigkeit aus rein steuerlichen Erwägungen unwahrscheinlich wäre, R.L. Doernberg/ L. Hinnekens, Electronic Commerce and International Taxation, IFA 1999, S. 332..

strukturierungen des Unternehmens, bei denen sich der internationale Personalbestand ändert, zu ungewollten Verlagerungen der steuerlichen Ansässigkeit führen.

Der Rückgriff auf die Aktionäre wäre ebenfalls unpraktikabel. Dem steht schon die Anonymität des Aktienmarktes entgegen. Zudem würde die Steuerpflicht des Unternehmens zum Spielball der Börsianer werden.

1.1.3. Bestimmung nach bisherigem Recht

Die Ansässigkeit des Internet-Unternehmens sollte sich auch weiterhin nach konventionellem Steuerrecht bestimmen und der Ort der Geschäftsleitung (§ 10 AO) sowie hilfsweise der statuarische Sitz der Gesellschaft (§11 AO) für die Bestimmung der Ansässigkeit bei Kapitalgesellschaften weiterhin entscheidendes Kriterium bleiben. Die Bestimmung nach traditioneller Art ist nicht nur unproblematisch durchführbar, sondern ist in ihrem Ergebnis eindeutig. Eventuellen Schwierigkeiten durch die Realisierung von Steuervorteilen durch Existenzgründungen in Niedrigsteuerländern sollte dagegen nicht dadurch begegnet werden, daß neue Anknüpfungspunkte (z.B. der Server) zur Bestimmung der Ansässigkeit für den Bereich des Electronic Commerce entwickelt werden. Die Unternehmern würden erheblichen Rechtsunsicherheiten ausgesetzt werden, die im Hinblick auf die Steuerplanung verheerende Folgen haben würde. Die Finanzverwaltungen der Staaten wären zudem kaum in der Lage, den damit einhergehenden Bestimmungsaufwand zu bewältigen.

Überlegenswert erscheint dagegen, die traditionellen Bestimmungsmethoden unangetastet zu lassen und im jeweils nationalen Steuerrecht Besteuerungsklauseln aufzunehmen, die einen Zugriff des Quellenstaates auf die in seinem Hoheitsbereich erwirtschafteten Einkünfte für den Fall eröffnen, daß das Internet-Unternehmen in einer Steueroase residiert[631]. Dadurch würden derartige Internet-Unternehmen zumindest einer Doppelbesteuerung unterworfen[632], und das nationale Steueraufkommen bliebe gesichert[633].

---

[631] Diese Gesetzgebung, die speziell auf die Verhinderung derartiger Steuervorteile durch Existenzgründungen in Niedrigsteuerländern zielt, wird als sog. „Controlled Foreign Corporation – Legislation" bezeichnet.

[632] Mit den meisten Steueroasen bestehen keine Doppelbesteuerungsabkommen.

[633] Siehe zur Durchsetzung eines solchen Steuerzugriffes 4. Teil, Kap, 5.

1.1.4. Zur Beanspruchung des staatlichen Ordnungsrahmens

Die Legitimation zur Erhebung von Steuern erwächst aus der Beanspruchung des staatlichen Ordnungsrahmens und den damit verbundenen volkswirtschaftlichen Kosten. Grundsätzlich stellt der Wohnsitzstaat den Mittelpunkt der wirtschaftlichen Aktivität des Steuerpflichtigen dar, so daß ein Besteuerungsrecht ohne weiteres anzunehmen ist.

Denkbar ist aber insbesondere im Bereich des Electronic Commerce ein Auseinanderfallen von Ansässigkeit des Unternehmens und dem Mittelpunkt seiner wirtschaftlichen Aktivität.

Bsp.: *Ein Unternehmen bietet digitalisierte Spielfilme über das Internet zum Verkauf an. Die Geschäftsleitung des Unternehmens befindet sich im Staat A. Zwei Programmierer im Staat B speisen über einen dort belegenen Server die Filme in das Netz ein und erledigen zudem die gesamte kaufmännische Abwicklung der Transaktionen.*

Nach deutschem Steuerrecht wäre die Gesellschaft gemäß § 1 Abs. 1 EStG i.V.m. § 10 AO in Staat A unbeschränkt steuerpflichtig. Legt man jedoch die im 3. Teil entwickelten Grundsätze der Legitimation der Steuererhebung zugrunde, so erscheint ein Besteuerungsrecht des Staates A jedoch fraglich. Die wirtschaftliche Aktivität der Gesellschaft in Staat A beschränkt sich auf die Geschäftsführung der Gesellschaft, die u.U. nur geringfügige volkswirtschaftliche Kosten im Wohnsitzstaat verursacht.

Die Legitimation zur Erhebung von Steuern im Bereich der individuellen Gerechtigkeit ist aber gerade nicht an bestimmte Mindestgrößen gebunden. So ist ein bestimmter Umfang der wirtschaftlichen Betätigung nicht notwendig[634]. Ausreichend für die Legitimation zur Erhebung von Steuern ist eine Beanspruchung des staatlichen Ordnungsrahmens überhaupt. Hält die Internet-Gesellschaft in Staat A allein ihre Geschäftsleitung, so nimmt sie den Ordnungsrahmen des Staates A z.B. in Bezug auf den in diesem Staat gewährten Rechtsschutz in Anspruch. Eine wirtschaftliche Betätigung darüber hinaus ist nicht notwendig. Aus der geschäftsführenden Tätigkeit legitimiert sich deshalb das Besteuerungsrecht des Wohnsitzstaates[635].

---

[634] Siehe dazu schon 3. Teil, Kap. II, 1.1.1.

[635] Dies gilt unabhängig von der Frage, ob dem Staat B, in dem die Programmierer ihre Leistungen erbringen, ein Besteuerungsrecht zusteht. Auf das Besteuerungsrecht des Staates B in einer derartigen Konstellation soll an dieser Stelle nicht weiter eingegangen werden. Dort bestünde jedoch u.U. das Recht zur Einziehung von Lohnsteuer.

1.2. Das Besteuerungsrecht des Quellenstaates

Weiterhin könnte der Quellenstaat zur Besteuerung der Einkünfte aus dem Electronic Commerce legitimiert sein. Das grundsätzliche Recht des Quellenstaates zur Besteuerung der auf seinem Gebiet erwirtschafteten Einnahmen ergibt sich aus der Nutzung des dort geschaffenen wirtschaftlichen, politischen und sozialen Umfelds. Produziert der Unternehmer Waren im Quellenstaat, so macht er sich das Know-how der Angestellten, also den Bildungsstandard der Gesellschaft, u.a. das rechtsstaatliche Umfeld und die leistungsstarke lokale Zulieferindustrie zu nutze. Im Rahmen eines Warenverkaufs greift der Unternehmer auf die Finanzkraft der Abnehmer zurück und profitiert von dem gesellschaftlichen Wohlstand des Quellenstaates[636]. Dem Quellenstaat steht deshalb ein Besteuerungsrecht bezüglich der in seinem Hoheitsbereich generierten Einkünfte zu.

Mit der wirtschaftlichen Betätigung über das Internet geht aber das Problem der Bestimmung der Einkunftsquelle einher[637]. Der Unternehmer wird nicht mittels physischer Anknüpfungspunkte im Quellenstaat tätig, sondern die wirtschaftliche Transaktion erfolgt irgendwo im Datennetz. Deshalb wird in der internationalen Diskussion nach Bestimmungskriterien gesucht, um den Ort der Einkunftsquelle bestimmen zu können. In diesem Zusammenhang könnte wiederum ein Rückgriff auf den Server als Bezugs- und Anknüpfungspunkt diskutiert werden.

Legt man allerdings nach dem hier vertretenen Legitimationsansatz allein die wirtschaftliche Betätigung des Steuerpflichtigen der Beurteilung zugrunde, so ist der Server selbst nicht geeignet, den quellensteuerlichen Bezugspunkt zu verlagern. Der Verkauf von Waren an Kunden mittels eines in einem Drittstaat belegenen Servers erfolgt weiterhin unter Nutzung der Verhältnisse desjenigen Staates, in dem der Kunde am wirtschaftlichen Verkehr teilnimmt. „Quellenstaat“ ist somit derjenige Staat, in dem der Kunde unbeschränkt oder beschränkt steuerpflichtig ist und aus dem die finanziellen Mittel stammen, mit denen der Vergütungsschuldner seine Zahlungsverpflichtung erfüllt [638].

---

[636] Die Steuerquote ist deshalb häufiges Spiegelbild des Entwicklungsstandes eines Landes. Staaten in der Dritten Welt versuchen, Defizite im wirtschaftlichen, politischen gesellschaftlichen Umfeld durch besonders niedrige Steuerquoten auszugleichen, um einen Investitionsanreiz für ausländische Unternehmen zu bieten.

[637] P.-Y. Bourtourault, France, in: International Tax Issues in Cyberspace: Taxation of Crossborder Electronic Commerce, in: Intertax 1997, S. 137 ff. (138): „This (the source of income) is a significant issue which is far from being resolved.“

[638] Die Bestimmung des Quellenstaates mag im Einzelfall schwierig sein. So kann nicht immer festgestellt werden, ob ein Kunde ein Produkt beispielsweise für sein Unternehmen in

Der Server selbst ist in diesem Zusammenhang lediglich ein technischer Umschlagplatz für die Waren und eventuell ein Hilfsmittel im Zahlungsverkehr und ändert an der Beanspruchung des quellenstaatlichen Ordnungsrahmens nichts. Die Legitimation des Quellenstaates zur Erhebung von Steuern besteht deshalb unabhängig von der Einschaltung eines in einem Drittstaat belegenen Servers[639].

1.3. Das Besteuerungsrecht des Drittstaates

Ein Besteuerungsrecht des Drittstaates, also des Belegenheitsstaates des Servers, ist im Hinblick auf die im 3. Teil entwickelten Legitimationsgrundsätze abzulehnen. Der Server selbst übt keine wirtschaftliche Aktivität im Drittstaat aus, sondern ist lediglich eine technische Komponente im digitalen Geschäftsverkehr, die keinen engeren Bezug zum Belegenheitsstaat aufweist. Es fehlt somit an der Beanspruchung des Ordnungsrahmens, der einen Steuerzugriff begründet. Der Server ist deshalb gerade kein Bestandteil des Funktionszusammenhangs Staat/ Wirtschaft/ Gesellschaft.

Deshalb sollte dem Server im nationalen wie auch im Abkommensrecht die Betriebsstätteneigenschaft versagt bleiben, um kein Besteuerungsrecht des Drittstaates zu begründen[640]. Würde nämlich der Server als eine Betriebsstätte nach nationalen und Abkommenrecht anerkannt werden[641], würde dem Belegenheitsstaat des Servers damit ein Besteuerungsrecht zustehen, das ein Besteuerungsrecht des (eigentlich legitimierten) Quellenstaates im Zweifel leerlaufen lassen würde.

Zudem würde die Anerkennung des Servers als steuerbegründende Betriebsstätte zu kaum lösbaren Besteuerungsschwierigkeiten aufgrund z.B. ständigen Serverwechsels oder der Aufgabe der Verfügungsmacht[642] oder der Frage der Zurechnung der auf den Server entfallenden Einkünfte[643] führen.

Staat A oder für seine Betriebsstätte in Staat B bestellt hat. Beide Staaten kämen als Quellenstaaten in Frage. Letztlich werden aber Indizien für die Bestimmung des Quellenstaates entscheidend sein, z.B. aus welchem Staat heraus die Zahlung erfolgt oder in welchem Staat das Produkt vom Kunden verwendet wird.

[639] Einen ähnlichen „neutralen" Ansatz verfolgt das US-amerikanische Finanzministerium, Selected Policy Implications of Electronic Commerce, November 1996.

[640] „Innerhalb des Betriebsstättenprinzips sollte durch eine enge Definition der Betriebsstätte der Steuerzugriff auf wirklich relevante Sachverhalte beschränkt werden.", W. Kumpf, Betriebsstätte: Prinzip und Definition, in: Die beschränkte Steuerpflicht, W. Haarmann (Hrsg.), Forum der Internationalem Besteuerung, Bd. 2, Köln 1993, S. S. 45.

[641] So z.B. U. Prinz, Steueroptimierte Vertriebsstrukturen im Outbound-Geschäft, in: FR 1997, S. 521.

[642] G. Strunk, Grenzüberschreitende Geschäftsaktivitäten durch das Internet als weißer Fleck der Besteuerung, in: IStR 1997, S. 257 ff. (258): „Die bisher scheinbar systemimmanente

1.4. Zusammenfassung

Sowohl der Wohnsitz- als auch der Quellenstaat haben ein Recht zur Besteuerung der durch den Handel im Internet erwirtschafteten Einkünfte. Das Besteuerungsrecht besteht unabhängig von der Intensität der wirtschaftlichen Betätigung im jeweiligen Staat. Dagegen hat der Belegenheitsstaat des Servers, in dem ansonsten keine wirtschaftlichen Aktivitäten des Internet-Unternehmens erfolgt, keine Legitimation zur Erhebung von Steuern.

Der Server sollte im Zusammenhang mit der Bestimmung der Ansässigkeit von Unternehmen und der räumlichen Zuordnung der Einkunftsquelle als „steuerlich transparent“ aufgefaßt werden. Damit würde es keinesfalls zu ungewollten Verlagerungen steuerlicher Bezugspunkte kommen.

Eine Betriebsstätteneigenschaft sollte dem Server weder nach nationalem noch nach Abkommensrecht zukommen. Das aus einer betriebsstättenbegründenden Eigenschaft des Servers resultierende Besteuerungsrecht eines Drittstaates (Belegenheitsstaates) wäre nicht gerechtfertigt und würde zudem den steuerlichen Zugriff des zur Steuererhebung legitmierten Quellenstaates verkürzen.

2. Das Leistungsfähigkeitsprinzip als Imperativ der Gleichheit

Im vorangehenden dritten Teil wurde festgestellt, daß sowohl das Welteinkommens- als auch das Quellenprinzip mit dem Leistungsfähigkeitsprinzip vereinbar sind. In- und ausländische Leistungsfähigkeit sind zwei nebeneinander denkbare Konkretisierungsmöglichkeiten des insofern unbestimmten Leistungsfähigkeitsprinzips. Im Rahmen der *inländischen* Leistungsfähigkeit wird der Steuerpflichtige im Verhältnis zu den übrigen inländischen Steuerpflichtigen beurteilt. Das *ausländische* Leistungsfähigkeitsprinzip bestimmt den Verteilungsmaßstab anhand der Verhältnisse des Quellenstaates[644].

Dem Staat steht insofern ein Wertungsspielraum zu, den er durch die Entscheidung für die Welteinkommens- und/oder die Quellenbesteuerung auszufüllen

---

Verknüpfung zwischen Einkünften aus Gewerbebetrieb und dem Vorliegen einer Betriebsstätte ist durch das Internet deutlich aufgebrochen.“

[643] Auf derartige technische Schwierigkeiten bei der Annahme einer betriebsstättenbegründenen Eigenschaft des Servers weisen u.a. hin: I. Lejeune/ B. Vanham/ I. Verlinden/ A. Verbeken, Does Cyber-Commerce Necessitate a Revision of International Tax Concepts?, in: European Taxation 1998, Part 2: S. 50 ff. (55).

[644] Siehe dazu schon 3. Teil, Kap. II 1.2.2.

hat[645]. Sowohl der Wohnsitz- als auch der Quellenstaat haben somit die Möglichkeit, unter Beachtung des Leistungsfähigkeitsprinzips sich für eine (oder auch beide) Besteuerungsformen zu entscheiden. In der Regel verfolgt der Wohnsitzstaat eine Besteuerung nach dem Welteinkommensprinzip, bezieht also alle weltweit erwirtschafteten Einkünfte in die Bemessungsgrundlage ein. Der Quellenstaat besteuert dagegen üblicherweise nach dem Quellenprinzip, d.h. er reduziert seine steuerliche Betrachtung auf die in seinem Hoheitsgebiet erzielten Einkünfte.

Entscheidend bei der Wahl einer der aufgeführten Besteuerungsformen ist die nachhaltige Orientierung am Gleichheitsgrundsatz. Die inkonsequente Verwirklichung des objektiven sowie des subjektiven Nettoprinzips[646] im Rahmen der nationalen Steuergesetzgebungen läßt im Rahmen zahlreicher wirtschaftlicher Aktivitäten das Leistungsfähigkeitsprinzip zur Makulatur werden[647].

Im Bereich des Electronic Commerce ergeben sich derzeit die Grenzen der Umsetzbarkeit des Leistungsfähigkeitsprinzip, das die Gleichheit der Besteuerung unter allen Steuerpflichtigen sicherstellen soll, aus den Besonderheiten des neuen Mediums selbst. So ist insbesondere der Quellenstaat, der von seinem Recht zur Besteuerung der auf seinem Hoheitsgebiet erzielten Einkünfte Gebrauch machen möchte, kaum in der Lage, einen eventuellen Steueranspruch des Steuerpflichtigen zu ermitteln und durchzusetzen.

Der ausländische Unternehmer, der lediglich über einen (eventuell noch in einem Drittstaat plazierten) Server im Quellenstaat wirtschaftlich tätig wird, verfügt über keine traditionellen Anknüpfungspunkte wie z.B. eine Niederlassung oder ein Beratungsbüro. Häufig hat der Quellenstaat im Bereich des Electronic Commerce nicht einmal Kenntnis von einer in seinem Hoheitsbereich erfolgenden wirtschaftlichen Aktivität[648]. Zudem wird die Finanzverwaltung des Quellenstaates kaum die seinem grundsätzlichen Steueranspruch unterliegenden Einkünfte exakt ermitteln können, denn das ausländische Unternehmen wird seine Buchführung nicht offenbaren. Selbst wenn die Finanzverwaltung Kenntnis von einer wirtschaftlichen Aktivität des Steuerpflichtigen hat, so wird eine genaue

---

[645] H. Schaumburg, Leistungsfähigkeitsprinzip im internationalen Steuerrecht, in: Die Steuerrechtsordnung in der Diskussion, FS für K. Tipke, Köln 1995, S. 127 ff.

[646] Siehe dazu 3. Teil, Kap. II, 1.2. Das objektive und das subjektive Nettoprinzip werden eingehend erläutert bei Grotherr/ Herfort/ Strunk, Internationales Steuerrecht, 1. Aufl., 1998, S. 39 u. S. 326 ff.

[647] Siehe dazu 3. Teil, Kap. II, 1.2.4.

[648] R. Doernberg/ L. Hinnekens, Electronic Commerce and International Tatxation, IFA 1999, S. 113, 114.

Bestimmung der zu versteuernden Einkünfte ohne Mithilfe des Steuerpflichtigen selbst oder einer Dritten Person unmöglich bleiben[649].

Zusätzlich ergibt sich im Bereich des Internet-Handels die Schwierigkeit der Durchsetzung eines Steueranspruches. Kommt der Steuerpflichtige der Zahlungsaufforderung der Finanzverwaltung des Quellenstaates nicht nach, so fehlen zwingende Sanktionsmöglichkeiten, um dem Säumigen beizukommen. Insbesondere scheitern Steuerpfändungen in der Regel an mangelnder physischer Präsenz im Quellenstaat.

Denkbar bleibt allein die technische Manipulation des Netzes im Quellenstaat, so daß die Web-Site von Verbrauchern des Quellenstaates nicht mehr angewählt werden kann. Diese Sanktionsmöglichkeit geht aber ins Leere, wenn die Internet-Gesellschaft durch einfache Änderung der Adresse der Web-Site diese technische Sanktion umgehen kann[650].

Das Leistungsfähigkeitsprinzip als Postulat des Gleichheitsgrundsatzes wird empfindlich gestört, wenn das Mißverhältnis zwischen elektronischem und konventionellem Handel im Rahmen der tatsächlichen Besteuerung nicht behoben wird. Gerecht ist eine Besteuerungsform, wenn sie das Leistungsfähigkeitsprinzip nicht nur formell beachtet, sondern vor allem im Zuge ihrer praktischen Umsetzung die Gleichbehandlung aller Steuerpflichtigen gelingt.

Deshalb kann die Steuererhebung nicht isoliert betrachtet werden, sondern muß in die Untersuchung einbezogen werden. Sie muß als Garantin einer gleichmäßigen Besteuerung der Steuerpflichtigen im Quellenstaat die Besteuerung nach der Leistungsfähigkeit erfüllen[651].

---

649 Das Problem verschärft sich, wenn das steuerpflichtige Unternehmen unter verschiedenen Domain-Names auftritt, die dem tatsächlichen Firmennamen nicht entsprechen. Auch ist die Adress-Änderung der Web-Site eine Möglichkeit, die staatliche Sanktionierung der wirtschaftlichen Aktivitäten im Quellenland zu erschwerden.

650 R.L. Doernberg/ L. Hinnekens, Electronic Commerce and International Taxation, IFA 1999, S. 114.

651 Siehe zu Fragen der Steuererhebung 4. Teil, Kap. II, 6.

3. Die Folgerichtigkeit einer Quellenbesteuerung nach nationalem Recht[652]

Sowohl die Besteuerung nach dem Welteinkommensprinzip im Wohnsitzstaat als auch die Besteuerung nach dem Quellenprinzip im Quellenstaat sind im geltenden Steuerrecht der meisten Staaten vorgesehen. Die Besteuerung durch den Quellenstaat erfolgt bei denjenigen Einkünften, die einen ausreichenden Nexus zum Quellenstaat aufweisen können. Dieser Nexus ist steuerlicher Anknüpfungspunkt und begründet die aus der Steuersouveränität eines jeden Staates folgende Steuerpflicht für die auf dem jeweiligen Hoheitsgebiet erzielten Einkünfte[653].

Der wirtschaftliche Nexus wird von der Finanzverwaltung nicht für jeden Einzelfall neu formuliert. So hat z.B. das deutsche Steuerrecht in § 49 Abs. 1 EStG einen Katalog von Einkünften normiert, bei denen ein ausreichender wirtschaftlicher Nexus angenommen wird, um eine Steuerpflicht begründen zu können[654]. Werden Einkünfte entsprechend dem Katalog des § 49 EStG erzielt, so wird die beschränkte Steuerpflicht unmittelbar begründet.

Die Berechtigung zur Erhebung von Steuern besteht dagegen nicht, wenn die Einkünfte keinen entsprechenden Nexus zum Quellenstaat aufweisen. Anders als der Wohnsitzstaat[655] verzichtet der Quellenstaat in einem solchen Fall auf die Einbeziehung derartiger Einkünfte in die steuerliche Bemessungsgrundlage[656].

Wird dem Quellenstaat im Rahmen des Electronic Commerce ein grundsätzliches Recht zur Besteuerung der Einkünfte zugesprochen, so ist nun im Rahmen der Folgerichtigkeit der Besteuerung zu prüfen, ob eine derartige Quellenbesteuerung mit dem gültigen nationalen Steuerrecht überhaupt vereinbar wäre. Der Unternehmer, der mittels des Internets im Quellenstaat Einkünfte erzielt, begründet nämlich über die Inanspruchnahme des quellenstaatlichen Marktes hinaus keinen weiteren Nexus[657]. Sollen derartige Einkünfte einer beschränkten

---

[652] Auf die Folgerichtigkeit der Wohnsitzstaatsbesteuerung wird nicht eingegangen, da sich diese von selbst ergibt. Ist die Normierung einer beschränkten Steuerpflicht für die Einkünfte aus dem Electronic Commerce nicht möglich, so braucht auf spätere Fragen der internationalen Verteilungsgerechtigkeit nicht eingegangen werden.

[653] R. Weber-Fas, Völkerrecht und Steuerhoheit, in: RIW, 1979, S. 585.

[654] W. Heinicke, in: Schmidt, EStG, 18. Auflage 1999, § 49 Rz. 2.

[655] Der Wohnsitzstaat besteuert nach dem sog. Welteinkommensprinzip. Auch Einkünfte, die keinerlei Beziehung zum Wohnsitzstaat aufweisen, werden in die steuerliche Bemessungsgrundlage einbezogen.

[656] Siehe zur Begründung des freiwilligen oder unfreiwilligen Verzichtes weiter unten.

[657] Der Server sollte nach der hier vertretenden Ansicht gerade keine Betriebsstätte im Sinne des 49 Abs. 1 Nr. 2 lit. a. EStG darstellen.

Steuerpflicht unterworfen werden, muß untersuchen werden, ob ein Verstoß gegen den Folgerichtigkeitsgrundsatz vorliegen könnte. Diese Untersuchung wird anhand des deutschen Außensteuerrechts geführt.

3.1. Die Systematik des Normenumfeldes

Das Recht zur Besteuerung nach dem Territorialitätsprinzip ist eine Folge der Steuersouveränität des einzelnen Staates und ist als Rechtsprinzip im Internationalen Steuerrecht anerkannt[658]. Natürliche Personen, die im Inland weder Wohnsitz (§8 AO) noch gewöhnlichen Aufenthalt (§9 AO) haben sowie juristische Personen, die im Inland weder Geschäftsleitung (§ 10 AO) noch ihren Sitz (§ 11 AO) führen, sind danach der beschränkten Steuerpflicht[659] unterworfen, soweit sie entsprechende Einkünfte erzielen.

3.1.1. Völkerrechtliche Anforderungen

Da dem Völkerrecht kein Rechtssatz zu entnehmen ist, der ein Verbot der Doppelbesteuerung statuiert, wird dem Gesetzgeber auch kein konkreter Besteuerungsrahmen vorgeschrieben, innerhalb dessen er das Territorialitätsprinzip zu verwirklichen habe[660]. Deshalb ist der Gesetzgeber grundsätzlich frei, den Kreis der beschränkten Einkünfte weiter oder enger zu ziehen und dabei auch im Ausland gegebene Besteuerungsmerkmale zu berücksichtigen. Grenzen werden allenfalls durch das völkerrechtliche Willkürverbot gesetzt[661]. Das aber ist erst dann verletzt, wenn die in Frage stehenden Einkünfte unter keinem erdenklichen Gesichtspunkt mit dem Inland verbunden sind.

---

[658] H. Schaumburg, Internationales Steuerrecht, 2. Aufl., Köln 1998, Rz. 5.121.

[659] Die beschränkte Steuerpflicht als rechtstechnische Umschreibung des Territorialitätsprinzips findet erstmals Erwähnung in den „Motiven" zum Entwurf eines Gesetzes wegen Beseitigung der Doppelbesteuerung innerhalb des Norddeutschen Bundes vom 14.02.1870. Der Entwurf, der niemals Gesetz wurde, enthält Regelungen, in welchen Staaten eigene Staatsangehörige mit ihren Gesamteinkommen und in welchen Staaten sie nur mit ihren dortigen inländischen Einkünften steuerpflichtig sind, Liedtke, „Beschränkte Steuerpflicht" – Ein Grundlagenbegriff oder ein Fremdbegriff (Fremdkörper) im Steuerrecht, in: DB 1985, S. 671 ff. Eine dem § 1 Abs. 4 EStG entsprechende Regelung findet sich erstmals im Einkommensteuergesetz 1920, RGBl. I 1920, 189 ff.

[660] H. Krabbe, in: Blümich, EStG, § 49 Rz. 22.

[661] K. Vogel, DBA, 3. Aufl., München 1996, Einl. Rz.7 ff.; F. Wassermeyer, Die beschränkte Steuerpflicht, in: Grundfragen des Internationalen Steuerrechts, K. Vogel (Hrsg.), DStJG 8, Köln 1985, S. 52.

3.1.2. Faktische Begrenzungen der beschränkten Steuerpflicht

Die Ausdehnung des nationalen Steuerzugriffs im Rahmen des Territorialitätsprinzips führt jedoch zu einer erhöhten Gefahr der Doppelbesteuerung internationaler Sachverhalte. Die Doppelbesteuerung wird zwar in der Regel durch uni- oder bilaterale Maßnahmen des Staates vermieden, in dem der Steuerpflichtige ansässig ist. Wird die beschränkte Steuerpflicht aber über Gebühr ausgedehnt, so wird der Ansässigkeitsstaat insoweit keinen Steuerverzicht üben wollen[662]. Zudem ist die territoriale Begrenzung der Hoheitsgewalt trotz erweiterter Mitwirkungspflichten des Steuerpflichtigen bei Auslandsbeziehungen (§ 90 Abs. 2 AO) und trotz internationaler Amts- und Rechtshilfe (§117 AO) eine faktische Einschränkung der Steuerhoheit.

3.1.3. Zugehörigkeitsprinzip und Wettbewerbsneutralität

Unter Beachtung dieser Grenzen kommt dem Gesichtspunkt der volkswirtschaftlichen Zugehörigkeit[663] von Einkünften entscheidende Bedeutung zu. Diese schafft den notwendigen rationalen Nexus, der den gegenläufigen fiskalischen Interessen der beteiligten Staaten Rechnung trägt. Volkswirtschaftlich zugehörig sind diejenigen Einkünfte, die unter Beanspruchung des jeweiligen staatlichen Ordnungsrahmens erwirtschaftet worden sind.

Zu beachten ist weiterhin der Gesichtspunkt der Gleichmäßigkeit der Besteuerung, der es nicht nur im Sinne einer allgemeinen Gerechtigkeit, sondern auch im Sinne gleicher Wettbewerbsbedingungen[664] verbietet, inländische Einkünfte von Steuerausländern grundsätzlich steuerfrei zu lassen[665].

---

[662] So ist z.B. Deutschland nicht bereit, übermäßig ausgedehnte Besteuerungsansprüche anderer Staaten bei seinen einseitigen Maßnahmen zur Vermeidung der Doppelbesteuerung (siehe z.B. § 34 c EStG) Rechnung zu tragen.

[663] So auch H. Krabbe, in: Blümich, EStG, § 49 Rz. 23.

[664] Zu den Auswirkungen internationaler Steuergefälle: O. Gandenberger, Kapitalexportneutralität versus Kapitalimportneutralität, Aufsätze zur Wirtschaftspolitik, Forschungsinstitut für Wirtschaftspolitik an der Universität Mainz, Heft 7, Mainz 1983, ders. Der Einfluß der Einkommen- und Körperschaftsteuer auf die internationalen Wirtschaftströme, in: Grundfragen des Internationalen Steuerrechts, K. Vogel (Hrsg.), Köln 1985, DStJG, Bd. 8, S. 33 ff.

[665] Besondere volkswirtschaftliche Erwägungen können im Einzelfall zu einem Verzicht der Besteuerung führen.

3.1.4. Zur Frage einer Systematik des § 49 Abs. 1 EStG

Diesen Grundsätzen Rechnung tragend hat der deutsche Gesetzgeber in § 49 EStG einen Katalog von Einkünften normiert, die das Spannungsfeld aus Fiskalinteresse, Vermeidung von Doppelbesteuerung und Wettbewerbsneutralität lösen sollen. Bei allen beschränkt steuerpflichtigen Einkünften wird die Verbindung zum Inland durch bestimmte Anknüpfungsmerkmale hergestellt[666]. So ist dieses bei gewerblichen Einkünften beispielsweise die Betriebsstätte oder ein im Inland bestellter Vertreter (§49 Abs. 1 Nr. 2a EStG). Bei Einkünften aus selbständiger oder nichtselbständiger Tätigkeit kommt es auf die Ausübung oder Verwertung der Arbeit im Inland an (§ 49 Abs. 1 Nr. 3 und Nr. 4 EStG). Im übrigen wird auf die Belegenheit der Einkunftsquelle im Inland (z.B. § 49 Abs. 1 Nr. 6 EStG), auf den Wohnsitz , Sitz oder die Geschäftsleitung des Schuldners im Inland (z.B. § 49 Abs. 1 Nr. 5 lit. a EStG), auf die Eintragung in inländische Bücher oder Register (z.B. § 49 Abs. 1 Nr. 5 lit. c.), auf die Verwertung in einer inländischen Betriebsstätte oder Einrichtung (z.B. § 49 Abs. 1 Nr. 6 EStG) oder auf die Nutzung im Inland abgestellt (z.B. § 49 Abs. 1 Nr. 9 EStG).

Wie dieser Aufzählung zu entnehmen ist, sind die Anknüpfungsmerkmale unterschiedlich stark ausgeprägt. Sie weisen je nach Einkunftsart einen engeren (z.B. § 49 Abs. 1 Nr. 2 lit. a oder Nr. 6 EStG) oder einen weniger engen Bezug (§ 49 Abs. 1 Nr. 5 lit. a oder Nr. 9 EStG) zum Inland auf. Aber auch innerhalb einer Einkunft kann der inländische Nexus unterschiedlich ausgestaltet sein. Das Betriebsstättenprinzip (§ 49 Abs. 1 Nr. 2 lit a. EStG) bietet ein anschauliches Beispiel dafür. So kann die in München belegene große Fabrik ebenso steuerbegründend sein wie die Litfaßsäule in der Lüneburger Heide[667]. Auch die fast uferlose Ausweitung des Verwertungsbegriffes im Rahmen des § 49 Abs. 1 Nr. 4 EStG durch die Finanzverwaltung mag ein Beleg für diese These sein.

Ein eigener physischer Anknüpfungspunkt des beschränkt Steuerpflichten im Quellenstaat ist im Rahmen des § 49 Abs. 1 EStG nicht erforderlich. So reicht es z.B. bei § 49 Abs. 1 Nr. 5 lit. a. EStG aus, daß allein der Schuldner des Kapitals im Inland unbeschränkt steuerpflichtig ist[668].

---

[666] Die Verweisung im § 49 Abs. 1 EStG auf die §§ 13 bis 23 EStG bedeutet, daß zugleich alle Tatbestandsvoraussetzungen dieser Vorschriften erfüllt sein müssen. Insoweit hat § 49 Abs. 1 EStG keine konstitutive Bedeutung, sondern wiederholt lediglich das, was bereits in § 2 Abs. 1 EStG dadurch zum Ausdruck kommt, daß die dort bezeichneten Einkünfte, die der Steuerpflichtige während seiner beschränkten Einkommenssteuerpflicht erzielt, der Einkommensteuer unterliegen; dazu BFH vom 24.02.1988, BStBl. II 1988, S. 663.

[667] BFH vom 13.05.1958, BStBl. III 1958, S. 379.

[668] Eine unbeschränkte Steuerpflicht des Schuldners ist bei § 49 Abs. 1 Nr. 5 lit. c.) cc.) EStG nicht erforderlich.

3.2. Electronic Commerce und beschränkte Steuerpflicht

Die beschränkte Steuerpflicht ist eine Folge des sich aus der Steuersouveränität ergebenden und im allgemeinen Völkerrecht anerkannten Territorialitätsprinzips[669]. Dieses Prinzip besagt, daß kein Staat Hoheitsakte auf dem Gebiet eines anderen Staates vornehmen darf. Das staatliche Handeln bleibt auf den jeweiligen Hoheitsbereich beschränkt.

Das Territorialprinzip stellt auf der anderen Seite aber keine Einschränkung des nationalen Gesetzgebers im Hinblick auf die Ausgestaltung des steuerlichen Zugriffs dar. Im Quellenstaat erzielte Einkünfte können dann einer beschränkten Steuerpflicht unterworfen werden, wenn sie einen volkswirtschaftlichen Anknüpfungspunkt aufweisen können, der wiederum vernünftigen Erwägungen zugrundeliegt[670]. Die Formulierung dieser Anknüpfungspunkte ist Aufgabe des jeweiligen nationalen Normgebers.

Die Systematik des § 49 Abs. 1 EStG, mit welcher der deutsche Gesetzgeber dieser Gestaltungsverpflichtung nachgekommen ist, schränkt die weite Ausgestaltungsmöglichkeit der beschränkten Steuerpflicht nicht ein. So läßt sich ein einheitliches Muster von Anknüpfungsmerkmalen mit einer bestimmten Mindestintensität der wirtschaftlichen Betätigung oder die Notwendigkeit der eigenen physischen Präsenz des Steuerpflichtigen im Inland dem Regelungsbereich des § 49 Abs. 1 EStG nicht entnehmen[671]. Bei der Begründung eines neuen Anknüpfungspunktes im Bereich des Electronic Commerce ist der Normgeber somit nicht an eine selbst begründete Sachgesetzlichkeit des § 49 Abs. 1 EStG gebunden.

Somit lautet die Kernfrage zur Begründung einer beschränkten Steuerpflicht mit Einkünften aus dem grenzüberschreitenden Handel im Internet, ob ein ausreichender Nexus im Quellenstaat besteht, um eine beschränkte Steuerpflicht zu begründen und wie man eine mögliche beschränkte Steuerpflicht normieren sollte, um sie folgerichtig in die beschränkte Steuerpflicht einfügen zu können.

---

[669] K. Vogel, Theorie und Praxis im Internationalen Steuerrecht, in: DStR 1968, S. 427 ff.

[670] H. Krabbe, in: Blümich, EStG, § 49 Rz. 22.

[671] A.A. wohl F. Wassermeyer, Die beschränkte Steuerpflicht, in: Grundfragen des Internationalen Steuerrechts, K. Vogel (Hrsg.), DStJG 8, Köln 1985, S. 58 und 59. Dem widerspricht aber schon die innere Aufweichung der Anknüpfungsmerkmale, siehe auch H. Schaumburg, Internationales Steuerrecht, 2. Aufl., Köln 1998, Rz. 5.221.

3.2.1. Die Teilnahme im wirtschaftlichen Verkehr als steuerbegründender Nexus

Die Legitimation zur Erhebung der Steuer, wie schon unter Ziffer 1.2. dieses Teils ausgeführt wurde, ist für den Quellenstaat grundsätzlich gegeben. Im Rahmen der beschränkten Steuerpflicht muß aber zudem ein ausreichender volkswirtschaftlicher Anknüpfungspunkt bestehen.

Dieser kann sich bei wirtschaftlichen Betätigungen im Internet nur aus der Teilnahme am wirtschaftlichen Verkehr im Quellenstaat ergeben, denn der Unternehmer ist weder physisch im Quellenstaat präsent (z.B. mittels einer Betriebsstätte) noch kann bzw. sollte auf andere körperliche Anknüpfungspunkte (z.B. den Server[672]) zurückgegriffen werden. Dennoch wird er mittels des Internets im Quellenstaat tätig und nutzt das dortige volkswirtschaftliche Potential zur Erzielung von Einnahmen.

Auch kann die Einrichtung einer Web-Site für sich allein keinen solchen steuerlichen Nexus begründen. Im Gegensatz zu einer z.B. im Quellenstaat belegenen Betriebsstätte besteht im Rahmen des virtuellen Vertriebs keine physische Präsenz des Unternehmers im Inland, die für sich schon zur Begründung einer beschränkten Steuerpflicht ausreichen würde. Vielmehr wird erst durch einen Verkauf der Waren oder Dienstleistungen ein volkswirtschaftlicher Anknüpfungspunkt geschaffen, indem der Unternehmer zum Marktteilnehmer im Quellenstaat wird.

3.2.2. Die Begründung einer eigenen Einkunftsart

Im Rahmen der unbeschränkten Steuerpflicht können die Einkünfte aus dem Electronic Commerce ohne weiteres den sieben Einkunftsarten des § 2 Abs. 1 EStG zugeordnet werden. So liegen - je nach Leistung – beispielsweise Einkünfte aus Gewerbebetrieb gemäß § 15 EStG, Einkünfte aus selbständiger Tätigkeit gemäß § 18 EStG oder auch Einkünfte aus Vermietung und Verpachtung gemäß § 21 EStG vor. Die normierten sieben Einkunftsarten bieten im Rahmen der unbeschränkten Steuerpflicht somit ein ausreichendes System zur Besteuerung der über das Internet generierten Einkünfte.

Die steuerliche Erfassung des Electronic Commerce ist dagegen im Bereich der beschränkten Steuerpflicht nach derzeitiger Rechtslage nicht möglich. Im Gegensatz zu der unbeschränkten Steuerpflicht, bei der die Einkünfte aus dem E-

---

[672] Zur Begründung, weshalb der Server keinen Anknüpungspunkt für die Ertragsbesteuerung darstellen sollte, siehe u.a. 1. Teil, Kap. II, 3.4.

lectronic Commerce gemäß § 2 Abs. 1 EStG einer Besteuerung unterworfen werden, scheitert eine Quellenbesteuerung in der Regel an einem fehlenden Anknüpfungspunkt im Rahmen des § 49 Abs. 1 EStG[673].

Um eine Quellenbesteuerung grundsätzlich begründen zu können, bedarf es also einer Ergänzung des § 49 Abs. 1 EStG. Würde eine entsprechend sinnvolle Ergänzung des § 49 Abs. 1 EStG gelingen, so würden die Einkünfte des neuen Mediums der beschränkten Steuerpflicht unterliegen[674]. Ob eine Ergänzung des § 49 Abs. 1 EStG möglich wäre und welche Einzelheiten bei der Formulierung eines Tatbestandes zu beachten wären, wird im folgenden diskutiert.

3.2.2.1. Zusammenfassung der wirtschaftlichen Aktivitäten in einer Einkunftsart

Schon im zweiten Kapitel des ersten Teils wurde festgestellt, daß dem Electronic Commerce keine einheitliche Einkunftsart zugeordnet werden kann. So ist nach bisheriger Rechtslage die konkrete vertragliche Gestaltung des Leistungspaketes für die normative Zuordnung der Einkünfte entscheidend. Deshalb können im Einzelfall beispielsweise Einkünfte aus Gewerbebetrieb (§ 15 EStG), selbständiger Tätigkeit (§ 18 EStG) oder Vermietung und Verpachtung (§ 21 EStG) vorliegen[675].

Da die Anknüpfungsmerkmale des § 49 Abs. 1 EStG unterschiedlich ausgestaltet sind, würden die durch das Internet generierten Einkünfte je nach erbrachter Leistung zu unterschiedlichen Besteuerungsfolgen führen. Um die notwendige Rechtssicherheit im Rahmen der Besteuerung der Einkünfte des Electronic Commerce zu erreichen, dürfte deshalb das konkret vereinbarte Leistungspaket keinesfalls Einfluß auf die Besteuerung haben. Unabhängig von der grundsätzlichen Leistung des Anbieters (z.B. Beratungsleistung, Lieferung einer digitalen Software, Vermietung einer virtuellen Verkaufsfläche in einer virtuellen Shopping-Mall) müßten sämtliche Leistungen, die über das neue Medium erbracht würden, einer gemeinsamen Einkunftsart unterworfen werden. Letztlich würde allein die wirtschaftliche Betätigung im Internet entscheidend für die Besteuerung sein, nicht jedoch die jeweilig vertraglich vereinbarte Leistung.

---

673 Denn nach der hier vertretenen Auffassung stellt der Server keine Betriebsstätte im Sinne von § 49 Abs. 1 Nr. 2 lit. a EStG dar; siehe dazu auch unten 3.2.2.2.

674 Eine Ergänzung des § 2 Abs. 1 EStG ist dagegen nicht notwendig, da die Einkünfte aus dem Electronic Commerce im Rahmen der unbeschränkten Steuerpflicht den bisherigen sieben Einkunftsarten des § 2 Abs. 1 EStG zugeordnet werden können.

675 Auf die Gefahr der möglichen vertraglichen Manipulation des Unternehmers zur Erlangung einer möglichst vorteilhaften Besteuerung wurde bereits hingewiesen, 1. Teil, Kap. II, 3.3.1.5.

Die Begründung einer eigenen Einkunftsart im Rahmen des § 49 Abs. 1 EStG könnte so die Schwierigkeiten der Zuordnung der Einkünfte aus dem Electronic Commerce überwinden. Einkünfte, die mit Hilfe des Internets generiert werden, könnten im Rahmen des jeweiligen nationalen Steuerrechts der Staaten mit einer gesonderten Regelung der beschränkten Steuerpflicht unterworfen werden.

Fraglich ist, ob die Zusammenfassung mehrerer Einkunftsarten in einer Ertragsart „Einkünfte aus dem Electronic Commerce" im Rahmen des § 49 Abs. 1 EStG nicht gegen die Sachgesetzlichkeit des § 49 Abs. 1 EStG und des § 2 Abs. 1 EStG verstößt, denn § 2 Abs. 1 EStG differenziert nach sieben unterschiedlichen Einkunftsarten und fordert die klare Zuordnung der wirtschaftlichen Tätigkeit zu einer dieser Einkunftsarten. Diese Zuordnung der Einkünfte hat beispielsweise Bedeutung für die Art der Gewinnermittlung, für den Zeitpunkt und den Umfang der Erfassung von Vermögenszugängen oder –minderungen, für etwaige Freibeträge oder für die Möglichkeit des Verlustausgleichs und des -abzugs[676]. Auch § 49 Abs. 1 EStG knüpft an die Differenzierung des § 2 Abs. 1 EStG an und formuliert entsprechend den Einkunftsarten weitere Anknüpfungspunkte zur Begründung einer beschränkten Steuerpflicht[677].

Die „Einkünfte aus dem Electronic Commerce" im Rahmen einer Ergänzung des § 49 Abs. 1 EStG würden dagegen jedoch nicht auf eine einzelne Einkunftsart des § 2 Abs. 1 EStG verweisen, sondern die Einkunftsarten des § 2 Abs. 1 EStG insgesamt umfassen, soweit sie mit Hilfe des Internets erzielt worden wären. Fraglich ist, ob eine solche pauschale Verweisung gegen den von der Rechtsprechung begründeten Zuordnungsgrundsatz verstößt. So führt z.B. der BFH im Urteil vom 21.12.1976[678] zu der Problematik von gemischt wirtschaftlichen Aktivitäten aus:

> *„Berührt eine gemischte Tätigkeit mehrere Einkunftsarten, sind die Einkünfte aus jedem einzelnen Tätigkeitsbereich möglichst weitgehend getrennt zu erfassen, um der gesetzlich vorgesehenen Einordnung Rechnung zu tragen. Daß sich die Tätigkeitsbereiche sachlich berühren, steht der gesonderten Beurteilung nicht ohne weiteres entgegen, soweit eine Trennung ohne größere Schwierigkeiten möglich ist... Die Trennungsmöglichkeit ist erst dann nicht*

---

[676] S. Seeger, in: Schmidt, EStG, 18. Auflage, München 1999, § 2 Rz. 36.

[677] Plückebaum/ Wendt/ Ehmcke/ Niemeier/ Schlierenkämper, EStG, 18. Aufl, Bremen 1996, S. 1121.

[678] BFH vom 21.12.1976, BStBl. II 1977, S. 244.

mehr gegeben, wenn sich die beiden Tätigkeitsbereiche gegenseitig bedingen und derart miteinander verflochten sind, daß die Gesamttätigkeit nach der Verkehrsanschauung nicht als eine gemischte, sondern als eine einheitliche angesehen werden muß.“

Erst wenn eine „Entmischung“[679] nicht möglich ist, wird seitens der Rechtsprechung eine einheitliche Einkunftsart danach ermittelt, welche Tätigkeit der Gesamttätigkeit das Gepräge gibt[680]. Die Erträge sind in solchen Fällen einheitlich in der prägenden Einkunftsart zu erfassen, eine gesonderte Herausrechnung der einzelnen Teilleistungen ist dann nicht mehr zulässig[681]. Letztlich muß die wirtschaftliche Tätigkeit einer einzelnen Einkunftsart zugeordnet werden. Vor diesem Hintergrund erscheint der pauschale Verweis in § 49 Abs. 1 EStG auf die Einkünfte des § 2 Abs. 1 EStG problematisch.

Die Sachgesetzlichkeit des § 49 Abs. 1 EStG bedingt jedoch nicht, daß schon im Rahmen des § 49 Abs. 1 EStG eine Zuordnung der Einkünfte vorgenommen wird. Denn § 49 Abs. 1 EStG knüpft an die Einkunftsarten des § 2 Abs. 1 EStG an. Eine Besteuerung ist nur möglich, wenn alle Tatbestandsvoraussetzungen einer in § 49 Abs. 1 EStG erwähnten Einkunftsart im Sinne von §§ 13 – 23 EStG in der Person des Steuerpflichtigen vorliegen. Eine darüber hinausgehende steuerbegründende Wirkung kommt § 49 Abs. 1 EStG nicht zu[682]. Liegen entsprechende Einkünfte des § 2 Abs. 1 EStG vor, so knüpft § 49 Abs. 1 EStG weitere Tatbestandsvoraussetzungen an die Begründung einer beschränkten Steuerpflicht.

Der Zuordnungsgrundsatz wird somit gewahrt, soweit zunächst eine genaue Bestimmung der Einkunftsarten gemäß § 2 Abs. 1 EStG vorgenommen werden kann. Eine derartige Zuordnung ist im Rahmen der Einkünfte des Electronic Commerce ohne weiteres möglich[683]. Wesentliche Besteuerungsschwierigkeiten entstehen erst bei dem Versuch, die Einkünfte des Handels über das Internet auch einer beschränkten Steuerpflicht zu unterwerfen. Entsprechende, in § 49 Abs. 1 EStG normierte Anknüpfungspunkte finden aufgrund der Besonderheiten des neuen Mediums kaum Anwendung.

---

679 BFH vom 11.07.1991, BStBl. II 1992, S. 353 ff.; BFH vom 21.04.1994, BStBl. II 1994, S. 650 ff.

680 BFH vom 07.11.1991, FR 1992, S. 340; BFH vom BStBl. II 1994, 864 m.w.N.; auch in BFH/NV 1995, S. 210.

681 G. Rose, Zur Bestimmung der Einkunftsart bei gemischt wirtschaftlichen Aktivitäten von Einzelpersonen, in: DB 1980, S. 2464 ff.

682 BFH vom 20.02.1974, BStBl. II 1974, S. 511 ff.

683 Die Einkünfte aus dem Electronic Commerce können beispielsweise solche aus Gewerbebetrieb, selbständiger Tätigkeit oder auch Vermietung und Verpachtung darstellen.

Die Ergänzung des § 49 Abs. 1 EStG zur Begründung der beschränkten Steuerpflicht für die Einkünfte, die über das Internet erzielt werden, würde somit lediglich einen neuen Anknüpfungspunkt zur Begründung einer beschränkten Steuerpflicht entwickeln, ohne die Systematik des § 2 Abs. 1 EStG zu beeinträchtigen. Denn grundsätzlich müßte zunächst geprüft werden, ob entsprechende Einkünfte gemäß § 2 Abs. 1 i.V.m. §§ 13 ff. EStG erzielt worden sind. Im übrigen zeigt schon § 49 Abs. 1 Nr. 2 EStG daß der pauschale Verweis auf mehrere Einkünfte (§§ 15 - 17 EStG) grundsätzlich möglich ist.

Eine beschränkte Steuerpflicht der Einkünfte des Electronic Commerce würde somit dann eintreten, wenn der Steuerpflichtige Einkünfte des § 2 Abs. 1 i.V.m. § 13 ff. erzielt, die einen weiteren Tatbestand des (ergänzten) § 49 Abs. 1 EStG erfüllen. Ein Verstoß gegen die Systematik der §§ 49 Abs. 1, § 2 Abs. 1 EStG läge nicht vor.

3.2.2.2 Die Formulierung eines geeigneten Anknüpfungspunktes im deutschen Recht

Einen physischen Anknüpfungspunkt des Unternehmers, der mittels des Internets Waren im Quellenstaat veräußert oder Dienstleistungen erbringt, gibt es im Fall des Electronic Commerce nicht. Der Versuch, den Server als eine steuerbegründende Betriebsstätte anzuerkennen und damit in den § 49 Abs. 1 Nr. 2 lit. a EStG aufzunehmen, ist aufgrund der Möglichkeit der Aufgabe der Verfügungsmacht oder der Verlagerung des Servers in das Ausland untauglich. Zudem würde sich diejenige Finanzverwaltung, die den Server als Betriebsstätte anerkennen würde, einen Bärendienst erweisen. Tätigkeiten über im Ausland plazierte Server müßte sie (zumindest im Abkommensfall, Art. 7 Abs. 1 OECD-MA) im Umkehrschluß von der beschränkten Steuerpflicht freistellen. Staaten mit einem hohen Steuerniveau würden bei einer derartigen Besteuerungspraxis mittelfristig Steuerausfälle aufgrund zunehmender Verlagerung von Servern hinnehmen müssen[684].

Der Anknüpfungspunkt muß also derart gewählt werden, daß er bei wirtschaftlicher Betätigung im Quellenstaat nicht zur freien Disposition der Beteiligten steht. Auf der Suche nach einem Anknüpfungspunkt im deutschen Recht wäre z.B. denkbar, den für die Einkünfte aus selbständiger und nichtselbständiger Tätigkeit normierten Verwertungsbegriff zu verwenden (§ 49 Abs. Abs. 1 Nr. 3

[684] Vor diesem Hintergrund ist die Entscheidung des BFH vom 30.10.1996 „Pipeline-Urteil" als interessante Eröffnung eines Steuersparmodells zu werten. Inländische Unternehmer könnten durch im Ausland plazierte Server, die auf Grundlage des Urteils als Betriebsstätten anerkannt würden, erhebliche Steuereinsparungen erzielen. Ob dies tatsächlich vom BFH gewollt war, mag bezweifelt werden.

und 4 EStG). Der Unternehmer wäre im Quellenstaat steuerpflichtig, wenn seine Leistungen (Warenverkauf oder Dienstleistung) auch im Quellenstaat verwertet werden würde.

Diese Anknüpfung würde die nationalen Finanzverwaltungen jedoch vor erhebliche Schwierigkeiten stellen, denn wie sollte beispielsweise bewiesen werden, daß eine Beratungsleistung per Internet tatsächlich verwertet worden oder ein digitales Buch nach dem Download auch gelesen worden ist.

Für verschiedene Leistungs- bzw. Produktgruppen müßten Verwertungs- und Vermutungstatbestände normiert werden. Im Gegensatz zur selbständigen und nichtselbständigen Tätigkeit gemäß § 49 Abs. 1 Nr. 3 und 4 EStG wäre ein Rückgriff auf die inländische Verwertung somit aufgrund der Diversifikation des Leistungsangebotes im Electronic Commerce unpraktikabel[685]. Auch würde die von der neueren Rechtsprechung[686] einschränkend geforderte Personengleichheit von Leistungserbringer und Leistungsverwerter im Bereich des virtuellen Geschäftsverkehrs keine Anwendung finden können[687].

Gleichen Bedenken würde der Rückgriff auf die in § 49 Abs. 1 Nr. 9 EStG normierten Anknüpfungspunkt der Nutzung[688] oder der Überlassung begegnen. Unbeachtlich der Tatsache, daß beide Begriffe auf Veräußerungen nicht anwendbar sind und somit schon aufgrund des zu engen Anwendungsbereichs im Bereich des Electronic Commerce unbrauchbar wären, würde der Anknüpfungspunkt der inländischen Nutzung unpraktikabel sein. So wie der Verwertungsbegriff aufgrund des unterschiedlichen Leistungsangebotes im Internet zu erheblichen Umsetzungs- und Bestimmungsschwierigkeiten führen würde, könnte auch die inländische Nutzung nur durch einen dezidierten Kriterienkatalog brauchbar gestaltet werden. Im Gegensatz zu § 49 Abs. 1 Nr. 9 EStG würden nicht nur bewegliche Sachen und Rechte, sondern auch Dienstleistungen in den Anwendungsbereich fallen, für die eine Nutzungsbestimmung vorgenommen werden müßte.

Es bleibt – quasi analog zu § 49 Abs. 1 Nr. 5 lit. a. EStG – die Möglichkeit, die unbeschränkte bzw. beschränkte Steuerpflicht des Abnehmers im Quellenstaat als Anknüpfungspunkt zu wählen. Erbringt der Unternehmer Leistungen über

---

[685] A.A. T. Utescher, Internet und Steuern, Düsseldorf 1999, S. 399, die jedoch leider zur Lösung der erwähnten Erhebungsschwierigkeiten nicht beiträgt.

[686] W. Heinicke, in: Schmidt, EStG, 18. Auflage, München 1999, § 49 Rz. 50.

[687] Siehe dazu 1. Teil, Kap. II, 3.2.2.

[688] Sachen oder Rechte werden genutzt, wenn sie eingesetzt werden, J. Lüdicke, in: Lademann, EStG, § 49 Rz 813.

das Internet an einen Kunden im Staat S[689], so hätte er dort nach nationalem Recht Steuern zu entrichten, sofern der Kunde dort auch steuerpflichtig wäre. Die Einbeziehung der beschränkten Steuerpflicht des Kunden soll auch diejenigen Fälle einer Ertragsbesteuerung unterwerfen, in denen der Kunde beispielsweise über seine ausländische Betriebsstätte im Electronic Commerce tätig wird. Würde allein auf die unbeschränkte Steuerpflicht abgestellt werden, so wäre nur ein Teil des Internet-Handels steuerlich erfaßbar.

Die unbeschränkte oder beschränkte Steuerpflicht eines Kunden im Quellenstaat läßt sich ohne weiteres von der Finanzverwaltung ermitteln[690]. Ausgenommen bleiben danach diejenigen Fälle, in denen eine Steuerpflicht des Kunden im Quellenstaat nicht besteht. Diese Fälle dürften – da der Server nicht zu einer Verlagerung der Einkunftsquelle führt – in der Praxis jedoch nur selten auftreten[691].

Die unbeschränkte oder beschränkte Steuerpflicht des Kunden im Quellenstaat ist zur Bestimmung einer beschränkten Steuerpflicht des Unternehmers geeignet und soll als Anknüpfungspunkt übernommen werden. Der Vorteil der vorliegenden Lösung liegt neben der einfachen Bestimmungsmöglichkeit in der Tatsache, daß die unbeschränkte oder beschränkte Steuerpflicht des Kunden nicht zur Disposition der Parteien steht. Zudem ist diese Anknüpfung im Regelungsbereich des bisherigen § 49 EStG bereits angelegt (§ 49 Abs. 1 Nr. 5 EStG)[692]. Somit ist ein möglicher Anknüpfungspunkt gefunden, der zudem nicht neu formuliert werden muß[693].

---

689 Unabhängig von der Belegenheit des Servers!

690 Zu den Fragen der tatsächlichen Erfassung und Durchsetzung des Steueranspruches siehe weiter unten Ziff 5.

691 Die Einschaltung eines ausländischen Beauftragten scheitert in dem Moment, in dem diese Quellenbesteuerung einheitlich von den Staaten verwendet werden würde. Somit würde der Verkauf von Leistungen über das Internet stets zur beschränkten Steuerpflicht im jeweiligen Quellenstaat führen.

692 Fordert § 49 Abs. 1 Nr. 5 lit. a EStG die unbeschränkte Steuerpflicht des Schuldners im Inland, so wird auf dieses Erfordernis im Rahmen des § 49 Abs. 1 Nr. 5 lit. c. cc.) EStG verzichtet. Danach liegen beschränkt steuerpflichtige Einkünfte auch dann vor, wenn ein im Ausland ansässiger Schuldner einem ebenfalls im Ausland ansässigen Gläubiger gegen Aushändigung von Zinsscheinen Zinsen auszahlt, ohne daß ein örtlicher Bezug zum Inland besteht. Teleologisch reduziert erfaßt § 49 Abs. 1 Nr. 5 lit c. cc.) EStG jedoch nur die Zinsen, die von einer inländischen Zahlstelle ausbezahlt werden.

693 Ausführungen von D.L. Forst scheinen diesen Ansatz zu unterstützen: „...the primary consideration for the international tax system is not the location of interactions, but the people who interact“, ders. in: The Continuing Vitality of Source-Based Taxation in the Electronic Age, in: Tax Notes International 1997, S. 1471.

Soll der Inlandsbezug von der Steuerpflicht des Kunden abgeleitet werden, so müßte eine neue Einkunftsart im Rahmen des § 49 Abs. 1 EStG normiert werden, denn unter § 49 Abs. 1 Nr. 5 EStG fallen ausschließlich Einkünfte aus Kapitalvermögen. Die Aufnahme des Electronic Commerce in den § 49 Abs. 1 Nr. 5 EStG würde dem sachlichen Anwendungsbereich der Norm entgegenstehen.

3.2.2.3. Aufnahme sowohl des Vertragsschlusses als auch der Leistungserbringung

Um eine vollständige Erfassung aller wirtschaftlichen Handlungen über das Internet zu gewährleisten, müßten sowohl die Lieferung der Leistung als auch der Vertragsschluß tatbestandsmäßig erfaßt werden. Würde nämlich allein die Online-Lieferung über das Internet erfaßt, so könnte auf die traditionelle Zulieferung ausgewichen werden. Wenn jedoch nur der Vertragsabschluß im Internet einer Besteuerung unterworfen würde, so könnte im Wege des traditionellen Schriftverkehrs die Unterzeichnung des Vertrages oder die Abgabe der Annahmeerklärung erfolgen. Nur die Aufnahme sowohl des Vertragsschlusses als auch der Lieferung der Leistung könnte eine effektive Besteuerung des neuen Mediums sichern.

3.2.2.4. Subsidiarität der Einkunftsart

Die Einkünfte aus Tätigkeiten im Bereich des Electronic Commerce müßten gegenüber den bisherigen Einkunftsarten subsidiär sein. Würde ein ausländischer Unternehmer über eine im Inland belegene Betriebsstätte im Internet tätig werden, so würde der Gewinn ausschließlich gemäß § 49 Abs. 1 Nr. 2 lit. a EStG einer Besteuerung zugeführt werden. Eine Beratungsleistung, die vertraglich über das Internet vereinbart wurde, aber von dem ausländischen Berater im Inland erbracht wird, fällt somit weiterhin unter § 49 Abs. 1 Nr. 3 EStG. Dadurch würde sichergestellt, daß die Aufnahme einer neuen Regelung zur Besteuerung des Electronic Commerce die traditionellen Besteuerungstatbestände nicht verdrängen, sondern lediglich ergänzen soll. Die Besteuerung des Electronic Commerce würde als ein Auffangtatbestand lediglich die Besteuerung in denjenigen Fällen sichern, in denen aufgrund sonstiger mangelhafter Tatbestandsmäßigkeit eine Quellenbesteuerung entfallen würde.

3.2.2.5. Ausnahme der Geschäfte zwischen Privatpersonen

Nicht unter die steuerpflichtigen Einkünfte des Electronic Commerce dürften Privatgeschäfte des täglichen Lebens fallen, die auch nach bisheriger Rechtslage unbesteuert bleiben. Der Verkauf eines gebrauchten PKW zwischen Privatpersonen dürfte nicht aufgrund der Nutzung des Internets zur steuerpflichtigen

Transaktion werden. Steuerpflichtig wären somit nur Geschäfte, bei denen ein ausländischer Unternehmer an einen inländischen Unternehmer („business to business") oder an eine Privatperson („business to consumer") Leistungen erbringt. Ausländische Privatpersonen dürften, soweit sie keine Einkünfte des übrigen Kataloges des § 49 Abs. 1 EStG erzielen, keiner Besteuerung unterliegen, sofern sie Leistungen über das Internet erbringen[694].

3.2.2.6. Zusammenfassung

Die Normierung einer beschränkten Steuerpflicht der im Rahmen des Electronic Commerce generierten Einkünfte wäre im deutschen Außensteuerrecht somit möglich. Ein Verstoß gegen die in den §§ 49 ff. EStG angelegte Sachgesetzlichkeit läge nicht vor.

Festgelegt werden müßte beispielsweise in einem neu formulierten § 49 Abs. 1 Nr. 10 EStG, daß

> *alle wirtschaftlichen Tätigkeiten, die Einkünfte im Sinne des § 2 Abs. 1 EStG darstellen*[695] *und bei denen die Parteien den Vertragsschluß oder Leistungshandlungen über das Internet oder ein vergleichbares Netzwerk ausüben und der Leistungsanbieter ausländischer Unternehmer sowie der Kunde im Quellenstaat unbeschränkt oder beschränkt steuerpflichtig ist, den Einkünften aus dem Electronic Commerce zugerechnet werden, sofern nicht der Tatbestand einer anderen Einkunftsart des § 49 Abs. 1 EStG erfüllt wird.*

4. Bemessungsgrundlage der Quellenbesteuerung

Sollen die nationalen Steuergesetze eine der Höhe nach begrenzte Quellenbesteuerung der Einkünfte aus dem Electronic Commerce vorsehen und wurde die grundsätzliche Möglichkeit einer notwendigen Inlandsradizierung im deutschen Außensteuerrecht vorstehend bejaht, so muß nunmehr die Bemessungsgrundlage der Besteuerung festgelegt werden.

Die Bestimmung der Bemessungsgrundlage ist zum einen entscheidend für die Höhe der Quellensteuersätze. Eine Besteuerung beispielsweise auf der Grundla-

[694] Da derartige Geschäfte zwischen Privatpersonen im Rahmen des § 2 Abs. 1 EStG nicht steuerbar wären, käme einer entsprechenden Klarstellung in § 49 Abs. 1 EStG lediglich eine deklaratorische Wirkung zu.

[695] Der Tatbestand könnte auch enger gefaßt werden, so daß lediglich Einkünfte der §§ 15, 18 und § 21 EStG erfaßt werden.

ge der Bruttoumsätze verlangt nach niedrigeren Steuersätzen als eine Besteuerung des um die jeweiligen Aufwendungen (Betriebsausgaben bzw. Werbungskosten) bereinigten Ergebnisses. Zum anderen ist die Bestimmung der Bemessungsgrundlage auch vor dem Hintergrund der praktischen Umsetzung der Besteuerung vorzunehmen. Diese letztere Aussage ist insbesondere im Bereich des Electronic Commerce entscheidend.

Die Quellenbesteuerung der Einkünfte aus dem Electronic Commerce unterliegt erheblichen Nachweis- bzw. Dokumentationsschwierigkeiten. Den nationalen Finanzbehörden stehen in der Regel keine unternehmensbezogenen Daten zur Verfügung, nach denen das zu versteuernde Einkommen bzw. der steuerpflichtige Gewinn ermittelt oder nachgewiesen werden könnte. Die steuerpflichtigen Unternehmer und Unternehmen würden in der Regel keine Steuererklärungen im Quellenstaat abgeben. Die von den Unternehmen übermittelten Steuerdaten wären nur mittels Amtshilfe der Finanzverwaltungen der Ansässigkeitsstaaten verifizierbar[696]. Diese Amtshilfe würde in den Staaten, die sich als Niedrigsteuerländer ausweisen, im Zweifel ins Leere laufen.

Deshalb wäre die einzige denkbare Bemessungsgrundlage für die Ertragsbesteuerung der im Quellenstaat erzielten Bruttoeinnahmen (Umsatz). Die Ertragsbesteuerung auf der Grundlage der Bruttoeinnahmen verlangt nur die Ermittlung des Umsatzes als einzige Bemessungsgröße. Dagegen würde eine Besteuerung des tatsächlich erzielten Gewinns umfangreiche Angaben des Unternehmens erfordern, die im Rahmen des Electronic Commerce von den ausländischen Unternehmen kaum zu erhalten und vor allem nicht nachzuprüfen wären. Die Besteuerung auf der Grundlage des Umsatzes würde diese Dokumentationsschwierigkeiten erheblich einschränken[697].

Diese Form der Ertragsbesteuerung auf der Grundlage der Bruttoeinnahmen ist im deutschen Außensteuerrecht bekannt. So werden beispielsweise die Einkünfte von ausländischen Künstlern, die in Deutschland ein Gastspiel geben, einer 25 %igen Ertragssteuer unterworfen, wobei als Bemessungsgrundlage gemäß § 50 Abs. 4 Sätze 2 und 3 EStG die Bruttoeinnahmen gelten[698]. Abzüge wie z.B. Betriebsausgaben, Werbungskosten, Sonderausgaben und Steuern sind nicht zulässig.

---

[696] F. Dittmar/ H.-J. Selling, How to Controll Internet Transactions? – A Contribution from the Point of View of German Tax Inspectors, in: Intertax 1998, S. 88 ff.

[697] R.L. Doernberg/ L. Hinnekens, Electronic Commerce and International Taxation, IFA 1999, S. 314 ff.

[698] W. Heinicke, in: Schmidt, EStG, 18. Aufl. 1999, § 50 a, Rz. 12.

4.1. Verstoß gegen das Leistungsfähigkeitsprinzip

Ertragsteuern kann letztlich nur derjenige zahlen, der einen Überschuß oder einen Gewinn erzielt hat. Der Umsatz selbst ist dagegen nicht geeignet eine Aussage darüber zu treffen, ob das Unternehmen im Rahmen seiner wirtschaftlichen Aktivitäten über das Internet einen Gewinn realisiert hat. Erst die Gegenüberstellung von erzielten Umsätzen und Aufwendungen läßt erkennen, ob die wirtschaftliche Transaktion im Quellenstaat tatsächlich erfolgreich war, ob tatsächlich ein „Ertrag“ erzielt wurde.

Ausländische Leistungsfähigkeit wird erzielt, wenn der Unternehmer bezogen auf seine im Quellenstaat erzielten Einkünfte gleich den dort inländischen Steuerzahlern behandelt wird[699]. Die Besteuerung auf der Grundlage des erzielten Umsatzes stellt deshalb einen Verstoß gegen das (ausländische) Leistungsfähigkeitsprinzip dar. Der Unternehmer wird in diesem Falle nämlich gerade nicht gemäß seiner Leistungsfähigkeit, sondern aufgrund seines - von der eigentlichen Leistungsfähigkeit unabhängigen - Umsatzes besteuert.

4.1.1. Kein Verstoß im Rahmen der Art. 10 ff. OECD-MA wegen Anrechnung

Ein Verstoß gegen das ausländische Leistungsfähigkeitsprinzip liegt zwar auch an anderer Stelle vor. So führen die Art. 10 ff. OECD-MA zu einer internationalen Steueraufteilung, bei der die Beschränkung der Quellenbesteuerung der Höhe nach im Quellenstaat selbst regelmäßig zu einer steuerlichen Privilegierung des ausländischen Steuerpflichtigen führt[700]. Seine entrichteten Quellensteuern werden nicht denen der dortigen vergleichbaren Steuerpflichtigen entsprechen.

Durch die Steuerpflicht im Wohnsitzstaat unter Anrechnung der im Quellenstaat gezahlten Steuern wird jedoch zumindest die inländische Leistungsfähigkeit bezogen auf die Gesamteinkünfte des steuerpflichtigen Unternehmers wieder hergestellt. Diese Herstellung der inländischen Leistungsfähigkeit durch Anrech-

---

[699] H. Schaumburg, Internationales Steuerrecht, 2. Aufl., Köln 1998, Rz. 5.62 ff. ; siehe auch 3. Teil, Kap. II, 1.2.2.

[700] Zinsen und Dividenden sind in der Regel nicht mit besonderen Aufwendungen verbunden, so daß die Besteuerung der Einkünfte ungefähr der Besteuerung des Gewinns entspricht. Die Quellensteuersätze werden in der Regel unter den regulären Steuersätzen des Quellenstaates liegen.

nung der gezahlten Quellensteuer wird als ausreichende Beachtung des Leistungsfähigkeitsprinzips insgesamt anerkannt[701].

4.1.2. Verstoß im Rahmen der Besteuerung der Brutteinnahmen

Grundsätzlich nicht hinnehmbar ist jedoch eine Besteuerung im Quellenstaat, soweit der Unternehmer aufgrund der Besteuerung allein des Umsatzes keine der gezahlten Quellensteuer entsprechenden positiven Einkünfte erzielt, der Ansässigkeitsstaat nur eine beschränkte Anrechnung (ordinary credit) ermöglicht und die Quellensteuer die Ertragssteuer im Ansässigkeitsstaat übersteigt. In diesem Fall würde der Unternehmer einer Steuerpflicht unterliegen, die seiner tatsächlichen Leistungsfähigkeit nicht entsprechen würde.

Die Ertragsbesteuerung des Electronic Commerce im Quellenstaat auf der Grundlage des dort erwirtschafteten Umsatzes kann somit zu einem Verstoß gegen das in- *und* ausländische Leistungsfähigkeitsprinzip führen. Wurden im Quellenstaat beispielsweise aufgrund hoher Aufwendungen keine Gewinne erzielt, so müßte die im Quellenstaat entrichtete Quellensteuer im Ansässigkeitsstaat angerechnet werden, um zumindest eine der inländischen Leistungsfähigkeit entsprechende Besteuerung zu gewährleisten. Die Doppelbesteuerungsabkommen sehen häufig jedoch nur eine beschränkte Anrechnung vor[702]. Da Internet-Gesellschaften häufig überwiegend im Ausland tätig werden und damit ihre im Ausland entrichtete Quellensteuer die Einkommens- oder Körperschaftsteuer des Ansässigkeitsstaates übersteigt, wird der Verstoß gegen das Leistungsfähigkeitsprinzip (in- und ausländisch) definitiv. Eine die (inländische) Leistungsfähigkeit beachtende unbeschränkte Anrechnung der ausländischen Ertragssteuern wäre in einem solchen Fall nicht möglich[703].

Dennoch kann von einer Besteuerung der Bruttoeinnahmen aufgrund der dargelegten Schwierigkeiten der nationalen Steuerbehörden bei der Ermittlung des steuerpflichtigen Gewinns von Internet-Gesellschaften nicht abgerückt werden. Es muß deshalb ein Kompromiß gefunden werden, der dem Leistungsfähigkeitsprinzip auch bezüglich des dargestellten Falles gerecht wird. Dem Steuerpflichtigen muß die Möglichkeit eingeräumt werden, einer Besteuerung entsprechend seiner tatsächlichen Leistungsfähigkeit im Quellenstaat unterworfen zu werden.

---

[701] H. Schaumburg, Leistungsfähigkeit im Internationalen Steuerrecht, in: Die Steuerrechtsordnung in der Diskussion, FS für K. Tipke, Köln 1995, S. 125 ff. (131).

[702] K. Vogel, DBA, 3. Aufl., München 1996, Art. 23 Rz. 162 ff.

[703] Der Verstoßes gegen das Leistungsfähigkeitsprinzips könnte abgemildert werden, wenn statt einer „per country limitation" eine „overall limitation" in die Doppelbesteuerungsabkommen (soweit nach innerstaatlichem Recht zulässig) aufgenommen werden würde.

4.2. Unbeschränkte Anrechnung der Quellensteuer im Ansässigkeitsstaat

Sollte eine Quellenbesteuerung der Einkünfte aus dem Electronic Commerce auf Grundlage der erzielten Bruttoeinnahmen tatsächlich eingeführt werden, so bieten sich zwei Möglichkeiten, das Leistungsfähigkeitsgebot trotz einer Ertragsbesteuerung auf der Grundlage des erwirtschafteten Umsatzes dennoch zu beachten.

So könnte für die Einkünfte des Electronic Commerce eine unbeschränkte Anrechnung der Quellensteuer im Ansässigkigkeitsstaat vereinbart werden. Der Ansässigkeitsstaat wäre demnach verpflichtet, im Fall zuviel gezahlter Quellensteuer diese nicht nur auf die Steuerschuld im Ansässigkeitsstaat anzurechnen, sondern gegebenenfalls Quellensteuer zu erstatten. Die Einführung einer unbeschränkten Anrechnung für die Einkünfte aus dem Electronic Commerce würde also dazu führen, daß der Ansässigkeitsstaat für eine Rückerstattung der im Quellenstaat gezahlten Steuern einstehen müßte, sofern sie - gemessen an der inländischen Leistungsfähigkeit des Steuerpflichtigen - im Quellenstaat „zu unrecht“ gezahlt wurden.

Einer solchen Verpflichtung werden sich die Vertragsstaaten jedoch nicht unterwerfen, um nicht ihr eigenes Steueraufkommen zu gefährden. Gerade der Bereich des Electronic Commerce ist darauf angelegt, überwiegend im Ausland wirtschaftlich tätig zu werden. Die Gefahr einer die Steuer im Ansässigkeitsstaat übertreffenden Quellenbesteuerung ist beim Electronic Commerce daher regelmäßig gegeben[704].

4.3. Optionsmöglichkeit zur Veranlagung auf Nettobasis

Es bleibt aber die schon von *Doernberg*[705] vorgeschlagene Möglichkeit einer Option des Steuerpflichtigen zur Veranlagung mit seinen tatsächlich erwirtschafteten positiven Nettoeinkünften aus dem Electronic Commerce. Um einer den tatsächlichen Einkünften nicht entsprechenden Quellenbesteuerung zu ent-

---

[704] Man denke an folgendes Beispiel: Eine Software wird im Quellenstaat für 100,-- DM veräußert. Angenommen, der Quellensteuersatz beträgt 15 %, so werden 15,-- DM Ertragssteuer im Quellenstaat entrichtet. Waren mit der Veräußerung der Software 70,-- DM Kosten verbunden (also 30,-- DM Gewinn), so bedeutet die Quellensteuer von 15,-- DM eine Steuerquote von 50%. Liegt der Steuersatz im Ansässigkeitsstaat für den Gewin von 30,-- DM unterhalb von 50 % (beispielsweise der Körperschaftsteuersatz bei 40 %), muß eine Anrechnung erfolgen.

[705] R.L. Doernberg, Electronic Commerce and International Tax Sharing, in: Tax Naotes International 1998, S. 1013 ff. (1015 ff.)

gehen, würde dem steuerpflichtigen Unternehmer die Möglichkeit eingeräumt, den Finanzbehörden des Quellenstaates steuerrelevante Unterlagen zur Verfügung zu stellen, die eine Ermittlung des im Quellenstaat tatsächlich erzielten Gewinns ermöglichen[706]. Der Unternehmer würde bei Ausübung der Option entsprechend seiner ausländischen Leistungsfähigkeit im Quellenstaat besteuert. Diese Optionsmöglichkeit müßte in den nationalen Steuergesetzen festgeschrieben werden.

Die Quellensteuern müßten im Ansässigkeitsstaat ebenfalls angerechnet werden. Die nur beschränkte Anrechnung würde jedoch im Falle der Optionsausübung dem Leistungsfähigkeitsprinzip genügen, da schon im Rahmen der Quellenbesteuerung die ausländische Leistungsfähigkeit des Steuerpflichtigen beachtet würde. Die inländische Leistungsfähigkeit bliebe gewahrt, da eine maximale Anrechnung in Höhe der im Ansässigkeitsstaat zu zahlenden Steuern die Steuerpflicht des Unternehmers entfallen lassen würde.

4.4. Bestimmung des Quellensteuersatzes

In seinem Aufsatz „*Electronic Commerce and International Tax Sharing*" hat *R.L. Doernberg* zunächst einen Quellensteuersatz von 10 % propagiert[707]. Diese 10 %ige Quellensteuer sollte auf alle Zahlungen einbehalten werden, die von inländischen Unternehmern an den ausländischen Internet-Unternehmer geleistet werden. In der von der IFA in Auftrag gegebenen Studie „*Electronic Commerce and International Taxation*" hält *Doernberg* nur noch eine 3 %ige Quellenbesteuerung für angemessen[708]. Eine Erklärung für die Reduzierung des Quellensteuersatzes bietet *Doernberg* leider nicht.

Letztlich wird es den einzelnen Staaten überlassen bleiben müssen, den für sie akzeptablen Quellensteuersatz für die Einkünfte des Electronic Commerce festzulegen. Dabei werden sich die nationalen Gesetzgeber zum einen an der Tatsache orientieren, daß Umsätze geringeren Steuersätzen unterfallen müssen als tatsächlich erwirtschaftete Gewinne. Zum anderen soll dem Quellenstaat aber ein ausreichendes Steueraufkommen aus der Quellenbesteuerung zukommen, so daß der Quellensteuersatz nicht zu niedrig angesetzt werden darf.

---

[706] Gleichzeitig müßte eine Möglichkeit der Nachprüfung der unternehmerischen Angaben gegeben sein. Denkbar wäre eine Offenlegungspflicht der Bücher im Optionsausübungsfall.

[707] R.L. Doernberg, Electronic Commerce and International Tax Sharing, in: Tax Naotes International 1998, S. 1013 ff. (1015 ff.)

[708] R.L. Doernberg/ L. Hinnekens, Electronic Commerce and International Taxation, IFA 1999, S. 319 ff.

4.5. Die Unterschiedlichkeit der Einkünfte

Ein weiteres Problem bei der Bestimmung des sachgerechten Quellensteuersatzes ergibt sich aus der Unterschiedlichkeit der mit dem Electronic Commerce erzielten Einkünfte. So können sowohl kostenintensive Waren (wie z.B. PKW's) als auch gewinnträchtige „*multiple downloads*" (wie beispielsweise Standardsoftware) veräußert werden. Je nach Produkt bzw. Dienstleistung wird der Gewinn der Transaktion höher oder niedriger ausfallen. Somit wird die effektive Besteuerung der erzielten Gewinne aufgrund der Quellenbesteuerung des Umsatzes unterschiedlich hoch ausfallen.

Um eine differenzierte Quellenbesteuerung nach nationalem Steuerrecht zu erzielen, könnten die nationalen Steuergesetze einen „Transaktionskatalog" in die Steuernormen „Einkünfte aus dem Electronic Commerce" aufnehmen, in dem jeder Produkt- bzw. Vertriebsart ein bestimmter Steuersatz zugewiesen wird[709]. Dadurch könnten z.B. kostenintensivere Produkte einer niedrigeren Quellenbesteuerung unterworfen werden, die erwähnte Software dagegen einer höheren Quellenbesteuerung unterliegen. Der Katalog könnte beispielsweise differenzieren zwischen traditioneller Lieferung von Ware und digitalem Download, Einzel- und Massenfertigung von Ware, Versand oder Abholung der Ware usw.

4.6 Zusammenfassung

Die Normierung einer dem Leistungsfähigkeitsprinzip nicht widersprechenden Besteuerung der Einkünfte des internationalen Handels im Internet wäre im Ergebnis somit durchaus möglich. Die Optionsmöglichkeit zur Veranlagung auf Nettobasis im Quellensteuerland würde den Steuerpflichtigen vor einer übermäßigen finanziellen Beanspruchung schützen und das Prinzip der ausländischen Leistungsfähigkeit wahren. Die Einführung eines Transaktionskataloges in die nationalen Steuergesetze und völkerrechtlichen Abkommen würde die Gleichmäßigkeit der Besteuerung fördern und die effektiven Steuersätze der unterschiedlichen Transaktionen im Rahmen der Besteuerung der Bruttoeinnahmen angleichen.

---

[709] Im deutschen Steuerrecht würde dieser Transaktionskatalog in die Ergänzung des § 49 Abs. 1 EStG einbezogen werden.

5. Electronic Commerce und das Prinzip der zwischenstaatlichen Verteilungs-gerechtigkeit

Wurden bisher die grundsätzlichen Möglichkeiten einer Wohnsitz- und einer Quellenbesteuerung der Einkünfte aus dem Electronic Commerce diskutiert und Möglichkeiten zur Normierung einer beschränkten Steuerpflicht im nationalem Recht aufgezeigt, so muß nunmehr das Verhältnis dieser beiden Besteuerungsformen zueinander geklärt werden. Das Prinzip der Verteilungsgerechtigkeit zwischen den Staaten sucht nach einem gerechten Ausgleich ihrer grundsätzlich widerstreitenden Fiskalinteressen[710]. Die Diskussion verlagert sich somit von der nationalen auf die völkerrechtliche Ebene.

5.1. Ausschließliche Besteuerung durch den Wohnsitzstaat

Denkbar wäre, das Recht der Besteuerung der Einkünfte aus dem Electronic Commerce ausschließlich dem Wohnsitzstaat des Unternehmers zuzuweisen. Diese auch in dem Diskussionspapier des US-amerikanischen Finanzministeriums *„Selected Policy Implications of Global Electronic Commerce"*[711] propagierte Besteuerungsform hätte den entscheidenden Vorteil, daß sowohl die nationalen Steuergesetze als auch die internationalen Doppelbesteuerungsabkommen keiner oder allenfalls einer „deklaratorischen" Änderung bedürften. Auch die Steuererhebung selbst würde die nationalen Finanzverwaltungen vor keine administrativen Schwierigkeiten stellen.

Um eine Quellenbesteuerung zu vermeiden, müßte sich international lediglich darauf verständigt werden, daß dem Server oder der Web-Site keine betriebsstättenbegründende Funktion zukommen soll[712]. Damit würde allein die Ansässigkeit des Unternehmers bzw. der Unternehmenssitz gemäß Art. 7 Abs. 1 OECD-MA den Fiskalzugriff bestimmen.

Zur Umsetzung einer derartigen Verständigung bedürfte es grundsätzlich keiner Änderung der Doppelbesteuerungsabkommen, da schon nach bisheriger Rechtslage weder der Server noch die Web-Site Betriebsstätten im Sinne von

---

[710] Siehe dazu schon 3. Teil, Kap. II, 2.

[711] US Department of Treasury, Selected Tax Policy Implications of Global Electronic Commerce, Washington D.C., November 1996.

[712] Auf die Besonderheiten des „US Trade or Business" soll an dieser Stelle nicht eingegangen werden.

Art 5 OECD-MA darstellen. Eine andere Auslegung widerspräche dem insofern eindeutigen Tz. 10 des Kommentars zu Art. 5 OECD-MA[713].

Sofern eine entsprechende Klarstellung dennoch normativ dokumentiert werden sollte, könnten die Doppelbesteuerungsabkommen beispielsweise den Server oder die Web-Site in den Ausnahmekatalog des Art. 5 Abs. 4 OECD-MA aufnehmen. Auch die Aufnahme eines neuen Artikels analog Art. 8 OECD-MA wäre denkbar, in dem das Besteuerungsrecht für die Einkünfte aus dem Electronic Commerce ausschließlich dem Wohnsitzstaat zugesprochen wird.

5.1.1. Verstoß gegen den Grundsatz der Verteilungsgerechtigkeit

Wie schon im 3. Teil dieser Arbeit festgestellt, muß im Rahmen der internationalen Besteuerung grenzüberschreitender wirtschaftlicher Aktivitäten auf die Steueraufkommen der beteiligten Volkswirtschaften Rücksicht genommen werden. Dem Staat muß ausreichend Kapital zur Verfügung gestellt werden, damit er die notwendigen Rahmenbedingungen für das privatwirtschaftliche Engagement schaffen und erhalten kann.

Das um den zwischenstaatlichen Bezug erweiterte Reproduktivitätsprinzip schafft im Rahmen internationaler Besteuerungssachverhalte diese notwendigen Voraussetzungen zur staatlichen Refinanzierung. Die Steuererhebung ist danach nur gerechtfertigt, soweit mindestens so viel an Steuern, wie erhoben wird, an die Gesamtheit derjenigen Bürger zurückfließt, in deren Staat das Einkommen erwirtschaftet wurde[714]. Entscheidend zur Bestimmung der internationalen Besteuerung ist somit, in welchem Staat die Wertschöpfung und deren Realisierung erfolgt.

Wird das Reproduktivitätsprinzip in diesem Sinne umformuliert und als Kriterium der zwischenstaatlichen Verteilungsgerechtigkeit herangezogen, so wird auch für die Einkünfte des Electronic Commerce deutlich, daß eine ausschließliche Besteuerung durch den Wohnsitzstaat gegen diesen Grundsatz der internationalen Verteilungsgerechtigkeit verstoßen würde, da die Wertschöpfung im Rahmen des Electronic Commerce zumindest auch im Quellenstaat erfolgt:

Durch die Nutzung der Marktgegebenheiten des Quellenstaates (z.B. Kaufkraft der Kunden, Wettbewerbssituation), die einen Teil seiner gesamtwirtschaftli-

---

[713] Die insbesondere von Teilen der deutschen Literatur vertretene Ansicht, der Server stelle schon nach bisherigem Abkommensrecht eine Betriebsstätte im Sinne von Art 5 Abs. 1 O-ECD-MA dar, wird in der internationalen Diskussion nicht geteilt.

[714] 3. Teil, Kap. II, 2.2.2.3.

chen Rahmenbedingungen bilden, kann der Unternehmer einen Preis für seine Leistung verlangen, der regelmäßig die Herstellungskosten (die eigene Arbeitsleistung eingerechnet[715]) der jeweiligen Leistungseinheit übersteigt. Je vorteilhafter sich die Marktgegebenheiten im Quellenstaat für den Unternehmer darstellen, je höher also der Verkehrswert der jeweiligen Leistungseinheit im Quellenstaat taxiert wird, desto mehr wird der Unternehmer für seine erbrachte Leistung erzielen können. Der Verkaufspreis steht also in Abhängigkeit zu den Marktgegebenheiten des Absatzstaates.

Reduziert man den Begriff der Wertschöpfung nicht allein auf die Herstellung der Leistungseinheit, sondern bezieht auch die Realisierung eines über dem reinen Substanzwert liegenden Gewinns durch Nutzung der Marktgegebenheiten[716] im jeweiligen Staat des Kunden in den Wertschöpfungsprozeß[717] ein, so ist bei grenzüberschreitenden Sachverhalten die Wertschöpfung nicht allen auf den Wohnsitzstaat beschränkt. Das Einkommen des Unternehmers wird eben nicht allein in seinem Wohnsitzstaat erwirtschaftet.

Eine ausschließliche Besteuerung der Einkünfte des Electronic Commerce durch den Wohnsitzstaat verstößt somit gegen das – um den zwischenstaatlichen Bezug erweiterte – Reproduktivitätsprinzip. Die Verteilungsgerechtigkeit zwischen den Staaten wäre bei Einführung einer derartigen Besteuerungsform nicht gewahrt[718].

5.1.2. Das Verteilungssystem des Internationalen Steuerrechts

Dem Grundsatz Rechnung tragend, daß bei internationalen Sachverhalten zumindest Teile des Einkommens auch im Quellenstaat erwirtschaftet werden und deshalb der Quellenstaat regelmäßig ein Besteuerungsrecht bezüglich der auf seinem Hoheitsgebiet generierten Einkünfte geltend machen kann, haben die Doppelbesteuerungsabkommen bezüglich der einzelnen Einkunftsarten ein differenziertes Verteilungssystem[719] geschaffen[720]. So wurden für jede Einkunftsart

---

[715] Sog. Kalkulatorischer Lohnansatz; ebenfalls berücksichtigt werden muß die Verzinsung des im Unternehmen gebundenen Kapitals (auch Eigenkapital).

[716] Insofern stellt K. Vogel auf sog. „benefit arguments", also den nutzentheoretischen Ansatz zur Bestimmung der Verteilungsgerechtigkeit ab, K. Vogel, World-Wide vs. Source Taxation of Income, in: Der offene Finanz- und Steuerstaat, P. Kirchhof (Hrsg.), S. 127.

[717] So schon in 3. Teil, Kap. II, 2.2.2.3.

[718] Zu dem Widerspruch des Ergebnisses zu der tatsächlichen Rechtslage, nach der das normale grenzüberschreitende Verkaufsgeschäft nicht zu einer Quellenbesteuerung führt, siehe nachfolgend Ziff. 5.3.7.

[719] Kritisch zu den Begriffen „Zuteilungs- und Aufteilungsnormen" F. Wassermeyer, in: Debatin/ Wassermeyer, Doppelbesteuerungsrecht, Bd I, Systematik und Kommentierung des OECD-MA, OECD-MA, Art. 1 Rz. 9.

in den Art. 6 bis 22 OECD-MA Zurechnungskriterien entwickelt, die für bestimmte internationale Steuersachverhalte jeweils Besteuerungsrechte des Wohnsitz- oder des Quellenstaates begründen[721]. Ziel dieser Zurechnungsnormen ist die gerechte internationale Aufteilung der Steueraufkommen[722].

Kriterium dieser Zurechnung der Einkünfte in den heutigen Doppelbesteuerungsabkommen ist im Kern das bereits im dritten Teil[723] im historischen Zusammenhang dargestellte, von *Georg von Schanz* entwickelte und von den Gutachtern des Völkerbund aufgegriffene Prinzip der wirtschaftlichen Zugehörigkeit (economic allegiance). Das Besteuerungsrecht der einzelnen Einkunftsarten wird unter Zugrundelegung dieses Zuordnungsprinzips dem Wohnsitzstaat, dem Quellenstaat oder – wie bei den Art. 10, 11 und 12 des OECD-MA - beiden Staaten anteilig zugesprochen. Abgestellt wird auf den steuerbegründenen Nexus der Einkünfte zu den jeweiligen Vertragsstaaten, der je nach Einkunftsart unterschiedlich stark ausgeprägt ist[724].

In der Staatenpraxis werden die Normen der Doppelbesteuerungsabkommen jedoch nicht durchgängig als ein auf dem Grundsatz der Verteilungsgerechtigkeit ausgerichtetes Regelungsgefüge, sondern eher als „Befriedigungsregeln in einem Verteilungskampf" aufgefaßt, den die Wohnsitzstaaten gegen die Quellenstaaten und die Industrieländer gegen die Entwicklungsländer zu gewinnen versuchen. Zu diesem Zweck werden die in den Doppelbesteuerungsabkommen angelegten Zuordnungsprinzipien nicht selten durch das nationale Steuerrecht umgangen[725]. Deshalb beruht die internationale Besteuerungswirklichkeit nicht durchgehend auf dem Prinzip der wirtschaftlichen Zugehörigkeit.

---

[720] So lassen sich die DBA als völkerrechtliche Verträge charakterisieren, die ein auf Gegenseitigkeit gründendes System von Steuerverzichten aufstellen, H. Debatin, in: Debatin/ Wassermeyer, Doppelbesteuerungsrecht, Bd. I, Systematik und Kommentierung des O-ECD-MA, I Systematik, Rz. 36.

[721] Hierzu ausführlich H. Debatin, System und Auslegung der Doppelbesteuerungsabkommen, in: DB 1985, Beilage 23, S. 2 ff.; K. Vogel, Zu einigen Fragen des Internationalen Steuerrechts, in: DB 1986, S. 507 ff.

[722] H. Flick, Recht und Gerechtigkeit im Internationalen Steuerrecht, in: FR 1961, S. 171 ff.

[723] Siehe 3. Teil, Kap. II, 2.1.

[724] So werden beispielsweise die Einkünfte aus unbeweglichem Vermögen ausschließlich in dem Staat generiert und besteuert, in dem sich das Vermögen befindet, Art. 6 OECD-MA.

[725] H. Schaumburg, Internationales Steuerrecht, 2. Aufl., Köln 1998, Rz. 16.39; K. Vogel, DBA, 3. Aufl., München 1996, Einl. , Rz. 125 ff.

5.1.2.1. Die Besteuerung gemäß Art. 8 OECD-MA

Wird dem Quellenstaat aufgrund eines ausschließlichen Besteuerungsrechts des Wohnsitzstaates eine Teilhabe an dem Steueraufkommen aus den Einkünften des Electronic Commerce verweigert, handelt es sich also um eine sog. vollständige Verteilungsnorm, so ist zu prüfen, ob diese Besteuerungsform trotz ihres Verstoßes gegen das Prinzip der zwischenstaatlichen Gerechtigkeit aus anderen Gründen gerechtfertigt sein könnte. Eine Rechtfertigung könnte sich aus der Unmöglichkeit der praktischen Umsetzung einer Quellenbesteuerung ergeben.

Ein notwendiges exklusives Besteuerungsrecht des Ansässigkeitsstaates ist in Art. 8 OECD-MA vorgesehen. Einkünfte aus der Seeschiffahrt, Binnenschiffahrt und Luftfahrt werden danach ausschließlich im Staat des Ortes der tatsächlichen Geschäftsleitung besteuert. Diese Form der ausschließlichen Besteuerung trägt dem typischen Erscheinungsbild der internationalen Schiffahrt und Luftfahrt Rechnung[726]. Der Betrieb erstreckt sich über eine Vielzahl von Staaten, in denen zudem für die Geschäftstätigkeit häufig Betriebsstätten begründet werden. Da auf einer einzelnen Reise oft mehrere ausländische Staaten nacheinander angelaufen bzw. angeflogen werden, würde bei einer Besteuerung nach dem Betriebsstättenprinzip die Schwierigkeit auftreten, den einzelnen Betriebsstätten ihren Gewinnanteil an der Beförderungstätigkeit des Unternehmens zuzurechnen. Folge einer Gewinnaufteilung auf die Betriebsstätten wäre eine Zersplitterung der Besteuerung[727].

Um derartige Nachteile des Betriebsstättenprinzips zu vermeiden, werden gemäß Art. 8 OECD-MA die Gewinne ausschließlich in dem Staat versteuert, in dem sich der Ort der Geschäftsleitung[728] befindet[729]. Die Einkünfte werden auch dann nicht im Quellenstaat versteuert, wenn das Unternehmen dort eine Betriebsstätte unterhält[730].

---

[726] K. Vogel, DBA, 3. Aufl., München 1996, Art. 8 Rz. 23.

[727] G. Maisto, The „shipping and air transport“ provision (Art. 8) in the Italy-USA double taxation agreement, in: Intertax 1995, S. 146 ff.

[728] Der durch Art. 8 OECD-MA dem Staat der tatsächlichen Geschäftsführung eingeräumte Vorrang gegenüber dem Wohnsitzstaat beruht auf der Überlegung, daß sonst gegebenenfalls auch ein Staat allein steuerberechtigt sein könnte, in dem sich nur der rechtliche Sitz eines Unternehmens befindet, obwohl sich die wirtschaftliche Tätigkeit des Unternehmens einschließlich seiner Leistung außerhalb dieses Staates vollzieht, K. Vogel, DBA, 3. Aufl. München 1996, Art. 8 Rz. 24.

[729] K. Vogel, DBA, 3. Aufl., München 1996, Art. 8 Rz. 23.

[730] F. Wassermeyer, in: Debatin/ Wassermeyer, DBA, Bd. I, Systematik und Kommentierung des OECD-MA, Art. 8 Rz. 2.

5.1.2.2. Zur entsprechenden Besteuerungsnotwendigkeit beim Electronic Commerce

Art. 8 OECD-MA stellt auf die Schwierigkeit der Zurechnung des auf die jeweilige Betriebsstätte entfallenden Gewinns ab und beugt einer Zersplitterung der Besteuerung vor. Die ausschließliche Besteuerung der Einkünfte durch den Staat, in dem sich der Ort der Geschäftsleitung befindet, ist somit Folge der erheblichen Schwierigkeiten, die mit der praktischen Umsetzung einer Quellenbesteuerung verbunden wären[731].

Ob eine derartige, auf dem Grundgedanken des Art. 8 OECD-MA beruhende Notwendigkeit der ausschließlichen Besteuerung im Wohnsitzstaat für die Einkünfte aus dem Electronic Commerce besteht, kann an dieser Stelle nicht abschließend beurteilt werden[732]. Folgendes ist aber zu beachten:

Die (teilweise) Quellenbesteuerung der Einkünfte aus dem Electronic Commerce wäre grundsätzlich möglich, denn die einzelne wirtschaftliche Transaktion bleibt im Gegensatz zur internationalen Schiffahrt und Luftfahrt auf den Quellenstaat des Abnehmers beschränkt. Die Gewinne könnten daher ohne weiteres einem bestimmten Staat zugeordnet werden; eine Zersplitterung der Besteuerung wäre nicht zu besorgen.

Die eigentliche Schwierigkeit einer Quellenbesteuerung der Einkünfte aus dem Electronic Commerce läge vielmehr in der mangelnden Kenntnis der nationalen Finanzbehörden. Aufgrund fehlender Anknüpfungspunkte im Quellenstaat (z.B. Betriebsstätte, Ausübung der beratenden Tätigkeit) würden den dortigen Finanzbehörden entsprechende Hinweise für eine in ihrem Hoheitsgebiet erfolgende wirtschaftliche Aktivität fehlen. Der Unternehmer könnte quasi unmerklich via Internet seinen Geschäften im Quellenstaat nachgehen. Zudem besteht das Problem der Durchsetzung eventueller Steueransprüche[733].

---

[731] „Source-based principles have been rejected in the case of international shipping and air transport not because of the conceptual inapplicability of these principles, but rather because these principles are too applicable", D.L. Forst, The Continuing Vitality of Source-Based Taxation in the Electronic Age, in: Tax Notes International, 1997, S. 1463.

[732] Dafür ist zunächst die Möglichkeit der Erhebung einer Quellensteuer zu prüfen. Siehe dazu in diesem Kapitel 5.2. und 6.

[733] F. Dietmar/ H.-J. Selling, How to Control Internet Transactions? – A Contribution from the Point of View of German Tax Inspectors, in: Intertax 1998, S. 88 ff. (S. 88 und S. 92)

5.1.2.3. Rechtfertigung einer ausschließlichen Besteuerung durch den Wohnsitzstaat

Wie schon unter Ziffer 2 dieses Kapitels festgestellt wurde, ist eine Besteuerung nur dann gerecht, wenn nicht nur ihr Wortlaut eine gerechte Besteuerung verlangt, sondern im Zuge ihrer praktischen Umsetzung die horizontale und vertikale Gleichbehandlung der Steuerpflichtigen gelingt. Deshalb ist im Rahmen einer ausschließlichen Wohnsitzstaatsbesteuerung nur dann von einem Verstoß gegen den Grundsatz der zwischenstaatlichen Gerechtigkeit auszugehen, wenn die mit einer (zumindest anteiligen) Quellenbesteuerung verbundenen Umsetzungsschwierigkeiten überwunden werden können.

Wäre eine Quellenbesteuerung der Einkünfte aus dem Electronic Commerce dagegen praktisch nicht durchführbar, so würde die ausschließliche Besteuerung durch den Wohnsitzstaat zwar grundsätzlich gegen das Prinzip der zwischenstaatlichen Verteilungsgerechtigkeit verstoßen, sie wäre eventuell jedoch die einzige mögliche steuerliche Erfassung überhaupt. Derartige Sachzwänge könnten eine ausschließliche Besteuerung durch den Wohnsitzstaat letztlich rechtfertigen.

5.1.3. Wohnsitzstaatsbesteuerung und Steuerflucht

Sollte die ausschließliche Besteuerung der Einkünfte aus dem Electronic Commerce im Wohnsitzstaat die einzig umsetzbare Besteuerungsmöglichkeit darstellen, müßte der Gefahr der Steuerumgehung durch Ansiedelung der Internet-Gesellschaften in Niedrigsteuerländern vorgebeugt werden. Denn Internet-Gesellschaften könnten aufgrund ihrer hohen Flexibilität (wenig Personal, geringe Geschäftsausstattung) ihren Geschäftssitz in Niedrigsteuerländer (Steueroasen) verlegen, um in den Genuß ermäßigter Steuersätze zu kommen[734].

Um derartigen Gestaltungen vorzubeugen, müßten die nationalen Steuergesetze eigentlich eine Quellenbesteuerung für diejenigen Fälle vorsehen, in denen die Internet-Gesellschaft in einer Steueroase residiert[735]. Durch die Quellenbesteuerung wäre dann eine sachgerechte Besteuerung der Einkünfte sichergestellt, der

[734] Dieses Problem sieht auch I. Spencer, Globalization of Transnational Business: the Challange for International Tax Policy, in: Intertax 1998, S. 143 ff. (144): „The problem is that these new players in world markets may operate tax systems which do not follow the usual international standards. This includes those who observe international standards in principle but do not yet apply them in practice."

[735] Denkbar wäre die Einführung einer Art „saving clause", die die Einkünfte aus dem Electronic Commerce in dem Fall einer Steuerpflicht im Quellenstaat unterwirft, in dem kein DBA mit dem Ansässigkeitsstaat des Unternehmers besteht.

Steuervorteil aufgrund der Ansässigkeit in einer Steueroase wäre kompensiert. Da aber im Fall der exklusiven Wohnsitzstaatsbesteuerung eine Quellenbesteuerung gerade *nicht* umzusetzen wäre[736], könnte eine entsprechende „subsidiäre Quellenbesteuerung“ für die Fälle, in denen Internet-Gesellschaften in Niedrigsteuerländern residieren, nicht eingeführt werden.

Gelingt die Besteuerung im Quellenstaat in Fällen der Steuerumgehung durch Ansiedelung in Niedrigsteuerländern aber nicht, so könnten sich die Unternehmen im Bereich des Electronic Commerce durch derartige Verlagerungen weitgehend einer Besteuerung ihrer Einkünfte entziehen. Wie aber in diesem Fall eine derartige Steuerflucht der Internet-Gesellschaften anderweitig verhindert werden könnte, bleibt fraglich[737].

5.1.4. Zusammenfassung

Die Ausführungen zeigen, daß die vorstehenden Überlegungen in einer Art Paradoxon münden: Die ausschließliche Besteuerung im Ansässigkeitsstaat wäre nur gerechtfertigt, wenn eine Quellenbesteuerung oder eine internationale Steueraufteilung praktisch nicht umzusetzen wären. Gleichzeitig müßten die nationalen Steuergesetze die Besteuerung der Einkünfte aus dem Electronic Commerce für den Fall sicherstellen, daß sich eine Internet-Gesellschaft durch Ansiedelung in einer Steueroase einem legitimen Steuerzugriff überhaupt zu entziehen versucht. In derartigen Fällen müßte eine Quellenbesteuerung den steuerlichen Zugriff sicherstellen.

In diesem Zusammenhang stellt sich dann erneut die Frage der praktischen Umsetzbarkeit einer solchen „subsidiären“ Quellenbesteuerung, so daß derartige Auffangtatbestände nationaler Steuergesetze scheitern, soweit der Steueranspruch durch die nationalen Finanzbehörden nicht festgestellt oder durchgesetzt werden kann[738].

Die notwendige ausschließliche Besteuerung durch den Wohnsitzstaat würde deshalb eine unbefriedigende Lösung der Besteuerungskrise des Electronic Commerce darstellen, denn Möglichkeiten, die einer drohenden oder zumindest

---

[736] Nur in diesem Fall wäre eine ausschließliche Besteuerung durch den Wohnsitztstaat gerechtfertigt, s.o.

[737] Auf diese Problematik braucht nur dann vertiefend eingegangen zu werden, wenn die exklusive Besteuerung durch den Wohnsitzstaat die einzige praktikable Besteuerungsform darstellt.

[738] Ist dagegen eine derartige subsidiäre Quellenbesteuerung umsetzbar, so wäre die ausschließliche Besteuerung durch den Wohnsitzstaat des Unternehmers (z.B. Steueroase) ohnehin nicht sachgerecht, s.o., das Problem würde sich deshalb nicht stellen.

möglichen Steuerumgehung Einhalt gebieten könnten, gäbe es nicht. Dies setzt allerdings die Unmöglichkeit der praktischen Umsetzung einer Quellenebsteuerung voraus. Durch Verlagerung der Internet-Gesellschaften in Niedrigsteuerländer könnte weitgehend ein steuerlicher Zugriff auf die generierten Einkünfte umgangen werden[739].

Zwischen traditionellem Handel und dem Handel über das Internet würde sich im Fall der ausschließlichen Besteuerung der Einkünfte aus dem Electronic Commerce im Ansässigkeitsstaat eine Gerechtigkeitslücke bilden. Dem Online-Vertrieb stünden aufgrund seiner technischen Besonderheiten Gestaltungsalternativen zur Verfügung, die der traditionelle Handel nicht in Anspruch nehmen könnte[740]. Der Internet-Handel würde im Rahmen der ausschließlichen Wohnsitzstaatsbesteuerung also steuerlich bevorzugt, ohne daß eine entsprechende gesetzgeberische Wertung dieser unterschiedlichen Behandlung zugrunde liegen würde. Es läge nicht nur ein Verstoß gegen den Grundsatz der Verteilungsgerechtigkeit vor, sondern ebenfalls ein Verstoß gegen den Gleichheitsgrundsatz.

5.2. Ausschließliche Besteuerung durch den Quellenstaat

Eine weitere mögliche Besteuerungsform wäre die u.a. von *Luc Hinnekens* in seinem Aufsatz *„Looking for an Appropriate Jurisdictional Framework for Source-State Taxation of International Electronic Commerce in the Twenty-first Century“*[741] vorgeschlagene ausschließliche Quellenbesteuerung durch Einführung einer sog. virtuellen Betriebsstätte. Die Einbeziehung beispielsweise des Servers oder einer Web-Site in den Betriebsstättenbegriff könnte nach *Hinnekens* eine derartige Quellenbesteuerung begründen.

Da eine virtuelle Betriebsstätte in den überwiegenden nationalen Steuergesetzen nicht vorgesehen ist[742], bedürfte die Implementierung einer derartigen Form der

[739] Dieses Problem wird in dem Diskussionspapier *„Selected Policy Implications of Global Electronic Commerce“* nicht einmal erwähnt.

[740] So kann im Rahmen des traditionellen Handels ein Steueranspruch meistens durchgesetzt werden, da häufig physische Anknüpfungspunkte im Inland (z.B. eigene physische Präsenz des Unternehmers im Inland, Geschäftseinrichtung) bestehen. Diese Anknüpfungspunkte werden durch die Nutzung des Internets umgangen. Eine „subsidiäre“ Quellenbesteuerung durch Ansiedelung in Niedrigsteuerländern müßte somit allein vom traditionellen Handel gefürchtet werden.

[741] L. Hinnekens, Looking for an Appropriate Jurisdictional Framework for Source-State Taxation of International Electronic Commerce in the Twenty-first Century, in: Intertax 1998, S. 192 ff.

[742] J. P. le Gall, Précis, in: R.L. Doernberg/ L. Hinnekens, Electronic Commerce and International Taxation, IFA 1999. Zur zweifelhaften Frage, ob der Server nach deutschem Recht eine Betriebsstätte darstellt, siehe 1. Teil, Kap. II, 3.2.1.3.

Besteuerung zunächst der Anpassung der nationalen Steuergesetze[743]. *Hinnekens* glaubt, daß eine entsprechende Anpassung des Betriebsstättenbegriffs vor dem Hintergrund seiner historischen Entwicklung ohne weiteres möglich wäre. Das hinter dem Begriff der „festen Geschäftseinrichtung („bricks and mortar") stehende Konzept der wirtschaftlichen Zugehörigkeit erlaube die Neuentwicklung entsprechender Anknüpfungspunkte, die dem neuen Medium gerecht werden würden („bits and bytes").[744]

Grundsätzlich denkbar wäre neben der Anpassung des Betriebsstättenbegriffs auch die Einführung des amerikanischen Konzeptes des „US trade or business". Die Begründung eines steuerlichen Nexus ohne physischen Anknüpfungspunkt erlaubt den US-Bundesstaaten die Besteuerung nicht ansässiger Unternehmer, die im jeweiligen Bundesstaat ihre Waren veräußern[745]. Die Einführung dieses Besteuerungskonzeptes, das ganz auf körperliche Anknüpfungspunkte im Quellenstaat verzichtet, wäre im Bereich des Electronic Commerce eine konsequente aber auch radikale Lösung. Es würde die Abkehr vom international bewährten Betriebsstättenkonzept bedeuten[746].

5.2.1. Verstoß gegen den Grundsatz der Verteilungsgerechtigkeit

Unabhängig von der Frage der möglichen praktischen Umsetzbarkeit einer derartigen Besteuerungsform für die Einkünfte aus dem Electronic Commerce[747] und unabhängig von der schon abschlägig beantworteten Frage, ob der Server oder die Web-Site überhaupt eine Betriebsstätte bilden sollten[748], zeigen die vorangegangenen Ausführungen, daß auch eine ausschließliche Besteuerung im Quellenstaat dem Prinzip der zwischenstaatlichen Gerechtigkeit widersprechen

---

[743] Siehe zu einer möglichen Anpassung des deutschen Steuerrechts 4. Teil, Kap. II, 3.2.2.2.

[744] L. Hinnekens, Looking for an Appropriate Jurisdictional Framework for Source-State Taxation of International Electronic Commerce in the Twenty-first Century, Intertax 1998, S. 197.

[745] Amerikanische Gerichte untersuchen den steuerbegründenden Nexus nach der sog. „Due Process Clause". Danach kann der in einem anderen Staat ansässige Unternehmer der Besteuerung eines Bundesstaates unterworfen werden, wenn folgende drei Fragen positiv beantwortet werden können:

1. Did the taxpayer purposefully avail itself of the benefits of a taxing state?
2. Did the taxpayer's conduct and operations in the taxing State rise to a level where it should have reasonably anticipated being haled into court?
3. Were the taxpayer's in-state activities a continuous and systematic part of its general business in the state?

[746] Da eine derartige Abkehr nach dem hier vertretenen Lösungsansatz nicht notwendig wäre, wird auf das amerikanische Konzept des „US Trade or Business" nicht näher eingegangen.

[747] Siehe dazu weiter unten Ziff. 6.

[748] Siehe dazu 4. Teil, Kap. II, 1.2. und 3.2.2.2.

würde. Die Wertschöpfung ist regelmäßig nicht auf die Realisation des Veräußerungserlöses im Quellenstaat beschränkt, sondern bezieht sämtliche Leistungshandlungen des Unternehmers zur Entwicklung, Herstellung und Vermarktung im Wohnsitzstaat mit ein.

Allein fraglich ist, ob sich im Bereich des Electronic Commerce dann etwas anderes ergibt, wenn digitalisierte Waren (z.B. Bücher) in hoher Zahl ins Ausland veräußert werden. Das einmal in einer Web-Site bereitgestellte digitalisierte Produkt kann ohne Aufwand vielfach heruntergeladen werden, ohne daß zusätzlicher Aufwand des Unternehmers im Wohnsitzstaat entsteht. Insofern könnte angenommen werden, daß die Wertschöpfung ausschließlich im Quellenstaat erfolgt[749].

Eine solche Sichtweise verkennt jedoch, daß auch die im Wohnsitzstaat aufgewendeten Entwicklungs-, Herstellungs- oder Marketingkosten des Produktes[750] in die Kaufpreisbildung einfließen. Zwar sinkt mit zunehmenden Verkaufszahlen der jeweilige Kostenanteil, die im Wohnsitzstaat erbrachten Aufwendungen sind jedoch als Faktor der Kaufpreisbildung am Gesamtumsatz beteiligt. Unabhängig von der tatsächlich verkauften Zahl erfolgt die Wertschöpfung somit anteilig im Wohnsitz- und im Quellenstaat.

Die Einkünfte werden nur dann allein im Quellenstaat erwirtschaftet, wenn keinerlei „Wertschöpfungshandlungen" im Ansässigkeitsstaat des Unternehmens erbracht werden. Eine zumindest teilweise Wertschöpfung im Ansässigkeitsstaat wird aber regelmäßig der Fall sein.

5.2.2. Ausschließliche Quellenbesteuerung und internationaler Steuerausgleich

Einige Autoren[751] begründen die Verteilungsgerechtigkeit einer exklusiven Quellenbesteuerung damit, daß diese im internationalen Maßstab zu einer ausgewogenen internationalen Steuerverteilung führen würde[752]. Die Vielzahl der in

---

749 So vertritt auch K. Vogel die Ansicht, die ausschließliche Quellenbesteuerung internationaler Sachverhalte rechtfertige sich aus der überwiegenden Inanspruchnahme des quellenstaatlichen Marktes, World-Wide vs. Source Taxation of Income, Intertax 1988, S. 399.

750 Aus Vereinfachungsgründen wird davon ausgegangen, daß diese Kosten durch Tätigkeiten im Wohnsitzstaat selbst entstehen. Denkbar sind aber auch Fälle, in denen beispielsweise die Entwicklung des Produktes nicht im Ansässigkeitsstaat erfolgt.

751 Siehe aber auch schon K. Vogel, World-Wide versus Source Taxation of Income, in: Intertax 1988, S. 398.

752 Hinnekens selbst bezeichnet seinen Vorschlag der Einführung einer virtuellen Betriebsstätte als Möglichkeit einer gerechten Steuerverteilung: „It thus permits a fair tax base and

einem Staat erfolgenden internationalen wirtschaftlichen Transaktionen (Kauf- und Verkaufsaktivitäten) würden in ihrer Gesamtheit zu einem gerechten Steueraufkommen im jeweiligen Staat führen. Der Verlust durch die Aufgabe der Wohnsitzstaatsbesteuerung würde durch die vermehrte Quellenbesteuerung kompensiert[753]. Durch die Besteuerung an der Quelle würden insbesondere diejenigen Staaten, die nur über wenige ansässige Internet-Unternehmen jedoch über eine starke Kaufkraft (customer-base) verfügen, nicht Teile ihres Steueraufkommens verlieren. Zwischenstaatliche Gerechtigkeit wird nach Ansicht der Befürworter einer ausschließlichen Quellenbesteuerung zwar nicht im Rahmen der einzelnen Transaktionen, jedoch durch die Gesamtzahl der internationalen wirtschaftlichen Aktivitäten in den beteiligten Staat erreicht.

Im Gegensatz zu einer ausschließlichen Besteuerung durch den Wohnsitzstaat, bei der die USA ihre zur Zeit noch erdrückende Dominanz[754] im Bereich des Electronic Commerce zum eigenen steuerlichen Vorteil nutzen könnte, würde die Quellenbesteuerung dem Steueraufkommen einer Vielzahl von Staaten zugute kommen. Insofern würde die ausschließliche Quellenbesteuerung der Einkünfte aus dem Electronic Commerce unter Berücksichtigung des zur Zeit gegebenen Überhangs US-amerikanischer Aktivitäten tatsächlich eher das Kriterium der zwischenstaatlichen Verteilungsgerechtigkeit erfüllen. Auch wäre eine Abwanderung von Internet-Gesellschaften in Niedrigsteuerländer nicht zu befürchten.

Die ausschließliche Quellenbesteuerung ist aber ebenso wie die ausschließliche Wohnsitzstaatsbesteuerung nur unter Zugrundelegung bestimmter Rahmenbedingungen geeignet, eine gerechte Verteilung des Steueraufkommens der Staaten herbeizuführen. Der internationale Ausgleich würde nur erreicht werden, wenn sich im Fall der ausschließlichen Wohnsitzstaatsbesteuerung wie auch im Fall der ausschließlichen Quellenbesteuerung die Export- und die Importaktivitäten des Staates die Waage halten. Wird hingegen in einem Staat mehr exportiert als importiert, so würde die ausschließliche Quellenbesteuerung zu einer Verminderung des staatlichen Steueraufkommens führen. Staaten, die einen Im-

---

can become the basis of an international agreement which satisfies both electronic commerce net importing states and net exporting states", in: Looking for an Appropriate Jurisdictional Framework for Source-State Taxation of International Electronic Commerce in the Twenty-first Century, in: Intertax 1998, S. 199; D.L. Forst, The Continuing Vitality of Source-Based Taxation in the Electronic Age, in: Tax Notes International 1997, S. 1472.

753 Ähnlich R.L. Doernberg, Electronic Commerce and International Tax Sharing, in: tax Notes International 1998, S. 1013 ff. (1017).

754 Zur Zeit gehen noch ca. 90% der Internetaktivitäten von in den USA ansässigen Unternehmen aus.

portüberhang aufweisen, müßten im Fall einer ausschließlichen Wohnsitzstaatsbesteuerung entsprechende Mindereinnahmen fürchten[755].

Da ausgeglichene Handelsbilanzen eher die Ausnahme darstellen und fast jeder Staat einen Import- oder Exportüberschuß ausweist, sind die ausschließliche Quellen- oder Wohnsitzstaatsbesteuerung auch nicht im Hinblick auf die Gesamtheit der internationalen wirtschaftlichen Aktivitäten der Staaten geeignet, zwischenstaatliche Verteilungsgerechtigkeit herzustellen.

Auch im Bereich des internationalen Handels im Internet können durch eine ausschließliche Quellenbesteuerung keine verteilungsgerechten Ergebnisse erzielt werden. Die USA würden sich aufgrund ihrer Stellung als „Internet-Exporting-State" einer derartigen Besteuerungsform zurecht verweigern, denn die Einführung einer ausschließlichen Quellenbesteuerung würde zu einer Erosion des Steueraufkommens aus den Einkünften des neuen Mediums führen.

5.3. Die internationale Aufteilung des Steueraufkommens

Es bleibt somit die internationale Aufteilung des Steueraufkommens aus den Einkünften des Electronic Commerce. Diese schon in den Art. 10 und 11 OECD-MA vorgesehene, modifizierte Form der Anrechnungsmethode stellt in dem Konflikt zwischen Wohnsitzstaats- und Quellenbesteuerung eine besondere Art des Kompromisses dar. Sie ermöglicht, sowohl den Ansprüchen des Wohnsitzstaates gerecht zu werden, der auf die in seiner Volkswirtschaft erbrachte Wertschöpfung verweisen wird, als auch den Ansprüchen des Quellenstaates, der seine wirtschaftliche, politische und soziale Infrastruktur zur Erzielung von Einnahmen zur Verfügung stellt[756]. Schon *Georg von Schanz* propagierte die Form der Steueraufteilung als gerechte Möglichkeit einer Aufteilung des Steueraufkommens zwischen Wohnsitz- und Quellenstaat. Nach seinem Vorschlag sollte dem Quellenstaat ¾ und dem Wohnsitzstaat ¼ des Steueraufkommens zukommen[757].

Ob die Form der Steueraufteilung auch auf die Einkünfte aus dem Electronic Commerce Anwendung finden kann und wie eine sachgerechte Aufteilung in den Doppelbesteuerungsabkommen normiert werden könnte, soll nachfolgend untersucht werden. Die folgende Diskussion greift dabei die in den Ziffern 3 und

[755] Aus diesem Grunde wird die Wohnsitzstaatsbesteuerung im Rahmen des Electronic Commerce von vielen Autoren abgelehnt. Benachteiligt würden die sog. „Internet-Importing-States"; siehe D.L. Forst, The Continuing Vitality of Source-Based Taxation in the Electronic Age, in: Tax Notes International 1997, S. 1472.

[756] Ähnlich K. Vogel, DBA, 3. Aufl., München 1996, vor Art. 10-12, Rz 2.

[757] G. von Schanz, Zur Frage der Steuerpflicht, Finanzarchiv, Bd. 9, 1892 S. 9.

4 dieses Kapitels gefundenen Lösungen zur geeigneten Besteuerung im nationalen Recht auf und versucht nunmehr, die noch offenen verteilungsspezifischen Fragen einer völkerrechtlichen Normierung zu beantworten.

5.3.1. Aufteilung nach Wertschöpungsanteilen

Die Aufteilung der Besteuerung zwischen dem Wohnsitz- und dem Quellenstaat folgt aus dem Gebot der zwischenstaatlichen Gerechtigkeit. Die Orientierung an vollkommener Gerechtigkeit müßte zu einer Aufteilung des Steueraufkommens nach den jeweiligen Wertschöpfungsanteilen im konkreten Einzelfall führen. Die einzelne wirtschaftliche Transaktion über das Internet müßte jeweils auf ihre Wertschöpfung im Wohnsitz- und im Quellenstaat untersucht werden. Die Ermittlung der konkreten Wertschöpfungsanteile würde über die Zuteilung der Besteuerungsrechte entscheiden[758].

Es wird deutlich, daß eine derartige Form der Zuteilung von Besteuerungsrechten praktisch nicht umzusetzen wäre. Die Ermittlung der Wertschöpfungsanteile bezogen auf die beteiligten Staaten wäre - sofern überhaupt möglich – nur mit erheblichem Aufwand durchzuführen. Dieser Aufwand würde zum einen die Unternehmen treffen, die im Rahmen ihrer Steuererklärungen Angaben über die Wertschöpfungsanteile bei derartigen internationalen Transaktionen machen müßten und zum anderen die Finanzverwaltungen der Staaten, die zur Verifizierung der unternehmerischen Angaben große Datenbanken anlegen müßten. Der Erhebungsaufwand würde demnach in keinem Verhältnis zum Steueraufkommen stehen.

5.3.1.1. Die Praktikabilität der Besteuerung

Eine von sachgerechten Prinzipien geprägte, systematische Rechtsordnung muß jedoch praktikabel sein. Für ein praktikables Steuerrecht spricht, daß Steuern sowohl für den Staat als auch für die Steuerpflichtigen vorteilhaft sind, wenn ihre gesetzlichen Tatbestände einfach und verständlich, die Steuerbelastung transparent und die Kosten der Steuererhebung geringfügig sind[759].

Wie dargelegt, ist die Aufteilung des Steueraufkommens nach Wertschöpfungsanteilen nicht praktikabel. Eine derartig konkrete, auf den Einzelfall bezogene Besteuerungsform würde zwar dem Kriterium der zwischenstaatlichen Gerechtigkeit am ehesten gerecht werden, sie würde vielleicht sogar den Idealfall zwi-

---

[758] Würden beispielsweise die beteiligten Staaten zu gleichen Teilen an der Wertschöpfung beteiligt sein, so würde das Steueraufkommen gleichmäßig aufgeteilt werden.

[759] J. Lang, in: Tipke/ Lang, Steuerrecht, 16. Aufl., Köln 1998, § 8 Rz. 12.

schenstaatlicher Gerechtigkeit darstellen. Die Umsetzung dieser Besteuerungsform würde jedoch auf die dargelegten Erhebungsschwierigkeiten stoßen. Der mit der Erhebung verbundene Aufwand wäre nicht gerechtfertigt, die Aufteilung der Besteuerung nach Wertschöpfungsanteilen wäre nicht praktikabel.

Deshalb muß von dieser idealiter Besteuerung Abstand genommen werden. Eine in der Theorie gerechte Besteuerungsform mutiert zur ungerechtesten Form, sofern sie nicht konsequent umsetzbar ist und damit zwangsläufig zu Besteuerungslücken führt[760]. Gesucht werden muß nach einem Besteuerungskompromiß, der weitestgehende zwischenstaatliche Gerechtigkeit herstellt, ohne die Grenzen der Praktikabilität der Besteuerung zu überschreiten.

Damit wird deutlich, daß aufgrund der Notwendigkeit der Kompromißbildung das zu suchende Ergebnis keinen Anspruch auf vollkommene Gerechtigkeit erheben kann. Die in den einzelnen Gerechtigkeitskriterien angelegten Spannungsverhältnisse müssen vielmehr einem schonenden Ausgleich zugeführt werden. Der Grundsatz der Praktikabilität der Besteuerung, der das Gerechtigkeitsprinzip an die Erhebungswirklichkeit bindet, stellt in diesem Fall eine solche Einschränkung des Gerechtigkeitsprinzips dar.

5.3.1.2. Aufteilung nach festgelegtem Quellensteuersatz

Die Aufteilung der Besteuerungsrechte nach vereinbarten, festen Anteilen wäre eine Möglichkeit, die aufgezeigten Schwierigkeiten bei der Steuererhebung zu umgehen. Die schon in den Art. 10 und 11 OECD-MA vorgesehene internationale Steueraufteilung eröffnet für bestimmte Einkünfte eine der Höhe nach begrenzte Quellenbesteuerung, sofern die jeweiligen nationalen Steuergesetze eine Steuerpflicht begründen. Durch die Steueraufteilung sollen beide Vertragsstaaten an dem Steueraufkommen aus der jeweiligen Einkunftsart partizipieren. Die tatsächliche Höhe der Quellenbesteuerung wird von den Vertragsstaaten im jeweiligen Doppelbesteuerungsabkommen individuell festgelegt. Dabei orientieren sich die meisten Doppelbesteuerungsabkommen an den in dem OECD-MA aufgeführten Steuersätzen[761].

Die im Quellenstaat entrichtete Ertragssteuer wird im Ansässigkeitsstaat des Unternehmers angerechnet. Die meisten Doppelbesteuerungsabkommen sehen die Form der beschränkten Steueranrechnung (ordinary credit) vor[762]. Die im

---

[760] D. Birk, Gleichheit und Gesetzmäßigkeit der Besteuerung, in: Steuern und Wirtschaft 1989, S. 212 ff. (213). Besteuerungslücken verstoßen gegen die Steuergleichheit.
[761] Becker/ Höppner/ Grotherr/ Kroppen, DBA, 3. Teil: Länder-DBA, Herne/ Berlin 1999.
[762] H. Schaumburg, Internationales Steuerrecht, 2. Aufl. Köln 1998, Rz. 14.27.

Ausland entrichtete Quellensteuer ist bis zur Höhe der im Inland zu zahlenden Einkommens- oder Körperschaftsteuer anrechenbar. Zu einer Erstattung von „zuviel“ gezahlter Quellensteuer durch den Ansässigkeitsstaat kommt es im Rahmen der beschränkten Anrechnung jedoch nicht.

Für die Einkünfte aus dem Electronic Commerce könnten in einem besonderen Artikel in den Doppelbesteuerungsabkommen entsprechende Besteuerungssätze für den Quellenstaat vereinbart werden. Bis zu dieser Höhe stünde dem Quellenstaat dann frei, die Einkünfte aus dem Handel im Internet einer beschränkten Steuerpflicht zu unterwerfen.

5.3.2. Bemessungsgrundlage der Steueraufteilung

Als Bemessungsgrundlage der Quellenbesteuerung würde die im Quellenstaat erwirtschafteten Bruttoeinnahmen dienen. Da schon die nationalen Steuergesetze nach der in dieser Arbeit vertretenen Lösung eine entsprechende Bemessungsgrundlage der Besteuerung bestimmen würden[763], könnte auf eine erneute, genaue Bestimmung der steuerlichen Bemessungsgrundlage in den Doppelbesteuerungsabkommen verzichtet werden. Gemäß Art. 3 Abs. 2 OECD-MA hat nämlich jeder im Abkommen nicht definierte Ausdruck die Bedeutung, die ihm nach dem Recht dieses Staates über die Steuern zukommt, für welches das Abkommen gilt[764].

Die unterschiedliche Effektivbesteuerung der positiven Einkünfte aus dem Electronic Commerce[765] führt aufgrund der Besteuerung der Bruttoeinnahmen im Rahmen der zwischenstaatlichen Verteilungsgerechtigkeit zu einem unterschiedlich ausgeprägten Besteuerungsrecht des Ansässigkeitsstaates. Abhängig von dem jeweiligen Kostenanteil am Umsatz wird die Quellenbesteuerung über oder unter dem Steuersatz des Ansässigkeitsstaates liegen. Nur wenn der Quel-

---

[763] Das deutsche Steuerrecht würde in § 49 Abs. 1 EStG eine Ergänzung erfahren.

[764] M. Lang, Die Bedeutung des originär innerstaatlichen Rechts für die Auslegung von Doppelbesteuerungsabkommen (Art. 3 Abs. 2 OECD-MA), in: Außensteuerrecht, Doppelbesteuerungsrecht und EU-Recht im Spannungsverhältnis, FS für H. Debatin, München 1997, S. 283 ff. (285 ff.)

[765] Die Schwierigkeit bei der Besteuerung auf der Grundlage des Umsatzes ist die fehlende Kenntnis der effektiven Besteuerung des Gewinns. So führt ein Quellensteuersatz von beispielsweise 10% auf den Umsatz je nach tatsächlich erwirtschaftetem Gewinn zu unterschiedlich hoher Ertragsbesteuerung. Bsp.: *Werden z.B. zwei Produkte für jeweils 100,-- DM über das Internet im Quellenstaat veräußert und sind bei Produkt A nur 20,-- DM Kosten jedoch bei Produkt B 80,-- DM Kosten entstanden, so liegt die effektive Ertragsteuerquote bei einer Umsatzbesteuerung von 10 % für Produkt A bei 12,5 % und für Produkt B bei 50 %.*

lensteuersatz unterhalb des Steuersatzes des Ansässigkeitsstaates bleibt, kann der Ansässigkeitsstaat ein eigenes Besteuerungsrecht bezüglich der Einkünfte aus dem Handel im Internet geltend machen.

Die Anrechnung einer über dem eigenen Steuersatz liegenden Quellensteuer würde dagegen zusätzlich das Steueraufkommen des Ansässigkeitsstaates mindern. Es käme – bezogen auf die einzelne Internet-Transaktion – zu einer Steuererstattung[766].

5.3.3. Möglichkeiten zur Durchsetzung von Verteilungsgerechtigkeit

Um einen steuerlichen Zugriff des Ansässigkeitsstaates auf die Einkünfte aus dem Electronic Commerce zu gewährleisten, könnten die Quellensteuersätze niedrig angesetzt werden (z.B. mit 5 %). Eine derartige einheitliche Herabsetzung der Quellensteuersätze wäre jedoch nicht sachgerecht. Ihr Nachteil wäre nämlich die damit verbundene Minderung des Steueraufkommens im Quellenstaat, denn Transaktionen, die zu hohen Gewinnen führen, würden dann überwiegend im Ansässigkeitsstaat besteuert. Durch die Herabsetzung des Quellensteuersatzes würde sich das Ungleichgewicht der Steueraufteilung im Falle der Umsatzbesteuerung zu Lasten des Quellenstaates auswirken.

Eine denkbare Möglichkeit zur Stabilisierung der internationalen Steueraufteilung wäre die Aufnahme des schon im Zuge der Normierung einer beschränkten Steuerpflicht erwähnten Transaktionskataloges[767]. Auch im Regelungsbereich der Doppelbesteuerungsabkommen könnte die steuerliche Differenzierung zu einer gerechteren Steueraufteilung zwischen den Vertragsstaaten führen. Die Differenzierung zwischen verschiedenen Produkt- und/ oder Vertriebsgruppen, denen jeweils eigene Quellensteuersätze zugeordnet werden würden, würde zu einer gleichmäßigeren Effektivbesteuerung im Quellenstaat führen.

5.4. Widerspruch zu traditionellen Handelsformen

Zu klären ist ein mit der internationalen Aufteilung des Steueraufkommens aus dem Electronic Commerce entstehender vermeintlicher Widerspruch zu traditionellen Handelsformen. Warum sollte der Unternehmer, der mittels eines z.B. in einem Drittstaat gelegenen Servers Waren an Kunden veräußert, mit seinen Einkünften im Quellenstaat beschränkt steuerpflichtig sein, wenn er beispielsweise

---

[766] Denkbar wäre aber die Einführung einer unbeschränkten Anrechnung, sofern gleichzeitig der steuerpflichtige Unternehmer verpflichtet werden würde, im Quellenstaat für eine Besteuerung nach dem tatsächlich erzielten Gewinn zu optieren.

[767] Siehe dazu 4. Teil, Kap. II, 3.5.

im Rahmen einer telefonischen Veräußerung die Steuerpflicht vermeiden könnte? Im Vergleich zu traditionellen Handelsformen könnte die Nutzung des Internets im Falle der Begründung einer beschränkten Steuerpflicht im Quellenstaat eine steuerliche Schlechterstellung bedeuten. Der von der internationalen Diskussion einstimmig geforderte Grundsatz der steuerlichen Neutralität könnte u.U. verletzt sein.

So scheint die hier vorgeschlagene Besteuerungsform der Einkünfte aus dem Electronic Commerce im Verhältnis zu den traditionellen Handelsformen diskriminierend. Die telefonische Bestellung im Ausland - ein häufig verwendeter Vergleich derjenigen, die eine Besteuerung des neuen Mediums unter dem Aspekt der steuerlichen Neutralität ablehnen[768] - führt zu keiner Ertragsbesteuerung im Quellenstaat. Auch die Bestellung per Telefax löst keine entsprechenden Steuerfolgen aus.

Der Grund für eine notwendige Besteuerung des Electronic Commerce (auch) im Quellenstaat ergibt sich aus den Besonderheiten des neuen Mediums selbst. Keine andere technische Entwicklung der Vergangenheit hat in so dramatischer Weise die Weltwirtschaft beeinflußt, wie es zur Zeit das Internet vorführt. Durch die Möglichkeit des Kunden, vom eigenen Schreibtisch aus in Sekunden ein weltweites Leistungsangebot zu empfangen, entsteht ein neuer, fast unbegrenzter Markt für die Unternehmen. Selbst kleine Unternehmen werden technisch in die Lage versetzt, ihr Leistungsangebot einer internationalen Öffentlichkeit zu präsentieren. Ein Vorteil gegenüber den auch bisher bestehenden Möglichkeiten des telefonischen Geschäftsabschlusses oder der wirtschaftlichen Tätigkeit über das Telefax ist die fast unbegrenzte Datenmenge, die über das Internet zur Verfügung steht sowie die audiovisuelle Verbindung der Präsentation.

Aufgrund dieser erheblichen Vorteile gewinnt das Internet auch im Privatbereich zunehmend an Attraktivität. So ist die Vernetzung aller Unternehmen und Privathaushalte nur noch eine Frage der Zeit. Es entwickelt sich ein neuer vollelektronischer Markt, der auch traditionelle Handelsformen zunehmend ablösen wird. Im Gegensatz zu den traditionellen Möglichkeiten einer Umgehung der beschränkten Steuerpflicht z.B. mittels Telefon oder Telefax, die bisher nur geringe Auswirkungen auf das nationale Steueraufkommen entfalteten[769], wird das Internet zunehmenden Einfluß auf die Steueraufkommen der Staaten nehmen. Die Anpassung der nationalen Steuergesetze dient dazu, das jeweilige nationale

---

[768] Den sichersten Beweis für die nationale Sorge um die zukünftige Sicherung der Steueraufkommen bieten die vielen Positionspapiere der Finanzministerien der Staaten.

[769] ...und weshalb sich eine Anpassung der Steuergesetze schlicht nicht lohnte!

Aufkommen auch zukünftig in einem zunehmend virtuell geprägten Wirtschaftsleben zu sichern.

Die Besteuerung der Einkünfte aus dem Electronic Commerce auch im Quellenstaat steht zudem nicht notwendig im Widerspruch zu der internationalen Forderung der steuerlichen Neutralität des neuen Mediums. Die durch eine internationale Steueraufteilung entstehende Steuerbelastung muß nicht notwendigerweise höher ausfallen als bei einer Besteuerung im Wohnsitzstaat. Im Falle einer Besteuerung sowohl im Wohnsitz- als auch im Quellenstaat wird nach üblicher Praxis eine Anrechnung der Quellensteuer erfolgen. Die effektive Steuerbelastung bleibt für den Steuerpflichtigen im Vergleich zur ausschließlichen Besteuerung in seinem Ansässigkeitsstaat regelmäßig gleich hoch[770].

5.5. Zusammenfassung

Die Aufnahme eines neuen Artikels in den Doppelbesteuerungsabkommen, der die Einkünfte aus dem Electronic Commerce einer internationalen Steueraufteilung unterwirft, wäre eine sachgerechte Form der Ertragsbesteuerung, denn eine ausschließliche Wohnsitzstaats- oder Quellenbesteuerung würde gegen das Prinzip der zwischenstaatlichen Gerechtigkeit verstoßen.

Die Bemessung der Steuer anhand des Umsatzes würde zwar keine vollkommen gerechte Aufteilung des Steueraufkommens im Sinne der zwischenstaatlichen Gerechtigkeit bieten, sie stellt aber aufgrund der mit dem Electronic Commerce verbundenen Dokumentationsschwierigkeiten einen praktikablen Kompromiß dar. Die Aufnahme eines „Transaktionskataloges" auch in die Doppelbesteuerungsabkommen könnte ein geeignetes Mittel zum Ausgleich der mit der Besteuerung auf der Grundlage des Umsatzes verbundenen Schwankungen der effektiven Ertragsbesteuerung im Quellenstaat darstellen. In welcher Höhe eine Quellenbesteuerung vorgenommen werden sollte, bleibt der Entscheidung der Vertragsstaaten der Doppelbesteuerungsabkommen vorbehalten.

---

[770] Durch die Anrechnung der Quellensteuer wird dem Prinzip der Kapitalexportneutralität Rechnung getragen. Für den Unternehmer ist es daher gleichgültig, ob er ausschließlich im Ansässigkeitsstaat tätig wird oder ob er seine Waren oder Dienstleistungen auch ins Ausland vertreibt.

6. Die Steuererhebung

Ein Steuergesetz ist nur gerecht, wenn seine praktische Umsetzung möglich ist, wenn also eine Steuer auf der Grundlage dieses Steuergesetzes auch tatsächlich erhoben werden kann. Somit wird in diesem letzten Kapitel das Verfahren zur Steuererhebung für die internationale Steueraufteilung der Einkünfte aus dem Electronic Commerce in den Mittelpunkt der Untersuchung gerückt.

6.1. Fehlende Nachweis- und Vollstreckungsmöglichkeit

Die internationale Aufteilung der Besteuerung der Einkünfte aus dem Electronic Commerce zwischen dem Ansässigkeits- und dem Quellenstaat ist im Hinblick auf das Verfahren zur Erhebung der Ertragsteuern durch die schon im ersten Teil beschriebenen Besonderheiten des neuen Mediums geprägt.

Wesentliches Problem dieses Steuermodells ist die damit verbundene Quellenbesteuerung der Einkünfte aus dem Electronic Commerce aufgrund der fehlenden Nachweismöglichkeit einer wirtschaftlichen Betätigung des Unternehmers im Quellenstaat[771]. Im Gegensatz zu traditionellen Handelsformen, die in den meisten Fällen eine physische Präsenz im Quellenstaat aufweisen, erfolgt der Handel im Internet auf einem „virtuellen Marktplatz“. Die Marktteilnehmer treffen sich im Datennetz, ohne daß die wirtschaftliche Transaktion „öffentlich“ werden muß.

Die Vollstreckung eines Steueranspruches des Quellenstaates würde zudem daran scheitern, daß der ausländische Unternehmer keine Einrichtungen im Quellenstaat unterhält, auf die bei Zahlungsverweigerung zurückgegriffen werden könnte. Auch eine physische Präsenz des Unternehmers im Quellenstaat ist in aller Regel nicht gegeben[772].

---

[771] Ähnliche Schwierigkeiten entstehen bei einer Ertragsbesteuerung im Ansässigkeitsstaat nicht. Aufgrund der physischen Anwesenheit des Unternehmers und eventuell vorhandener Geschäftseinrichtung stehen dem Ansässigkeitsstaat ausreichend Sanktionsmöglichkeiten gegenüber dem Unternehmer zu, soweit dieser Angaben verweigert oder eine Steuerschuld nicht begleicht. Unterschiede zu traditionellen Handelsformen bestehen also nicht.

[772] So scheitert beispielsweise auch die Möglichkeit eines persönlichen Arrests des Unternehmers.

6.2. Keine Steuererhebung aufgrund einer Steuererklärung

Die Ertragsbesteuerung im Quellenstaat kann sich daher nicht auf eine freiwillige Steuererklärung des ausländischen Unternehmers gründen. Dieser wird unter Umständen gegenüber den Finanzbehörden keine Angaben bezüglich seines wirtschaftlichen Engagements im Quellenstaat machen. Ist der Kunde dem Unternehmer persönlich unbekannt und erfolgt die Zahlung durch den Kunden über eine ausländische Bank, so wird der Unternehmer vielleicht nicht einmal wissen, daß er in einem bestimmten Quellenstaat wirtschaftlich tätig und dort steuerpflichtig geworden ist[773]. Die Internet-Adresse verrät nämlich nicht die Herkunft eines Anwenders. Die Nichtabgabe der Steuererklärung im Quellenstaat müßte also nicht unbedingt auf einer Weigerung des Unternehmers beruhen, sondern könnte auch auf reiner Unwissenheit basieren[774].

Im Falle der Nichtabgabe einer Steuererklärung würden den quellenstaatlichen Finanzbehörden nicht nur die notwendigen Beweise einer beschränkten Steuerpflicht des Unternehmers, sondern zudem die entsprechenden Durchsetzungsinstrumentarien fehlen. Die Erfüllung der Steuerpflicht würde letztlich auf einer freiwilligen Leistung des Unternehmers beruhen.

Diese Freiwilligkeit ist für ein Steuersystem nicht tragbar, denn um eine gerechte, gleichmäßige Besteuerung zu erhalten, müssen auch diejenigen Steuerpflichtigen zur Zahlung ihrer Steuern gezwungen werden können, die sich einer entsprechenden Verpflichtung verweigern. Das aber wäre mittels einer lediglich freiwilligen Steuererklärung im Fall der Besteuerung der Einkünfte aus dem Electronic Commerce nicht umzusetzen. Solange also geeignete Softwareprogramme zur Sicherung der Ertragsbesteuerung im Quellenstaat noch nicht existieren[775], muß nach einer alternativen Steuererhebung gesucht werden.

---

[773] Beispielsweise verwendet ein deutscher Kunde einen unbekannten Domain-Name und zahlt den Download eines neuen Softwareprogramms über eine Schweizer Bank.

[774] Die Problematik verschärft sich, wenn sog. „intelligente Software" verwendet wird, so daß der Unternehmer selber nicht mehr aktiv den Transaktionsvorgang mitgestaltet, sondern das Geschäft vollelektronisch abgewickelt wird.

[775] Denkbar wären Softwareprogramme, die den nationalen Steuerbehörden geschäftliche Aktivitäten eines ausländischen Unternehmers anzeigen.

6.3. Ertragsbesteuerung in Form einer Abschlagssteuer

Um diesen Steuerermittlungs- und Durchsetzungsschwierigkeiten zu entgehen, schlägt *Doernberg* die Einführung einer Abschlagssteuer vor[776]. Von den an den ausländischen Unternehmer zu leistenden Zahlungen soll ein bestimmter Prozentsatz an die quellenstaatlichen Finanzbehörden abgeführt werden[777]. Bemessungsgrundlage für die Abschlagssteuer wäre somit der im Quellenstaat erzielte Umsatz[778]. Abführungspflichtig wären die Endabnehmer im Quellenstaat.

Die Steuer könnte wahlweise Abgeltungswirkung entfalten oder aber der steuerpflichtige Unternehmer könnte zu einer Veranlagung auf der Grundlage der tatsächlich erwirtschafteten Gewinne optieren[779].

6.3.1. Keine Beschränkung auf Transaktionen „business to business"

Doernberg hält die Einführung einer Abschlagssteuer auf die Einkünfte aus dem Electronic Commerce nur dann für effektiv, wenn die Nichterfüllung der Abführungspflicht mit steuerlichen Sanktionen verbunden wird. Deshalb will er die Abschlagssteuer nur für diejenigen wirtschaftlichen Transaktionen im Internet einführen, in denen der ausländische Unternehmer an einen inländischen Unternehmer Waren oder Dienstleistungen veräußert (business to business). Kommt der inländische Unternehmer seiner Abführungsverpflichtung nicht nach, so soll ihm der entsprechende Betriebsausgabenabzug verweigert werden[780].

Die Einführung einer Abführungsverpflichtung für private Endabnehmer lehnt *Doernberg* dagegen ab. Sie sei mit einem erheblichen Verwaltungsaufwand verbunden und sei überdies politisch äußerst unpopulär[781].

Eine Quellenbesteuerung auf wirtschaftliche Sachverhalte, bei denen ausschließlich zwei Unternehmer beteiligt sind, stößt jedoch auf erhebliche Beden-

---

[776] R.L. Doernberg, Electronic Commerce and International Tax Sharing, Tax Notes International 1998, S. 1015 ff.

[777] Doernberg schlägt nunmehr eine Abschlagssteuer in Höhe von 3 % vor, R.L. Doernberg, L. Hinnekens, Electronic Commerce and International Taxation, IFA 1999, S. 319 ff.

[778] Zur Besteuerung auf Grundlage des Umsatzes siehe schon in diesem Teil 3.3. und 4.3.5.

[779] F. Dittmar, H.-J. Selling, How to Control Internet Transactions? – A Contribution from the Point of View of German Tax Inspectors, in: Intertax 1998, S. 88 ff. (89), siehe auch dazu in diesem Teil 3.3.3.

[780] „Because of the link between withholding and deduction, the approach may be enforceable.", R.L. Doernberg, Electronic Commerce and International Tax Sharing, Tax Notes International 1998, S. 1017.

[781] R.L. Doernberg, Electronic Commerce and International Tax Sharing, Tax Notes International 1998, S. 1017.

ken. So würde dem Quellenstaat ein Teil seines Steueraufkommens genommen, wenn der Handel mit privaten Endkunden aus der Bemessungsgrundlage der Quellenbesteuerung herausgenommen würde. Zwar wendet *Doernberg* unter Hinweis auf statistische Erhebungen ein, daß bisher der überwiegende Geschäftsverkehr im Internet zwischen Unternehmen abgewickelt wird, so daß sich der steuerliche Verlust des Quellenstaates in Grenzen halte[782]. Dem ist jedoch entgegenzuhalten, daß die Nutzung des Internets in Privathaushalten auf zunehmende Akzeptanz stößt. Es ist nur noch eine Frage der Zeit, bis der Bereich *„business to consumer"* eine signifikante Gefährdung des Steueraufkommens des Quellenstaates darstellen wird. Der Handel im Internet mit Privatkunden ist deshalb schon jetzt in die Quellenbesteuerung aufzunehmen, um eine zukunftsorientierte Besteuerungsform für die Einkünfte aus dem Electronic Commerce zu erhalten.

Zudem würde die Ausnahme derjenigen Einkünfte des neuen Mediums, die aus dem Verkauf an private Endabnehmer resultieren, gegen die im dritten Teil entwickelten Gerechtigkeitsprinzipien bei der internationalen Besteuerung des Electronic Commerce verstoßen. Warum sollte der Internet-Unternehmer, dessen Kundenstamm überwiegend gewerblich geprägt ist, Steuern im Quellenstaat zahlen, und derjenige Unternehmer, der überwiegend an private Endkunden veräußert, einer solchen Steuerpflicht entgehen. Diese Folge wäre weder mit dem Gebot der Besteuerung nach der (ausländischen) Leistungsfähigkeit[783] vereinbar, noch würde es dem Kriterium der zwischenstaatlichen Verteilungsgerechtigkeit entsprechen.

6.3.2. Einbeziehung des Transaktionsgeschäfts „business to consumer"

Die Ausnahme der Besteuerung von Einkünften, die dem Transaktionsgeschäft mit privaten Endabnehmern entstammen, so wie sie *Doernberg*[784] vorschlägt, wäre nicht durch sachliche Kriterien begründet, sondern würde letztlich nur die Kapitulation der Verwaltung vor dem vermeintlich Unmöglichen aufzeigen. Be-

---

[782] Zudem werde der Verlust durch eine Quellenbesteuerung derjenigen Internet-Verkäufe kompensiert, die nach bisheriger Rechtslage keiner Quellenbesteuerung unterfallen, so z.B. der Verkauf von Ware, wenn keine Betriebsstätte im Quellenstaat besteht, R.L. Doernberg, Electronic Commerce and International Tax Sharing, Tax Notes International 1998, S. 1017.

[783] Zwar würden beide Unternehmer aufgrund der Anrechnung der Quellensteuern im Ansässigkeitsstaat gleich hohe Steuern zahlen. Bezogen auf die Steuerpflicht im Quellenstaat würde aber eine erhebliche Ungleichheit bestehen. Das Prinzip der ausländischen Leistungsfähigkeit wäre verletzt.

[784] R.L. Doernberg, Electronic Commerce and International Tax Sharing, Tax Notes International 1998, S. 1017

steht aber die Möglichkeit, eine praktikable Steuererhebung und -durchsetzung im Quellenstaat zu gewährleisten, dann ist ihre entsprechende Umsetzung ein Imperativ des Gerechtigkeitsprinzips. Auf die vermeintliche politische Unpopularität der Maßnahme darf – entgegen *Doernberg*[785] - nicht primär abgestellt werden. Nur wenn entsprechende Besteuerungsmöglichkeiten die Grenzen des Verwaltungshandelns überschreiten, ist die Quellenbesteuerung des Transaktionsgeschäftes „business to consumer“ zu unterlassen[786].

6.3.3. Möglichkeiten der Steuererhebung[787]

Im folgenden soll deshalb untersucht werden, ob eine praktikable Möglichkeit zur Abschlagsbesteuerung der Einkünfte aus dem Electronic Commerce besteht, die aus dem Geschäft mit privaten Endkunden stammen. Ziel der Untersuchung ist nicht die Darstellung sämtlicher denkbaren Erhebungsformen, sondern die Führung des Beweises, daß die Steuererhebung in Form einer Abschlagssteuer im Rahmen des Privatkundengeschäftes überhaupt praktikabel wäre.

Fraglich ist zunächst, an welcher „Transaktionsschnittstelle“ die Einbehaltungs- und Abführungsverpflichtung ansetzen sollte. *F. Dittmar* und *H.-J. Selling*[788] schlagen hierzu eine Verpflichtung der in den Zahlungsverkehr einbezogenen Kreditinstitute vor. Die Autoren entwickeln für die Bezahlung mittels Kreditkarte, Überweisungsauftrag und mittels „electronic money“ drei unterschiedliche Modelle, bei der die Banken, bzw. die Kreditkartenvertreiber die Steuern einzubehalten und abzuführen haben. Dabei übersehen die Autoren jedoch, daß – mit Ausnahme des elektronischen Geldes - die Kredit- und Kreditkarteninstitute grundsätzlich keine Kenntnis haben, ob eine Zahlung für ein auf herkömmlichem Wege bestelltes Produkt erfolgt oder ob ein Fall des Handels im Internet der Zahlung zugrunde liegt. Es läge aber an den Instituten (als Haftungsschuld-

[785] R.L. Doernberg, Electronic Commerce and International Tax Sharing, Tax Notes International 1998, S. 1017: “From an administrative point of view, this is a desirable result, because compelling consumers to withhold would be logistically difficult and politically unpopular.”

[786] Es ist die Pflicht des Gesetzgebers, die Steuererhebung so effektiv und für die Steuerzahler so schonend wie möglich zu gestalten. Die Verpflichtung zur Herstellung horizontaler und vertikaler Steuergerechtigkeit schränkt den „Unmerklichkeitsgrundsatz“ ein. Denn eine ungerechte Steuer ist in einem Rechtsstaat niemals zu rechtfertigen, auch wenn sie im übrigen alle anderen Steuermaximen optimal erfüllt, J. Lang, in: Tipke/ Lang, Steuerrecht, 16. Auflage, Köln 1998, § 8 Rz. 6.

[787] Einen ähnlichen Ansatz vertreten F. Dittmar, H.-J. Selling, How to Control Internet Transactions? – A Contribution from the Point of View of German Tax Inspectors, in: Intertax 1998, S. 88 ff.

[788] F. Dittmar/ H.-J. Selling, How to Control Internet-Transactions? – A Contribution from the Point of View of German Tax Inspectors, in: Intertax 1988, S. 88 ff.

ner der Steuer), diese Information für jede einzelne Transaktion zu erhalten. Ob dieser Aufwand den Geldinstituten jedoch zuzumuten wäre, ist fraglich[789]. Zudem könnten die Vertragsparteien zur Umgehung der Quellensteuer eine Barzahlung vereinbaren oder eine ausländische Bank einschalten, die im Zweifel eine Abschlagsbesteuerung nicht vornehmen würde[790]. Die Verpflichtung der Kreditinstitute, würde eine Quellenbesteuerung nicht sichern. Sie würde trotz eines mit der Steuererhebung verbundenen erheblichen Aufwandes zu kurz greifen und ist daher abzulehnen.

Denkbar wäre weiterhin, im Rahmen der Abschlagsbesteuerung der Einkünfte aus dem Electronic Commerce direkt bei den (gewerblichen oder privaten) Endkunden anzusetzen. Sie würden gesetzlich verpflichtet werden, die Steuern einzubehalten und an das zuständige Finanzamt abzuführen.

6.3.3.1. Abzugssteuer gemäß § 50 a Abs. 4 EStG

Der Steuerabzug zur Sicherung des inländischen Steueraufkommens ist dem deutschen Ertragsteuerrecht grundsätzlich nicht fremd. So sieht beispielsweise § 50 a Abs. 4 EStG eine Abzugsverpflichtung des Vergütungsschuldners für Einkünfte des beschränkt Steuerpflichtigen vor, die u.a. künstlerischen, journalistischen oder auch sportlichen Aktivitäten entstammen. Der Vergütungsschuldner hat in diesen Fällen die einbehaltene Steuer an das Finanzamt abzuführen, § 73 e EStDV. Ihn trifft zudem gemäß § 73 d EStDV eine Aufzeichungspflicht, so daß er Angaben über den beschränkt Steuerpflichtigen und die Rahmenbedingungen der Transaktion gegenüber dem Finanzamt machen muß. Gemäß § 73 g EStDV ist der Vergütungsschuldner zugleich Haftungsschuldner der Abschlagssteuer.

Im Zuge der Veranlagung des Schuldners zur Einkommen- oder Körperschaftsteuer oder im Rahmen einer betrieblichen Außenprüfung wird untersucht, ob die Abzugssteuern ordnungsgemäß einbehalten und abgeführt worden sind, § 73 d Abs. 2 EStDV.

---

[789] Hier liegt ein wesentlicher Unterschied zu der Zinsabschlagsbesteuerung gemäß § 44 Abs. 1 Satz 4 EStG. In diesem Fall kennt das Kreditnstitut die Voraussetzungen zur Abschlagsbesteuerung in jedem Einzelfall.

[790] Der deutsche Endabnehmer könnte ein Bankkonto zur Zahlung von Internet-Geschäften beispielsweise in New-York einrichten. Die US-amerikanische Bank müßte in diesem Fall verpflichtet werden, Steuern für den deutschen Fiskus einzubehalten und an ihn abzuführen, was in der Praxis nur schwerlich möglich wäre.

Die Einbehaltungs- und Abführungsverpflichtung ist im Rahmen des § 50 a Abs. 4 EStG nicht auf Unternehmer begrenzt, sondern trifft ebenso private Endabnehmer der Leistung. Allerdings wird als ungeschriebenes Tatbestandsmerkmal vorausgesetzt, daß der Vergütungsschuldner im Inland zumindest beschränkt steuerpflichtig ist[791].

6.3.3.2 Abzugssteuer gem. § 50 a Abs. 7 EStG (vorübergehende Fassung)

Da das Finanzamt oft zu spät von der Einschaltung ausländischer Werkvertragsunternehmen erfährt, bei denen keine Abzugspflicht nach § 50 a Abs. 4 EStG besteht, hatte der Gesetzgeber für diese Fälle bei Vergütungszahlungen ab dem 01.04.1999[792] das Risiko zu Lasten des Vergütungsschuldners umgedreht[793].

Die Neuregelung des § 50 a Abs. 7 EStG erfolgte auf Initiative der Bauindustrie. Es gibt im Ausland ansässige Werkunternehmer, die in Deutschland von Baustelle zu Baustelle ziehen, ohne daß ihr Gewinn einer beschränkten Steuerpflicht unterliegt, wenn durch die Tätigkeit der ausländischen Bauunternehmer eine Betriebsstätte nicht begründet wird. Eine Betriebsstätte liegt gemäß § 12 Satz 2 Nr. 8 AO nur vor, wenn die Tätigkeit in Deutschland länger als sechs Monate andauert. Wenn der beschränkt Steuerpflichtige in einem Staat ansässig ist, mit dem ein DBA besteht, erfaßt die beschränkte Steuerpflicht häufig nur Tätigkeiten in Deutschland, die länger als 12 Monate andauern[794]. Zudem werden Einkommen- oder Körperschaftsteuererklärungen im Falle der beschränkten Steuerpflicht des ausländischen Bauunternehmers häufig nicht abgegeben, so daß die Finanzverwaltung vor erhebliche Nachweisschwierigkeiten gestellt wird. Sie ist oft nicht in der Lage einen Beweis für die tatsächliche Steuerpflichtigkeit der unternehmerischen Tätigkeit zu führen[795].

Um daraus resultierende Wettbewerbsverzerrungen zu vermeiden, hatte der Gesetzgeber durch die Einführung des § 50 a Abs. 7 EStG den Bauherrn verpflichtet, 25 % des Vergütungsanspruches einzubehalten und an das Finanzamt abzuführen, es sei denn, das Finanzamt oder das Bundesamt für Finanzen bestätigte ihm, daß ein Einbehalt mangels beschränkter inländischer Steuerpflicht oder Freistellung aufgrund DBA ein Quellensteuerabzug nicht erforderlich war. Da-

---

[791] W. Kumpf, in: Herrmann/ Heuer/ Raupach, EStG, § 50 a Rz. 46.

[792] § 52 Abs. 58 EStG, Einführung im Rahmen des Steuerentlastungsgesetzes 1999/ 2000/ 2002; Hog/ Tenbrock, Steuerentlastungsgesetz 1999/ 2000/ 2002, Freiburg/ Berlin/ München 1999 S.318.

[793] W. Heinicke, in: Schmidt, EStG, 18. Aufl., München 1999, § 50 a Rz. 11a.

[794] W.D. Hoffmann, Praxishinweise zur neuen Abzugssteuer für ausländische Werkvertragsunternehmer, in: DStR 1999, S. 1061 ff.

[795] S. Schauhoff, § 50 a Abs. 7 EStG oder Happy End beim Trauerspiel, in: IStR 1999, S. 499.

durch sollten ausländische Bauunternehmer gezwungen werden, sich den deutschen Finanzbehörden zu offenbaren[796].

Nach nur vier Monaten wird nun die Regelung des § 50 a Abs. 7 EStG aufgrund anhaltender in- und ausländischer Kritik wieder zurückgenommen. In einer Pressemitteilung[797] vom 26.07.1999 kündigte das Bundesfinanzministerium die Abschaffung der Regelung an. Zugleich sollen die Länder angewiesen werden, im Vorgriff auf die gesetzliche Änderung mit sofortiger Wirkung die Vorschrift nicht mehr anzuwenden.

Die Kritik richtet sich zum einen gegen die Höhe des Einbehalts. Die deutsche Bauwirtschaft erzielt eine durchschnittliche Umsatzrendite von ca. 1 %. Legt man diesen Maßstab auch bei ausländischen Bauunternehmern zugrunde, so würde der Einbehalt von 25 % der Bruttoumsätze einem Steuersatz von über 3.000 % entsprechen[798]. Die Überbesteuerung sollte zwar dadurch abgemildert werden, daß der ausländische Unternehmer die Möglichkeit hatte, nachträglich eine Einkommen- oder Körperschaftsteuererklärung abzugeben, aufgrund derer der tatsächlich erzielte Gewinn der Besteuerung zugrundegelegt worden wäre oder eine Bescheinigung des für ihn zuständigen Finanzamtes vorzulegen, daß er steuerlich in Deutschland geführt wird. Die Finanzämter lehnten die Erteilung von Freistellungen allerdings überwiegend ab, da die ausländischen Unternehmen ihnen vielfach steuerlich unbekannt waren und die (Tatsachen)behauptungen, die ergaben, daß keine beschränkte Steuerpflicht in Deutschland gegeben sei, nicht nachprüfbar waren. Das führte dazu, daß der ausländische Bauunternehmer den ausfallenden Teil seiner Vergütung zugunsten des Staates vorfinanzieren mußte, ohne den Zinsverlust erstattet zu bekommen[799].

Auch wurden von der Regelung des § 50 a Abs. 7 EStG Unternehmer erfaßt, die mit ihren Einkünften nicht der beschränkten Steuerpflicht unterlagen[800]. Zwar steht dem Quellenstaat grundsätzlich ein weiter Gestaltungsraum für die Begründung von Steuerpflichten zu[801]. Wenn aber eine wirtschaftliche Tätigkeit

---

[796] BMF-Schreiben vom 31.05.1999, BStBl. I 1999, S. 491 ff., Tz. 2.1.2.

[797] Abgedruckt in IStR 1999, Heft 15, Umschlagseite III., Anmerkungen dazu von J. de Weerth.

[798] Siehe zu Einzelheiten der Berechnung W.D. Hoffmann, Praxishinweise zur neuen Abzugssteuer für ausländische Werkvertragsunternehmer, in: DStR 1999, S. 1061 und 1062.

[799] R. Horsch/ I. Oberhauser, Wirtschaftliche Folgen des Steuerabzugs bei ausländischen Nachunternehmern, in: BB 1999, S. 1173.

[800] J. Lüdicke, Steuerentlastungsgesetz 1999/ 2000/ 2002: Änderungen bei beschränkt Steuerpflichtigen, in: IStR 1999, S. 193.

[801] Siehe dazu in diesem Teil 3.2.

nicht der beschränkten Steuerpflicht im Quellenstaat unterliegt, dann ist dieser nicht legitimiert, in Form einer pauschalen Abschlagssteuer den ausländischen Unternehmer dennoch einer Steuerpflicht zu unterwerfen, um ihm dann erst bei Einreichung von Steuererklärungen oder Antragsformularen den Steuerabzug zurückzuerstatten[802]. In einer eng verflochtenen internationalen Wirtschaft ist jeder Staat gezwungen, die Regelungen, die zur Verteilung der Steuerhoheit zwischen den Staaten vereinbart worden sind, streng zu beachten. Auch der vermeintlich kurzfristige Steuereinbehalt geht stets auf Kosten des Steueranspruches des anderen Staates[803]. Ein Verstoß gegen das Gebot der zwischenstaatlichen Verteilungsgerechtigkeit liegt vor.

Der § 50 a Abs. 7 EStG in der Fassung des Steuerentlastungsgesetzes 1999/ 2000/ 2002 stellt einen unrühmlichen Höhepunkt der deutschen Steuergesetzgebung dar. Die Regelung war nicht haltbar, denn sie verstieß nicht zuletzt gegen die Dienstleistungsfreiheit des EGV[804] und gegen geltendes Verfassungsrecht[805]. Die Kritik richtete sich dagegen grundsätzlich nicht gegen die Einbehaltungsverpflichtung von Privatpersonen, wie sie auch schon in § 50 Abs. 4 EStG vorgesehen ist.

An dieser Stelle bleibt deshalb festzuhalten, daß das deutsche Einkommensteuerrecht dem privaten Endabnehmer einer Leistung schon nach bisherigem Recht eine Einbehaltungs- und Abführungsverpflichtung auferlegt. Unabhängig von der Abschaffung des § 50 a Abs. 7 EStG ist die entsprechenden Verpflichtung von Unternehmen und Privatpersonen grundsätzlich möglich[806] und wird nach derzeitiger Rechtslage im deutschen Steuerrecht auch praktiziert. Die Einführung entsprechender Verpflichtungen im Rahmen der Besteuerung der Einkünfte aus dem Electronic Commerce würde somit kein Novum im deutschen Steuerrecht darstellen.

---

[802] D. Birk/ E. Kulosa, Verfassungsrechtliche Aspekte des Steuerentlastungsgetzes 1999/ 2000/ 2002, in: FR 1999, S. 433 ff. (434), „Die Norm wirkt wie eine Zwangsanleihe".

[803] S. Schauhoff, § 50 a Abs. 7 EStG oder Happy End beim Trauerspiel, in: IStR 1999, S. 500.

[804] J. de Weerth, RIW 1999, S. 511 ff. (514). Es wurde deshalb von einigen Mitgliedstaaten der EU eine Binnenmarktbeschwerde bei der EU-Kommission eingereicht, FAZ vom 24.06.1999, S. 19.

[805] T. Stapperfend, Der neue Steuerabzug gegenüber ausländischen Werkunternehmern aus europarechtlicher und verfassungsrechtlicher Sicht, in: FR 1999, S. 742 ff. (746).

[806] Zu den verfassungsrechtlichen Bedenken einer Einbehaltungs- und Abführungsverpflichtung, C. Trzaskalik, Die Steuererhebungspflichten Privater, in: Steuerrecht und Verfassungsrecht, K.H. Friauf (Hrsg.), DStJG, Band 12, Köln 1989.

6.3.3.3. Die Umsatzbesteuerung der Lieferung von neuen Fahrzeugen

Auch das deutsche und europäische Umsatzsteuerrecht kennt eine verwaltungsmäßige Inanspruchnahme von Privatpersonen. Vor der Einführung des § 2a UStG waren Nichtunternehmer vom UStG nur dann betroffen, wenn sie die Einfuhr von Gegenständen in das Zollgebiet bewirkten, § 1 Abs. 1 Nr. 4 UStG, oder wenn sie Rechnungen mit offenem Steuerausweis ausstellten, § 14 Abs. 3 UStG. Seit dem ab 01.01.1993 geltenden Umsatzsteuerrecht werden nun auch Privatpersonen nach § 2 a UStG wie Unternehmer behandelt, wenn sie im Inland ein neues Fahrzeug (§ 1 b Abs. 2 UStG) an einen Abnehmer liefern, der in einem anderen EU-Mitgliedstaat ansässig ist[807].

Die Lieferung ist gemäß § 2 a UStG steuerbar, jedoch nach § 6 a Abs. 1 UStG steuerfrei. Die Privatperson erhält gemäß § 15 Abs. 4 a UStG einen Vorsteuerabzug in Höhe von 16 % des Verkaufspreises, da in dieser Höhe die Steuer für eine nicht steuerfreie Lieferung des Fahrzeug geschuldet würde.

Die Verpflichtung der Privatperson führt im vorstehenden Fall zu einer Steuerminderung, denn der Vorsteuerabzug wird vom Finanzamt der Privatperson erstattet. Dennoch trifft die Privatperson eine Aufzeichnungsverpflichtung, die allerdings - im Gegensatz zu § 50 a EStG - zu einem unmittelbaren steuerlichen Vorteil führt.

6.3.3.4. Einbehaltungs- und Abführungsverpflichtung im Electronic Commerce

Eine derartige, an § 50 a EStG orientierte Einbehaltungs- und Abzugsverpflichtung könnte auch für die Einkünfte aus dem Electronic Commerce eingeführt werden. Sowohl für die Einkünfte aus dem Transaktionsgeschäft *business to business* als auch für diejenigen Einkünfte, die im Privatkundengeschäft erzielt werden, würde eine Abschlagssteuer in zu bestimmender Höhe von den Bruttozahlungen einzubehalten und an das Finanzamt abzuführen sein.

Diese dem zumindest deutschen Steuerrecht bekannte Erhebungsform könnte in den Katalog des § 50 a EStG aufgenommen werden. Von der Verpflichtung zum Einbehalt und zur Abführung der Steuern wären *alle* Vergütungsschuldner, somit auch die privaten Endkunden betroffen[808].

---

[807] H. Schuhmann, in: Offerhaus/ Söhn/ Lange, UStG, § 2 a Rz. 3.; von Wallis, in: Bunjes/ Geist, UStG, 5. Aufl. München 1997, § 2a, Anm. 3.

[808] Zu näheren Einzelheiten über die Steuererhebung und die Steuerhaftung siehe W. Heinicke, in: Schmidt, 18. Auflage, München 1999, § 50 a Rz. 20 ff.

Um nicht jede Transaktion im Internet einer Einbehaltung- und Abführungsverpflichtung zu unterwerfen, könnten bestimmte Grenzwerte eingeführt werden, bis zu denen eine Quellenbesteuerung unterbleiben würde. Dadurch könnte die Verpflichtung der Privatpersonen auf diejenigen Transaktionen beschränkt werden, die den vereinbarten Grenzwert (beispielsweise DM 100,--) übersteigen. Eine derartige Befreiung müßte dann selbstverständlich auch bei den Geschäften zwischen zwei Unternehmern (business to business) Anwendung finden.

Die Begründung einer Einbehaltungs- und Abführungsverpflichtung zur Besteuerung der Einkünfte aus dem Electronic Commerce würde sich wesentlich von der Regelung des gescheiterten § 50 a Abs. 7 EStG unterscheiden. Zum einen wäre der Unternehmer in jedem Fall im Quellenstaat mit seinen Einkünften beschränkt steuerpflichtig. Denn entsprechende gesetzliche Regelungen im nationalen und auch im Abkommensrecht würden vor der Erhebung einer Abschlagssteuer eingeführt werden. Des weiteren würde der Quellensteuersatz nur wenige Prozent (z.B. 3 %) des Bruttoumsatzes betragen, wodurch eine Überbesteuerung weitgehend vermieden werden könnte. Die Einführung von Transaktionskatalogen würde ebenfalls einer Überbesteuerung entgegenwirken.

Die Einbehaltungs- und Abführungsverpflichtung zur Besteuerung der Einkünfte aus dem internationalen Handel im Internet wäre vor allem kein gesetzgeberischer Alleingang eines einzelnen Staates. Vielmehr würde eine Vielzahl von Staaten diese Regelungen gleichzeitig einführen und umsetzen. Internationale Spannungen, wie sie § 50 a Abs. 7 EStG entstehen ließen, wären nicht zu besorgen.

6.4. Kontrolle des abführungsverpflichteten Vergütungsschuldners

Die Kontrolle des Steuerpflichtigen könnte im unternehmerischen Bereich im Zeitpunkt der Veranlagung zur Einkommens- bzw. Körperschaftsteuer aber auch über gelegentliche Betriebsprüfungen erfolgen. Die von *Doernberg*[809] vorgeschlagene Verweigerung des Betriebsausgabenabzugs im Falle der Nichterfüllung der Einbehaltungs- und Abführungsverpflichtung könnte ein wirksames Sanktionsmittel zur Durchsetzung des Steueranspruches darstellen.

---

[809] R.L. Doernberg, Electronic Commerce and International Tax Sharing, Tax Notes International 1998, S. 1017.

Im Bereich der privaten Endabnehmer könnte die Kontrolle einerseits bei der jährlichen Veranlagung zur Einkommensteuer erfolgen, wie sie in § 73 d Abs. 2 EStDV bereits normiert wurde. Um den Einbehalt und die Abführung der Steuern im Privatbereich zu gewährleisten, bedürfte es jedoch einer weiteren Kontrollmöglichkeit[810].

6.4.1. Keine Mitteilungsverpflichtung der Kreditinstitute

Die Einführung von Mitteilungspflichten der Kreditinstitute an das Finanzamt wäre nach dem geltenden deutschen Steuerrecht nicht denkbar. Nach § 30 a AO, der den sog. Bankenerlaß von 1949 in der Fassung von 1979[811] in das Gesetz übernommen[812] hat, haben die Finanzbehörden auf das Vertrauensverhältnis zwischen den Kreditinstituten und ihren Kunden besondere Rücksicht zu nehmen. Deshalb verbietet § 30 a Abs. 2 AO den Finanzbehörden, zum Zwecke der allgemeinen Steueraufsicht von den Kreditinstituten die einmalige oder periodische Mitteilung von Konten bestimmter Art und Höhe zu verlangen.

6.4.2. Keine Kontrollmitteilungen im Rahmen von Außenprüfungen nach geltendem Recht

Denkbar wäre, im Rahmen von Außenprüfungen bei Kreditinstituten Kontrollmitteilungen über Kontenbewegungen zu verfassen, um durch stichprobenartige Rückfragen beim Kontoinhaber zu erfahren, ob ein Fall einer Internet-Transaktion vorliegt und ob der Einbehaltungs- und Abführungsverpflichtung nachgekommen wurde. Das Schreiben von Kontrollmitteilungen ist zwar gemäß § 30 Abs. 3 Satz 2 AO verboten. Der 8. Senat des BFH hat aber in seiner Entscheidung vom 18.02.1997[813] das Kontrollmitteilungsverbot eingeschränkt. So darf ein Außenprüfer eine Kontrollmitteilung fertigen, wenn dazu ein „hinreichender Anlaß" besteht. Dazu genügt es, daß er im Rahmen einer „aufgrund allgemeiner Erfahrung getroffenen Prognoseentscheidung im Wege vorweggenommener Beweiswürdigung" zu dem Ergebnis gelangt, daß die Kontrollmitteilung zur Aufdeckung steuererheblicher Tatsachen führen mag. Stößt der Außenprüfer im Rahmen der Überprüfung des Kreditinstitutes auf Kontenbewegungen, die den Verdacht einer geschäftlichen Transaktion über das Internet na-

---

810 Dazu auch S. Schmitz, Dokumentations- und Mitwirkungspflichten des Steuerpflichtigen aus der Sicht der Finanzverwaltung, in: Steuerliche Aspekte des Electronic Commerce, Hefte zur Internationalen Besteuerung, Heft 120, Hamburg 1998, S. 14 ff.

811 BMF-Schreiben vom 31.08.1979, BStBl. I 1979, S. 590.

812 Steuerreformgesetz 1989, BGBl. I 1988, S. 1093 (1127), zur Entstehungsgeschichte des § 30 a AO, siehe K. Tipke, Zur Steuerfahndung bei Banken und Bankkunden, in: BB 1998, S. 241 ff.

813 BFH vom 18.02.1997, BStBl. II 1997, S. 499 ff. (506).

helegen, so könnte auf der Grundlage der Entscheidung des BFH vom 18.02.1997 eine entsprechende Kontrollmitteilung verfaßt werden, um eine Überprüfung des Kontoinhabers zu ermöglichen[814].

Die Entscheidung des 8. Senates des BFH vom 18.02.1997 ist jedoch nicht haltbar. Sie erklärt § 30 a AO zur rein deklaratorischen Vorschrift und läßt sie im Ergebnis praktisch leerlaufen. Deshalb ist der 7. Senat des BFH in einem Verfahren des vorläufigen Rechtsschutzes[815] von ihr abgewichen. Nach zutreffender Aufassung des 7. Senats enthält § 30 a Abs. 3 AO eine bewußte und zielgerichtete Einschränkung des § 194 Abs. 3 AO und will einen Kernbestand des „Bankgeheimnisses[816]" sicherstellen. Dieser gesetzgeberische Wille darf von der Rechtsprechung nicht einfach ignoriert werden. Das Verfassen von Kontrollmitteilungen anläßlich einer Außenprüfung in einem Kreditinstitut ist somit nicht ohne weiteres möglich. Zur generellen Kontrolle des Kunden im Rahmen der Besteuerung der Einkünfte des Electronic Commerce scheidet diese Möglichkeit – zumindest nach derzeitiger Rechtslage - aus. Auch *R. Seer*[817] hält die Entscheidung des 8. Senates des BFH vor dem Hintergrund der Entscheidung des Bundesverfassungsgerichtes vom 27.06.1991[818] für bedenklich.

6.4.3. Mitwirkungspflicht des Steuerpflichtigen

Nach bisherigem Recht ist das Finanzamt in der Lage, im Einzelfall vom Steuerpflichtigen selbst Auskunft über dessen Konten und die Vorlage von Sparbüchern und Kontoauszügen gemäß §§ 93 Abs. 1, 97 AO zu verlangen. Erfüllt der Steuerpflichtige diese Mitwirkungspflicht nicht, so kann die Finanzbehörde ein Auskunftsersuchen auch an ein Kreditinstitut richten, das nach §§ 30 a Abs. 5, 93 Abs. 1 AO zur Mitwirkung verpflichtet ist.

Die Kontrolle allein anhand der Möglichkeiten der §§ 93 Abs. 1, 97 AO wäre jedoch ein stumpfes Schwert. Die Finanzverwaltung kann Ermittlungen zwar aufnehmen oder die Beweiserhebung beginnen, wenn sie hierzu Veranlassung sieht[819]. Diese Veranlassung wird sich in Bezug auf die Erfüllung der Einbehaltungs- und Abführungsverpflichtung jedoch regelmäßig nicht aus den Steuerun-

---

[814] R. Seer, in: Tipke/ Lang, Steuerrecht 16. Aufl. § 22 Rz. 198.
[815] BFH vom 28.10.1997, FR 1998, S. 112 ff., mit Anmerkungen von K. Tipke, S. 117 ff.
[816] Ein wirkliches Bankengeheimnis gibt es im deutschen Steuerverfahrensrecht nicht.
[817] R. Seer, in: Tipke/ Lang, Steuerrecht 16. Aufl. § 22 Rz. 198.
[818] BVerfG vom 27.06.1991, BVerfGE 84, S. 239 ff. Siehe dazu ausführlich unter 5.4.4.
[819] W. Dumke, in: Schwarz, AO Praxis-Kommentar. § 93 Rz. 1.

terlagen einer Privatperson[820] ergeben. Es würde den Finanzbehörden an einem konkreten Anhaltspunkt fehlen, der zu entsprechenden Ermittlungen Anlaß geben würde.

6.4.4. Änderung des § 30 a Abs. 3 Satz 2 AO

Sinnvoll wäre die Einführung von Kontrollmitteilungen, die allerdings auf die Einbehaltungs- und Abführungsverpflichtung des Kontoinhabers in Bezug auf die Einkünfte aus dem Electronic Commerce beschränkt bleiben müßten. Im Rahmen von Außenprüfungen müßte der Finanzbeamte Kontrollmeldungen verfassen dürfen, soweit Kontobewegungen festgestellt werden, die den Anschein erwecken, es handele sich um die Vergütung eines ausländischen Unternehmers. Der Kontoinhaber könnte sodann aufgefordert werden, den der Kontobewegung zugrundeliegenden Zahlungsverkehr zu erläutern.

In Bezug auf das deutsche Recht müßte dafür § 30 Abs. 3 Satz 2 AO geändert werden[821], um die Abfassung von Kontrollmitteilungen gesetzlich zu ermöglichen. Eine derartige gesetzliche Änderung wäre – auch und gerade vor dem Hintergrund der Entscheidung des Bundesverfassungsgerichts vom 27.06.1991[822] möglich[823]. So führt das Bundesverfassungs- gericht zunächst selber aus, daß das Verbot von Kontrollmitteilungen (ursprünglich Nr. 3 des Bankenerlasses) der Finanzverwaltung das wirksamste Mittel der Sachverhaltsaufklärung nimmt. Zwar lasse der Bankenerlaß (heute übernommen in § 30 a AO) trotz des von ihm betonten Vertrauensverhältnisses zwischen Kreditinstitut und Kunden die Einzelauskunftspflicht der Kreditinstitute unberührt; dessen ungeachtet schaffe er aber gerade nach dem Gesamtinhalt ein Klima der Zurückhaltung und des Zögerns, das eine zuverlässige Ermittlung der (Kapital-) Einkünfte prinzipiell verhindere. Diese Beschränkungen der wirksamen Kontrolle seien nicht verfassungsrechtlich geboten. Vielmehr bestätige die Rechtsprechung des Bundesverfassungsgerichts, daß steuerliche Kontrollmitteilungen und Aus-

---

[820] Den Bilanzen eines Unternehmens könnte u.U. die Anschaffung eines Wirtschaftsgutes entnommen werden. Die Buchhaltung wird die Vergütung des Internet-Unternehmens vermerken.

[821] Nach § 194 Abs. 3 AO darf die Abfassung von Kontrollmitteilungen nicht der alleinige Zweck der Außenprüfung sein. Die wahllose Fertigung von Kontrollmitteilungen bei Banken über deren Kundenkonten in großer Zahl wäre gemäß § 194 Abs. 3 AO nicht möglich. Sollte diese Möglichkeit eingeführt werden, so müßte ebenfalls § 194 Abs. 3 AO geändert werden, R. Rüsken, in: Klein, AO, 6. Aufl., München 1998, § 194 Anm. 6.

[822] BVerfGE vom 27.06.1991, BVerfGE 84, 239 ff. (278 ff.).

[823] Ob eine entsprechende Abänderung der Vorschriften zum Schutze der Bankkunden auch nach dem Recht anderer Staaten notwendig wäre, müßte im Einzelfall entschieden werden.

kunftspflichten mit den Grundrechten der Banken und der Kunden vereinbar wären[824].

Der gesetzlichen Änderung des § 30 a Abs. 3 Satz 2 AO könnte der Leitsatz der Entscheidung vom 27.06.1991 Pate stehen:

> „*Hängt die Festsetzung einer Steuer von der Erklärung des Steuerschuldners ab, werden erhöhte Anforderungen an die Steuerehrlichkeit des Steuerpflichtigen gestellt. Der Gesetzgeber muß die Steuerehrlichkeit deshalb durch hinreichende, die steuerliche Belastungsgleichheit gewährleistende Kontrollmöglichkeiten abstützen. Im Veranlagungszeitraum bedarf des Deklarationsprinzip der Ergänzung durch das Verifikationsprinzip.*“[825]

Die drohende Rückfrage des Finanzbeamten beim Kontoinhaber wäre zumindest eine geeignete Maßnahme, die Einbehaltungs- und Abführungspflichten des Vergütungsschuldners durchzusetzen. Auch wenn entsprechende Rückfragen aufgrund der Zahl der internationalen Transaktionen nur stichprobenhaft durchgeführt werden könnten, würde die mögliche Haftungsschuld für das Versäumnis des Steuereinbehalts den Internetnutzer dazu bewegen, der Einbehaltungs- und Abführungsverpflichtung nachzukommen.

6.4.5. Internationaler Austausch von steuerrelevanten Daten

Denkbar wäre ebenfalls ein internationaler Austausch von steuerrelevanten Daten zwischen den nationalen Finanzbehörden. Soweit sich aus den Steuer- oder Geschäftsunterlagen (z.B. anläßlich einer Betriebsprüfung) des Unternehmers steuerrelevante Daten ergeben, die die beschränkte Steuerpflicht des Unternehmers in einem Quellenstaat betreffen, könnte der Ansässigkeitsstaat diese Unterlagen dem Quellenstaat zur Verfügung stellen. Inbesondere Informationen über bestimmte Kunden könnten dem Quellenstaat bei der Durchsetzung seines Steueranspruches gegenüber dem Vergütungsschuldner (Haftungsschuldner der Steuer) hilfreich sein. Ob allerdings entsprechende Informationen den Steuer- und Geschäftsunterlagen des Unternehmers zu entnehmen sind, bleibt ungewiß. Zudem würden sich Niedrigsteuerstaaten einem entsprechenden „Informationsaustausch“ in aller Regel verweigern.

---

[824] BVerfGE vom 27.06.1991, BVerfGE 84, 239 ff. (279).

[825] Leitsatz, Ziffer 2, der Entscheidung des BVerfG vom 21.06.1991, BVerfGE 84, S. 239.

6.5. Keine übermäßige Beeinträchtigung des neuen Mediums

Die Einbehaltungs- und Abführungsverpflichtung belastet den Internetnutzer. Er würde im Verhältnis zu beispielsweise einem traditionellen Warenkauf mit einem Verwaltungsaufwand belastet, der ohne Frage die Attraktivität des neuen Mediums beeinträchtigen würde. Die Notwendigkeit der Beeinträchtigung der Anwenderfreundlichkeit des neuen Mediums ergibt sich aber aus der Verpflichtung des Gesetzgebers zur Gewährung höchster Steuergerechtigkeit[826].

Der Einbehaltungs- und Abführungsaufwand wäre jedoch nicht besonders groß. Die Finanzämter könnten durch die Entwicklung entsprechender Formularbögen den Verwaltungsaufwand des Internetkunden minimieren. Im Rahmen der Begleichung der Vergütungsschuld müßte lediglich ein Teilbetrag an das Finanzamt überwiesen werden. Statt einer Überweisung wären im Rahmen einer Abschlagsbesteuerung zwei Überweisungen zu tätigen. Denkbar wäre auch die Entwicklung und Einführung entsprechender Software seitens der Finanzverwaltungen , die voll-elektronisch den Einbehalt und die Abführung der Ertragssteuer an das zuständige Finanzamt übernimmt, soweit der Kunde entsprechende Angaben im Internet macht[827].

Der einzelne Bürger, der aufgrund der besonderen Erhebungsform seitens der Finanzbehörden in Anspruch genommen würde, könnte durch seine Mitwirkung einen Beitrag zur Sicherung des nationalen Steueraufkommens leisten, an dem auch er mittelbar wieder partizipiert. Dieser Beitrag des Bürgers könnte als Folge seiner in einer virtuellen Welt gesteigerten Verantwortung gegenüber seinem Heimatstaat gesehen werden[828]. Im Gegensatz zur Zahlung eigener Steuern, bei dem der Steuerpflichtige einen unmittelbaren Vermögensverlust erleidet, bliebe durch die Abzugssteuer zudem sein eigenes Vermögen unberührt. Es käme im Quellenstaat zu einer echten Vermögensmehrung, einem „national gain".

Die Verpflichtung des Bürgers zur Einbehaltung und Abführung von Steuern stellt ebenfalls keinen Verstoß gegen das von der internationalen Fachpresse aufgestellte Neutralitätsgebot des Electronic Commerce dar. Neutralität darf

---

826 „Die direkten Steuern auf das Einkommen haben grundsätzlich eine hohe materielle Rationalität; sie sind am besten geeignet, die gleichmäßige Besteuerung nach der Leistungsfähigkeit zu verwirklichen, und sie sind ergiebig. Indessen entfaltet sich die materielle Rationalität zu Lasten der formellem Rationalität, zu Lasten der Unmerklichkeit und zu Lasten der Praktikabilität", J. Lang, in: Tipke/ Lang, Steuerrecht, 16. Aufl., Köln 1998, § 8 Rz. 16.

827 Form des Electronic Cash Systems.

828 Dazu auch S. Schmitz, Dokumentations- und Mitwirkungspflichten des Steuerpflichtigen aus der Sicht der Finanzverwaltung, in: Steuerliche Aspekte des Electronic Commerce, Hefte zur Internationalen Besteuerung, Heft 120, Hamburg 1998, S. 14 ff.

nämlich nicht dahingehend verstanden werden, daß dem neuen Medium keinerlei Verpflichtungen auferlegt werden dürfen. Im Fall derartiger regelloser Freizügigkeit würde der „Marktplatz Internet“ tatsächlich zum Wild-West Abenteuer verkommen.

„Neutralität“ in steuerlichem Sinne bedeutet, daß die steuerliche Belastung des Electronic Commerce diejenigen des traditionellen Handels nicht übersteigen dürfen. Dem wird durch die Anrechnung der Quellensteuern im Ansässigkeitsstaat und durch die Möglichkeit zur Veranlagung nach tatsächlich erwirtschafteten Einkünften im Quellenstaat (Optionsmöglichkeit) Rechnung getragen.

Zusammenfassung

Die internationale Steueraufteilung bietet nach der hier entwickelten Lösung eine gerechte Möglichkeit, die widerstreitenden Interessen des Ansässigkeits- und des Quellenstaates zum Ausgleich zu bringen. Der Quellenstaat erhält auf der Grundlage der an die Internet-Gesellschaft geleisteten Vergütung einen Anteil am Steueraufkommen, der von den Endkunden einbehalten und an das zuständige Finanzamt abgeführt wird. Die Aufnahme eines Transaktionskataloges in die nationalen Steuergesetze sowie in die Doppelbesteuerungsabkommen könnte die Gleichmäßigkeit der Besteuerung gewährleisten. Die im Quellenstaat seitens des Unternehmers in dieser Form gezahlte Ertragssteuer wird im Ansässigkeitsstaat angerechnet.

Da das nationale wie auch das Abkommensrecht häufig nur eine beschränkte Anrechnung der Quellensteuern vorsehen, bestünde für den Internet-Unternehmen die grundsätzliche Möglichkeit, mit den tatsächlichen Nettoeinkünften im Quellenstaat steuerlich veranlagt zu werden. Dadurch könnte das Prinziep der ausländischen Leistungsfähigkeit für die über das Internet generierten Einkünfte beachtet werden. In diesem Fall müßten dem Quellenstaat steuerrelevante Geschäftsunterlagen durch den steuerpflichtigen Unternehmer zur Verfügung gestellt und eine Verifizierung seiner Angaben ermöglicht werden.

Die Kontrolle des Steuereinbehaltes und der Abführung könnte – im Anschluß an eine Änderung des § 30 Abs. 3 Satz 2 AO - durch Kontrollmitteilungen im Wege der Außenprüfung von Kreditinstituten gewährleistet werden. Einzelne Rückfragen beim Kontoinhaber würden den Vergütungsschuldner zu der Erfüllung seiner Verwaltungspflichten veranlassen. Als Haftungsschuldner der Abschlagssteuer hätten der gewerbliche wie auch der private Endabnehmer dem Finanzamt gegenüber für die Nichtabführung der Ertragssteuer einzustehen. Da sie bei Nichtabführung somit eigenes Geld verlieren würden, wären sie selber darauf bedacht, der Abführungsverpfichtung von vornherein nachzukommen. Dadurch könnte die Durchsetzung des Steueranspruches erreicht werden.

Die im dritten Teil entwickelten Gerechtigkeitskriterien stehen in einem Spannungsverhältnis zueinander, das unter Berücksichtigung der Besonderheiten des grenzüberschreitenden Handels im Internet einem schonenden Ausgleich zugeführt werden muß. Eine solche Ausgleichsnotwendigkeit zeigt zugleich, daß eine vollkommene Gerechtigkeit nicht erreicht werden kann. So werden einzelne Gerechtigkeitskriterien nur bis zu einem gewissen Grade erfüllt (z.B. Besteuerung nach der Leistungsfähigkeit), da sie sich anderen Kriterien (z.B. der Praktikablität der Besteuerung) unterordnen müssen. Die propagierte Besteuerungsform kann daher nur den Anspruch auf annähernde Gerechtigkeit erheben.

Dadurch wird der Wert des zu suchenden Ergebnisses jedoch nicht geschmälert, denn die vollkommene Gerechtigkeit bleibt in einer komplexen Welt widerstreitender Interessen eine Illusion. Gerade im Bereich der Ertragsbesteuerung des internationalen Electronic Commerce werden die Interessengegensätze der einzelnen Staaten besonders deutlich. Annähernde Gerechtigkeit bildet aber eine annehmbare Arbeitsgrundlage für die internationale Diskussion um die Ertragsbesteuerung des grenzüberschreitenden Electronic Commerce soweit sie diese widerstreitenden Interessen zu einem gerechten Ausgleich führen kann.

- Literaturverzeichnis –

ALLIX, Edgar:Die Theorie der progressiven Einkommensteuer, in: H. Mayer u.a. (Hrsg.), Die Wirtschaftstheorie der Gegenwart, 4. Band, Wien 1928, S. 246 ff.

ARTHUR ANDERSEN: Kommentar zum Doppelbesteuerungsabkommen Deutschland – USA, Köln 1990.

BACH, Stefan/ ERBER, Georg: Electronic Commerce – Zu Chancen und Risiken des weltweiten elektronischen Geschäftsverkehrs, DIW-Wochenbericht 7/99, http://www.diw.de/diwwbd/99-07-01.html.

BECKER, Helmut: Tücken bei der Anrechnung ausländischer Steuern, in: BB 1977, S. 536 ff.

BECKER, Helmut/ HÖPPNER, Horst-D./ GROTHERR, Siegfried/ KROPPEN, Heinz-K.: Kommentar zu den Doppelbesteuerungsabkommen, 3. Teil: Länder-DBA, 4. Erg.Liefg., Herne/ Berlin 1999.

BENDA, Ernst: Die Wahrung verfassungsrechtlicher Grundsätze im Steuerrecht, in: DStZ 1984, S. 159 ff.

BERNÜTZ, Stefan: Ertragsbesteuerung grenzüberschreitender Internet-Transaktionen: Anknüpfung an eine deutsche Betriebsstätte? in: IStR 1997, S. 353 ff.

BIRK, Dieter: Allgemeines Steuerrecht, 2. Auflage, München 1994.

ders.: Das Leistungsfähigkeitsprinzip als Maßstab der Steuernormen: Ein Beitrag zu den Grundfragen des Verhältnisses Steuerrecht und Verfassungsrecht, Köln 1983.

ders.: Zum Stand der Theoriediskussion in der Steuerrechtswissenschaft, in: Steuern und Wirtschaft 1983, S. 293 ff.

ders.: Gleichheit und Gesetzmäßigkeit der Besteuerung, in: Steuern und Wirtschaft 1989, S. 212 ff

BIRK, Dieter/ KULOSA, Egmont: Verfassungsrechtliche Aspekte des Steuerentlastungsgetzes 1999/ 2000/ 2002, in: FR 1999, S. 433 ff.

BLÜMICH: Kommentar zum Einkommensteuergesetz, K. Ebling (Hrsg.) 62. Erg.Liefg., München 1999.

BÖCKENFÖRDE, E.W.: Die Methoden der Verfassungsinterpretation: Bestandsaufnahme und Kritik, in: NJW 1976, S. 2089 ff.

ders.: Die Bedeutung der Unterscheidung von Staat und Gesellschaft im demokratischen Sozialstaat der Gegenwart, in: ders., Recht, Staat, Freiheit, 2. Auflage, Frankfurt a.M. 1992.

BÖRNER, Fritjof: Der Internet-Rechtsberater: Rechtsfragen und steuerliche Gestaltungsmöglichkeiten, 1. Auflage, Köln 1999

BORRACCIA,Salvador: Canada, International Tax Issues in Cyberspace: Taxation of Cross-border Electronic Commerce, in: Intertax 1997, S. 130 ff.

BORRMANN, C.: Zum Verhältnis von Außenwirtschafts- und Entwicklungspolitik, Hamburg 1975.

BOURTOURAULT, P.:France, International Tax Issues in Cyberspace: Taxation of Cross-border Electronic Commerce, in: Intertax 1997, S. 137 ff.

BRODERSEN, C.: Germany, International Tax Issues in Cyberspace: Taxation of Cross-border Electronic Commerce, in: Intertax 1997, S. 133 ff.

BRUNNER, Otto: Land und Herrschaft: Grundfragen der territorialen Verfassungsgeschichte Österreichs im Mittelalter, 5. Auflage, Wien 1965.

BUCHANAN, J.M.: The Pure Theory and Political Economy, in: Selected Essays, No. 8, 1960.

BUCHANAN, James M./ BRENNAN, Geoffrey: The Power to Tax: Analytical Foundations of a Fiscal Constitution, Cambridge 1980.

dies.: Besteuerung und Staatsgewalt, C. Folkers (Hrsg.), Hamburg 1988.

BÜHLER, Otto: Prinzipien des Internationalen Steuerrechts, Amsterdam 1964.

BUNJES, Johann/ GEIST, Reinhold: Kommentar zum Umsatzsteuergesetz, 5. Auflage, München 1997.

CANARIS, Claus-W.: Systemdenken und Systembegriff in der Jurisprudenz, Schriften zur Rechtstheorie, Heft 14, Berlin 1969.

CLINTON, William-J.: Presidential Directive on Electronic Commerce, Memorandum For The Heads of Executive Departments and Agencies, Washington D.C., Juli 1997, http://www.ecommerce.gov/ presiden.htm

CLINTON, William-J./ GORE, All G.: White House Release on Global Information Infrastructure – A Framework For Global Electronic Commerce, Washington D.C. 1997.

COING, Helmut: Grundzüge der Rechtsphilosophie, 4. Auflage, Berlin 1986.

CREIFELDS, Carl: Rechtswörterbuch, 9. Auflage, München 1988.

CREZELJUS, Georg: Die isolierende Betrachtungsweise, insbesondere die grenzüberschreitende Betriebsaufspaltung, in: StVj 1992, S. 322 ff.

DEBATIN, Helmut: System und Auslegung der Doppelbesteuerungsabkommen, in: DB 1985, Beilage 23, S. 2 ff.

ders.: Zum Grundverständnis von Doppelbesteuerungsabkommen, in: RIW 1988, S. 727 ff.

ders.: Die beschränkte Steuerpflicht bei Einkommen- und Körperschaftsteuer, in: BB 1960, S. 1015 ff.

ders.: Außensteuerrecht und internationales Steuerrecht, in: Handwörterbuch der Betriebswissenschaften, Band 1, 1977.

ders.: Das Betriebsstättenprinzip der deutschen Doppelbesteuerungsabkommen, in: DB 1989, Teil 1: S. 1692 ff., Teil 2: S. 1739 ff.

ders.: Steuerbefreiung mit Progressionsvorbehalt als Methode zur Vermeidung der Doppelbesteuerung, in: AWD 1965; 41

DELOITTE&TOUCHE: Deloitte & Touche offers comments on Tax Policy Implications of Global Electronic Commerce, in: Tax Notes International 1997, S. 1483 ff.

DITTMAR, Frank/ SELLING, Heinz-J.: How to Control Internet Transactions? A Contribution from the Point of View of German Tax Inspectors, in: Intertax 1998, S. 88 ff.

DOERNBERG, R.L.: Electronic Commerce and International Tax Sharing, in: Tax Notes International 1998, S. 1013 ff.

DOERNBERG, R.L./ HINNEKENS, Luc: Electronic Commerce and International Taxation, Kluwer Law International 1999.

DOERNBERG, R.L./ ABRAMS : How Electronic Commerce Works, in: Tax Notes International 1997, S. 1573 ff.

DORN, Herbert: Das Recht der internationalen Doppelbesteuerung, in: Vierteljahresschrift für Steuer- und Finanzrecht, 1. Jg, 1927, S. 189 ff.

DWORKING, Ronald: Law's Empire, Cambridge (Mass.) 1986.

EBLING, Klaus: Unilaterale Maßnahmen gegen die internationale Doppelbesteuerung bei den Steuern vom Ertrag, Diss., Mainz 1969.

ECKHOF, Torstein/ SUNDBY, Nils K.: Rechtssysteme: Eine systematische Einführung in die Rechtstheorie, Berlin 1988.

EISLER, Rudolf: Wörterbuch der philosophischen Begriffe, 4. Auflage, Berlin 1927-1930.

ENGELSCHALCK, M.: Die Besteuerung von Steuerausländern auf Bruttobasis, Heidelberg 1988.

ENGISCH, Karl: Die Einheit der Rechtsordnung, Heidelberg 1935.

ESSER, Josef: Grundsatz und Norm in der richterlichen Fortbildung des Privatrechts: Rechtsvergleichende Beiträge zur Rechtsquellen- und Interpretationslehre, 4. Auflage, Tübingen 1990.

ders.: Wertungen, Konstruktion und Argument im Zivilurteil, Vortrag gehalten vor der Juristischen Studiengesellschaft in Tübingen am 26.05.1965, Karlsruhe1965.

EU-KOMMISSION: A European Initiative in Electronic Commerce (Green Paper), Com. (97), April 1997.

EU-MINISTERKONF.: Global Information Networks: Realizing the Potential, Bonn 1997, http.//www.2.echo.lu/bonn/conference. html.

FIKENTSCHER, W.: Methoden des Rechts, Band IV: Dogmatischer Teil, Tübingen 1977.

FINANZMINISTERIUM von Australien: Tax and the Internet, August 1997.

FINANZMINISTERIUM von Canada:Report to the Minister of National Revenue from the Minister's Advisory Committee on Electronic Commerce, Electronic Commerce and Canada's Tax Administration, http://www.rc.gc.ca/ecomm, April 1998.

FINANZMINISTERIUM von Japan: Towards the Age of the Digital Economy: For a Rapid Progress in the Japanese Economy and the World Economic Growth in the 21 st Century, Tokyo, Mai 1997.

FINANZMINISTERIUM der Niederlande: Notitie belastingen in een wereld zonder afstand, Report to Underminister from Dutch Advisory Committee, Mai 1998

FINANZMINISTERIUM der USA: Selected Policy Implications of Global Electronic Commerce, Washington D.C., November 1996.

FISCHER, Lutz: Grundfragen der Besteuerung von Transaktionen im Internet, in: Steuerliche Aspekte des Electronic Commerce, Hefte der Internationalen Besteuerung, Nr. 120, Hamburg 1998.

FISCHER, Lutz/ WARNEKE, Perygrin: Internationale Betriebswirtschaftliche Steuerlehre, 4. Auflage, Berlin 1998.

FLICK, Hans: Recht und Gerechtigkeit im Internationalen Steuerrecht, in: FR 1961, S. 171 ff.

ders.: Internationales Steuerrecht – Seine Systematik und seine Definitionen, in: IWB, Fach 10, International, Gr. 2 15 ff.

FLIES, Rolf: Die Umqualifikation der Einkünfte bei der beschränkten Steuerpflicht, in: DStZ 1995, S. 431 ff.

FORST, David L.: The Continuing Vitality of Source-Based Taxation in the Electronic Age, in: Tax Notes International, 1997, S. 1455 ff.

GALL, J.P. le: Précis, in: R.L.Doernberg/ L. Hinnekens, Electronic Commerce and International Taxation, IFA 1999.

GANDENBERGER, Otto:Der Einfluß der Einkommen- und Körperschaftsteuer auf die internationalen Wirtschaftströme, in: Grundfragen de Internationalen Steuerrechts, K. Vogel (Hrsg.), DStJG, Band 8, Köln 1985.

ders.: Kapitalexportneutralität versus Kapitalimportneutralität, in: Aufsätze zur Wirtschaftspolitik, Forschungsinstitut für Wirtschaftspolitik an der Universität Mainz, Heft 7, 1983.

GNAZZO: Der Einfluß des Territorialprinzips auf das Einkommensteuerrecht der latainamerikanischen Staaten, in: Engelschalck/ Flick (Hrsg.), Steuern auf ausländische Einkünfte, Münchener Schriften zum Internationalen Steuerrecht, Heft 7, München 1984.

GRAU, Stefan: Verluststrategien unter dem Gesichtspunkt des § 2 a EStG, in: Besteuerung internationaler Konzerne, L. Fischer (Hrsg.), Forum der Internationalen Besteuerung, Band 3, Köln 1993, S. 48 ff.

GROTHERR, Siegfried/ HERFORT, Claus/ STRUNK, Günter: Internationales Steuerrecht, 1. Auflage, Bremen 1998.

GÜNKEL, Manfred: Anmerkungen zum Urteil vom 30.06.1996, in: IWB Fach 3a Gruppe 1 S. 585 ff.

HALLER, Heinz: Die Steuern, Grundlinien eines rationalen Systems öffentlicher Ausgaben, 3. Auflage, Tübingen 1981.

ders.: Finanzpolitik – Grundlagen und Hauptprobleme, Zürich 1972.

HANNES, B.: Qualifikationskonflikte im Internationalen Steuerrecht, Diss., Hamburg 1992.

HANSMEYER, K.-H.: Staatsfinanzierung im Wandel, Bonn 1983.

HARTMANN/ BÖTTCHER/ NISSEN/ BORDEWIN: Kommentar zum Einkommensteuergesetz, A. Bordewin (Hrsg.), 187. Erg.Liefg., Heidelberg 1999.

HÄUSER, Karl: Opfertheorie Redivivus, in: Finanzwissenschaft im Dienste der Wirtschaftspolitik, Festschrift für D. Pohmer, Tübungen 1990

HEILMANN, Martin: Lorenz von Stein und die Grundprobleme der Steuerlehre, Heidelberg 1984.

HERMANN, Carl/ HEUER, Gerhard/ RAUPACH, Arndt: Kommentar zum Einkommensteuergesetz, Köln

HINNEKENS, Luc: Looking for an Appropriate Jurisdictional Framework for Source-State Taxation of International Electronic Commerce in the Twenty-first Century, in: Intertax 1998, S. 192 ff.

ders.: New Age International Taxation in the Digital Economy of the Global Society, in: Intertax 1997, S. 116 ff.

HOBBES, Thomas: Leviathan, London 1651, dt. Überstetzung von J.P. Mayer Stuttgart 1976 (Reclam-Ausgabe).

HOEREN, Thomas: Internet und Recht – Neue Paradigmen des Informationsrechts, in: NJW 1998, S. 2849 ff.

HOFFMANN, W.-D.: Praxishinweise zur neuen Abzugssteuer für ausländische Werkvertragsunternehmer, in: DStR 1999, S. 1061 ff.

HOG, Harald/ TENBROCK, Berthold: Steuerentlastungsgesetz 1999/ 2000/ 2002, Freiburg/ Berlin/ München 1999.

HOLLER, Guido/ HEERSPINK, Frank: Betriebsstättenbegründung durch Einrichtung eines Verkaufsservers im Internet, in: BB 1998, S. 771 ff.

HOORN, J. van: Einige Gedanken über die Entwicklung auf dem Gebiet des Internationalen Steuerrechts, in: Steuern und Wirtschaft 1960, S. 201 ff.

HORSCH, Rainer/ OBERHAUSER, Iris: Wirtschaftliche Folgen des Steuerabzugs bei ausländischen Nachunternehmern, in: BB 1999, S. 1173 ff..

HUSTEN, John: The case againt „fixed base“, in: Intertax 1988, S. 282 ff.

ISAY, Hermann: Internationales Finanzrecht, Stuttgart/ Berlin 1934.

ISENSEE, Josef/ KIRCHOF, Paul: Handbuch des Staatsrechts, Band V: Allgemeine Grundrechtslehren, Heidelberg 1992.

INSTITUT der WIRTSCHAFTSPRÜFER: Determination of profits of permanent establishments, in: Intertax 1988, S. 427 ff.

JACOBS, Otto H.: Besteuerung internationaler Unternehmen, 4. Auflage, München 1999.

JECHT, Horst: Wesen und Formen der Finanzwissenschaft, Umrisse einer Finanzwirtschaftslehre und Finanzsoziologie, Jena 1928.

JÜPTNER, Roland: Leistungsfähigkeit und Veranlassung: Ein ideen- und verfassungskritischer Beitrag zum Leistungsfähigkeitsprinzip und dessen Bedeutung für einen generalisierenden einkommensteuerlichen Verpfllichtungsgrund, insbesondere am Beispiel der Veranlassung, Heidelberg 1989.

KANT, Immanuel: Kritik der reinen Vernunft, 2. Auflage, Riga 1787.

ders.: Methaphysische Anfangsgründe der Naturwissenschaft, K. Pollok (Hrsg.), Hamburg 1997.

KATSUSHIMA, T.: Internet and Electronic Commerce – The Next Frontier, in: Intertax 1998, S. 86 ff.

KAY, Geoffrey A.: United Kingdom, International Tax Issues in Cyberspace: Taxation of Cross-border Electronic Commerce, in: Intertax 1997, S. 141 ff.

KIRCHHOF, Paul: Der offene Finanz- und Steuerstaat, Ausgewählte Schriften 1964-1990, Heidelberg 1991.

ders.: Empfiehlt sich, das Einkommensteuerrecht zur Beseitigung von Ungleichbehandlungen neu zu ordnen, Gutachten F zum 57. Deutschen Juristentag, 1988.

ders.: Der verfassungsrechtliche Auftrag zur Besteuerung nach der finanziellen Leistungsfähigkeit, in: Steuern und Wirtschaft 1985, S. 319 ff.

ders.: Steuerordnung als Wertordnung, in: Steuern und Wirtschaft 1996, S. 3 ff.

KLEIN, Franz: Kommentar zur Abgabenordnung, 6. Auflagen, München 1998.

KLEIN, Alexander: Steuermoral und Steuerrecht, Diss., Frankfurt a.M. 1997.

KLUGE, Volker: Das Internationale Steuerrecht der Bundesrepublik, in: JUS 1974, S. 216 ff., 351 ff., 491 ff., 626 ff, 698 ff., JUS 1975, S. 13 ff.

ders.: Das deutsche Internationale Steuerrecht, 3. Auflage, München 1992.

KNAUER, Manfred: Verlustausgleich und Dopplebsteuerungsabkommen, Steuern und Wirtschaft 1964, S. 155 ff.

KNECHTLE, Arnold: Grundfragen des Internationalen Steuerrechts, Basel/ Stuttgart 1976.

KOCH, Karl/ SCHOLZ, Rolf-D.: Kommentar zur Abgabenordnung, 5. Auflage, Köln/ Berlin/ Bonn/ München 1996.

(**KORN**, Rudolf)/ DEABTIN, Helmut/ WASSERMEYER, F: Doppelbesteuerung, Band I: Systematik und Kommentierung des OECD-MA, München 1999.

KORF, Ralph/ SOVINZ, Stefan: Umsatzbesteuerung des elektronischen Handels, in: Computer und Recht 1999, Teil 1 S. 314 ff., Teil 2 S. 371 ff.

KRAWIETZ, Werner: Das positive Recht und seine Funktion, kategoriale und methodologische Überlegungen zu einer funktionalen Rechtstheorie, Berlin 1967.

KRÖGER, Detlef/ KELLERSMANN, D.: Internet - Handbuch für Steuerberater und Wirtschaftsprüfer, Neuwied/ Kriftel/ Berlin 1998.

KRUSE, Heinrich W.: Grenzen der Rechtsfortbildung durch Rechtsprechung und Verwaltungsvorschriften im Steuerrecht, K. Tipke (Hrsg.),DStJG, Band 5, Köln 1985.

ders.: Über die Gleichmäßigkeit der Besteuerung, in: Steuern und Wirtschaft 1990, S. 322 ff.

KUMPF, Wolfgang: Besteuerung inländischer Betriebsstätten von Steuerausländern, in: Praxis des Internationalen Steuerrechts, A. Raupach (Hrsg.) Band 2, Köln 1982.

ders.: Betriebsstätte: Prinzip und Definition, in: Die beschränkte Steuerpflicht, W. Haarmann (Hrsg.), Formum der Internationalem Besteuerung, Band 2, Köln 1993, S. 27 ff.

LADEMANN, Fritz/ SÖFFING, Günther: Kommentar zum Einkommensteuergesetz, 115. Erg.Liefg., Stuttgart/ München/ Hannover/ Berlin 1997.

LAAN, R.A. van der: Computer Software in International Law, in: Intertax 1991, S. 266 ff..

LANG, Joachim: Über das Ethische der Steuertheorie von Klaus Tipke, in: Die Steuerrechtsordnung in der Diskussion, Festschrift für Klaus Tipke, Köln 1995, S. 3 ff.

ders.: Entwurf eines Steuergesetzbuches, Schriftenreihe des Bundesministeriums der Finanzen, Heft 49, Bonn 1993.

ders.: Die Bemessungsgrundlage der Einkommensteuer, Köln 1988.

ders.: Steuerchaos als Produkt des Interessenpluralismus, in: FR 1993, S. 661 ff.

ders.: Einkommensteuer – quo vadis? In: FR 1993, S. 661 ff.

LANG, Michael: Die Bedeutung des originär innerstaatlichen Rechts für die Auslegung von Doppelbesteuerungsabkommen (Art. 3 Abs. 2 OECD-MA), in: Außensteuerrecht, Doppelbesteuerungsrecht und EU-Recht im Spannungsverhältnis, Festschrift für H. Debatin, München 1997, S. 283 ff.

LARENZ, Karl: Methodenlehre der Rechtswissenschaft, 6. Auflage, Berlin 1991, S. 165 ff.

ders.: Richtiges Recht, Grundzüge einer Rechtsethik, München 1979.

LEIBHOLZ, Gerhard: Die Gleichheit vor dem Gesetz, 1959.

LEISNER, Walter: Von der Leistung zur Leistungsfähigkeit – die soziale Nivellierung – Ein Beitrag wider das Leistungsfähigkeitsprinzip, in: Steuern und Wirtschaft 1983, S. 97 ff.

LEJEUNE, Ine/ VARTHAM, Bart/ VELINDEN, Isabelle/ VERBEKEN, Alain: Does Cyber-Commerce Necessitate a Revision of International Tax Concepts, in: European Taxation 1998, Teil 1 S. 2 ff., Teil 2 S. 50 ff.

LIEDKE, Bernd: Internet Business, Online-Marketing und Electronic Commerce, Praxishandbuch, Augsburg 1999.

LIEDTKE, Helmut: Beschränkte Steuerpflicht" – Ein Grundlagenbegriff oder Fremdbegriff (Fremdkörper) im Steuerrecht, in: DB 1985 S. 671 ff.

ders.: Gibt es ein Internationales Steuerrecht? in: DB 1977, S. 1208 ff.

LÜDICKE, Jürgen: Steurrentlastungsgesetz 1999/ 2000/ 2002: Änderungen bei beschränkt Steuerpflichtigen, in. IStR 1999, S. 193 ff.

ders.: Inländische Betriebsstätten ausländischer Unternehmen, in: Besteuerung wirtschaftlicher Aktivitäten von Ausländern in Deutschland, L. Fischer (Hrsg.), Forum der Internationalen Besteuerung, Bd. 8, Köln 1995, 35 ff.

MAISTO, Guglielmo: The „shipping and air transport" provision (Art. 8) in the Italy-USA double taxation agreement, in: Intertax 1995, S. 146 ff.

MENNEL, Annemarie: Internationaler Vergleich der Anrechnung ausländischer Steuern, in: RIW 1977, S. 470 ff.

MENNEL, Annemarie/ FÖRSTER, Jutta: Steuern in Europa, Amerika und A-sien, 37. Erg.Liefg., Herne/ Berlin 1999, Wolfhard Tillmanns: Frankreich.

MICHAUX, Eric: An analysis of the notion „fixed base" and ist relation to the notion „permanent establishment" in the OECD model, in: Intertax 1987, S. 68 ff.

MICK, Marcus/ WÜRMELING, Ulrich: Umsatzsteuerbarkeit von Telekommunikationsleistungen, Tele- und Online-Diensten, in: IStR 1997, S. 357 ff.

MILL, John-S.:Principles of Political Economy, Band 2, Boston/ London 1848.

MÖSSNER, Jörg M.: Steuerrecht international tätiger Unternehmen, 2. Auflage, Köln 1998.

ders.: Die Methoden zur Vermeidung der Doppelbsteuerung – Vorzüge, Nachteile, aktuelle Probleme, in: Grundfragen des Internationalen Steuerrechts, K. Vogel (Hrsg.), DStJG, Band 8, Köln 1985.

ders.: Der Begriff des Internationalen Steuerrechts im Außensteuerrecht, in: Ö-ZöffR 1974, S. 255 ff.

ders.: Der Progressionsvorbehalt der Doppelbesteuerungsabkommen aus der Sicht des Völkerrechts, in: AWD 1965.

ders.: Isolierende Betrachtungsweise, in: Unternehmen/Steuern, Festschrift für H. Flick, Köln 1997, S. 939 ff.

ders.: Diskriminierung beschränkt Steuerpflichtiger, in: W. Haarmann (Hrsg.), Die beschränkte Steuerpflicht, Forum der Internationalen Besteuerung, Band 2, Köln 1993, S. 110 ff.

MURATA, Morihiro: Japan, International Tax Issues in Cyberspace: Taxation of Cross-border Electronic Commerce, in: Intertax 1997, S. 127 ff.

MUSGRAVE, R.A.: The Theory of Public Finance, New York/ Toronto/ London 1959.

ders.: Criteria for Foreign Tax Credit, in: Taxation and Operations Abroad, Symposium, 1960.

MUSGRAVE, Peggy: International Tax Differentials for Multinational Cooperations: Equity and Efficiency Considerations, in: United Nations, The Impact of Multinational Cooperations on Development and on International Relations, Technical Paper: Taxation, Washington 1974.

dies.: United States Taxation of Foreign Investment Income, Cambridge (Mass.) 1969.

dies.: Taxation of Foreign Investment Income. An Economic Analaysis, 1963,

MUSGRAVE, Richard A./ MUSGRAVE, Peggy: Public Finance in Theory and Practice, 4. Auflage, New York u.a. 1984.

dies.: Public Finance, 3. Auflage, McGraw Hill 1980.

dies.: Inter-Nation Equity, in: Modern Fiscal Issues, Essays in Honor of Carl S. Shoup, R. Bird (Hrsg.), Toronto 1972.

NEUMARK, Fritz: Grundsätze gerechter und ökonomisch rationaler Steuerpolitik, Tübingen 1970.

NEUMANN, F.-J.: Die Steuer nach der Steuerfähigkeit. Ein Beitrag zur Kritik und Geschichte der Lehren von der Besteuerung, in: Jahrbuch für Nationalökonomie und Staatsrecht, 1880, N.F., 1.Band, S. 511 ff.

NOVALIS: Schriften: Die Werke Friedrich von Hardenbergs/ Novalis, P. Kluckhohn/ R. Samuel (Hrsg.) Stuttgart 1960.

OECD: The Economic and Social Impact of Electronic Commerce: Preliminary Findings and Research Agenda, Paris 1998.

dies.: Dismantling the Barriers to Global Electronic Commerce, Turku (Finnland) 1998, http://www.oecd.org /dsti/sti/it/ec/prod/-dismantl.html.

dies.: Committee of Fiscal Affairs, Electronic Commerce: The Challanges to Tax Authorities and Taxpayers. An informal Round Table Discussion between Business and Government.

dies.: The Tax Treatment of Computer Software, Paris 1992.

dies.: A Borderless World: Realising the Potential of Global Electronic Commerce, Ottawa (Canada) October 1998.

dies.: Ottawa Conference on Electronic Commerce, Final News Release, Paris 1998, http://www.oecdwash.org/PRESS/ PRESSRELS/news9895.htm.

dies.: Taxation Principles and Electronic Commerce, Paris 1998, http://www.oecd.org/subject/e_commerce.

dies.: Electronic Commerce: Taxation Framework Conditions, Paris 1998

dies.: Elektronischer Geschäftsverkehr, Chancen und Herausforderungen für den Staat, OECD 1997.

OFFERHAUS, Klaus/ SÖHN, Hartmut/ LANGE, Hans-F.: Kommentar zum Umsatzsteuergesetz, 117. Ergänzungslieferung, Heidelberg 1999.

OSSENBÜHL, K.H.: Die gerechte Steuerlast, 1972.

PEINE, Franz-J.: Das Recht als System, Schriften zur Rechtstheorie, Heft 109, Berlin 1983.

ders.: Systemgerechtigkeit, 1. Auflage, Baden-Baden 1985.

PERLEMANN, Chaim: Über die Gerechtigkeit, München 1967.

PETERS, Hans: Lehrbuch der Verwaltung, Berlin 1949.

PIGOU, Arthur C.: A Special Levy to Discharge War Debt, in: Economic Journal, vol. 28, 1918., S. 145 ff.

ders.: A Study in Public Finance, 3. Auflage, London 1951.

PLÜCKEBAUM, Rudolf/ WENDT, Wilhelm/ EHMCKE, Torsten/ NIEMEIER, Gerhard/ SCHLIERENKÄMPER: Einkommensteuer, 18. Auflage, Bremen 1996.

POPITZ, Johannes: Einkommensteuer, in: Handwörterbuch der Staatswissenschaften, 3. Band, Jena 1926.

PORTNER, Rosemarie: Betriebsstätte durch grenzüberschreitende Internet-Transaktionen, in: IStR 1998, S. 556 ff.

POSTMA, Pieter: Netherlands Issues Internet Discussion Paper, in: Intertax 1998, S. 303 ff.

POWERS, J. Pat: International Tax Issues in Cyberspace: Taxation of Cross-border Electronic Commerce, in: Intertax 1997, S. 120 ff.

PRANG, Klaus-M.: Die Vertragspolitik der Bundesrepublik Deutschland beim Abschluß von Doppelbesteuerungsabkommen, Diss., Frankfurt a.M. 1982.

PRINZ, Ulrich: Steueroptimierte Vertriebsstrukturen im Outbound-Geschäft, in: FR 1997, S. 517 ff.

RAWLS, John: Eine Theorie der Gerechtigkeit (A Theorie of Justice, Harvard 1971), dt. Ausgabe hrsg. von O. Hoeffe, Berlin 1998.

RICHMOND, Peggy/ (später Musgrave): Taxation of Foreign Investment Income, Baltimore 1963.

RITSCHL, Hans: Theorie der Staatswirtschaft und Besteuerung, Bonn/ Leipzig 1925.

RITSERT, Jürgen: Gerechtigkeit und Gleichheit, 1. Auflage, Münster 1997.

RITTER, Wolfgang: Steuerbeziehungen mit der Dritten Welt, in: DStZ 1979, S. 419 ff.

RODI, Michael: Die Rechtfertigung von Steuern als Verfassungsproblem – dargestellt am Beispiel der Gewerbesteuer, München 1994.

ROSE, Gerd: Zur Bestimmung der Einkunftsart bei gemischt wirtschaftlichen Aktivitäten von Einzelpersonen, in: DB 1980 S. 2464 ff.

ders.: Grundzüge des Internationalen Steuerrechts, 3. Auflage, Wiesbaden 1995.

RUPP: Die Unterscheidung von Staat und Gesellschaft, in: Isensee/ Kirchhof (Hrsg.), Handbuch des Staatsrechts, Band I, 2. Auflage 1995, § 28 Rz. 29 ff.

SAUER, Klaus Peter: Rechnungslegung für Software, in: DStR 1988, S. 727 ff.

SAX, Emil: Grundlegung der theoretischen Staatswirtschaft, Wien 1887.

SCHANZ, Georg von: Der Einkommensbegriff und die Einkommensteuergesetze, in: Finanzarchiv, Band 13 (1896), S. 1 ff.

ders.: Der privatwirtschaftliche Einkommensteuerbegriff, in: Finanzarchiv, Band 39 (1922), S. 505 ff.

ders.: Zur Frage der Steuerpflicht, FinanzArchiv, Band 9, 1892.

ders.: Die Doppelbesteuerung und der Völkerbund, Finanzarchiv, Band 40, 1923.

SCHAUHOFF, Stephan: § 50 a Abs. 7 EStG oder Happy End beim Trauerspiel, in: IStR 1999, S. 499.

SCHAUMBURG, H.: Das Leistungsfähigkeitsprinzip im Internationalen Steuerrecht, in: Die Steuerrechtsordnung in der Diskussion, Festschrift für Klaus Tipke, Köln 1995, S. 125 ff.

ders.: Internationales Steuerrecht, 2. Auflage, Köln 1998.

SCHMIDT, Ludwig: Kommentar zum Einkommensteuergesetz, 18. Auflage, München 1999.

SCHMITZ, Stephan: Dokumentations- und Mitwirkungspflichten des Steuerpflichtigen aus der Sicht der Finanzverwaltung, in: Steuerliche Aspekte des Electronic Commerce, Hefte zur Internationalen Besteuerung, Heft 120, Hamburg 1998

SCHNEIDER, Uwe H.: Zur Verantwortung der Rechtswissenschaft, in: JZ 1987, S. 696 ff.

SCHNEIDER, Harald: Die Güterabwägung des Bundesverfassungsgerichts bei Grundrechtskonflikten. Empirische Studie zu Methode und Kritik eines Konfliktlösungsmodells, Baden-Baden 1979.

SCHUMPETER, Joseph / GOLDSCHEID, Rudolf: Die Finanzkrise des Steuerstaates, ein Beitrag zur politischen Ökonomie der Staatsfinanzen, Frankfurt a.M. 1976.

SCHWARZ, Bernhard: Praxis-Kommentar zur Abgabenordnung, 87. Erg.Liefg., Freiburg 1999.

SEIDL-HOHENFELDERN,Ignaz: Völkerrecht, 6. Auflage, Köln/Berlin/Bonn/ München 1987.

SELIGMAN, Edwin: Progressive Taxation in Theory and Practice, 2. Auflage, Princeton 1908.

SKAAR, Arvid .A.: Permanent Establishment. Erosion of a Tax Treaty Principle, Series on International Taxation, vol. 13, Kluwer 1991.

SPATSCHEK, Rainer: Ertragsteuerliche Herausforderung durch das Internet, in: Computer und Recht 1999, S. 165 ff.

SPENCER, Ian: Globalization of Transnational Business: the Challange for International Tax Policy, in: Intertax 1997, S. 143 ff.

SPITALER, Armin: Das Doppelbesteuerungsproblem bei den direkten Steuern, Reichberg 1936.

SPRAGUE, Gary D./ CHESLER, Robin A.: Comments on the Commentary to Art. 12 (Royalties) of the 1992 OECD Model Convention, in: Intertax 1993,, S. 310 ff.

STAPPERFEND, T.: Der neue Steuerabzug gegenüber ausländischen Werkunternehmern aus europarechtlicher und verfassungsrechtlicher Sicht, in: FR 1999, S. 742 ff.

STEIN, Lorenz von: Lehrbuch der Finanzwissenschaft. Erster und zweiter Teil. Erste und zweite Abteilung. Mit spezieller Vergleichung Englands, Frankreichs, Deutschlands, Österreichs, Italiens, Rußlands und anderer Länder, 5. Auflage, Leipzig 1885/ 86. Erster Teil. Finanzverfassung Europas. Zweiter Teil. Die Finanzverwaltung Europas. Ertse Abteilung: Der Staatshaushalt, die Staatsausgaben, die wirtschaftlichen Staatseinnahmen und der allgemeine Teil der Steuerlehre. Zweite Abteilung: Die einzelnen Steuern und ihre Systeme. Dritte Abteilung: Das Staatsschuldenwesen.

ders.: Lehrbuch der Nationalökonomie, 3. Auflage, Wien 1887.

ders.: Die Volkswirtschaftlehre, 2. Auflage, Wien 1878.

STERN, Klaus: Das Staatsrecht der Bundesrepublik Deutschland, Band II: Staatsorgane, Staatsfunktionen, Finanz- und Haushalts-verfassung, Notstandsverfassung, München 1980.

STOBBE, Ludwig: Der Progressionsvorbehalt des Einkommensteuergesetzes bei ausländischen Einkünften, in: DStZ 1989, S. 81 ff.

ders.: Besteuerung ausländischer Einkünfte – Erfahrungen aus der Prüfung eines Rechnungshofes, in: DStZ 1988, S. 324 ff.

STRECK, Michael: Kommentar zum KStG, 5. Auflage, München 1997.

STRÖMER, Tobias H.: Online-Recht, 1. Auflage, Heidelberg 1997.

STRUNK, Günther: Einkünftequalifizierung nach nationalem Recht, in: Steuerliche Aspekte des Electronic Commerce, Hefte der Internationalen Besteuerung, Nr. 120, Hamburg 1998.

ders.: Ist es wirklich wichtig, ob der Internet-Server eine Betriebsstätte begründet?, in: BB 1998, S. 1824 ff.

ders.: Grenzüberschreitende Geschäftsaktivitäten durch das Internet als weißer Fleck der Besteuerung, in: IStR 1997, S. 257 ff.

ders.: Anmerkungen zum sog. Betriebsstättenerlaßentwurf, in: IStR 1997, S. 513 ff.

SUMMERS, L.H.: Statementof the Deputy Secretary Department of the Treasury Before the Committee on Commerce Subcommittee on Communications United States Senate, Washington D.C. 1997, http://www.ustreas.gov/press/ releases/pr052297a.html.

TIPKE, Klaus: Die Steueerechtsordnung, Band 1: Wissenschafts-organisatorische, systematische und grundrechtlich-rechtsstaat-liche Grundlagen, Band 2: Steuerrechtfertigungstheorie, Anwendung auf alle Steuerarten, sachgerechtes Steuersystem, Band 3: Föderative Steuerverteilung, Rechtsanwendung und Rechtsschutz, Gestalter der Steuerrechtsordnung, Köln 1993.

ders.: Steuerrecht – Chaos, Konglumerat oder System? in: Steuern und Wirtschaft 1971 S. 1 ff.

ders.: Über Steuergerechtigkeit in Steuergesetzgebung, -verwaltung und –gerichtsbarkeit, in: Steuern und Wirtschaft 1981, S. 284 ff.

ders.: Zur Steuerfahndung bei Banken und Bankkunden, in: BB 1998, S. 241.

TIPKE, Klaus/ LANG, Joachim: Steuerrecht, 16. Auflage, Köln 1998.

TIPKE, Klaus/ KRUSE, Heinrich W.: Kommentar zur Abgabenordnung, 87. Erg.Liefg., Köln 1999.

TRZASKALIK, C.: Die Steuererhebungspflichten Privater, in: Steuerrecht und Verfassungsrecht, K.H. Friauf (Hrsg.), DStJG, Band 12, Köln 1989.

UELNER, Adalbert: Zur Konkretisierung des subjektiven Nettoprinzips im Einkommensteuerrecht, in: Ertragsbesteuerung, Festschrift für L. Schmidt, München 1993, S. 21 ff.

UTESCHER, Tanja: Internet und Steuern, Düsseldorf 1999.

VIEF, S.: Digitales Geld, in: Rötzer (Hrsg.), Digitaler Schein, Ästthetik der elektronischen Medien, 3. Auflage, Frankfurt a.M. 1991.

VINK, M.: Substantive International Corporate Income Tax Issues, in: Caught in the Web: The Tax and Legal Implications of electronic Commerce, Fiscale Actualiteiten, Deventer 1998.

VÖLKERBUND: Report on Double Taxation, Economic and Financial Commission, League of Nation (Dok F19), 1923.

VOGEL, Klaus: Kommentar zum Doppelbesteuerungsabkommen, 3. Auflage, München 1996.

ders.: Die Besteuerng von Auslandseinkünften. Theorie und Praxis, in: Grundfragen des Internationalen Steuerrechts, K. Vogel (Hrsg.), DStJG, Band 8, Köln 1985, S. 3 ff.

ders.: World-Wide versus Source Taxation of Income, A Review and Reevaluation of Arguments, in: Intertax 1988, S. 216-229, S. 310-320, S. 393-402.

ders.: Der Finanz- und Steuerstaat, in: Handbuch des Staatsrechts der Bundesrepublik Deutschland (HStR), Hrsg. Von J. Isensee und P. Kirchhof, Band 1, Heidelberg 1987, S. 1151 ff.

ders.: Steuergerechtigkeit und soziale Gestaltung, in: DStZ 1975, S. 409 ff.

ders.: Die Besonderheit des Steuerrechts, in: DStZ 1977, S. 5 ff.

ders.: Die Abschichtung von Rechtsfolgen im Steuerrecht, in: Steuern und Wirtschaft 1977, S. 97 ff.

ders.: Verkehrswert, Ertragswert und andere Werte, Bemerkungen zum Begriff des Wertes im Steuerrecht, in: DStZ 1979, S. 28 ff.

ders.: Rechtfertigung der Steuern: eine vergessene Vorfrage, in: Der Staat 1986, S. 481 ff.

ders.: Der Verlust des Rechtsgedankens im Steuerrecht als Herausforderung an das Verfassungsrecht, in: K.H. Friauf (Hrsg.), DStJ, Band 12, Köln 1989, S. 123 ff.

ders.: Theorie und Praxis des Interantionalen Steuerrechts, in: DStR 1968 S. 427 ff.

ders.: Zu einigen Fragen des Internationalen Steuerrechts, in: DB 1986, S. 507 ff.

ders.: Perfektionismus im Steuerrecht, in: Steuern und Wirtschaft, 1980, S. 206 ff.

ders.: Ausländische Gerichtsentscheidungen als Anregung für den deutschen Steuerrechtler, in: Steuern und Wirtschaft 1982, S. 66 ff.

ders.: Verbot des Verlustausgleichs für bestimmte ausländische Verluste, in: BB 1983, S. 180 ff.

ders.: Steueroasen und Außensteuergesetze, Münchener Schriften zum Internationalen Steuerrecht, Heft 3, München 1981, S. 128 ff.

ders.: Über Besteuerungsrechte und über das Leistungsfähigkeitsprinzip im Internationalen Steuerrecht, in: Steuerrecht, Verfassungsrecht, Finanzpolitik, Festschrift für F. Klein, Köln 1994, S. 361 ff.

VOSS, Jochen: Steuerbilanzielle Behandlung von PC-Software, in: FR 1989. S. 358 ff.

WACHS, Richard: Buying and Selling on the Internet: Tax Considerations, 1998, http://twobirds.com/libary/internet/selling. htm.

WAGNER, Adolph: Finanzwissenschaft und Staatssozialismus, mit einer Einleitung über Steins und Roschers Finanzwissenschaft, in: Zeitschrift für die gesamte Staatswissenschaft, Bd. 43 (1887), S. 37 ff, S. 675 ff.

ders.: Finanzwissenschaft, 2. Teil: Theorie der Besteuerung, Gebühren und allgemeine Steuerlehre, 2. Auflage, Leipzig/ Heidelberg 1890.

ders.: Grundlegung der politischen Ökonomie, 3. Auflage, 1. Teil: Grundlagen der Volkswirtschaft, 1. Halbband, Leipzig 1892; 2. Halbband, Leipzig 1893; II. Teil: Volkswirtschaft und Recht, besonders Vermögensrecht oder Freiheit und Eigentum in volkswirtschaftlicher Betrachtung, Leipzig 1894.

WASSERMEYER, F.: Die beschränkte Steuerpflicht, in: Grundfragen des Internationalen Steuerrechts, K. Vogel (Hrsg.), DStJG, Band 8, Köln 1985.

ders.: Anmerkungen zum Urteil vom 30.06.1996, in: IStR 1997, S. 149 ff.

WEBER-FAS, Rudolph: Völkerrecht und Steuerhoheit, in: RIW 1979, S. 585 ff.

WENDT, Rudolf: Empfiehlt es sich, das Einkommensteuerrecht zur Beseitigung von Ungleichbehandlungen und zur Vereinfachung neu zu ordnen?, in: DÖV 1988, S. 710 ff.

WERTH, Jan de: Abschaffung von § 50 a Abs. 7 EStG, Anmerkungen zur Pressemitteilung des BMF vom 26.07.1999, in: IStR 1999, Heft 15, Umschlagseite III.

ders.: Jahresüberblick 1998: EG-Recht und direkte Steuern, in: RIW 1999, S. 511 ff

WESSEL, Hanns H.: Der Sitz der GmbH, in: BB 1984, S. 1057 ff.

WICHMANN, Michael: Aufteilung der Einkünfte und des Vermögens auf rechtlich selbständige und unselbständige Unternehmensteile, in: Steuerliche Aspekte des Electronic Commerce, Hefte der Internationalen Besteuerung, Nr. 120, Hamburg 1998.

WÜRTENBERGER, T.: Beständigkeit im Wandel – Unser Rechtstaat und der Zeitgeist, in: Hanns-Seidel-Stiftung e.V., Politische Studien, Sonderheft 5, 1993.

YAMANOUCHI, L.: International Tax Issues Affects Electronic Commerce and Banking, in: Tax Notes International 1997, S. 1619 ff.

ZENTHÖFER, Wolfgang/ SCHULZE ZUR WIESCHE, Dieter: Einkommensteuer, 5. Auflage, Stuttgart 1999.

ZIMMERMANN, Jörg: Einkunftsqualifizierung nach Abkommensrecht, in: Steuerliche Aspekte des Electronic Commerce, Hefte der Internationalen Besteuerung, Nr. 120, Hamburg 1998.

ZIPPELIUS, Reinhold: Juristische Methodenlehre, 7. Auflage, München 1999.

Kolibri 360 GmbH
Ferdinand-Jühlke-Straße 7
99095 Erfurt, Deutschland
produktsicherheit@kolibri360.de

Druck:
CPI Druckdienstleistungen GmbH
im Auftrag der
Kolibri 360 GmbH
Ferdinand-Jühlke-Str. 7
99095 Erfurt